于光远
经济论著全集

第5卷

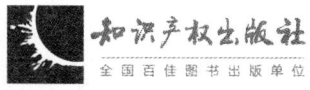

图书在版编目（CIP）数据

于光远经济论著全集. 第5卷/于光远著. —北京：知识产权出版社，2015.6
ISBN 978-7-5130-3524-8

Ⅰ.①于… Ⅱ.①于… Ⅲ.①经济学—文集 Ⅳ.①F0-53
中国版本图书馆CIP数据核字（2015）第118174号

内容提要

《于光远经济论著全集》收录了于光远先生有关阐述经济问题的专著、文章等，并按主题与时间顺序分卷出版，将于光远的经济思想理论完整而系统地展现给广大读者。本卷收录了《政治经济学社会主义部分探索（四）》，收集了有关政治经济学社会主义部分的19篇文章。向大家展示了改革开放初期，老一辈经济学家对政治经济学问题的探索轨迹。

项目负责：蔡 虹   本卷责编：兰 涛
丛书责编：国晓健 蔡 虹   责任出版：卢运霞

于光远经济论著全集（第5卷）

出版发行：知识产权出版社有限责任公司	网　址：http://www.ipph.cn
社　址：北京市海淀区马甸南村1号	邮　编：100088
责编电话：010-82000860转8114	责编邮箱：lantao@cnipr.com
发行电话：010-82000860转8101/8102	发行传真：010-82000893/82005070/82000270
印　刷：三河市国英印务有限公司	经　销：各大网上书店、新华书店及相关专业书店
开　本：787mm×1092mm　1/16	印　张：24.5
版　次：2015年6月第1版	印　次：2015年6月第1次印刷
字　数：434千字	定　价：99.00元
ISBN 978-7-5130-3524-8	

出版权专有　侵权必究
如有印装质量问题，本社负责调换。

编者说明

一、《于光远经济论著全集》（以下简称《全集》）收录了于光远与经济问题有关的专著、文集、文章、发言（有文字记录者）、信件等。

二、《全集》采取以著作、文集为基本单元的编辑方针，即：

(1) 专著作为一个独立单元收入《全集》；

(2) 文章分别编入曾汇集出版的文集，以文集为单位收入《全集》。

三、凡逢一篇文章曾编入不同文集的情况，则以文集主题相对狭窄者优先。例如，若一篇文章曾收入《政治经济学社会主义部分探索》和《论我国经济体制改革》，则将其收入《论我国经济体制改革》后编入《全集》，而从《政治经济学社会主义部分》中剔除。

四、原出版的文集中如果包含经济论著和非经济论著，则将非经济论著剔除，留下经济论著，并保留原出版文集名称。

五、《全集》各卷遵循以著作、文集首次出版时间为基础、略加调整的原则排序。调整的情况包括：

(1) 当文集为系列文集时，以第一辑出版时间加入《全集》各卷排序，此后各辑紧接其后；

(2) 一部著作在首次出版后又经较大修改重新出版，则将后者放在首次发表的著作之后，编入《全集》中的同一卷；

(3) 当若干部文集内容相关性较高，首次出版时间相近时，根据《全集》编辑出版时的分卷规模，有时将其收入一卷。

编者　刘世定　胡冀燕　于小东

目 录

政治经济学社会主义部分探索（四）

政治经济学社会主义部分的对象 ………………………………………… 3
政治经济学社会主义部分的任务 ………………………………………… 26
政治经济学社会主义部分研究方法 ……………………………………… 42
《社会主义经济建设常识读本》中讲得不充分的新观点 ……………… 59
以价格问题为例讨论政治经济学社会主义部分的对象、任务和方法 … 73
共产主义初级阶段的经济规律研究的方法论问题 ……………………… 93
价值规律在社会主义制度下的作用 ……………………………………… 110
计划经济与计划规律 ……………………………………………………… 129
把价格放在前面，把价值放在后面
　　——研究社会主义经济问题方法论上的一个现实的考虑 ………… 151
我国社会主义体制改革和政治经济学社会主义部分 …………………… 166
访问联邦德国和瑞士时所做的十五个报告 ……………………………… 175
　我认为最重要的一个问题是 …………………………………………… 175
　计划经济与市场经济 …………………………………………………… 181
　中国经济体制改革中对所有制形式的选择 …………………………… 184
　经济改革与经济建设的相互关系 ……………………………………… 186
　中国经济改革——过去的八年和今后的若干年：我对这的观察和思考 …… 188
　中国经济改革的一个重要方面——权力下放 ………………………… 190
　中国城市中的经济改革和物价问题 …………………………………… 193
　马克思主义与中国经济改革 …………………………………………… 195
　企业和市场在中国经济改革中的新作用（提纲） …………………… 199
　社会主义体制和世界和平 ……………………………………………… 200
　中国的改革政策 ………………………………………………………… 203
　中国改革的长期计划和执行中可预见的问题 ………………………… 206
　条条社会主义道路通共产主义 ………………………………………… 209

"社会主义的""有计划的"市场经济能不能成立 ………………………… 212
中国的经济改革和科学社会主义学说 …………………………………… 215
访问联邦德国和瑞士期间对政治经济学社会主义部分的思考 ………… 234
关于计划经济与市场经济问题的发展 …………………………………… 251
社会主义初级阶段的经济 ………………………………………………… 261
社会主义经济运行中的利益关系 ………………………………………… 296
谈谈经济规律体系的研究 ………………………………………………… 310
社会主义经济中的实物和货币 …………………………………………… 314
关于社会主义地租的若干问题 …………………………………………… 325
社会主义初级阶段的政治经济学问题 …………………………………… 366

政治经济学
社会主义部分探索(四)

政治经济学社会主义部分的对象

内容提要

（一）政治经济学社会主义部分的对象是共产主义初级阶段的生产关系。

（二）在共产主义初级阶段中共产主义不只是因素。这个历史阶段既然是共产主义的初级阶段，共产主义的生产关系在这个阶段中就应该是处于主导地位的。共产主义生产关系是这一阶段生产关系的基础。

（三）关键是作为共产主义初级阶段中生产关系基础的共产主义生产关系是什么意义上的共产主义生产关系。必须对共产主义这一名词做出科学的分析，指出在古典的马克思主义著作中和实际生活中，人们用共产主义这同一个名词所表示的不是一个概念。必须经过分析把共产主义一词的各种含义讲清楚，才能避免造成思想上的混乱和由此而来的对实际工作的不良影响，从而改变现在对共产主义生产关系的流行的、笼统的、因而也是不准确的（说得重一点也就是不科学的）观点。

（四）应该把共产主义生产关系的科学抽象分作：

共产主义A。它是原始共产主义和资本主义制度崩溃后出现的共产主义生产关系的共同的东西。

共产主义B。它是"共产主义初级阶段"和"共产主义高级阶段"的共产主义生产关系的共同的东西。

共产主义C。它是共产主义高度发展后的共产主义生产关系。

（五）共产主义A、B、C，都是共产主义生产关系的科学抽象。它们有历史的内容，但又不是共产主义发展的具体的阶段。

原始共产主义、共产主义初级阶段是共产主义发展的具体的阶段，而且它们的存在已经是历史事实。自从1917年俄国十月革命开始，世界上已经有现实的共产主义生产关系的成分。经过一个资本主义到共产主义初级阶段的过渡时期，共产主义的初级阶段的生产关系占绝对统治地位的社会，也在世界上成为现实。在第二次世界大战后建立起来的无产阶级专政的国家的发展也大都如此。这样共产主义初级阶段的生产关系就可以成为政治经济学研究的对象。可以成为政治经济学研究对象的,只能是现实存在的生产关系。

共产主义C指的是高度发展的、具备纯粹共产主义性质的生产关系。我们还不能说它是共产主义发展的一个具体阶段。共产主义高级阶段将经历极长的时间,甚至可以说是没有尽头的。它在漫长的发展中会经历许多具体阶段。这些具体阶段会有它们自己的具体的质的规定性。以共产主义C为对象的政治经济学是不存在的。

(六)作为政治经济学社会主义部分对象的共产主义初级阶段的生产关系,是由共产主义B和共产主义初级阶段所特有的东西结合而成的一种生产关系。共产主义B区别于共产主义A,我称为"社会主义的共产主义"。它是建立在社会化大生产基础上的共产主义。在共产主义B中,生产资料为社会共同所有。这里说的"社会"是现代民族规模或多民族地区规模的社会,是分工发达并且紧密联结在一起的社会。因此在共产主义B中不能包括原始共产主义。社会主义的共产主义是对原始共产主义的否定之否定。后一个否定不是回归到原始共产主义,而是上升到崭新的社会主义的共产主义。

把共产主义初级阶段称为社会主义应该说是不准确的。列宁在《国家与革命》中把共产主义初级阶段称为社会主义只是为了适应流行的语言,即"通常"的说法。他不但没有论证,连说明的话也没有。

共产主义初级阶段特有的东西,是由于这个社会刚刚从旧社会产生,因而不可能不带有这个新社会由以产生的那个旧社会的某些母斑。具体说来,就是实行按劳分配和存在商品关系。这种商品关系与私有制下的商品关系有原则上的区别。其中,按劳分配是在古典的马克思主义著作中早已肯定了的,而存在商品关系则是经过近几十年的讨论逐渐明确得出的结论。可以用这样一个公式来表示共产主义初级阶段的生产关系的特征:社会主义=生产资料归社会所有+(按劳分配+社会主义商品关系)。为了适应"通常"的,即人们已经习惯了的语言,在这里还用"社会主义"来表示共产主义初级阶段的生产关系。

(七)政治经济学社会主义部分的任务、方法,就是由它的对象的这种复杂性决定的。

(八)中国现正处在共产主义初级阶段的初级阶段(见十一届六中

全会的决议）。因此，我们现在要研究的不仅是共产主义初级阶段的生产关系，而且还要以共产主义"初级阶段的初级阶段"的生产关系为对象。

共产主义初级阶段的初级阶段的特征是什么？需要明确。比较低的社会主义所有制形式？更强的物质刺激的必要？管理工作中官僚主义的存在与反官僚主义的必要？不但允许社会主义国家管理下的外国资本主义而且允许其他非社会主义经济成分与社会主义生产关系并存？

（九）现在世界上已经有不少国家建立起社会主义制度，大多数社会主义国家已经进入社会主义建设阶段。但是世界上还有许多资本主义国家，一个社会主义国家的建设不能孤立地在一个国家内进行。它会与其他社会主义国家，还会与资本主义国家发生经济关系。因此，作为政治经济学社会主义部分对象的共产主义初级阶段的生产关系是一种与外国，甚至本国资本主义发生关系的生产关系。这也增加了政治经济学社会主义部分研究对象的复杂性。

从这次起，我想在每两个月一次的"经济学活动周"期间，连续讲若干次我对政治经济学社会主义部分的一些想法。每两个月讲一次，每次讲两三个小时，讲完之后，同志们讨论，由同志们发表评论和提出问题，然后我再做一些回答。

这个讲座，一共讲多少次，现在还不好定，估计一年是讲不完的，当然也不可能讲很久。一则我没有这么多的话好讲，二则我也不想讲得太久。

这个讲座，大体上分两部分：第一部分讲我对政治经济学社会主义部分的对象、任务、方法和这门科学的性质的看法；第二部分讲讲这门科学的若干规律和范畴。讲的都是我自己的一些理解和主张。这个讲座可以有一点系统，但是也可以说没有什么系统，带有松散的性质。我觉得这样讲更随便些、自由些。

我研究政治经济学社会主义部分的经历

这虽然是题外的话，但是同我想做的这一系列演讲是有关的，而且我也愿意告诉同志们我在这方面的经历。

新中国成立初期，我写了几本通俗的政治经济学的书。这些书都没有什么创见。我的兴趣不在做这样的事，而想做一点研究工作。我最早安排的计划是写一部关于土地问题的马克思主义著作。大家知道考茨基写过一部《土地问题》，这本书曾经受到列宁的赞扬。我在20世纪30年代初对我国土地问题发生了兴趣，以后对马克思的地租理论也很有兴趣。20世纪40年代初我在陕甘宁边区研究土地问题，我们党在根据地进行的减租减息与土地改革的运动我都参加了。我在陕甘宁、晋绥、山东等地区都从事过这方面的工作，在工作中我注意做系统的调查和思考一些理论性的问题。我认为总结我国土地改革的经验，写出一本理论性较强的著作还是有可能的。自己于是开始做这方面的准备工作。

这个工作进行不久，1952年，斯大林的《苏联社会主义经济问题》一书出版了。这本书的出版使我一下子改变了原来的主意。我看到研究政治经济学社会主义部分这件事比起写土地问题的书来要重要得多。那时我以为将要出版的苏联《政治经济学教科书》会是一本水平很高的书，可是1954年看到这本书之后非常失望，于是就有自己动手写《政治经济学社会主义部分》的念头。这个想法得到党组织的支持，于是在1956年就组织起一个班子，着手写《政治经济学社会主义部分》。由于这个工作在当时是作为党的一个任务安排的，因而能从全国许多高等院校调集教师参加。

在着手这个工作的时候，我可以说是不知深浅，甚至以为用不了几年就可以把这部书写出来，可是干了一段时间之后，就感到有问题，感到写这样一部书很困难，不进行大量的研究就无从下笔，于是就组织大家讨论和研究。可是正当我们很热烈地就斯大林的著作和苏联教科书提出的问题进行讨论和研究的时候，1957年的反右派斗争开始了。编写组的同志在讨论中发表的言论有的也被作为右倾甚至右派言论来批判。于是这个工作就中断了。

但是在1956年和1957年，我还是写了十多篇论文在刊物上发表。1958年上半年我还把这些文章汇集成一个集子：《政治经济学社会主义部分探索》，由《学习》杂志社出版。在这个集子的《后记》里，我写道，当今的时代"不仅有必要进一步发展关于现代资本主义的政治经济学的研究，而且更有必要把政治经济学社会主义部分建立起来"。在这篇《后记》中，我一方面肯定苏联、我国及其他国家的经济学家在政治经济学社会主义部分研究工作中做出的贡献，另一方面又指出："在这门科学中还有许多问题没有最后解决""还在探索着前进"。在我写这个《后记》的时候，我只考虑这个学科的状况，自己怎么看就怎么写，没有想到这本书出版后不久，在"反右补课"中被批判为口气太大，属于狂妄的性质。

我没有接受这样的"批判"，因为我并不认为我能轻而易举地建立这门科学，我只是把自己看作一个"探索者"而已。在这30年中我一直在探索。1958年出了那个比较薄的本子：《政治经济学社会主义部分探索》，在"文化大革命"后我仍用这个书名，出了两卷比较厚的书，现在第三卷也已经编好，开始考虑编第四卷的问题。从现在的情况来看，恐怕我终生都会处在这个探索的过程之中。这样一个结果一方面有客观上的原因，另一方面当然是我的能力差，没有能力驾驭这样大的研究课题。

反右结束后，1959年党中央理论工作领导机构布置每个省写一本《政治经济学社会主义部分》。这件事的组织工作还是由我来担任。到1960年夏天各省都写出了书稿，用这样大呼隆的办法写出的书，水平当然不高。1960年夏天，在北京召集各书编者开了一次会，对编出的书进行讨论。在讨论中，对所有这些书，没有一本大家认为是满意的。当然在那段时间里，大家还是做了些研究，酝酿了一些思想。经过这次会议，认为每省写一本不是什么好办法，改为当时六个大区每个大区写一本。这样做成就仍不大。个别大区写出了书，多数大区干了一阵子就放下了。这个时期各地写的书，当时我都保存着，但在"文化大革命"中散失了。

由于教学需要，同时由于各省、各大区都没有写出较为满意的书，在1960年年底，党中央决定编写《政治经济学教科书》，组织了一个编写组进行这个工作，主编这本书的任务还是落在我的身上。这本书不只包括社会主义，而且包括资本主义。我知道《政治经济学社会主义部分》很难写，于是决定分资本主义部分和社会主义部分两册出版。这本书的资本主义部分不到半年就完成了。这本《政治经济学资本主义部分》直到现在还在用。它基本上是抄马克思的《资本论》、列宁的《帝国主义论》等古典著作的。这本书有它的优点，比如在把《资本论》三卷的内容用精炼和比较通俗的语言来表达方面，我觉得还是成功的，但是它的确没有什么创见。如果说这本书有一点新提法，也只是在后来修改时，写进了这样一个意思：在资本主义制度下无产阶级的绝对贫困化是相对的，而无产阶级的相对贫困化则是绝对的，即任何一个资本主义国家，都存在相对贫困化的现象，同时在一个资本主义国家的任何时期，也都存在相对贫困化的现象；而无产阶级的绝对贫困化，即无产阶级的生活水平在一个相当长的时期中相当大幅度地下降，则是相对的，只是在灾荒、危机、战争等时期才明显地发生。书里讲的这样一个意思，其实并没有什么新意，只是因为关于无产阶级贫困化问题，我国和外国都有一些争论，当时我认为这样的说法可以解决在这个问题上的争论。原来我一直认为我们这样说是完全站得住的。但1980年，我到意大利访问时和意大利的马克思主义经济学家讨论到无产阶级贫困化问题时，他们之中有几位说，在意大利相对贫困化也不是绝对的。他们还举了一些材料说明相对贫困化也是相对的。我不了解意大利的情况，如果他们的说法是正确的话，这本书中唯一的一点新提法也就不一定站得住。

虽然我们编写的这本《政治经济学资本主义部分》有它一定的价值，但是我一直也不重视它。我在这本书上也没有花什么气力。我们花了很大气力去写这本书的社会主义部分。我们十来个人搞了四五年。写这个部分时我们决定把它写成一本独立的书，不想把它和资本主义部分合成一本书。后来干脆不把它叫作政治经济学教科书，而叫作《社会主义经济问题》，比斯大林的那本著作少了"苏联"两个字，也没有加"中国"两个字，以此表达我们讨论的问题是带有一般性的。这个《社会主义经济问题》的稿本，分成九个分册。这些分册除一两册外都印出来了，但是是作为保密的资料印出来的，没有拿出来见人。因为在写作过程中大家感到很不成熟，拿不出手。这本书的写作延续到"文化大革命"开始，以后工作都停下来了，编写组也就散了。

"文化大革命"后期，1975年开始重新酝酿写这本书。1975年7月起我在国务院政治研究室工作。当时中国科学院哲学社会科学学部就由国务院政治研究室领导。在联系学部的工作中，我负责联系它下属的经济研究所。不久以后我又兼任国家计委经济研究所所长。我利用这个机会布置经济研究所编写两本经济学辞典。一本是《政治经济学社会主义部分辞典》，这部辞典是作为写《政治经济学社会主义部分》这一本书的准备工作而编写的。我考虑如要写一部《政治经济学社会主义部分》的专著，一定要使用这个学科的专用名词。建立一个学科需要有自己的专门术语，这是人所共知的常识，而现在政治经济学社会主义部分专门术语的问题是没有得到解决的。现在政治经济学社会主义部分中使用的术语有些是从政治经济学资本主义部分中借来的，有些是在这样的名词前面加上一个"社会主义的"五个字。这种情况当然很不利于这门学科的建立。因此，要先写这部辞典。这部辞典是被当作一部《政治经济学社会主义部分》的著作来写的。这个工作因"批邓"而中断了。还有一部辞典是《社会主义社会经济统计辞典》。这部辞典也是作为写《政治经济学社会主义部分》的一种准备工作来做的，虽然不是直接的，但是有间接的意义。编写这样一部辞典也是在研究写《政治经济学社会主义部分》的过程中想到的。政治经济学社会主义部分的概念是抽象的理论概念，它不能直接表现现实。直接反映现实的概念，我称之为统计概念（其中一部分是统计指标），不把社会主义社会经济统计概念和政治经济学社会主义部分的理论概念区别开来，也就不能很好地建立起政治经济学社会主义部分的理论体系。而我不愿意仅仅从消极方面去做这种区分，所以采取对社会主义社会统计概念进行政治经济学社会主义部分的分析方法，通过这种分析来为写政治经济学社会主义部分制造些砖瓦等建筑材料。这个工作也因"批邓"而中断。

这个使我们的政治经济学社会主义部分研究又一次中断的"批邓"，是一个短命的运动。它的失败就是"四人帮"的覆灭。在粉碎"四人帮"之后，我们就重整旗鼓，开始重新动员、重新组织的工作。

先是在1977年批判"四人帮"的反动谬论的同时，重新提出开展政治经济学社会主义部分研究的问题，并且在一个比较小的范围内组织力量，编写了关于按劳分配若干理论概念的书。对于在"文化大革命"前人们提出来的许多政治经济学社会主义部分的理论问题的讨论，一个一个地复苏了。关于经济体制改革的问题也开始酝酿。这也为政治经济学社会主义部分的研究增加了动力。

1978年年底十一届三中全会的成功，对于我国各方面工作的开展是具有划时代意义的，对于政治经济学社会主义部分这个领域的研究工作也是如此。它通过多渠道对这个学科发生影响。

1979年我重新组织了《政治经济学社会主义部分》这本书的编写组。编写组制订了工作计划，如重新编写《政治经济学社会主义部分辞典》，研究政治经济学社会主义部分当中的问题等。后来，成立了政治经济学社会主义部分研究会。研究会的许多活动对编写这本书有很大帮助。在这期间，我将"文化大革命"前后写的有关政治经济学社会主义部分的论文编成《探索》第一卷、第二卷。第一卷是"文化大革命"前的论文和演讲；第二卷是"文化大革命"后到1980年的论文、演讲。第三卷的稿子已经基本编好了。今后这方面的文章就编入第四卷。

十一届三中全会以后，政治经济学社会主义部分的研究工作是在一个新的条件下进行的。第一，整个国家政治上安定，可以不必顾虑这种研究又会中断。第二，国家处在经济体制改革时期，这就在政治经济学社会主义部分的领域中提出了许多问题，对这个学科的发展起很大促进作用。第三，由于经济体制改革，国家经济发展得很快，政治经济学社会主义部分理论的正确与否，就能比较快地受到检验。第四，强调国民经济发展的速度，强调整个工作纳入提高经济效益的轨道，要求政治经济学社会主义部分指导社会主义经济建设的经营，这对政治经济学社会主义部分提出许多要求，也对这个学科的发展起了有力的促进作用。第五，由于与外国交往发展，我们了解到比较多的国外情况，有比较多的机会与外国学者接触，我们在研究政治经济学社会主义部分时视野就比以前开阔，思想资料更加丰富。

这几年，我国经济学界开展了许多经济理论问题和经济实际问题的讨论，发表了大量的论文，因此总的来说，这几年政治经济学社会主义部分的思想是有相当发展的。

我自己关于政治经济学社会主义部分的思想也有相当的发展。在这六年中，我在政治经济学社会主义部分方面写成的文章有两卷，相当于"文化大革命"前十年的两倍。当然在十一届三中全会后，我在研究我国现实的经济问题时写的东西和演讲，比写政治经济学社会主义部分的抽象理论问题要多得多，但是我在研究全国的各种现实问题中，经常去想政治经济学社会主义部分的问题，这对我的思想有较大的启发，我的许多思想就是从研究现实问题中产生和发展的。

但是当我想到要写一本这个学科的专著的时候，我仍然认为我的准备工作很不成熟。对有一些问题我的认识比较明确，也还比较丰富，但是也还有一些问题虽然提出来了，却没有时间去做系统的调查研究和坐下来写作，还有一些问题没有提出，甚至自己也没有意识到。同时，对这门科学的理论体系，自己也没有形成什么比较成熟的意见，写书的结构更没有具体地去考虑，原来想做的《政治经济学社会主义部分辞典》的写作工作，直到现在没有找到合作者，而自己又没有时间和力量，仍然处于没有开始的状况。编写《社会主义社会经济统计辞典》的工作，则有湖北财经学院按我的要求在做。考察马克思主义者对政治经济学社会主义部分进行研究的历史，从1983年已开始，但现在还处在大量收集资料（包括世界各国和我国的资料）的阶段。这个工作的最后目标是写成一本《政治经济学社会主义部分（马克思主义）史》的书。在这一研究中，除了研究马克思主义者的研究之外，把资产阶级学者的研究作为背景材料也要加以考察。尽管这件事工作量很大，但是对我要写的那部专著来说，它不过是若干方面准备工作中的一个。

总的来说，"文化大革命"结束已经有八年之久，但是在写书这件事情上进展得还不那么理想，因此我打算从1985年开始，用多一点时间放在政治经济学社会主义部分的研究上。即使这样，我仍然不知道这个工作需要多少年才能完成。这个工作我认为只有按照预定计划按部就班地去做。我计算一下，这个工作的完成恐怕至少要再花七八年工夫，从我现在的年龄来考虑，能否完成，也是一个问题。

我国现代化建设和十一届三中全会后经济体制改革的进展，使政治经济学社会主义部分理论上的问题越来越显得重要。我们编书组的同志和很多同志希望我在这方面多做一点工作，抓紧完成写作的任务。因此我打算除了抓紧研究历史，研究现实，研究概念，研究体系，并尽早动手把这本书写出来外，另外再做一点"应急"的工作，先拿一些不成熟的东西出来，欢迎更多的同志来参加这项工作。于是我想做这样几件事情：第一，在这个每两个月一次的经济学活动周内，把想到的问题讲一讲。第二，1985年下半年开始，以讲课的方式，系统地讲讲政治经济学社会主义部分。第三，《社会主义经济建设常识读本》完成以后，以参加这本书的同志为基础，组织力量再编一本《政治经济学社会主义部分读本》。

今天我们就开始实行这个计划。

政治经济学的资本主义部分和社会主义部分

今天我讲的题目是政治经济学社会主义部分的对象。

要研究一门学问，首先必须明确它的对象。一门科学的对象规定这门科学的质。它规定这门科学研究什么，不研究什么。

关于政治经济学社会主义部分的对象问题，也许有人觉得没什么好讲的。但我觉得这一个问题并不那么简单。我认为自己这几年才把这个问题弄得比较清楚一些。所以，我还是想把这个问题提出来和大家一起讨论。

在讲这个问题之前，我想先讲一个问题，那就是政治经济学的对象和政治经济学社会主义部分的对象不全是一回事。对政治经济学的对象的研究，属于广义的政治经济学的范围，对这个问题的回答是带一般性的。我对这个问题的回答是："社会生产方式这个统一体中的生产关系"，或者简单地说是"生产关系"。当然政治经济学不是孤立地研究生产关系，它要研究生产关系和生产力的相互关系，研究在一定的生产力的水平下怎样的生产关系对生产力起怎样的作用。对政治经济学社会主义部分的对象的研究，则不属于广义的政治经济学的范围，而属于一种狭义的政治经济学的范围，对这个问题的回答应该是具体的。我对这个问题的回答是"社会主义的生产关系"，是与一定的社会生产力相结合的社会主义的生产关系。

由于这门学科的研究对象是社会主义的生产关系，因此我认为把这门学问称为政治经济学社会主义部分比较合适。人们还有一种提法，把这门科学叫"社会主义政治经济学"。我不赞成这个看法。我认为社会主义政治经济学和政治经济学社会主义部分这两个名词是不一样的。"社会主义政治经济学"不是一个新名词。列宁写的《马克思主义和修正主义》一文中，有这样一段话："科学和技术每向前发展一步，都必不可免地、毫不留情地破坏资本主义社会内的小生产的基础，而**社会主义经济学**的任务是研究这一过程所表现的往往是错综复杂的一切形式，是向小生产者证明，他们在资本主义统治下不可能支持下去，农民经济在资本主义统治下没有出路，农民必须接受无产者的观点。"❶ 这段话里没有用社会主义政治经济学，而是用了社会主义经济学。我认为列宁在这里说的社会主义经济学就是社会主义政治经济学。加上"政治"两字不会篡改列宁的原意。从这段话中我们可以看到社会主义政治经济学这个名词，应该理解为作为科学社会主义理论基础的政治经济学。

列宁不是讲过马克思主义有三个组成部分——哲学、政治经济学和科学社会主义吗？这里说的政治经济学指的就是马克思写的经济学著作中的政治经济学，就是政治经济学资本主义部分，而列宁也把这样的政治经济学叫作"社会主义经济学"。

我还认为，列宁所说的马克思主义的三个组成部分不是并列的，三者之间有一种有机的联系：运用辩证唯物主义、历史唯物主义的哲学（第一个组成部分），去研究当时的现实社会，在这种科学研究中建立起马克思主义的社会科学（第二个组成部分），得出科学社会主义的结论（第三个组成部分）。马克思、恩格斯在建立科学社会主义时，运用哲学去分析、解剖、研究的当时的现实社会就是资本主义社会，最后得出的结论就是资本主义必然被社会主义所取代，由此再发展，就是进行社会主义革命的战略和策略、原则等。这样，他们建立科学社会主义的科学基础就是对资本主义社会所作的研究。当然这种研究不限于经济，也包含上层建筑等，但是经济是基础。所以，如果说他们对资本主义社会的科学研究是科学社会主义的科学基础，那么政治经济学资本主义部分的研究就是这种科学基础的基础。马克思一生中用最大的力量去写《资本论》，为的就是去奠定这个基础。所以，马克思主义政治经济学资本主义部分也是社会主义的政治经济学，但它不是政治经济学社会主义部分，如果把政治经济学社会主义部分叫作"社会主义政治经济学"，那就不能把它和政治经济学资本主义部分区别开来。如果我们说的是对社会主义生产关系的研究，那就不应该笼统地把它叫作社会主义政治经济学。说得简单一点，就应该把它叫作政治经济学社会主义部分；说得复杂一点，那就是社会主义政治经济学的社会主义部分。

当代社会主义政治经济学的研究，包括两部分：对历史上的和当代的资本主义生产关系的研究即政治经济学资本主义部分；对当代社会主义生产关系的研究

---

❶ 列宁：《马克思主义和修正主义》，《列宁选集》第2卷，第5页。

即政治经济学社会主义部分。对当代资本主义生产关系的研究应该说是很不容易的，新情况、新问题很多。这一部分需要现代化。对当代社会主义生产关系的研究当然更不容易，因为我们的老祖宗没有研究过。但这是必须研究的。社会主义制度已经存在快70年了，我们可以而且应该对社会主义历史和今天的社会主义现实进行研究。生活在社会主义国家的马克思主义者更应该进行这种研究。

进一步说，政治经济学资本主义部分和社会主义部分这两个部分不是隔绝的，它们之间是有联系的。我们除了对两个部分分别进行研究以外，还要研究这两种生产关系之间的关系，即还要包括政治经济学资本主义部分、社会主义部分的交叉部分的研究。我们的研究不能局限于一个国家的范围，而要扩充到世界的范围。在马克思写《资本论》的原来的计划中，把国际市场等问题作为要研究的一个重要的部分，可惜他没有来得及写出这个部分。那时候还没有资本主义和社会主义两种社会制度问题，还比较简单。现在世界上存在不同社会制度的国家，一个国家内也有存在多种经济成分的，像我们中国还存在一国两制的现象。因此，各种性质不同的生产关系之间存在的关系，也应该成为政治经济学研究的对象。这里面，政治经济学研究的内容一定很丰富。只有也进行这种研究，才能使我们政治经济学的研究达到现代的水平。它对于建设社会主义也有很大的意义。

什么是社会主义的生产关系

现在我们再深一层来讨论政治经济学社会主义部分的对象问题。也许有人认为对于这个问题只要说一句这门科学的对象是社会主义的生产关系就可以了。我觉得并不那样简单，因为做这样的回答，只是明确了这样两点：

(1) 政治经济学社会主义部分的对象同政治经济学资本主义部分的对象一样，仍是生产关系，不是什么生产力的组织等；

(2) 政治经济学社会主义部分的对象是社会主义阶段——即共产主义初级阶段中的生产关系，从资本主义向社会主义过渡时期的生产关系，只是政治经济学社会主义部分可以涉及的内容；而共产主义高级阶段的生产关系，在政治经济学社会主义部分中只能说到，不是研究考察的对象。

然而如果我们把问题说到这里为止，我们的回答还是很抽象的，内容还是很贫乏的。在回答什么是政治经济学社会主义部分的对象的时候，我们还要把什么是社会主义生产关系讲得更清楚一些，更充实一些。

几千年来人类经历过这样的历程：一开始是共产主义。那时候，生产资料公共所有，大家共同劳动。然后到了私有制社会，以后又到了共产主义社会。人类历史的发展是一个从共产主义到私有制再到共产主义的否定之否定的过程。这个否定之否定的第三个阶段的共产主义不同于第一个阶段的共产主义，它不是回到原始共产主义。在我们的语言里，前一个共产主义有一个限制词"原始"。后一个共产主义也应该有一个限制词，以区别于原始共产主义。但理论界还没有一个大家公认的限制词。在私有制后的那个共产主义社会，大家又把它分作初级和高级两个阶段。对共产主义初级阶段，人们给它起了一个名称叫"社会主义"；对共产主义高级阶段，人们没有给它起名称，而不加限制词地只用"共产主义"四个字来表示。这样共产主义一词就有三种含义。第一种含义下的共产主义，就是包括原始共产主义和私有制后的共产主义在内的最广阔范围内的共产主义。我们用"共产主义A"来表示。第二种含义的共产主义，是私有制后的共产主义，包括初级阶段和高级阶段在内的共产主义。我们用"共产主义B"来表示。第三种含义下的共产主义，专指共产主义高级阶段。我们用"共产主义C"来表示。

人们现在通常把共产主义初级阶段叫作社会主义。这样来使用社会主义这个名词，已经流行开了，连我们这门学科的名称"政治经济学社会主义部分"也是这样用的。但是严格说来，这样使用"社会主义"，不那么科学。我无意在今天就要人们改变所使用的语言，但是为了把道理讲清楚，我们就要对共产主义的各种词义和社会主义一词进行一些讨论。

我们知道社会主义这个词出现得比共产主义晚一点。开始使用这个名词的人是谁，外国人做了大量的考证，原来说是欧文派的空想社会主义者，我看到一个材料，说是基督教社会主义者。马克思和恩格斯在《共产党宣言》中，对各样的社会主义做了批评，他们不把自己的主张叫作社会主义，而称作共产主义。后来，马克思、恩格斯改变了自己的用语，说他们的学说是共产主义学说，也就是科学社会主义学说，对社会主义、共产主义不做区分，把它们看成是同义语。自从马克思、恩格斯把自己的学说也说成是社会主义学说之后，在他们的著作中看不出他们自己所肯定的社会主义的含义与共产主义的含义有什么区别。到斯大林写《无政府主义还是社会主义》这本小册子的时候，这两个名词一直还是通用的。在这本小册子中，斯大林讲：社会主义的原则是"各尽所能，各取所需"。在我们所知道的马克思主义的文献中，第一次把共产主义的初级阶段称为社会主义的是列宁的《国家与革命》。列宁的《国家与革命》讲到共产主义初级阶段时说，这就是通常所说的社会主义。但是列宁在这个著作中把共产主义的初级阶段叫作社会主义，不但没有做任何的论证，连解释一下都没有。因此，看来这只是为了适应人们一般使用的语言，并没有什么深意。严格说来，用社会主义来表示共产主义初级阶段并不那么合适。从字面上说，我们不能回答为什么社会主义低一些，而共产主义高一些。对这一点谁也讲不出一点道理。"社会主义"的含义指的主要是：在那样一种制度下，个人的利益虽然仍是全社会利益的基础，但是它们不再像私有制下那样是分离的，这时候社会不再是在无数私人的利益的相互冲突中前进，社会利益不再只是为使全社会不致在相互冲突中崩溃而存在的，个人利益包括在全社会利益之中，服从全社会的利益。如果社会主义字面上的意义是这样的话，那么就根本不可能判断它何以比共产主义更低一些。事实上它只是从一个方面来规定了私有制后的共产主义社会的基本特征。

因此我考虑，如果要给私有制后的共产主义社会加上一个什么限制词的话，不妨在"共产主义"一词前面加上"社会主义"字样。这个"社会主义的共产主义"表明共产主义和社会主义两个方面含义的统一。

让我们来比较一下私有制前的原始共产主义和私有制后的"社会主义的共产主义"。这样，后者的含义就会更清楚。前者是在狭小的原始公社范围内的生产，而后者是社会化的大生产。不但在社会的规模上，而且在社会内部联系的紧密程度上，两者都是不可同日而语的。两者实行的都是全体劳动者的公有制，但是前者只是在一个狭小的原始公社范围内的公有制，两个公社之间的利益是分离的，甚至有时是敌对的；而后者是在一个国家或者一个很大的地区规模内的全体劳动者的公共所有。在原始共产主义制度下，只存在狭小的原始公社的整体利益，现在是在一个国家或一个地区范围里的全社会的利益。因此我认为把私有制后的共产主义称作"社会主义的共产主义"这个想法是可以考虑的。当然也可以考虑称之为"社会共产主义"。不过我并不认为这样的表达方式是令人满意的。我希望同志们也来出点主意。如果有比这更好的表达方法，我不会坚持这个"社会共产主义"的说法，在没有想出别的更好的名词之前，我就暂时用这个说法。

1983年12月在昆明举办了一个《社会主义经济建设常识读本》研究班。在这个研究班上，我做了许多次演讲。我提出应该明确写出一个"社会主义原则若干条"，用以区别社会主义原则和非社会主义原则。我觉得这个问题直到现在还没有完全解决。我觉得可以不必采取立法的形式，而采取文章的形式来写出。这样的东西是很有意义的。

政治经济学社会主义部分的对象是
共产主义初级阶段的生产关系

经过这样一番解释,我们就可以说作为政治经济学社会主义部分对象的社会主义生产关系,还不是我们说的"社会主义的共产主义"。因为"社会主义的共产主义"这个概念,相当于我们前面说的"共产主义B"。而我认为政治经济学社会主义部分的对象是共产主义B中的初级阶段的生产关系。我想使用"政治经济学社会主义部分的对象是共产主义初级阶段的生产关系"这样的表达方法(这里的共产主义就是"共产主义B",就是"社会主义的共产主义")。

在讲清楚了关于社会主义和共产主义的概念之后,我又回到了社会主义的通常的含义,把社会主义当作共产主义的初级阶段来理解,这样"初级阶段的共产主义"就是"社会主义",而政治经济学社会主义部分的对象就是通常意义的社会主义生产关系,而不是社会主义的共产主义这个概念的"社会主义"。换句话说,政治经济学社会主义部分主要研究的不是整个的共产主义阶段,而是应该研究共产主义的初级阶段。共产主义的初级阶段和共产主义的高级阶段有没有共同的东西呢?如果没有共同的东西,它就不能叫作共产主义的初级阶段。共产主义初级阶段和共产主义高级阶段有共同的东西,共同的共产主义的特征。但是共产主义初级阶段和共产主义高级阶段又有不同的东西。如果两者光有共同的东西,没有各自独特的东西,那也就不能区分共产主义初级阶段和共产主义高级阶段。两者的区别是什么?关于共产主义区分为初级阶段和高级阶段的观点是马克思在《哥达纲领批判》中首先阐述的,但马克思并没有想对这个问题进行发挥。《哥达纲领批判》是马克思给白拉克的一封信,不是一篇论文,更不是一部专门撰写的著作。拿《哥达纲领批判》的手稿看一看,第一页和第二页就是马克思给白拉克的信。第二页写到一半,信的正文就完了。就在这一页上,马克思接着写了《哥达纲领批判》这个题目,一直写下去,没有多少修改。这一方面说明对《哥达纲领批判》上所写的东西马克思早就成竹在胸,另一方面也说明马克思并不是在写一部关于共产主义两个阶段的专著。他是看了哥达纲领之后感到有必要对这个纲领进行批判时不得不讨论到共产主义两个阶段的问题。因为他要批判拉萨尔的不折不扣的劳动所得就不能不讲到按劳分配,不能不讲到刚从资本主义社会发展而来的共产主义初级阶段。但是他的任务只是去批判哥达纲领,因此并没有全面地去论述两个阶段的共产主义的异同。按照马克思反对空想的原则,他不愿对共产主义高级阶段多做论述。像"各尽所能，各取所需"这个到共产主义高级阶段时才能写在我们旗帜上的一句话，翻遍马克思的著作，只在《哥达纲领批判》中出现过一次，再没讲过第二次，而且只是顺便讲了这句话。就是对共产主义初级阶段，马克思也没有去做全面的考虑。所以，我不同意说马克思设想的社会主义的模式如何如何。马克思并没有去设想什么模式。如果他去做这样的"设想"，他就不是一个科学社会主义者了。他只是指出共产主义的基本特征。当他讲到共产主义还有一个初级阶段时，他已经讲得很具体了。

马克思的《哥达纲领批判》的确是一本天才的作品。他在讲到共产主义的两个阶段时，主要是讲一个问题：历史不是割裂开的，历史总有继承。在共产主义（指的是共产主义B）将开始时，不能不带有旧社会的痕迹。他讲在共产主义初级阶段，"每一个生产者，在做了各项扣除之后，从社会方面正好领回他所给予社会的一切。他所给予社会的，就是他个人的劳动量……他从社会方面领得一张证书，证明他提供了多少劳动……而他凭这张证书从社会储存中领得和他所提供的劳动量相当的一分消费资料……这里通行的就是调节商品交换……的同一原则……即一种形式的一定量的劳动可以和另一种形式的同量劳动相交换。"❶ 这就是说，马克思认为那个时候在个人和社会的相互关系中，存在着旧社会的某些痕迹。这就是按劳分配是社会主义的基本特征的一个最早的论述。

后来的接受了马克思这一观点的马克思主义者，就把共产主义初级阶段区别于共产主义高级阶段的标志确定为存在按劳分配。所以，列宁的社会主义的公式是：社会主义＝生产资料归社会公共所有＋按劳分配。生产资料归社会公共所有这点表示的是共产主义初级阶段和共产主义高级阶段共有的东西，按劳分配是共产主义初级阶段特有的东西。这一公式是大家所公认的。

从十月革命到现在近70年当中的社会主义实践表明，刚刚从私有制社会产生出来的共产主义初级阶段，不但个人与社会之间存在着旧社会的痕迹，就是社会里的这个单位和那个单位之间，这一部分和那一部分之间也存在着这个痕迹。原来就没有考虑到，在共产主义的初级阶段，还有许许多多单位、许许多多部分，每个单位、每个部分还有它自己的利益，于是在彼此之间就存在商品关系。对于这一点马克思没有讲到。哥达纲领没有讲到这方面问题，马克思在《哥达纲领批判》中也就没有讲到这个问题。没有必要么？当然，马克思的确没有想到在共产主义初级阶段各单位、各部分之间的关系问题。他只想到个人和社会之间关

---

❶ 马克思：《哥达纲领批判》，《马克思恩格斯选集》第3卷，第10-11页。

系的问题，讲了按劳分配的思想。这方面的问题许多空想社会主义者讲过。至于在社会主义社会中这一部分和那一部分之间存在不存在商品关系问题，我就不知道是否有人提出过。对这一点，我还没有来得及去查文献，也没去请教别人。我知道的只是在十月革命后提出了这样的问题，而且开展了长期的讨论。在马克思和恩格斯的时代，他们对未来社会是否还存在商品生产，是否存在价值的议论是带有抽象性质的，讲的是一般的共产主义，没有专讲共产主义的初级阶段。我们只能说，马克思没有像在个人和社会之间关系的问题上那样去讲存在商品生产的问题，不能说马克思认为在共产主义初级阶段不存在商品生产。对这个未来社会存在不存在商品生产的问题，马克思、恩格斯其实只是发表了一些关于共产主义和资本主义的一般议论。而以后的人却把马克思一般性议论理解成对共产主义初级阶段的具体议论。类似这样的情况是完全可以理解的，这是常常会发生的。

当我们同时考虑到共产主义初级阶段在个人与社会以及社会各单位之间存在旧社会痕迹的时候，共产主义初级阶段的准确的说法就应该是：存在着按劳分配和社会主义商品生产的共产主义。这种共产主义从它的发展阶段来说，是初级的、前期的；从它的特点来说，是存在按劳分配和社会主义商品生产的。所以，我想根据这个特点，把列宁的公式改成：社会主义＝生产资料归社会公共所有＋（按劳分配＋社会主义商品生产）。

对这个公式应该怎么分析呢？这个公式可以分作两个部分：其中第一部分生产资料归社会公共所有，是共产主义初级阶段和高级阶段共同的东西；第二部分括号里的两项，是共产主义初级阶段和共产主义高级阶段相区别的东西。有同志说在这个公式中没有讲有计划发展，没有讲社会主义生产的目的是满足人民日益增长的需要等。甚至有人说在这个公式中按劳分配、社会主义商品生产变成了有计划发展的"叔叔"。这样的说法是不了解这个公式的基本结构，这是表明共产主义初级阶段的规定性的公式。当然共产主义高级阶段也应有它区别于共产主义初级阶段的公式。比如说，因为共产主义高级阶段是实行各取所需的，或者说还加上一条是没有商品生产的共产主义。可以有这样一个公式：共产主义＝生产资料归社会所有＋各取所需。不过究竟那时有没有商品生产，还要看那时交换的方式，即使还有商品也不是现在这样的性质。甲、乙两物除了甲、乙共同性之外，会有区别于乙的甲的特征和区别于甲的乙的特征。这在逻辑学上是很清楚的。

现在有一种说法，我曾在按劳分配第五次讨论会上批评过。这个说法很流行。这就是认为在共产主义的初级阶段有共产主义高级阶段的因素。我认为，这种说法是我们长期"左"倾思想的一个理论上的来源。在共产主义初级阶段不可能有共产主义高级阶段的因素，即不可能有"共产主义C"，只有共产主义初级阶段和共产主义高级阶段共同的因素，即"共产主义B"。严格说来，这种"共产主义B"在共产主义初级阶段中不能说仅仅是因素，而是居主导地位的东西，是这个阶段经济社会生活的基础。因为共产主义初级阶段是"共产主义"的一个阶段么，共产主义不占主导地位怎么行？生产资料公有就是属于"共产主义B"的东西，不是共产主义高级阶段特有的因素。

关于"共产主义因素"有一些流行的说法，我看是站不住的。比如，人们常说的"不计劳动报酬的劳动态度"是共产主义高级阶段的因素，就很成问题。大家知道，在共产主义高级阶段根本没有劳动报酬，哪里来的"不计劳动报酬的劳动态度"？所以不计劳动报酬的劳动态度，只是在共产主义初级阶段才有。在共产主义初级阶段，存在劳动报酬，而劳动者又是社会的主人，不是以雇佣劳动的态度来对待工作，因此它是共产主义初级阶段特有的东西。把共产主义初级阶段特有的现象说成是共产主义高级阶段的东西，在逻辑上是站不住的。很多"左"的思想，同这样的观点有关。从这种观点来看，这种所谓共产主义的因素，我们现在似乎已经有了不少，只要这样的因素越来越多，我们就可以向共产主义高级阶段一点点"过渡"了。这样看法的错误，就是混淆了"共产主义B"与"共产主义C"。正好像所有的人不论是婴儿、儿童、少年、青年、中年、老年都有人的因素一样，这种人的因素就相当于共产主义B。但是在婴儿身上是不存在老人特有的因素的，这种老人特有的因素就相当于共产主义C。所以只有到了共产主义初级阶段的后期，即要向共产主义高级阶段过渡的时候，这个社会里才会有共产主义高级阶段的因素，并且以后会逐渐多起来。而在现在，像我国这样，还处在共产主义初级阶段的初级阶段的时候，是不可能存在共产主义高级阶段的因素的。这就好像人到了中年才可以说有了老年人的因素，而在婴儿、儿童、少年乃至青年时期怎么能说有老年人的因素呢？这一点本来是很浅显的，却是长期在思想上没有澄清的问题。今天我们讲的是政治经济学社会主义部分的对象，就是明确作为这门学科研究的对象是共产主义初级阶段中的东西，共产主义初级阶段中有共产主义初级阶段和共产主义高级阶段共同的东西，但这不是共产主义高级阶段特有的因素。因此这里说的共产主义，根本不存在渺茫不渺茫、遥远不遥远的问题。至于共产主义高级阶段，对于我们今天来说还是遥远的将来的事情，我认为承认遥远是有好处的，免得刮这样或那样的"共产风"。

从政治经济学社会主义部分的对象来看这个学科范围内的经济规律

我们知道，规律总是某一种对象的运动、变化、发展的规律。有怎样的对象就有怎样的规律。当这种对象存在的时候，它的规律就存在。它是不能消灭、不能改造、不能发挥的。只有当我们考察的对象变了，或者这种对象不复存在时，原有的规律才让位给其他的规律——其他对象的规律。这个道理，对自然规律、经济规律都是如此。

现在我们就从政治经济学社会主义部分的对象来看政治经济学社会主义部分的规律。

我们知道，政治经济学社会主义部分的对象仍然是社会生产方式这个统一体中的生产关系，是生产力与生产关系的矛盾和统一。因此广义政治经济学的那些规律、范畴在政治经济学社会主义部分中仍是存在的。由于广义政治经济学的范畴、规律等，我们研究得并不充分，因此对这样的规律的研究还是值得我们重视的。在研究政治经济学资本主义部分时注意到了，研究与阐发了有关广义政治经济学的范畴和规律，在我们研究政治经济学社会主义部分时，不能因为社会主义和资本主义是两种截然不同的生产关系，而不予以重视。

当然，政治经济学社会主义部分研究的生产关系，是在推翻资本主义生产关系后建立起来的崭新的一种生产关系。它的基本特征是与资本主义生产关系相对立的共产主义——或者如前面阐述过的那样是"社会主义的共产主义"，与此相适应就有崭新的经济规律。这种性质的规律是共产主义初级阶段与共产主义高级阶段共同的东西。在普通的政治经济学社会主义部分的著作中讲的某些规律就属于这种性质的规律。例如，在苏联《政治经济学教科书》中和现实流行的许多著作中，关于"生产目的是满足社会成员不断增长的物质与文化需要的规律""国民经济有计划发展的规律"等，就它们在这些著作中所表达的形式来说，就属于这种性质的规律。

以这种共产主义初级阶段和高级阶段共同的东西为对象的政治经济学，可以称为"政治经济学社会主义部分的共产主义部分"，而不是我们所说的政治经济学社会主义部分（或政治经济学共产主义初级阶段部分）。正如"政治经济学社会主义部分"中不能不包括"广义政治经济学"的内容那样，政治经济学社会主义部分也不能不包括这个"政治经济学社会主义部分的共产主义部分"的内容。

不过，这对于我们对共产主义初级阶段的研究来说是过于一般了。我们在政治经济学社会主义部分中所要研究的客观规律性还要更加具体一些。

上面我们讲到了"社会主义＝生产资料归社会公共所有＋（按劳分配＋社会主义商品生产）"这个公式。这个公式中的第一项"生产资料归社会公共所有"，是共产主义初级阶段和共产主义高级阶段共同的东西，由"生产资料归社会公共所有"产生出来的规律和范畴，抽象地说就是上面所说的"政治经济学社会主义部分的共产主义部分"中的那些规律和范畴，就是"社会主义生产目的是满足社会成员不断增长的物质与文化需要的规律""国民经济有计划发展的规律"等。但这只是抽象地说，因为在共产主义初级阶段，这样的规律不能不受共产主义初级阶段特有的东西，即这个公式中的第二项（括弧中的按劳分配和社会主义商品生产）的制约。例如，在共产主义初级阶段和高级阶段，生产的目的都是满足社会成员的不断增长的物质和文化的需要，但是这里说的"满足"，初级阶段和高级阶段在程度上、方式上就会有很大的区别。在共产主义初级阶段就不可能实行"各取所需"。又如同样是国民经济有计划的发展，在共产主义初级阶段有计划的发展不能不是在存在按劳分配和商品生产条件下的有计划的发展，而在苏联《政治经济学教科书》和受到这部教科书（其实也是受到斯大林的《苏联社会主义经济问题》）影响的许多经济学著作中是没有这个观点的。那里把抽象的"政治经济学社会主义部分的共产主义部分"的规律，等同于"政治经济学社会主义部分"的规律，因而造成观念上的许多混乱和实践中的许多失误。现在我自己认识到了这一点，应该说是"政治经济学社会主义部分"研究中的一大进步。

在政治经济学社会主义部分的经济规律中，有一些出自与共产主义高级阶段的生产关系相异的一些特征的规律，这就是按劳分配规律和社会主义商品生产的规律。这样的经济规律当然会因共产主义初级阶段向高级阶段的过渡而消失。到那时没有按劳分配，就不会有按劳分配的规律。如果在那时没有现在我们所说的意义上的商品生产，也就不复存在现在意义上的商品生产的规律。

这一些道理都是很明显的。但是我们也还是要指出，按劳分配和我们所说的在社会主义制度下存在和发展的商品生产毕竟是共产主义初级阶段的生产关系，它就不能不是在共产主义基础上产生和形成的东西，它以生产资料归社会公共所有为前提条件，但是并不只是从生产资料归社会公共所有中派生出来。在社会主义的公式中的第一项不能不受第二项的某些制约。这个公式中的第二项更要以第一项为基础，但又因为第二项的形成有另外的原因，又不能归并在第一项内。这就是社会主义的这个公式中第一和第二项间的关系，也是政治经济学社会主义部分中两项规律间的辩证关系。

这次，我不打算展开关于政治经济学社会主义部分的规律的讨论。讨论这个问题要讲的话会很多。比方说，政治经济学社会主义部分中究竟应该指出哪些客观规律。共产主义初级阶段的社会生产关系本身是一个整体，这种生产关系的运动、变化和发展的规律当然也是一个整体。但是这一点并不妨碍我们去指出其中的某些规律性。这样一种工作是属于我们现在正在讨论的"从政治经济学社会主义部分的对象来看这个学科范围内的经济规律"之内的。同时，关于作为整体来考察的共产主义初级阶段的生产关系运动、变化、发展的规律性的讨论，本来也可以放在这个"从政治经济学社会主义部分的对象来看这个学科范围内的经济规律"之内来讲，但是今天我还没有做好讲这些问题的准备。

从对象的角度来看政治经济学社会主义部分的一般原理和中国的社会主义建设实际相结合问题

政治经济学社会主义部分的研究对象是一般的共产主义初级阶段的社会生产关系，运用的是反映一般的共产主义初级阶段社会生产关系的范畴，探讨的是一般的共产主义初级阶段生产关系的规律。以往的政治经济学社会主义部分的著作和教科书是这么做的，我也认为应该是这样的。

通过这门科学的研究发现的范畴和规律，对所有属于共产主义初级阶段的国家都是适用的。因此政治经济学社会主义部分研究的是马克思主义的普遍原理。但是在我国研究政治经济学社会主义部分不能不更加具体些，要把政治经济学社会主义部分的一般原理和中国社会主义建设的实际相结合。

当然我们所说的这种结合是在政治经济学社会主义部分这个学科范围内的结合，不是超出这个范围的结合。有关我国社会主义建设政策的研究、战略规划、计划和方案的研究，在它要考虑到政治经济学社会主义部分规律和范畴的范围内，都属于政治经济学社会主义部分的一般原理和我们社会主义建设具体实际相结合的问题。但现在我们说的不是这样的结合，而是使政治经济学社会主义部分的研究进一步具体化，讨论更多的比较具体一些的问题。换句话说，这种结合仍表现在对社会主义生产关系的客观规律问题的研究上面，而不是去探讨和解决实践中的问题。

这种理论上的具体化，首先是研究对象的具体化。

政治经济学社会主义部分的研究对象是共产主义初级阶段的生产关系。但是共产主义初级阶段也是可以分阶段的。我们中国在社会主义革命取得胜利之前是一个经济文化很落后的国家。新中国成立后35年间，一方面社会经济有了很大的发展，完成了社会主义革命的任务，进入了社会主义建设的阶段，但是进入社会主义建设阶段后的时间毕竟不长，从1956年算起到现在还不到30年。而在这20多年中，由于我们对社会主义发展规律掌握得不好，在长时期内犯了极左的错误，使得我国的社会经济发展走了弯路。总之，现在我国所处的发展阶段，如十一届六中全会决议中指出的那样，属于"社会主义的初级阶段"，也就是共产主义初级阶段的初级阶段。因此我国经济学家在研究政治经济学社会主义部分时，不仅要研究共产主义初级阶段的一般规律，而且要研究共产主义初级阶段的初级阶段的具体规律。

关于共产主义初级阶段的初级阶段这个概念，我国经济学家研究得不多，对这个阶段的特点，也还没有很好地做出概括。而且共产主义初级阶段的初级阶段在不同的国家，由于历史的、政治的、经济的、文化的原因，可能有不同的规定性。例如，有的国家之所以处在共产主义初级阶段的初级阶段，是因为这个国家在进入社会主义建设时期（即基本上走完从资本主义到共产主义初级阶段这段历程）时，经济文化还很落后（我国的情况就是如此），或者是因为居民们的觉悟水平不高，或者两者兼而有之。对这方面的问题，我们也有必要做一些一般性的政治经济学社会主义部分的研究，即使我们现在还没有专门做这样的研究，我们仍然可以设想，在这个共产主义初级阶段的初级阶段会有这样的一个特点，那就是存在比较低的社会主义所有制形式。例如，在我国今天的农村中存在的家庭联产承包责任制。虽然这种形式并不低于以前的"三级所有、队为基础"与评工记分，但它毕竟是共产主义初级阶段的初级阶段的东西。同时在共产主义初级阶段的初级阶段，有可能在社会经济结构方面，除社会主义的生产关系外，还存在相当比重的非社会主义的生产关系。在一定条件下，它们对社会主义生产关系的发展与巩固可以起到积极作用。但是不能设想在共产主义初级阶段的高级阶段，这种非社会主义的生产关系还会存在。

在这里我想有必要说明一下，我在这里说的非社会主义的生产关系中，当然也包括在社会主义国家中的外国资本。它的性质是社会主义国家中的国家资本主义，是社会主义建设时期的国家资本主义。这种国家资本主义可能在共产主义初级阶段的初级阶段后也还存在。因为即使到了那个时候，我们也不能设想，在有利于社会主义建设的前提下，这个国家会不允许包括资本主义国家在内的其他国家在本国进行投资。不过那时候，这方面的情况与共产主义初级阶段的初级阶段的情况会有很大变化。例如，在那时候，不存在与外国在经济上、技术上这么大的差距，不存在外国到本国来雇佣廉价劳动力的问题，不存在只有外国大量到本国来投资而本国不到外国去大量投资的问题……总之不存在国与国之间事实上的不平等问题。

由于在共产主义初级阶段的初级阶段，社会主义所有制形式上有其特点并可能存在非社会主义的生产关系，因此在社会主义国家对国民经济的管理体制上也就会有它的特点。

对共产主义初级阶段的初级阶段进行政治经济学的研究的结果，会使我们发现比对共产主义初级阶段一般研究所得到的更加具体、更加丰富的客观规律性。这种发现是会很有价值的。

进一步说，这种对共产主义初级阶段的初级阶段的研究，也有它的一般性。从理论上说，也可以有它的一般原理。但是我们现在进行这种研究应该以我们中国现阶段的生产关系为背景，以中国现阶段的情况为具体的研究材料。只有这样，我们的研究成果才能被我国广大人民所理解，才能在实际生活中起更大的作用。

在结束关于政治经济学社会主义部分研究对象的这一讲演的时候，我想再交代一下我在这个问题上采取的方法，那就是在考察这个问题时，我也是采取从具体到抽象，再从抽象到具体的方法。从具体到抽象，指的是从大量社会主义经济问题的研究中，抽象出研究社会主义生产关系运动、变化、发展客观规律的范畴。只有这样，才能把研究人们主观上如何制定有关政策、计划、措施等学问排除在政治经济学社会主义部分之外。关于这一点，我写过《基础的经济科学与应用的经济技术》以及多篇讲应用抽象的、纯粹的理论范畴来研究问题的政治经济学与应用直接反映现实的统计概念、统计指标的统计学之间的区别与联系的文章。今天不准备详细讲这个问题，我想在讲政治经济学社会主义部分的研究方法时再多讲一点。今天我着重讲的是从抽象到具体，即从研究共产主义的生产关系这个抽象的东西，进一步具体一点地去分析共产主义初级阶段中的社会生产关系，指出这种生产关系包括由"生产资料归社会公共所有"派生出来的共产主义初级阶段和高级阶段共同的客观规律，和由"按劳分配与社会主义的商品生产"派生出来的仅仅适合于共产主义初级阶段的客观规律。又指出上述两者不是互相隔离而是相互制约、相互渗透的。这样我认为就把这门科学的对象具体化了。共产主义初级阶段的社会生产关系是这门科学的主要研究对象。我对于政治经济学社会主义部分对象的研究并没有到此为止。我还进一步考虑政治经济学社会主义部分的研究对象还应该更具体化，应该去研究共产主义初级阶段的初级阶段中的经济体制——社会主义所有制形式结构和社会主义国家对国民经济的管理体制，并且把中国的社会主义经济作为研究资料。这样政治经济学社会主义部分的研究对象就更具体了。但是在进行这些具体研究的时候，我们始终不离开政治经济学社会主义部分这个学科的理论科学的性质。

下次我们来讲政治经济学社会主义部分的任务。

1984年11月20日第一次讲座

政治经济学社会主义部分的任务

内容提要

（一）政治经济学社会主义部分的任务，可以分别从这个学科本身的任务和这个学科的社会任务两个方面来考察。

（二）政治经济学社会主义部分是基础的经济科学。它的根本任务就是揭示它所研究的对象的运动、变化和发展的客观规律性。因此这个学科本身的任务，就是要开展对共产主义初级阶段生产关系的基本问题的研究，在取得研究成果的基础上把这个重要的马克思主义学科系统地建立起来，并且使它不断地得到充实和发展。

（三）从这个学科的现状来看，建立这个学科的工作虽然有很大的成绩，但是并没有完成。这表现在：

——对我们所要建立的这个学科究竟应该是一个怎样的学科的问题，还没有很明确地解决。这个学科的对象究竟是什么？这个学科应该担任怎样的社会任务？政治经济学社会主义部分这一学科的建立与政治经济学资本主义部分的建立相比，应该具备怎样的特色？这样一些问题都有待于研究。

——研究这一学科的方法也有待于探讨。在这里存在一些与研究政治经济学资本主义部分不完全相同的问题。

——对这一学科要研究的科学规律，就其已被发现的来说，还存在理解得不完全正确的问题，还有一些科学规律尚有待于通过研究去发现。

——建立一个学科需要有一套专门的名词术语。现在这一学科所用的术语存在累赘、混乱以至错误的现象，缺乏完整的一套名词术语。

——整个学科没有形成一个完整的体系，各范畴、规律还常常孤立地被研究。

这些状况说明系统地建立这个学科的必要。

（四）政治经济学社会主义部分，对一个正在为社会主义革命的胜利而斗争的国家（包括无产阶级已夺得了政权，但还处在从资本主义到社会主义过渡时期的国家）来说，它的任务是用对共产主义初级阶段生产关系的运动、发展、变化的规律性的认识来武装社会主义革命者，使他们更深刻地理解社会主义经济制度的优越性，提高他们的马克思主义觉悟。政治经济学社会主义部分的这个任务是政治经济学资本主义部分的一个补充。

（五）政治经济学社会主义部分的社会任务，主要是对正在进行社会主义建设的国家来说的。它有四个方面的任务：A. 指导社会主义建设时期的经济体制改革；B. 指导社会主义经济建设事业的经营；C. 指导社会主义制度下居民的经济生活；D. 指导社会主义建设时期党和其他各种社会组织的建设。

（六）政治经济学社会主义部分在完成不同的社会任务中要做不同的工作。

为了指导社会主义建设时期的经济体制改革，政治经济学社会主义部分就要对社会主义的基本经济制度和社会主义经济体制这两个不同的概念做出区别，就要对现行的经济体制和准备建立的新经济体制的规定性做出政治经济学的分析，就要具体地研究一国的社会生产力和现行经济体制之间的关系，就要研究在以某种新的经济体制来取代现行体制后对社会生产力发展的影响等，在这样的问题上取得研究成果，经济体制的选择就有了理论依据。

社会主义经济建设事业的经营的含义，我取其广义。经营社会主义经济建设事业需要各种科学知识，其中也包括政治经济学社会主义部分的知识。政治经济学社会主义部分在经营方面的作用，主要在协调各当事者的经济利益上面。在社会主义制度下有各当事者的经济利益和全社会的经济利益。对这些经济利益关系进行研究是政治经济学社会主义部分的重要任务，很好地去完成这种任务对于社会主义经济建设的经营是必不可少的。

社会主义制度下的居民，如果能运用政治经济学社会主义部分的某些知识，会对他们的经济生活起到很好的作用。

社会主义各社会组织的建设，由它们自己特有的学科来研究，政治经济学社会主义部分的作用往往不是直接的，但它可以为组织建设提供理论基础。

（七）政治经济学社会主义部分本身是基础理论的学科。它之所以能完成上述社会任务，就是因为能够提供客观的理论根据。政治经济学社会主义部分这个学科本身的任务同它的社会任务是统一的，但是它要完成其社会任务就有必要在本学科的工作外做许多必要的工作，将政治经济学社会主义部分的原理运用到实际工作中去需要做许多中间的工作。作为属于政治经济学社会主义部分的工作，它的研究仍限于过程的客观方面，而不像拟定主观的方案等工作，它们是研究主观方面的事情。

（八）政治经济学社会主义部分服务于社会主义建设。这就提出与政治经济学资本主义部分很不相同的要求。后者是社会主义革命的科学。它的基本内容是揭示资本主义剥削的实质，指出资本主义的历史命运。政治经济学资本主义部分立足于批判。而政治经济学社会主义部分应该是社会主义建设的科学。它是作为社会主义建设的科学的马克思主义中最重要的一个组成部分。但是现在许多政治经济学社会主义部分的教科书仍立足于批判，不能很好地起为建设出谋划策、提供理论基础的作用。为此政治经济学社会主义部分的研究和教学应该有一个转变。这是个不很小的转变。要研究这个转变，实现这个转变。

上次我讲政治经济学社会主义部分的对象时已经讲到有关这门科学的任务问题。这次我想专门讲讲这个问题。

我想分两个层次来讲：一是这门科学本身的任务，也就是就这门科学本身的建设来讲它的任务；一是这门科学的社会任务，也就是这门科学对社会的进步都承担着怎样的任务。我想分这样两个层次，有可能把政治经济学社会主义部分的任务问题讲得比较清楚一些、充分一些。

现在我先讲第一个层次的问题。

我想先说说发现和阐明社会主义生产关系的客观规律都包括一些怎样的内容。

我认为这首先包括对那些涉及政治经济学社会主义部分根本规律和范畴的研究。普通的政治经济学教科书中写的就是这种性质的内容。这些东西是从社会主义生产关系的根本性质中产生的，是一些主要的东西。它是对社会主义生产关系的客观规律的全面的科学的理解。政治经济学社会主义部分的根本任务，当然是要去发现、去阐明共产主义初级阶段中，社会主义的共产主义的生产关系（或者简单地说是要去发现社会主义生产关系）的运动、变化和发展的客观规律性。这是这门科学的对象和它的性质决定的。许许多多政治经济学社会主义部分的著作采取这个说法，这个说法的正确性是没有什么可怀疑的。几十年来虽然马克思主义经济学家在这方面做了许多工作，也取得很多成果，但是我们仍然应该说，一直到现在这个任务还没有很好地完成，因此我们仍需继续努力，要从整体上来把握社会主义生产关系的客观规律性。

不必说完成这样的任务对于建设这门科学有着重要的意义。如果我们还没有完成这样的任务，那么我们一定要下力气完成它们。我们应该写出不止一部而是好几部全面地、完整地论述社会主义生产关系运动、变化和发展的客观规律性的著作。30年前，我开始从事这门科学研究时，我是这么想的，现在我仍然这么想。

但是在过去的30年中，我越来越感觉到完成这样的任务不是一蹴而就的，要做到全面地、完整地论述社会主义生产关系的客观规律，就有必要对社会主义生产关系的各个侧面、各个部分进行研究。因为全面和整体是由侧面和局部构成的。不对各个侧面和局部进行研究，就不可能对社会主义生产关系的规律有全面的和完整的了解。举例来说，其中有一些侧面应该承认是涉及根本问题的，关于社会主义制度是否存在商品生产问题就是一个例子。它是社会主义生产关系的一个侧面，但却是涉及根本的问题。然而，仅仅这样一个问题，经济学家就讨论了几十年，一直到现在才做到大多数人明确地给以肯定的回答。当然在这个问题上仍存在不少不同的看法。还有一些侧面不涉及政治经济学社会主义部分的根本问题，但是也还比较重要，在研究社会主义生产关系的客观规律性时还是需要研究的。不对这样的问题进行研究，就不可能全面地、完整地阐明社会主义生产关系的规律。比如，用来满足社会需要的劳务的生产是否属于生产劳动就是这样的问题。为了全面和完整地阐明社会主义的生产关系，需要研究的问题很多，而且在政治经济学社会主义部分的研究中，要取得一个为大多数人公认的结论是不容易的。一个重大成果的取得往往是许多人努力的结果，个别人的研究成果常常只是为某个正确的论断提供一个论据，或者只是一个更好一点的表达方式。这门学科的建设，就是靠这样一点一滴地积累前进的。这样的积极成果积累得越多，社会主义生产关系的运动、变化和发展的规律性掌握得就越全面。

政治经济学社会主义部分研究成果的取得，常常要通过不同意见的争论。在争论中提出正确看法的人当然对这门学科的建设是有贡献的，就是提出不那么正确看法的人也常常因为他的主张启发了别人的思考，对这门科学的前进也起到积极的作用。

在这里还想说一个看法。在今天政治经济学社会主义部分的建设中，不只要对许多局部性质的问题进行研究，还存在一些根本性的问题有待于进一步研究，有待于进一步明确。在一些带根本性的问题上，即使在马克思主义者中间也存在不同的"学派"。对于建设一门科学来说，正确的指导思想的形成是最为重要的。而正确的指导思想的形成不经过讨论、不经过批判是不可能的。在马克思主义政治经济学资本主义部分形成之前，政治经济学资本主义部分就有过不少学派。马克思主义政治经济学资本主义部分就是在对这些学派进行批判之后才形成的。马克思使政治经济学资本主义部分成为真正的科学。它是政治经济学资本主义部分的高峰。但这并不是说在马克思之后，政治经济学资本主义部分就不再发展了。资产阶级学者发展的政治经济学资本主义部分，对于马克思主义政治经济学资本主义部分在今天的发展仍有启发的作用，这一点也是应该给以肯定的。资产阶级学者的研究成果，对于马克思主义政治经济学的发展尚且可以起到如此作用，那么，在我们马克思主义者的研究中，不同学派的相互启发（包括彼此争论）的作用就应该说更大。在政治经济学社会主义部分的研究中，不仅要明确正确的指导思想，而且要吸收各学派之长。这种情况同马克思主义政治经济学资本主义部分形成中，批判地吸收资产阶级政治经济学各种学派的观点，还是有很大区别的。

上面说的研究任务是全面地掌握社会主义生产关系的规律的必要组成和准备。除此之外，我还想讲讲不属于这种根本任务的研究任务。

我们可以举出这样两种情况：

（1）有一些问题，对它的研究已经取得了结论，但是在有些人的头脑中却还存在一些糊涂或者模糊的观点，而且常常对实际工作发生不利的影响。这就要求我们在政治经济学社会主义部分的研究中，对糊涂和模糊观点予以进一步澄清。我们可以举外国资本家到我国投资兴办企业是不是国家资本主义性质的问题为例。这一个问题本来是没有什么研究价值的，因为它的答案很简单，即肯定是国家资本主义的性质。外国资本家到我国来投资，在列宁的《帝国主义是资本主义的最高阶段》里叫作"资本输出"，外国资本家也不隐讳这一点，也把这叫作"资本输出"。资本输出当然也就输出资本主义的生产关系，只是这种资本主义生产关系是在社会主义国家的主权下受社会主义国家管理的资本主义生产关系。把这种生产关系叫作社会主义国家中的国家资本主义，这样的道理本来是很清楚的，是用不着再进行研究的。我们欢迎外国资本家到我国投资，并不是因为我们认为外国资本家在我国办的企业不带资本主义性质，而是事先就知道它的这种性质,但是考虑到这样做对发展我国社会生产力有利,对发展社会生产力有利也就会对巩固和发展我国社会主义制度有利。这种政策是很长时期的,在当代,任何一个国家都不能实行锁国政策,外国资本家在我国投资办企业,对我国社会主义事业有利,因此就应该长期坚持下去。但是有一些同志囿于这样一种观念,形成这样一个逻辑:我们不会让资本主义在我国存在和发展,现在既然允许外国资本家在我国投资,大概不好说它是国家资本主义。我们当然没有必要在和外国人谈判时去讨论欢迎他们来办的企业的性质是不是国家资本主义这样一个带理论性质的问题。在制定有关欢迎外国资本家到我国来投资的法律的时候,也用不着写这样的问题。这也使一些同志产生了这样的企业是不是国家资本主义性质这样的问题。针对这种情况,也许需要经济学家写文章把这个问题说说清楚。说清楚这个问题,可以明确"社会主义的根本任务是发展社会生产力"这个历史唯物主义的观点,可以提高对对外开放政策的认识。但是在这里没有什么规律要我们去发现。

像这样的事情我想是不少的。

(2) 更多的是这样一种情况,那就是我们还要去研究社会主义生产关系运动、变化和发展的一般规律性在各种具体条件下如何表现的客观状况。这就是设定某些具体条件,然后要求我们回答:按照政治经济学社会主义部分的规律,这时候经济客观过程会是怎样的?这种情况可以和解数学题相比。在数学学习中,学生从书本中学得关于数学一般规律的知识,而在数学习题中则为学生设定了许多具体条件,要求学生去计算在这样的条件下会产生什么结果。在政治经济学社会主义部分这门科学中,也有这样大量的课题要做。在这些课题中,我们要考察的就不是一般的社会主义生产关系,而是具体的生产关系,和这种生产关系相联系的生产力也是具体的社会生产力。甚至可以假定我们准备采取某种行动,假定这种行动取得了成功,我们还可以设定其他多种条件,然后去研究事物会发生怎样的变化。这种研究通常是有实践目的的。但是在我们现在考察的范围内,做的还只是客观的研究,即我们要求做出的结论只是"客观的结果如何"这种科学的判断,还不是"我们主观上要怎么做"这种行动的方案,所以它还属于政治经济学社会主义部分研究的范围。

上面这两种研究,就其性质来说,是不会写进像政治经济学社会主义部分的教科书这样以阐明社会主义生产关系的一般运动、变化和发展的客观规律为其任务的著作里去的。不过我有一个想法,在政治经济学社会主义部分教科书的每一章后面,应该留下一些习题让学生去做。在习题中涉及的范围,不只是要学生思考书中讲的那些一般性规律，也包括上面两种研究的题目。

把上面这两种研究也算到政治经济学社会主义部分的研究中之后，这门科学的任务就不那么抽象了，需要政治经济学社会主义部分完成的任务也就大大增加了，社会需要政治经济学社会主义部分的人才也会大大增加。如果只研究政治经济学社会主义部分的一般规律，所需要的政治经济学家的人数是很有限的。在这方面，要求有高水平的经济学家，人数倒并不需要很多，但是如果把后两种研究加上去，所需要的人才的数目就要大大增加。

现在我们来讲第二个层次的问题，讲讲政治经济学社会主义部分的社会任务。

不久以前，中国马克思列宁主义毛泽东思想研究会在南昌召开了年会。会议要我去做一个报告，我选定了一个题目：《再论发展作为社会主义建设的科学的马克思主义》。所以叫作"再论"，那是因为1983年3月在北京举行的马克思逝世一百周年纪念学术讨论会上，我曾经以《发展作为社会主义建设的科学的马克思主义》为题做过一次演讲。"作为社会主义建设的科学的马克思主义"这个概念是我提出来的，我的基本思想是：马克思主义的质的规定性是科学社会主义，因为马克思主义的创始人以他们的哲学观点，研究他们当时的世界、当时的社会之后得出的结论就是科学社会主义。而科学社会主义发展到今天应该说有上下两篇，上篇是"社会主义革命的科学"。它是社会主义革命的科学基础，是指导社会主义革命使之取得胜利的科学，于是就有"作为社会主义革命的科学的马克思主义"。马克思主义建立后经过马克思主义者100多年的艰苦奋斗，到今天世界上已经有好几个国家取得了社会主义革命的胜利，在这些国家中建立起社会主义制度，进行着社会主义建设，建设社会主义文化。世界历史的发展，需要人们用马克思主义的哲学来进一步研究当代新社会、新世界，来研究在社会主义制度建立后的国家中社会主义建设的规律。它是社会主义建设的科学基础，起着指导社会主义建设的作用。这就是科学社会主义的下篇——"社会主义建设的科学"，于是就有"作为社会主义建设的科学的马克思主义"。马克思主义政治经济学社会主义部分是"作为社会主义建设的科学的马克思主义"的一个重要组成部分。因为按照历史唯物主义的原理，在一切社会关系中经济关系是基础。在发展作为社会主义建设的科学的马克思主义中，研究社会主义经济关系的政治经济学社会主义部分占据重要的地位。

我在1983年3月作这个题为《发展作为社会主义建设的科学的马克思主义》演讲的目的，是希望在纪念马克思逝世一百周年后能在我国加快这个"作为社会的另一个重要方面。关于社会主义国家对整个国民经济管理体制的定性和定量的研究,当然也属于政治经济学社会主义部分的范围。由于社会主义国家对整个国民经济的管理包括的范围非常广泛,举例来说,包括计划管理体制,劳动人事管理体制,财政管理体制,工商行政与对外经济关系管理体制等,因此关于社会主义国家对整个国民经济管理体制问题的分析研究,是十分复杂和困难的。

进一步讲政治经济学社会主义部分的一个社会任务是指导社会主义经济体制改革的问题。对社会主义经济体制进行分析是为完成这个任务做准备,最后的成果应该表现在论证怎样的经济体制对怎样的生产力的发展起何种作用。解决这个问题要事先做理论的研究,使理论能够指导实践。但常常在很大程度上是实践走在理论的前面,即由广大群众、广大干部在经济体制改革的实践中取得了成功,然后政治经济学社会主义部分的研究工作者对这种经验进行总结。这种总结即使是落在某种改革实践的后面,但是由于改革实践的发展是不平衡的,当我们从理论上对走在前面的改革经验给以肯定之后,这些经验的普及就可以给实践以很大的推动。而且我们还可以从已有的历史经验中总结出某些带有更普遍意义的结论,这对今后的经济体制改革可以起到更大更长远的指导作用。甚至有一些本来是不成问题的科学真理,如"社会主义最根本任务是发展社会生产力"这样的命题,也会因改革的实践经验的证明而更令人注意和信服。

我们知道,现在世界上几乎所有社会主义国家都面临着一个社会主义经济体制改革的问题。这个带普遍性的现象的产生,不只是由于生产力与生产关系的矛盾统一这个普遍性的历史发展规律起作用的结果,而且有它的具体历史原因。关于这个问题,我曾写过一篇文章发表在《中国社会科学》1985年第1期上,在这里不想多讲。我国也正处在这个改革时期,因此政治经济学社会主义部分要起指导我国社会主义经济体制改革的作用。这是这门科学的一个首要的社会任务。

第二,政治经济学社会主义部分对于社会主义经济建设事业的经营和管理起指导作用。

在讲这个问题之前,我想先把经营和管理这两个名词解释一下。

什么叫作经营?对这个名词,我现在下的定义是:"直接取得某种效益的社会实践,就是对这种效益的经营活动。"人们的社会实践是多种多样的,人们因此而取得的效益也是多种多样的。比如从事教育工作可以得到教育效益,从事医疗工作可以得到医疗效益,从事经济工作也就可以得到经济效益。现在我们问,是否从事教育工作、医疗工作就不能使人们获得经济效益呢?不是的。比如要取得较好的经济效益,就要有善于做好经济工作的人才,当进行教育工作取得教育效益，培养出这样的人才后，就可以使人们获得比较好的经济效益。同样，当一个人因为生病不能从事劳动时，他就不能通过劳动取得经济效益，所以取得医疗效益，也可以使人们获得比较好的经济效益。于是对某种特定的效益，比如对经济效益来说，就有能够直接给人们带来经济效益的社会实践，像生产活动或者商业活动等就是这样的实践，而从事教育工作、医疗工作只能间接地给人们带来经济效益。许许多多非经济实践都是这样。进一步说，就是有一些属于经济范围内的实践，也不能直接给人们带来经济效益。在这里我们可以举经济体制改革为例。实行经济体制改革可以给我们带来很大的经济效益，但这是间接的，因此我们把能够直接带来经济效益的社会实践叫作经济经营，以与经济改革相区别。经济改革只是为经济经营排除障碍和创造好的条件，而不能直接带来经济效益。经济改革能够间接地给我们带来重大经济效益，也就是因为它能为经营排除障碍、创造条件。

按照"经济经营就是直接取得经济效益的社会实践"这个定义，我们也可以把经济经营与经济管理两个概念区分开来，因为经济管理也是为经济经营排除障碍与创造条件的。经济管理、经济改革与经济经营的相互关系有一点相同之处，它们在本质上都是以一种适合于某一个国家、某一个时期社会生产力水平的与发展社会生产力的要求相适应的生产关系来促进社会生产力的发挥和发展。两者不同地方是后者着眼于改革现状，着眼于要使生产关系更适合于社会生产力发展的要求，而前者把改革当作已经解决了的问题，而着眼于保证改革中建立起来的经济体制充分地发挥其作用。当然我们这里说的管理既包括国家对国民经济的管理，也包括一个企业、一个单位内部的管理。

由于我们实行经济体制改革的依据，就是马克思主义的要使生产关系适合社会生产力发展这个原理，因此，指导改革所需要的科学是马克思主义科学，一般科学不占重要的位置。而在这里所说的马克思主义科学中，虽然包括上面我们讲的那个原理——它是我们进行改革的最基本的指导思想——但是要具体解决问题就不能不依据马克思主义的政治经济学尤其是其中的社会主义部分。如果对指导经济体制改革我们可以说这样的话，那么对管理就不完全一样。因为要做好管理工作，一方面要求掌握政治经济学社会主义部分的知识，使得我们的管理工作以正确的经济体制为前提，同时在建立正确的社会主义经济体制后还必须解决许多经济政策问题，因此仍需要马克思主义的科学的指导；另一方面还要依靠许多属于一般科学范围的知识，平常我们讲的管理科学中就有许多属于一般科学的东西。

至于社会主义经济经营的科学基础，也是既包括一般科学，又包括马克思主义科学。因为我今天讲的题目是政治经济学社会主义部分，所以在这里我不想讲一般科学的问题，而是讲讲社会主义经济建设事业为什么迫切需要政治经济学社会主义部分的指导，在指导社会主义经济建设的经营和管理上，政治经济学社会主义部分应该如何发挥作用，应多花一些力量在这个问题的研究上。

关于政治经济学社会主义部分对我国经济建设事业的经营和管理的指导，我们可以从1984年10月党的十二届三中全会的决定中找到不少具有很大说服力的例子。比如关于计划方面，在决定中讲的是改革问题，即社会主义国家对国民经济管理体制的一个侧面计划体制（它是属于生产关系方面的）进行改革的问题。同时决定中涉及计划方法，这是属于经营方面的问题。如何制定计划才合乎科学，这有一般科学问题，也有马克思主义政治经济学社会主义部分的问题。而在计划中应该如何协调各方面的利益关系，则是政治经济学社会主义部分要研究的问题。

关于以政治经济学社会主义部分指导社会主义经济建设的事业，我认为马克思主义经济学家应该多做一些工作，多花一些气力。在这里我们可以看到两方面的情况：一方面是几年来经济学家对这一学科的研究和讨论，对我国社会主义经济建设事业起了不少推进作用；另一方面，我国政治经济学社会主义部分的研究还很薄弱，有一些问题至今还没有研究清楚，这对我们经济建设事业的影响很明显。如果政治经济学社会主义部分能够解决这样的问题，也许可以胜过几千亿元的投资。现在有些人只懂得重视投资，重视物质的力量，不懂得重视理论，重视理论的力量。其实指导社会主义经济经营的政治经济学理论，作用是很大的。不论正确的或是错误的理论观点，都会对实际工作发生很大的影响。如果我们的研究能够得出正确的结论，那就可以指导我们的经济工作取得很大的经济效益。

在这里可以举社会主义再生产理论为例。在这个问题上我们的研究就很薄弱。现在我们马克思主义经济学者在讲这方面问题的时候，往往只知道去引用马克思在《资本论》第二卷里讲的那些道理，其实这是很不够的。《资本论》是马克思给我们留下来的宝贵财产，在《资本论》中有许许多多的东西对我们社会主义建设是有用的。但这本书终究不是为我们社会主义建设的需要而写的，不能满足我们社会主义建设的要求。《资本论》中所讲的内容，对于从中得出社会主义必然代替资本主义这个结论来说，是充分的；对于社会主义建设来说，它就是不充分的了，甚至是很不充分的。马克思关于再生产的理论，对于认识资本主义的基本矛盾，从政治经济学理论上分析资本主义的危机，是比较充分的，这个理论中的许多内容对于我们今天是有用的。但是，用这个再生产理论来指导我们社会主义建设事业，我认为就是不够的了。在资本主义制度下，我们的目的只是揭露这个制度的矛盾，证明这个制度的矛盾是它本身解决不了的，只有社会主义取代资本主义，才能解决这个矛盾。这时候我们的研究当然比较简单，只要有粗线条的研究就可以了。指导社会主义建设，粗线条的研究就不够了。比如，马克思在《资本论》第二卷中讲再生产理论时，只需要讲清楚生产与消费之间的矛盾在资本主义制度下不可能获得解决就可以了，因此可以只去研究两大部类之间的关系，而且可以把时间的因素舍弃掉。但是在社会主义建设中，我们研究再生产时怎么能把时间的因素舍弃掉？两个部类间、各部门之间、各企业之间的交换，在时间上的衔接就非常重要。如果甲部门在年初需要乙部门提供的原料，乙部门要在年末才拿出来，即使在数量上是充分的，也会使甲部门年初的生产陷于停顿。而且生产的过程需要时间，运输过程（克服空间距离）需要时间，进行交易还需要时间等。这些对于社会主义建设者都是非考虑不可的问题。我们研究社会主义的再生产，如果不去考虑时间的因素，那就没有办法把社会主义生产中的问题讲清楚，我们社会主义建设所需要的理论上指导，也就得不到。

有一个时期，有同志强调《资本论》第二卷的学习，在那个时候，我就讲《资本论》第二卷解决不了我们国家的问题，一定要研究政治经济学社会主义部分，一定要研究社会主义再生产的规律。我觉得这样的研究对于我国社会主义建设事业关系重大。研究得好，就可以使我们的工作收到很大的效益，有一些事我们就可以按照客观规律放心大胆去做；研究得不好，我们就不敢那样去做，只好摸着石头过河，走一步看一步。我自己就是这样谨慎小心的人。我常说，很可能是因为我们政治经济学社会主义部分的理论薄弱，使得我们在实践上不得不带有相当大的保守主义色彩。这不是因为我们愿意做保守主义者，但是在理论上没有把握，我们又怎样能轻举妄动呢？比如说，我们到底能够花多少钱，即银行的保险柜到底能开多大？对这个问题，现在似乎没有人从理论上做出很清楚的回答。由于在理论上没有解决，又不愿闯祸出乱子，我们在工作中也就不得不把自己放在一个保守的地位。我的这种看法比较早就形成了。1981年夏天经团联在大连开会，我就提出应该研究"社会主义投资与通货的理论"。我认为这个问题很重要。三年来，这个问题一直在我头脑里盘旋，但没能坐下来做这个研究工作。我感到这个问题提出后，似乎别的同志也没做很多工作，解决这个问题。

这只是一个例子，我想还可以举出不少别的例子来。我认为应该承认在我们马克思主义政治经济学的研究和教育中，有一些流行的观点并不是正确的。但是，很长时间以来，甚至直到现在它们还被许多人看作不应怀疑的。这样的观点，有些是对马克思主义的误解。

比如，有些人常常说马克思、恩格斯或者列宁对社会主义建设时期的工作主张这么做，不主张那么做，说他们有一个怎样的模式等，想用他们的话来反对我们现在根据实际情况要做的事。我认为这样做就是把他们看成空想社会主义者，没有把他们看成科学社会主义者。一个科学社会主义者，拒绝在资料不充分的时候，对未来做什么幻想式的设想。他所做的工作，总是从分析现实社会的矛盾中得出结论。还有些人不是从生产力与生产关系、经济基础与上层建筑的矛盾，不是从马克思主义者的根本任务是进行革命和建设以促进生产力的发展和社会的进步来看问题，而是从道德、正义等抽象的观念出发来谈问题。这样就把马克思主义看成空想社会主义了。这种观点也是很流行的，是不容易一下子让人们都弄清楚的。

总之，在今天我们特别需要研究社会主义的生产关系，根据社会主义建设的需要创造性地研究政治经济学社会主义部分，为指导我们社会主义建设提供理论基础。

应该注意到，我们和马克思、恩格斯处在不同的两个世纪，马克思逝世到现在已经过了一百年。我们和列宁也隔了半个多世纪，列宁逝世到现在也已经过了60年。而且我们是处在一个社会主义建设的国家当中，许许多多的没有为马克思、恩格斯、列宁研究过的问题，我们需要研究。

另外还有一方面情况，对于我们的政治经济学社会主义部分的研究有很重要的关系。那就是由于我们对马克思主义政治经济学发展得不够，现在有一些经济工作者从西方资产阶级经济学中去找指导我国社会主义建设的理论。资产阶级经济学中有些东西对我们是有用的，这一点我认为应该肯定。但是从根本上说，到他们那里去找解决我们问题的理论是不正确的。这并不只是出于我们对马克思主义政治经济学的信仰，而是因为这么说是一个真理。在这里不想多举什么例子来说明这一点，我只想指出在这种情况下，我们更有努力发展马克思主义政治经济学的必要。如果我们不去努力发展马克思主义政治经济学的社会主义部分，就会使得资产阶级经济学中不正确的东西不但在人们的头脑中发生越来越大的影响，而且会影响我们的实际工作，造成社会主义事业的某些损失。发展马克思主义的政治经济学社会主义部分，当然要用马克思主义的哲学——辩证唯物主义和历史唯物主义作为观察、思考、研究的工具，去研究建立起来的社会主义制度和它的变化，去总结社会主义建设的经验和马克思主义者对政治经济学社会主义部分的研究成果。这样的工作是最重要的。同时，资产阶级经济学当中某些有用的东西也要用马克思主义的观点去批判、去研究。把这种批判性的研究成果，作为发展马克思主义政治经济学社会主义部分的材料。我们不能对资产阶级经济学采取丢在一边、不去研究的态度，不能对某种有用的东西采取不吸收的态度，不能采取骂倒一切的态度，不能采取简单搬过来的态度，也不能采取拜倒的态度。对资产阶级的东西，还是一句老话，既不能骂倒，也骂不倒，也不应去拜倒。

在这里我想讲一个看法。在社会主义革命时期，我们马克思主义的政治经济学的社会任务是批判资本主义生产关系，论证未来的社会主义生产关系的合理性，为社会主义革命奠定理论基础。在资本主义制度下资本家当家做主，马克思主义的政治经济学不承担给资本家的经营管理提供理论根据的作用，我们马克思主义经济学家不会去给资本家当参谋，给资本家出谋划策。这就决定了马克思主义政治经济学资本主义部分研究的范围和内容，决定了哪些方面必须讲，哪些方面可以不讲，哪些方面要讲得细些，哪些方面不必细讲，决定了马克思主义政治经济学资本主义部分的面目。而资产阶级研究政治经济学资本主义部分的社会任务，一是歪曲资本主义生产的本质，为资本主义制度辩护，同时还承担着为资本家的经营和管理提供"理论基础"的作用。所以资产阶级的政治经济学资本主义部分，不但在观点上同我们马克思主义的政治经济学资本主义部分不一样，而且在涉及范围与讨论问题的详简上也不相同。

现在在政治经济学社会主义部分的研究上面，就出现了相反的情况。我们看到资产阶级的学者也研究政治经济学社会主义部分。他们研究这门学问的社会任务，仍是为他们的资本主义制度服务。他们想在社会主义国家中经济体制的缺点上做文章，把具体经济体制的缺陷说成是社会主义基本制度的缺点，从而从社会主义经济方面来论证资本主义制度的合理性。在社会主义制度下当家做主的是社会主义国家中的劳动者，而不是资本家，因此资产阶级学者不会关心为社会主义建设事业的经营管理提供理论基础。资产阶级学者不会给我们当参谋，给我们出谋划策。他们研究社会主义经济可能还有一个社会任务，那就是从我们社会主义建设中吸收一些对于资本家的经营管理有用的东西，这种研究成果会吸收到他们对政治经济学资本主义部分的研究中去。而在这时，由于我们做了新社会的主人，我们的政治经济学研究的社会任务变了。我们的研究不只是为了论证社会主义生产关系对资本主义生产关系来说有无比的优越性，坚定我们对社会主义事业的信念，同时还要为社会主义经济建设事业的经营管理提供理论基础。我们马克思主义经济学家就要承担为我国社会主义经济建设事业当参谋、出谋划策的任务。这样在政治经济学社会主义部分内容涉及的范围与讨论问题的详简上，就与我们研究政治经济学资本主义部分有很大的不同。

我觉得我们不少研究政治经济学社会主义部分的人，对这点还缺乏认识，而用马克思当时研究政治经济学资本主义部分的态度和方法来研究政治经济学社会主义部分。它的内容还侧重于批判，满足于把社会主义生产与资本主义生产做对比，而对如何进行社会主义经济建设事业的经营和管理的道理写得很少。结果使得一些人在研究我国社会主义建设的经营和管理时要到资产阶级的经济学中去找某些有用的东西。如果我们发展政治经济学社会主义部分这方面的内容，这门科学指导社会主义经济建设事业的作用会大大加强。

第三，政治经济学社会主义部分对于社会主义社会中居民生活方式的指导作用。

对这个问题我只是开始注意，还没有研究出什么道理来，因此只能讲一下这个题目，不想展开来讲。我只想讲社会主义制度下居民的生活方式应该接受科学的指导。而这里说的科学，既包括一般科学，也包括马克思主义科学——其中，当然包括马克思主义的政治经济学社会主义部分。

上面，我多次讲了一般科学与马克思主义科学。所谓一般科学，指的是无所谓马克思主义与非马克思主义的科学。这样的科学是不少的，自然科学中有，社会科学中也有。对这，我在别的场合已经讲了不少，今天最后附带地说几句作为上面我讲过的这两个名词的一些解释。

1985 年 1 月第二次讲座

政治经济学社会主义部分研究方法

内容提要

（一）不想着重理论的探讨，而想着重讲自己的体会。我从开始研究政治经济学社会主义部分（不算为斯大林《苏联社会主义经济问题》一书做注释的工作，那样的工作不能算什么研究）至今已有30年，应该对怎样研究这门学问的方法，说出些自己的体会。过去我没有做过这样的工作，只发表过这方面的意见。这次作每两个月一次的讲话后，才能这样去想。想的结果应该说有点体会，但自己的体会并不那么深刻。今天看来弯路走得还不少，现在也没有很好地解决方法问题。我希望对政治经济学社会主义部分做过多年研究的同志们，也能想一想自己在这方面的体会，进行一番交流。

（二）政治经济学社会主义部分研究方法，指的是在这个领域里进行研究要采用的若干特殊的方法。一般的科学方法论，甚至讨论一般的研究政治经济学的方法论，不是这里要讨论的题目。由对象和任务决定的研究这门学问的特殊的方法，才是我们所要讨论的。要抓住这种特殊性。但是特殊离不开一般，特别在一般的方法还没有获得解决的时候，有时就不能不回过头去讨论一下一般性的方法问题。总的来说，政治经济学社会主义部分的根本任务，是揭示它研究的对象——共产主义初级阶段生产关系的运动、变化、发展的客观规律性，揭示这种生产关系的形形色色现象背后的本质的联系。我们要考虑的最重要的方法，就是如何揭示这种规律的方法。

为了揭示客观规律，就要严格区分规律和非规律。规律是不以人们意志为转移的，随人们意志转移的就不是规律。这样一种观点应该说是不会有争论的。但是现在对政治经济学社会主义部分规律的叙述，往往不符合这个要求。比如关于按劳分配规律，有一本书里说："在整个社会主义阶段，是不以人们意志为转移的，"因此存在按劳分配的规律。理由是："（1）按劳分配是社会主义公有制的产物，又是社会主义公有制的实现。实行按劳分配，才能巩固和发展社会主义所有制。（2）按劳分配是改造资产阶级和其他剥削阶级分子的强制性的经济形式，一切过去的剥削者，只有把自己改造成为自食其力的劳动者，才是唯一的出路。（3）按劳分配有利于调动劳动者的积极性，多劳多得可以鼓励劳动者为社会主义勤奋劳动，积极钻研和掌握科学技术，努力提高劳动技能，从而提高劳动生产率。"经济规律也是不可能创造、改造、消灭的，除有新的社会经济形态出现或旧的社会经济形态被消灭。经济规律的作用也不可能被发挥或者被限制，只能是在一定条件下起作用的结果不同于在另外条件下起作用的结果，能发挥或者限制的东西也不是规律。

用这样的标准来考虑"价值规律""按劳分配规律""关于社会主义生产目的的规律"等，就可以看到在这方面存在一种混乱。

这一段说的就是一般方法，不是政治经济学社会主义部分研究的特殊方法。由于政治经济学社会主义部分对象的特殊性——社会主义的生产关系是人们有意识地建立起来的，劳动人民是社会主义国家的主人，在社会主义制度下有高度的组织性和计划性，许多活动都是有目的地进行的，使人们容易分辨不清事物发展的客观方面与主观方面。

（三）从对象来看方法，可以得出好几个方面的结论。从政治经济学社会主义部分的对象——共产主义初级阶段的生产关系是一个"大对象"这一点来说，在方法论上，就要努力全面地把握这个大对象。把握这么大的对象，如果对社会主义社会经济生活缺乏全面的了解，只靠对某些具体的经济现象作细微的调查，对这个学科的研究是无济于事的。对一个生活在社会主义制度下的经济学家来说，在日常生活中对社会主义制度下大量经济现象进行科学的观察，对各式各样具体材料的收集与掌握，对实际生活中暴露出来的矛盾的思考，在社会主义建设的实践中的体会与发现，是他研究这门科学的事实和经验基础。

由于政治经济学社会主义部分的对象是个"大对象"，因此这种研究必须建立在国家规模的经验总结的基础之上，甚至还要建立在世界上各社会主义国家的经验总结的基础之上。任何人都不能离开这种经验的总结来发展政治经济学社会主义部分。就现在我国的情况来说，各种社会主义建设工作经验总结得很不够，有许多工作都是一年一年地实践、一事一事地实践，而没有做每年每事的经验总结。这对于我们政治经济学的研究当然是很不利的。但是某种总结还是有的。只要是这种带总结性质的东西，政治经济学社会主义部分的研究工作者就要给予很大的注意。尽管不少总结有方法上的缺点、有逻辑上的缺点，有因为对自己责任的考虑或其他在认识真理范围外的考虑，在对待真理的态度上存在着某种缺点，有时代的局限性等，但都可以作为政治经济学社会主义部分研究的事实材料与思想材料。

其他经济学家写的有关政治经济学社会主义部分的论文、著作，对于一个想研究这门科学的学者是值得重视的。不论你认为这些著作的水平是高还是低，对这些著作中观点的评论可以丰富自己的论述。在对别人观点，特别是流行的观点的辩论中把自己的观点讲清楚，可以使人耳目一新。在这方面，马克思的工作方法是我们应该认真学习的。政治经济学社会主义部分的发展，离不开对这一学科研究的历史，这主要是马克思主义者的研究史，也包括非马克思主义者的研究史。

研究政治经济学社会主义部分要以历史唯物主义作指导。资本主义必将被社会主义所取代，而且我们生活在其中的国家，这种取代已经成为现实。我们要从共产主义初级阶段在人类社会发展史中的地位来把握这个阶段最基本的特征。当然我们也要从进入共产主义初级阶段后的大量社会经济生活中把握这个阶段最基本的特征。由于这个制度是我们用自己的手创造的，共产主义初级阶段的基本特征是不难掌握的。它不像资本主义制度下资本主义生产关系的基本特征带有某种神秘的性质。当然认识共产主义初级阶段的经济规律也不是没有任何困难的。特别是因为我们国家还处在共产主义初级阶段的初级阶段，处在这样的国家的经济学家要去把握共产主义初级阶段的经济规律确有某种困难。在认识这个基本特征上，我们要做的事是如何使自己的认识更加深刻些。某些传统看法有时起阻挠提高我们认识的作用。肯定商品关系与按劳分配一样也是标志着初级阶段生产关系特征的东西，就是屏弃了传统看法后获得的。

（四）政治经济学研究的是人与人之间的经济关系。政治经济学社会主义部分研究的就是在共产主义初级阶段上人与人之间的经济关系。这里我们所说的人不只是个人，而且包括人的各式各样的结合体乃至包括全社会。从政治经济学社会主义部分这个对象出发，在进行研究时就要经常想着人。而且要从理论上明确这门科学所研究的是什么样的人之间的关系。有些政治经济学的著作没有明确地把这一点作为研究的主要问题。提出国家、集体、个人三者间的关系是对的，但需要作进一步的分析。（1）国家与国家机关不是一个概念，国家机关又分作中央的和各级地方的。不论中央的或地方的国家机关又分部门，下面又有分属各部门的许多单位。在国家机关之间又有各式各样的纵向与横向的经济关系。各国家机关又与各式各样的集体和个人发生经济关系。（2）集体包括各种性质的个人的结合。企业单位、事业单位甚至在一定意义上属于国家机关性质的单位都可以看作集体。非经济组织的单位不好说它属于什么所有制形式，经济组织则分属各种不同的所有制形式。集体一方面与管理自己的国家机关发生关系，一方面与本集体内部的个人发生横向关系。（3）个人也分属某个集体的单独经营者，他们分属各个不同的地区和部门。个人的社会地位也是有差别，甚至有很大的差别。个人既与国家集体发生关系，也与其他个人发生关系。

在共产主义初级阶段，剥削者与被剥削者之间的关系已经不再存在了，但是人与人之间的关系却仍是很复杂的。研究政治经济学社会主义部分，就是要对这样复杂的关系进行研究，并且理出一个头绪来。

国家、集体、个人都是当事者，当事者之间的关系是直接的、现实的关系。在社会主义制度下存在全社会的利益。全社会的利益也是现实的，但不是直接表现出来的。在社会主义制度下的全社会利益和在私有制社会中全社会利益有不同情况。在私有制社会中全社会利益仅仅是客观上存在着的社会进步的利益，它是得不到社会公认的，它不能成为公认的最高的利益。而在社会主义制度下可以做到这一点。当事者的利益与各当事者的利益之间也存在一个"关系"问题。

在社会主义制度下的复杂的人与人的关系中，什么是最重要的？对这个问题做出明确的回答，是研究政治经济学社会主义部分方法时要解决的一个很重要的问题。在资本主义制度下最重要的人与人之间的关系，是雇佣劳动者与资本家的关系。细分才有各种类型的资本家之间的关系，才有资本主义制度下的土地所有者。在社会主义制度下最重要的人与人之间的关系，是否就是国家、集体和个人的关系，还是各当事者与全社会的关系？

人与人的关系，在社会主义制度下有互相帮助、互相合作、互相支持、互相服务的方面，而且这种互相合作关系是同志式的。但这并不排斥在社会主义制度下人与人的经济关系是一种利益的关系。互相帮助也就是互相使对方获得更好的利益。社会主义制度下的互助合作需要同时在利益上协调。

（五）从对象出发得出的又一个方法，是从共产主义B的经济规律具体化为共产主义初级阶段的经济规律，再具体化为共产主义初级阶段的初级阶段的经济规律。

共产主义初级阶段的生产关系既然是以共产主义B为基础，就要对共产主义B的规律进行探讨。这种探讨很有必要。这种研究使我们把共产主义B的经济运动规律与资本主义的经济运动规律区别开来。这方面的探讨并不很困难。现在政治经济学著作中指出的许多社会主义经济规律，就其内容来说实际上就是这种共产主义B的规律，如"社会主义基本经济规律"。也许有人认为这方面的问题都已经解决了，其实不是如此。关于国民经济有计划发展规律就是这样的例子。

但是政治经济学社会主义部分的对象不是抽象的共产主义B，而是共产主义B发展中的一个特定的具体阶段的生产关系。这个阶段的生产关系是在共产主义B这个基础上加上了本阶段特有的东西——按劳分配和社会主义商品生产。这个阶段的经济规律不是共产主义B的经济规律，这不但表现在有"按劳分配规律"这样的只适用于本阶段的规律，就是像"社会主义基本经济规律""国民经济有计划发展规律"等，在政治经济学社会主义部分中也会带有本阶段的色彩。如何根据政治经济学社会主义部分的对象来把共产主义B的经济规律具体化为共产主义初级阶段的经济规律，是我们要注意运用的一个方法。

政治经济学社会主义部分作为一门基础的经济科学，研究的是共产主义初级阶段的生产关系，它的科学成果应该是对一切处于这个历史阶段的国家普遍适用的。

对这个阶段的诸子阶段的研究，也应该属于政治经济学社会主义部分的内容，因为只有重视这种研究我们才能更接近现实，才能发挥理论对实际的指导作用。这个阶段究竟可以分作一些怎样的小阶段，是一个不容易讲清楚的问题。要研究这个问题需要对各社会主义国家都已经达到怎样的阶段作社会主义经济史的研究。研究这样的课题有利于对这种发展的规律性做出理论概括。至于共产主义初级阶段的初级阶段，这个历史的现实是我们可以亲身体会和观察到的。在我们国家进行这种研究有比较方便的条件。在我国的政治经济学社会主义部分的研究中应该具体化到这个程度。但是当我们在研究政治经济学社会主义部分一般规律性的时候,可以也应该把各社会主义国家中对于这种研究来说是非本质的东西和各子阶段的特殊的东西舍弃掉。这也可以看作抽象法的一种使用。

但是在政治经济学社会主义部分的研究具体化到初级阶段的时候,我们就要考虑把这个阶段的特有的东西,再加到初级阶段经济规律的研究中去。

(六)在讲政治经济学社会主义部分的社会任务的时候,我们讲到政治经济学社会主义部分不仅要研究共产主义初级阶段的基本问题,还要研究为指导经济体制改革和各项社会主义经济建设事业的经营而必须研究的许多政治经济学问题,这在方法上是不会和研究基本问题时相同的。

过去在探讨政治经济学社会主义部分研究方法的时候,考虑的往往只是研究这一科学基本问题的方法,而没有去讨论进行各种研究的方法。过去讨论方法问题的角度比较狭窄。应该说即使是对这一学科基本的研究也不能只限于一种方法。我们是马克思主义者,马克思主义者研究政治经济学有自己的立场、观点和方法。这一点对于马克思主义者来说是共同的,但是具体的研究方法不能不是多种多样的。马克思写了《资本论》,这本书强有力的逻辑力量、严密的科学性、占有材料的详尽等,都是我们研究政治经济学的楷模,对于后人研究政治经济学起了极好的示范作用。但是列宁写《帝国主义是资本主义的最高阶段》用的就不是《资本论》的方法。我认为研究同一个社会发展阶段的生产关系,都是为了寻找和阐明这种生产关系的运动变化发展规律,可以因掌握的研究资料不同、写作条件不同、对时间和空间的考虑不同等,而采取不同的方法,不应该在本来可以是多种多样的地方,即可以实行百花齐放的地方去争论是非,使我们在考虑采取何种方法的问题上思想受到束缚。当然可以研究在某种条件下为了达到某种目的,采用何种方法最为适当。按照《资本论》的模式写《政治经济学社会主义部分》可以尝试,但也可能不那样做更好,应该根据实际情况去创造研究和阐明问题的更适合的方法。

今天讲的题目是:政治经济学社会主义部分的研究方法。但是我不想讲有关方法的一些道理，而只想讲一讲自己的体会。

我接触政治经济学社会主义部分大概已有30多年了。从斯大林发表了《苏联社会主义经济问题》时起，我就对政治经济学社会主义部分发生了兴趣。回想起来，有三个发展阶段：第一个阶段是对斯大林的著作做一些注释性的工作。斯大林的书出版时，我还在《学习》杂志社工作，当时我们组织了一些人，对斯大林的著作一条一条地进行解释，回答他书里提出的问题。那时，我对斯大林还是很崇拜的。尽管我认为自己还是能独立思考的，但实际上，思想却难以跳出斯大林的框框。应该说，这种注释工作算不上什么研究工作。我真正开始从事政治经济学社会主义部分的研究工作是在苏共二十大以后。苏共二十大在我国理论界的确发生了很大的影响，解决了对斯大林的个人迷信问题，解除了许多思想上的束缚。从1956年起，我们的许多同志就开始写政治经济学社会主义部分的教科书。"政治经济学社会主义部分"这个名词也是那时定的。这是苏联《政治经济学教科书》之后的事。在1956年以前，我曾写过一篇有关规律问题的文章，也可以看作与其有关的研究工作。回忆起来，在那段工作中，我研究政治经济学的方法有这样几点：第一，由于解除了对斯大林的个人迷信，所以做了一些对斯大林《苏联社会主义经济问题》一书的批判性研究工作，对书中出现的一些明显的问题提出了批评性的意见。例如，当时我对"有计划按比例"这种提法提出了自己的看法。这些文章后来都收入了《政治经济学社会主义部分探索（一）》。但当时我提出问题的范围还局限在斯大林提出的问题范围之内，也就是说并没有在斯大林提出的问题之外提出其他的问题。第二，在苏共二十大和毛泽东同志发表《论十大关系》之后，中国的经济理论研究工作比较活跃，发表了许多理论研究性的文章。其中孙冶方同志发表了很多意见。我与孙冶方同志在一系列问题上观点是一致的，但在许多问题上也有意见分歧。所以，我在那时写了许多不指名地与孙冶方同志辩论的文章。当然也包括与其他一些同志的观点辩论，但主要是针对孙冶方同志的观点写的。比如对于贯穿政治经济学的红线问题，孙冶方同志主张是以"最少的劳动消耗取得最大的效果"；而我认为这一问题固然重要，但它是另一门学问研究的对象，不是政治经济学的研究对象。收入我的《政治经济学社会主义部分探索（一）》一书中的"漫谈有关政治经济学研究对象和方法的一些问题"这篇文章，就是针对孙冶方同志的上述观点写的。又比如，孙冶方同志强调"社会主义生产的目的是价值"，而我强调"社会主义生产的目的是使用价值"。因为如果生产出来的产品实物量相同，价值越多，劳动消耗便越大。价值在这里是个消极的因素，不是个积极的因素，并不是生产出来的东西价值越大越好。在使用价值量不变的情况下，价值越小越好。在价值问题上，我与孙冶方同志一直有不同的意见。我的这个观点一直保留到现在。在孙冶方同志逝世前两年，我与他约好，要在一系列问题上互相点名批评。他要求在十个问题上互相点名批评一番。我想了一下，也差不多在十个问题上，我的观点与他是尖锐对立的。后来由于时间来不及，只在"生产劳动和非生产劳动"这个问题上与他交了锋。在他病重的时候，我连续用了五个通宵的时间赶写出了批评他这方面观点的文章，并把草稿送到他的床前，履行了我俩订的"合同"。

"文化大革命"前，我研究政治经济学社会主义部分的方法就是针对苏联《政治经济学教科书》和我国理论工作者文章中的观点发表我自己的意见。这是一种可以采用的方法。马克思在研究剩余价值学说时也是采用这种方法，即读了别人的著作后对著作进行评论。《剩余价值学说史》就是这样产生的。

我认为政治经济学社会主义部分的对象是共产主义初级阶段的生产关系。这是一个大对象，要用对待大对象的方法对待它。用研究个别问题的方法来研究这个大对象是无济于事的。要研究大对象就必须对共产主义初级阶段的生产关系有一个全面的了解。因此要从对各种问题的全面观察和对各种著作以及材料的总结来研究。"文化大革命"前，我就是用这种方法来研究政治经济学的。这是第二个阶段。

第三个阶段是"文化大革命"以后。当然"文化大革命"的十年期间是不可能进行研究的。粉碎"四人帮"之后，对毛泽东同志的个人迷信也解除了，的的确确可以全面地、独立地研究一些问题了。"文化大革命"后，我在研究政治经济学的方法上与以前有一点不同。以前读别人的政治经济学著作比较多，现在因为时间不够用，这一点做得不好。现在主要是通过对经济体制改革和社会主义建设中出现的现实问题的研究，从中悟出一些政治经济学的道理。1977年以来，我就是用这种方法在政治经济学的研究中取得一点进展的。这样做有一个好处，就是提出的问题和悟出的道理都是比较重要的，缺点是研究国内外经济学家的著作少了。在社会科学规划中我承担了一个项目："政治经济学社会主义部分马克思主义研究史。"有很多同志参加这一工作，正在分门别类地收集资料。这个工作十分重要。如果不对十月革命以来全世界各国如何研究马克思主义的情况有一个全面的、细致的掌握，就不可能真正做好政治经济学社会主义部分的研究工作。

现在回想起来，我所悟出的那些道理有些并不深奥。但是有那么一段历史经验，有那么一段实践，悟出的道理就感到充实了。例如，"四人帮"批判唯生产力论,而我从中悟出的道理是,唯生产力论是马克思主义的,马克思主义者就是唯生产力论者。我们社会主义最根本的目的就是发展生产力。这个问题从1977年到现在,还是一个最根本的问题。我们衡量一切是非,就应该从这个问题来着眼,包括国家资本主义在今天重新登上我们国家的历史舞台。国家资本主义问题重新放在我们理论工作者讨论的桌面上,它的根据就是要发展生产力。发展生产力是最根本的任务。社会主义的革命是为了发展生产力;社会主义的建设也是为了发展生产力。剥削不剥削的问题也是这样。如果说我们忍受一定程度的剥削对发展生产力有利,我们就自愿地、自觉地、主动地忍受一点剥削。引进外资,外国人在中国开工厂,如果说它没有剥削,我觉得马克思主义经济学就没法讲了。它不但有剥削,而且是地地道道的剥削,是地地道道的外国资本对中国人民劳动的剥削。但是这种剥削我们应该接受,因为它对我们发展生产力有利。对发展生产力有利,就对我们社会主义事业有利。就这个问题来说,"四人帮"反对唯生产力论,我们就主张唯生产力论。从1977年起,我就承认自己是唯生产力论者。应该说这个问题对我的政治经济学研究方法是有重要意义的。

十一届三中全会以后,经济体制改革问题的提出,对我们政治经济学的研究是一个很大的推动,启发我们思考很多政治经济学问题。生产关系有一般的和具体的。谈经济体制改革问题就会扩充政治经济学研究的对象。政治经济学社会主义部分是研究整个共产主义初级阶段的一般的生产关系,这些一般的生产关系不仅对我们中国有用,也对世界上所有处于共产主义初级阶段的国家有用。它是一般的生产关系。但是我们也不能把对政治经济学社会主义部分的研究仅仅局限在一般的生产关系上,也还有一个具体的生产关系问题。我们不能把一般和具体的问题割裂开来。我们研究世界的现象,就要把世界的具体也考虑进去。于是就发展了这样一种观点:社会主义经济制度和社会主义经济体制是两个不同的概念,是两个不能混淆的概念。这是从改革的问题中提炼出来的,应该用两个词来明确区分这两个概念。随着体制改革的深入发展,就提出了这样一个问题,即一个具体的生产关系应该怎样做更细致的划分呢?在"文化大革命"前,我没有考虑过这个问题。孙冶方同志逝世前,我与他总结我们之间的关系时说过:由于我在"文化大革命"前,也就是在我的研究工作的第二个阶段中,"我是在中宣部工作,在意识形态部门工作,是做理论工作的,没有做过实际的经济工作,对体制改革问题的感受很浅。因此,对你提出的体制改革的问题只是一般地表示赞成,并没有花什么力量来支持你。"文化大革命"以后,这一情况变了。我不在意识形态部门工作了,我除了思考意识形态方面的问题外,也思考实际经济工作中的问题，也关心中央和地方负责同志关心的问题，所以对体制改革的问题比较清楚了，对你过去关于体制改革的看法，认识也提高了，我们今后将宣传你对这些问题的看法。"由于自己在这方面认识的提高，就开始对体制改革方面的一系列问题进行研究了。我对社会主义生产关系进行了分析，认为社会主义经济体制划分为两部分：一部分是社会主义所有制形式结构，即社会主义制度下有多少种所有制形式，它们在整个经济中各占多少比重，相互间是什么关系？这些合起来，就叫社会主义所有制形式结构。另外一个部分是社会主义国家对国民经济的管理制度。所以我认为，把经济体制和经济管理体制放在一块讲是不合适的。管理体制只是社会主义经济体制的一个内容。这也是因为社会主义经济体制改革的提出，我在政治经济学方面才有的考虑。

在"文化大革命"前，我不赞成"国民经济有计划按比例"的提法。我在《政治经济学社会主义部分探索（一）》里面发表了有关的文章。我认为把社会主义国民经济有计划发展的规律，说成是有计划按比例发展的规律，是把社会主义国民经济有计划发展的范围大大缩小了。比如，现在就出现了一个问题。我们现在有计划地进行体制改革来促进生产力的发展，这算不算是国民经济有计划的发展呢？当然算。但是和按比例没有什么关系。"有计划地发展国民经济"包含的内容很多，比如有计划地发展教育科学事业以促进经济的发展，这很难说成是按比例。"有计划按比例"的提法把"有计划"的问题局限于一种"平衡"的问题上去了，使我们对有计划的认识大大降低了。我们今天不仅仅是按比例的发展。按比例的发展是重要的，但不能用"有计划按比例"的说法把"有计划"的意义和范围缩小。这一政治经济学的判断，也是我在体制改革问题的启发下明确起来的。

关于什么样的生产关系先进，什么样的生产关系优越，"一大二公"是不是先进和优越的问题，体制改革也启发了我们。评价一个生产关系先进、优越与否，并不根据它是不是大、是不是公来判断的，而应该根据它是否适合生产力的发展来做出评判。这样的观点也是在实行体制改革的实践中产生的。

谈到经济调整，就有这样一些问题，即应该怎样看待我们的物价？怎样看待通货膨胀？怎样评判我们投资的多少？这是一些很复杂的问题。我目前还拿不出这方面的研究成果。但是我提出一个问题，就是我们必须研究社会主义经济的投资与通货理论，必须研究货币在社会主义制度下的作用。这个问题是在1981年在团联的会上提出的。我认为那个货币量关系的等式，对我们研究物价问题的作用是不大的。它是一个非常简单的恒等式，而且永远是恒等的。但实际的价格问题和实际的通货问题比它要复杂得多。按说货币贬值引起的物价上涨应该是物价的普遍上涨,因而单一商品的价格上涨是无法用货币量的多少来解释的。对这个恒等式意义的考虑也是借助于当前提出的问题进行的。

又比如《资本论》第2卷中的再生产公式,我认为对于我们研究社会主义问题来说是帮助不大的。《资本论》的再生产平衡理论,第一部类与第二部类等,对于研究资本主义的积累与消费的矛盾,研究资本主义基本矛盾本身的不可克服性,对于为社会主义革命提供理论依据来说是充分的,而对于我们社会主义建设来说,这个公式是不充分的。因为它既没有时间的因素,又没有空间的因素。因此必须研究我们社会主义的投资与通货理论。由此就考虑到社会主义制度下货币的职能问题。第一,它是组织生产流通的工具;第二,它是管理和监督生产流通的工具;第三,它是分配社会财富的工具。

另外,在各方面都重视经济效益的情况下,我提出了这么一个政治经济学的问题,即当事者的经济效益和全社会的经济效益的问题。政治经济学社会主义部分的对象是生产关系。所谓生产关系就是生产中人与人的关系。因此就有一个什么人和什么人的关系问题。马克思早在《雇佣劳动与资本》中,就研究了雇佣劳动者和资本家之间关系这一政治经济学资本主义部分要研究的最根本的实质性问题。当然后来又细分了一下,资本家分成若干种,有资本化了的土地,资本家化了的地主以及土地所有者。社会主义制度下我们所考虑的也应该是研究什么样的人与人之间的关系。提出这样的问题是很重要的。我们要研究的人与人之间的关系是国家与集体、国家与个人、集体与个人、国家、集体与个人的关系。我认为国家、集体和个人都还是当事者,国家有国家的利益,集体有集体的利益,个人有个人的利益。当事者的经济效益就是某个当事者来谋取、获得的效益。那么当事者的经济效益,也就是现实的人的经济效益,很可能就是政治经济学要研究的对象。但是研究这些对象时还要涉及一个全社会的经济效益问题。全社会的经济效益是没有当事者的。但它是客观存在的,可以从科学上来论证。这个问题也是结合现实中复杂的人与人的关系而提出的。经济要有活力,就有必要允许竞争,这就考虑到我们的协作还是不是主要的,我们人与人的关系还有没有同志式的协作关系这样一个主要方面。如果有,那么我们政治经济学对研究这种同志式的合作关系是不是应更进一步。比方说,同志式的相互关系并不排除相互间利益上的关系。因此,同志式的合作关系还要靠相互利益上的协调来巩固。现在就有这样的问题,各种协作如果不从利益上协调,就会是以高风格的协作开始,以低风格的扯皮散伙结束。在社会主义生产关系中不仅仅有利益关系,但是仍然要承认存在着利益关系。这个问题也是我们在政治经济学中要长期探讨的一个问题。也因为要搞体制改革，强调商品经济，就有一个问题要提出来，即商品经济是不是社会主义社会的基本特征。比方我归纳的：社会主义＝生产资料归社会公共所有＋（按劳分配＋社会主义商品生产）这一经济学的重要公式，也是在这样的背景中提出来的。又比方说，1978年年底我就提出，深圳特区建设中有个级差地租问题。罗湖和九龙之间的这条线如果是完全封闭的，那么深圳土地的级差地租就和广州相联系，如果这条线是宽松的，那么深圳土地的级差地租就和香港联系起来了。就是说，我们如果放宽前面的线，一下子把深圳土地的级差地租提高，我们国家就可以从中收取效益。从我们现在城市的建设中，也可以提出级差地租的问题。我们城市中因级差地租提高而得到的利益，应归国家所有，城市不能捧着金饭碗要饭吃。这也是从实际生活中提出的问题。

有一些同志讲共产主义的理论和实践，提出了共产主义和按劳分配的问题，使我感觉到对共产主义的问题一定要做分析。笼统地讲，共产主义问题对我们的实际工作没有好处。共产主义必须分成共产主义A、共产主义B、共产主义C。有不同意义上的共产主义，把它们不加分析地笼统地算作共产主义就会出现许多问题，带来许多思想上的混乱。共产主义A就是包含在原始共产主义和资本主义崩溃以后的共产主义中共同的东西。共产主义A并不比私有制进步，因为原始共产主义社会比私有制还差嘛。这是很简单的抽象。共产主义B是共产主义初级阶段和共产主义高级阶段共同的那个共产主义。这个共产主义在我们今天就存在，因为我们是共产主义初级阶段。所以，不能说今天仅仅有共产主义因素。列宁讲的从资本主义到共产主义的过渡，说的就是过渡到共产主义B。我们在"大跃进"的时候就糊涂了，认为要过渡到共产主义C了。共产主义C是在共产主义高级阶段特有的。在今天我们的社会中，认为就有共产主义C的因素，认为在共产主义初级阶段就有共产主义高级阶段的因素，我认为是长期"左"倾思想所导致的一个错误，尤其是我们今天是处在共产主义初级阶段的初级阶段，或者叫作社会主义的初级阶段，如果说就具有共产主义高级阶段的因素，就好比是说小孩就有老人的因素的逻辑一样，是错误的。在共产主义初级阶段的最后阶段，人到中年了，那可以说有老人的因素了。从这个重要问题中可以启发出许多重要思想。比方说，不计报酬的劳动态度是不是共产主义高级阶段的因素呢？不是的。共产主义高级阶段就没有劳动报酬，因此也就没有不计报酬的劳动态度。

如果把社会主义革命的科学叫作科学社会主义的上卷，那么它的下卷就是社会主义建设的科学。我们处在社会主义建设时期，就需要发展社会主义建设的科学。所以我们就要发展"作为社会主义建设的科学的马克思主义"。这种马克思主义应该能够指导社会主义建设时期的改革,应该能够指导社会主义时期的经济建设和经营,应该能够指导社会主义社会居民的生活,应该能够指导党和各种社会组织的建设。政治经济学社会主义部分就属于作为社会主义建设的科学的马克思主义的一个重要的组成部分。

作为社会主义建设的科学的马克思主义的重要组成部分的政治经济学社会主义部分,不能仅仅有批判,应该能够起指导我们的改革、指导经营、指导人民生活、指导党和社会组织建设的作用。在马克思写政治经济学资本主义部分的时候没有这个任务,没有一个要替资本家出谋划策的任务,因此它完全是批判性的。而我们现在的政治经济学仅此是不能满足建设要求的,所以要有一个转变。我认为从主要是批判的科学转变为建设的科学是一个不小的转变。我曾讲过,现在有许多人对资产阶级经济学很感兴趣,要知道它是为资产阶级出谋划策的,而我们却没有拿出可以为社会主义建设出谋划策的自己的经济学。我们还只是在批判,总以为讲到我们的优越性就够了。但是,政治经济学社会主义部分应该为我们提供建设的办法。从这样的观点上讲,现在关于价值规律的观点就太不行了。

政治经济学作为建设的科学,要研究的问题太多,在这方面做得不够,也是我的一个缺点。

我认为政治经济学研究的方法是十分重要的,但是过去对方法的讨论都太一般化了。因此,我就从我研究政治经济学三个阶段的体会角度,谈一点对方法的感受。我们从事政治经济学社会主义部分研究工作的人,都应该认真研究一下它的对象、任务和方法,这是一些必须解决的问题。每个同志都有自己的体会,大家都来反省一下、交流一下,会有好处。

下面对方法问题从理论方面提几点看法。

第一,政治经济学社会主义部分的研究方法,指的是对这一领域研究的特殊方法,不是一般的方法。那么,政治经济学社会主义部分的研究方法是由什么来决定的呢?我认为是由它的对象和任务决定的。我们要讨论的就是由这些对象和任务决定的特殊方法。因此,我们在研究方法时要抓住这种特殊性。但是特殊又离不开一般,尤其在一般问题还没有解决的时候,就不得不返回去讨论一下一般方法的问题。总的说来,政治经济学社会主义部分的根本任务是揭示它的对象——共产主义初级阶段的生产关系的客观规律,揭示现象之间的本质联系。

要揭示客观规律,就要区分规律与非规律。规律是不以人的意志为转移的。因此,以我们意志为转移的就不是规律,而是原则,原则是我们定的。我们要按照按劳分配的原则办事,那么按劳分配就是个原则。现在政治经济学教学和研究中一个工作是应把经济工作中的原则一条一条地搞出来。1983年12月在昆明办《社会主义经济建设常识读本》第一期研究班的时候,我就提出来应该搞出社会主义经济建设中的原则若干条。我们并不是要立法,但是我们想应该把它们明确下来。这个问题在理论界就不怎么明确。规律与原则不同,规律不可能被创造,不可能被消灭,除非生产关系本身不存在了。经济规律的作用不可能被发挥,我从来不同意"发挥经济规律作用"这样的说法。同样,规律的作用也不可能被限制。关于规律的问题,我曾在一本书里讨论过。

上面所说的还是一般方法,不是特殊方法,那么为什么还要讲呢?因为社会主义生产关系有一种特殊性。它是我们通过革命创造出来的,我们的许多活动都是有计划、有目的、有组织地进行的,这就容易发生主观和客观分不清的问题,而对政治经济学的研究来说,这种区分是必要的。

第二,从对象来看政治经济学。政治经济学面临一个大对象,要全面地把握它。如果对政治经济学社会主义部分缺乏全面的了解,只靠对某些个别现象作细致的调查,对这个学科的研究是无济于事的。对于一个生活在社会主义经济制度下的经济学家来说,研究这个问题有很好的条件,可以用科学的方法全面观察大量社会经济现象,可以收集和掌握各式各样的资料,对现实生活中暴露出来的矛盾要有所思考,要在自己从事的社会主义建设的实践中有所发现。所有这些,是我们研究这门学科的事实基础和经验基础。

政治经济学社会主义部分要研究的是一个大对象。因此,我们就要从世界规模的事实和经验的基础上来把握它的规律性。但是,目前我们经济学工作者面临着一个很大的问题,这就是即使在我们中国的范围内,也未能对我们进行的经济活动和实践活动进行很好的总结。出现了哪些问题,用什么方法解决的,效果如何等,没有进行全面、细致、深入地总结。这是一个使政治经济学社会主义部分的研究面临严重困难的问题。没有全面的总结,就无法提出问题,难以了解全面情况,那还怎么研究其中的规律呢?由此看来,对实际经济工作的全面总结是一个非常重要的工作。这是一个少数人难以做好的工作,要有许多人来做好它,为政治经济学社会主义部分的理论研究提供事实的、经验的和观察的依据。

当然,我们不能说一点总结也没有,但做得不好,也不够。这里面有逻辑、方法等方面的原因,也有其他一些原因。有了好的总结,就有了有价值的思想材料和事实材料。理论工作者要注意和运用这些材料,同时也要注意别人的和各方面的观点和论文。政治经济学社会主义部分的研究成果要靠大家共同来创造。

研究政治经济学社会主义部分有一个方法，这就是要从共产主义初级阶段在人类发展历史当中的地位来把握共产主义初级阶段的特征，也要从经济生活中把握。这并不是一件十分困难的事情，我们正处在这样一个阶段中。这个阶段是我们创造的，我们完全有能力去了解它，它没有什么神秘性。我们要努力做到的，是在共产主义初级阶段的特征方面不断加深认识。当然，我们会受到传统思想的束缚，阻碍我们提高认识。比如说对商品经济的认识问题，由于我们过去只注意到共产主义初级阶段个人与社会组织之间有旧社会的痕迹，没有注意到组织与组织之间的旧社会痕迹，结果只注意了按劳分配问题，没有重视商品生产的问题。因此，我们要克服这种阻碍，要屏弃这种看法。

第三，政治经济学是研究人与人的关系的。共产主义初级阶段的人与人之间的关系，不只是个人与个人之间的关系，是由各种各样的人结合起来的关系，乃至全社会的关系，从这种对象出发来研究政治经济学社会主义部分，就要经常想到人。不能只看到抽象的关系和范畴，要把握住活生生的人，不能把具体的人从对象中丢掉。要从理论上把这种对象性明确下来：是怎样的人，怎样的人与人之间的关系。有些理论研究工作者不重视这种对象和这种关系。现在提出的国家、集体、个人的关系是一个非常重要的关系。我们应该明确国家、国家机构是两个概念。国家机构有中央的、地方的，有上下级机构，也有部门间的机构关系，有纵的、有横的，也会有个人和国家机构的关系。实际工作中讲条条块块讲得很多，而它在政治经济学中的地位很低，这是一种非常不好的现象。一个社会中人与人之间的关系、个人与集体间的关系是十分复杂的，作为政治经济学研究的对象，应该占有十分重要的地位。集体中有各种性质的结合。非经济单位属于什么样的所有制关系呢？我认为，这里不存在属于怎样的所有制关系问题，它不在所有制问题范畴之内。所有制概念是一个经济概念，经济单位才有所有制问题存在。又如，集体的关系有：（1）与个人的关系；（2）与国家的关系；（3）与其他集体和个人的关系。个人的关系有：（1）属于经济集体与非经济集体的关系；（2）属于集体与不属于集体的关系。不同个人的社会地位有差别，有些政治经济学的书就不讲这些问题。

第四，从对象出发还可以得到另一种方法。政治经济学社会主义部分的研究要从共产主义 B 的规律具体到共产主义初级阶段的规律。研究生产关系要以共产主义 B 为基础，政治经济学社会主义部分的研究工作要从共产主义 B 开始探讨。这样做，可以使我们把共产主义 B 的经济规律与资本主义的经济规律区别开来，因为共产主义 B 是一种抽象，可以与资本主义的经济规律对立起来。这是可以做到的，而且是简单的。我们的政治经济学教科书上讲的规律，从方式上说不是共产主义初级阶段的规律，而是共产主义B的规律。共产主义B的规律看起来很简单。比如，国民经济有计划的发展规律是属于共产主义B的规律。它虽然简单，但有必要讲清楚，有必要进行研究。政治经济学社会主义部分要探讨的规律是共产主义初级阶段的规律，不是共产主义B的规律，共产主义初级阶段的特征不仅表现在具有共产主义初级阶段的规律，它也具有共产主义B的规律。在政治经济学社会主义部分的研究中就应该把它具体化，这一点往往讲得过少。比如说，国民经济有计划发展的规律，共产主义初级阶段有，高级阶段也有。共产主义高级阶段存在有计划发展的规律，在共产主义B也可以讲，但这是很抽象的、一般的。如果具体到共产主义初级阶段的规律，就有所改变，十二届三中全会决定中讲的就是这个问题。我讲的计划经济规律不是一般的规律，我们讲的是与共产主义高级阶段不一样的规律。如果假设中没有共产主义高级阶段这个前提，就是没有共产主义高级阶段这个前提下的规律；有这个前提，才谈得上共产主义高级阶段的规律。过去，我们总是离开这样的前提去谈规律，而应该明确它只是共产主义B的规律，不是共产主义B和共产主义C共有的规律。所以研究工作要具体化，现实向我们提出了这样的问题。至于如何具体化，我还没有结论。但是，这样研究，就可以把问题结合起来。社会主义的基本经济规律，如果讲的是共产主义初级阶段的问题，也不能是现在这样讲的，而是要把它具体化。我们处于共产主义初级阶段的初级阶段，所以就要考虑共产主义初级阶段的初级阶段的问题。什么是它的规律？如果研究这个问题，在政治经济学社会主义部分的研究中就不得不考虑共产主义初级阶段的初级阶段的问题。作为政治经济学研究的内容，以共产主义初级阶段为主，但是，这个问题也要具体化为共产主义初级阶段的初级阶段问题。

第五，在讲到政治经济学社会主义部分的任务时，我讲过不仅要研究基本问题，而且要研究具体问题，如体制改革、经营等。当然我们研究的对象是社会主义的生产关系，研究的方法是对客观事实方面的研究。对所有属于政治经济学社会主义部分范畴的问题都要研究，不仅要研究政治经济学的基本问题，还要研究尚未列为基本问题的具体问题。过去，我们只注意基本问题，没有看到具体问题也要研究，而且是用不客观的方法对待具体问题，往往是讲主观方面应怎么做。"应该"是主观的，黑格尔哲学与康德哲学的区别就在这里。应该先讲客观，后谈主观，不能没有对客观的研究而去讲"应该"。

就方法而言，用什么方法是个百花齐放的问题。当然马克思主义者应该用马克思主义的方法研究问题。但是,马克思主义的方法也是多种多样的,马克思写《资本论》是用一种方法,列宁写《帝国主义论》用的是另一种方法。在百花齐放的问题上不应过分强调是与非。这样会对研究工作形成束缚。政治经济学的研究人员很多,但往往在研究上受束缚,什么东西教起来都要有一个大纲,但其正确性又很值得怀疑。还有一个标准答案,标准答案不应束缚研究和教学。教育工作是创造性的工作,结果往往搞成非创造性的工作。研究工作不应受认识因素之外的影响,研究工作者应该按照取得真理的方法去思考与实践。

1985年3月28日第三次讲座

《社会主义经济建设常识读本》
中讲得不充分的新观点

《社会主义经济建设常识读本》现在出齐了。回过头来一看，有一些新观点没有讲充分，现在我利用办这个学习班的机会，来做一点补充。

一、在改革中选择生产关系的标准是看它能否最好地促进生产力的发展，要坚持这样的一元论

微量改革是非得失的标准是什么？这个问题在十二届三中全会决定里讲得非常明确。文件里是这样讲的：社会主义的根本任务就是发展社会生产力，就是要使社会财富越来越多地涌现出来，不断地满足人民日益增长的物质和文化需要。社会主义要消灭贫穷，不能把贫穷当作社会主义。必须下定决心，以最大的毅力，集中力量进行经济建设，实现工业、农业、国防和科学技术的现代化，这是历史的必然和人民的愿望。全党同志在进行改革的过程中，应该紧紧把握住马克思主义的这个基本观点，把是否有利于发展社会生产力作为检验一切改革得失成败的最主要标准。

这个检验"一切改革得失成败的最主要标准"的观点，《读本》的作者一直是坚持的、赞成的。但是在写《读本》的时候，没有把这一点突出出来。社会主义最根本的任务是发展社会生产力，满足人民的需要，这一条是我们研究经济体制改革的历史、分析经济体制的现状和了解经济体制改革当中的问题，以及展望体制改革前途的一把金钥匙。党在回答在改革中选择生产关系应该以什么为标准的问题时，坚持这样的一个观点是以马克思主义的历史唯物主义原理和马克思主义政治经济学原理为理论基础的。大家非常熟悉马克思在《〈政治经济学批判〉序言》中写的关于生产力和生产关系、关于经济基础和上层建筑、关于社会革命那一段话。我不想再全部摘引，但是摘引其中一段对我们正在讨论的问题并不是多余的。那就是："物质生活的生产方式制约着整个社会生活、政治生活和精神生活的过程。不是人们的意识决定人们的存在，相反，是人们的社会存在决定人们的意识。社会的物质生产力发展到一定阶段，便同它们一直在其中活动的现存生产关系或财产关系（这只是生产关系的法律用语）发生矛盾。于是这些关系便由生产力的发展形式变成生

产力的桎梏。那时社会革命的时代就到来了"❶。在这个《序言》里又指出："无论哪一个社会形态，在它们所能容纳的全部生产力发挥出来以前，是决不会灭亡的；而新的更高的生产关系，在它存在的物质条件在旧社会的胎胞里成熟以前，是决不会出现的。"❷ 马克思就是根据这样的理论在资本主义走下坡路的时候提出社会主义革命这个历史任务的。马克思分析了资本主义制度下不可克服的内在的矛盾，科学地指出资本主义的生产关系由于社会生产力的发展，从社会生产力发展的形式变为它的桎梏，因此社会主义革命的时代就到来了，而我们正是领会了马克思的这个道理而成为社会主义者的。我们成为社会主义者就是为了谋取社会生产力的解放，此外我们不知道别的原则。

现在我们提出的问题是在社会主义革命后，对生产关系选择的问题。社会主义革命本身就是对生产关系的一个选择，就是选择了社会主义的基本制度。但是在社会主义革命取得胜利后，选择生产关系的事情并没有结束，还有一个在社会主义经济占绝对优势的前提下是否完全不允许非社会主义经济成分在一定范围内存在的问题，还有一个社会主义的具体制度（我们把这种具体的社会主义制度叫作社会主义的经济体制）问题需要解决好。那么在选择社会主义的具体制度时，我们要根据什么原则、什么标准呢？这就是上述十二届三中全会决定里讲的那一段话所陈述的思想。一句话，还是马克思讲的原则和标准。除了这个原则和标准，是不是允许别的原则、标准和它平起平坐呢？党中央的决议认为不能，它指出只有根据"是否有利于发展社会生产力"这一条。社会主义的根本任务只有一个，就是发展社会生产力，不能有两个。党中央文件的这个立场就是马克思主义的"一元论"的立场。在这里我们就要这样的"一元论"，不要"二元论"。过去我们就吃了"二元论"的亏。比如在"文化大革命"中，有时也讲发展社会生产力，但有时候又批，反对"社会主义的根本任务是发展社会生产力"。当然并没有这么直接了当地说，打的是"以阶级斗争为纲"，批判"唯生产力论"的旗号，而实际上反对的就是这个马克思主义的原理。在长达20年之久的搞"左"的那一段时间里，在讲发展社会生产力时还讲别的原则，使它和发展社会生产力这个根本任务平起平坐。比如，一方面要发展社会生产力，一方面又讲要"一大二公"。在选择社会生产关系时，除了口头上有时还讲一讲要有利于发展生产力，同时还要看我们所有制形式"大"不"大""公"不"公"。"大"了、"公"了就

---

❶ 马克思：《〈政治经济学批判〉序言》，《马克思恩格斯选集》第2卷，第82-83页。
❷ 马克思：《〈政治经济学批判〉序言》，《马克思恩格斯选集》第2卷，第83页。

好，而且越大越公就越好。如果"大"和"公"与发展社会生产力有矛盾，那就不讲以发展社会生产力为标准，而只讲"一大二公"这一条。1961年安徽省委书记曾希圣等人提出要推行"包产到户"，就受到严厉的批判。当时"包产到户"对发展生产力的好处，已经有若干事例可以证明了，可是这一点没有被理睬，就是因为它"小"，它"私"，因此被认为是倒退，是"复辟"，不许再这么干，在舆论界挨批。结果就把"包产到户"这样一个促进社会生产力发展的好的经济体制给压住了。一直到20多年后，开过十一届三中全会，才给"包产到户"恢复名誉。我说过，如果认为对"天安门事件"的平反，是"实践是检验真理的唯一标准"这个马克思主义哲学原理在政治上的一次胜利突破的话，那么"包产到户"就是"实践是检验真理的唯一标准"这个马克思主义哲学原理在经济上的一次突破。后一个突破的实质就是恢复了把发展社会生产力作为我们衡量经济体制的主要标准，坚持了按照这个标准办事的"一元论"，而不允许在这个标准之外还有一个"一大二公"的标准和发展社会生产力的标准平起平坐。按照这个原则实行改革的结果非常令人鼓舞。这个事例是这个马克思主义原则最为生动的一个例证。

现在当然不再讲什么"一大二公"了，但是应该说，在这一点上人们的思想还没有完全解决。"一大二公"的口号虽然不提了，但是还有别的东西想和这条马克思主义的基本原则平起平坐。所以1984年6月30日邓小平同志在接见到北京来开中日民间人士会议的日方委员时，特别强调"社会主义阶段的最根本任务就是发展社会生产力"。如果今天不存在这个问题，我想小平同志就用不着讲这番话了，十二届三中全会也用不着把这样的话写进去了。是什么东西取代"一大二公"，还在和"社会主义阶段的最根本任务就是发展社会生产力"争平起平坐的地位呢？"社会主义国家里不允许存在人剥削人的现象"，大概可以算为一条。"社会主义就是消灭剥削"，这一条的确是天经地义的。但这一条说的是社会主义的根本性质，在社会主义生产关系中不存在剥削，说的是我们要建立的那个社会。但是我们今天还生活在社会主义的初级阶段，我们要考虑的是如何尽快地发展社会生产力，在一定程度上受一点剥削如果对于发展社会生产力有利，是可以接受的，不能把剥削作为衡量是非的标准。比如我们今天实行对外开放政策，让外国资本家来办厂、办企业，他们没有劳动却把我们的钱赚去了；或者我们借外国人的钱，向外国人支付利息，都是我们国家受剥削的事实。要说这不是剥削，我认为是说不通的。那么既然是剥削，为什么我们还欢迎呢？而且我们还要强调对外开放，欢迎外国资本投到中国来这是长期的国策呢？除非你反对利用外资的政策，否则你就得承认，原则上在一个社会主义国家不是绝对不允许剥削的。因此剥削和不剥削就不应是衡量改革是非得失的标准。标准还是要看是否有利于发展我们的社会生产力，是否有利于我们社会主义的巩固和发展，所以我们不但不怕受这个剥削，而且是我们主动地来提出、主动地来接受一定程度对我们社会主义发展有利的剥削的。现在它是我们经济技术比发达国家落后那么远的情况下不可避免的现象。等到将来我们国家发展起来以后，受剥削这个问题也就随之自然而然地解决了。可是不少人头脑里，总把不能受剥削，不能允许剥削作为一个原则放到与发展社会生产力的原则平起平坐的位置上，从而又回到"二元论"的思想上去了，这种想法有一个认识根源，那就是以脱离实际的道德原则代替历史唯物主义原则和政治经济学原则来看问题。马克思主义不是道德社会主义，而是科学社会主义。

我们再问：在按照对发展社会生产力是否有利的原则去选择生产关系时，应该做怎样进一步的考虑才能做到完全正确呢？一是要对这里说的有利于社会生产力的发展，不是从一时的结果来看。我们的眼光要看得更远一点，要分析得更具体些。政治经济学的一个根本的任务就是要研究某种生产关系在某种社会生产力的条件下对已有社会生产力的发展究竟会起什么样的作用。只有做了这样的政治经济学的研究，我们才能判断究竟选择什么样的生产关系最好。所以关于选择何种生产关系不仅是要遵循历史唯物主义的原理的问题，而且是要遵循政治经济学原理的问题。在必须按照历史唯物主义原理这个问题解决之后，对此进行政治经济学的研究就成了主要的问题。一定要按照对具体事物进行具体分析的态度来做这种政治经济学社会主义部分的研究。简单抽象地、轻率地说哪一种生产关系可以被允许，哪一种生产关系绝不允许其存在，都不是科学的态度。

二、我国改革后建立起来的应该是充满活力的社会主义经济体制

十二届三中全会《决定》里提出：我们这次改革的基本任务，是建立起具有中国特色的、充满生机和活力的社会主义经济体制，促进社会生产力的发展。"具有中国特色"这几个字在党的十二大邓小平同志的开幕词里明确地提了出来，这当然至关重要，而这个提法中"充满生机和活力"这几个字，是这个《决定》里出现的完全新的语言。我们对体制改革说了这样那样许多话，用"充满生机和活力"几个字来形容社会主义经济体制，在过去的文献中还没过。"充满生机和活力"就是有一种很活跃的力量，去促进社会生产力的发展。社会主义经济制

度本来就应该是充满生机和活力的，但是由于体制上的弊端，使社会主义基本经济制度本来固有的这种特性没有得到发挥。社会主义经济体制可以有充满生机活力和不是充满生机活力的区别。在十一届三中全会前，我国的经济体制就不是充满着生机和活力的经济体制。那样的经济体制就是我们这场经济体制改革的起点，也可以说是我们进行体制改革的对象。而建立充满生机和活力的社会主义新体制，就是通过体制改革使得社会主义基本制度所具有的优越性能够得到充分的发挥。从十一届三中全会到十二届三中全会六年多的时间里，原有的经济体制起了一定的变化，像农村的联产承包制就是充满生机的一个新事物。它对我国农村的发展起了十分重大的作用，从而推进了我国社会生产力的发展，虽然还要不断向前发展。家庭联产承包制是新的农村合作化的起点，农村中的生产关系不会停留在这个地方，但它同在这几年改革中发展起来的其他新事物一样，不再是这次改革的对象了，而是我国这次改革继续前进的基础。从整体来说，我国的经济体制改革还处在初步阶段，这几年进步虽然大，但是应该说一直到今天，缺乏活力的旧的经济体制在许多方面还存在着，离体制改革完成的时间还很远，建立充满活力的新体制的任务还十分艰巨。

现在我们经济学工作者要解决这样一个问题：活力在政治经济学社会主义部分中究竟从何产生。我曾经把对一个国家经济发展问题的评价分作"水平""实力"和"活力"三条。举例来说，人均产值、人均国民收入等指标就是反映一国经济水平的。一个同等水平的小国和大国，经济实力是不一样的。经济实力就是一个国家能够动员出来进行某一项建设，或者从事某一重大行动的经济力量。而活力则是指它的发展的势头是蓬蓬勃勃的，还是停滞不前的。经济发展的速度就属于活力这个范畴。我国的经济体制要解决的一个根本问题，就是活力问题。有了比较强的活力，水平低的可以比较快地发展到水平比较高的，实力小的可以比较快地变成实力比较大的。但这只是就水平、实力和活力的表现来说的。如果我们要探讨活力的实质，那么我们就要分析上层建筑、生产关系对生产力起促进作用的机制。我认为不同的上层建筑、生产关系对生产力可以起不同的作用，就是因为在不同的上层建筑和生产关系的条件下，劳动者的积极性和劳动者能否很好地组织起来进行生产的情况并不是一样的。当我们分析社会生产时，生产力的两个要素，劳动者和劳动手段（也就是生产工具）是既定的，是历史形成的，但它们是可以发展的，是今后社会生产的出发点和基础。其中人是最活跃、最革命的因素，这是我们一直讲的道理。在这里我们应该再加上这样一条，那就是活力大小总是活生生的人的状况，因为只有活的东西，才有活力。这个活力可以因生产关系适合生产力状况的改进而增加，也可以因上层建筑方面的改进而增加。上层建筑方面的这种改进，或者通过生产关系，或者直接对生产力发生作用。政治经济学社会主义部分的一个重要任务，就是要对这种机制做出具体的分析。由于社会就是组成为社会的活生生的个人，社会主义劳动者个人的积极性、主动性、创造性，可以因为生产关系和上层建筑方面的原因生机盎然，也可以因为这方面的原因在很大程度上失去了活力。在这里是有客观规律可循的。

三、怎么看待所有权和经营权分离的问题

十二届三中全会的《决定》提出："过去国家对企业管得太多太死的一个重要原因，就是把全民所有同国家机构直接经营企业混为一谈。根据马克思主义的理论和社会主义的实践，所有权同经营权是可以适当分开的。"

有的同志问：怎样理解所有权同经营权适当分开？这里说的"适当"的界限是什么？有人认为，所有权归国家，是不能分割的，而经营权是可以适当分割的。还有人认为，所有权和经营权都应该在国家和企业之间适当分权。哪一种理解对呢？或者都不对？

这些问题怎么回答呢？我认为要讲清楚关于所有权经营权问题，应该分四个层次来回答。首先要讨论"所有"和"经营"这两个概念的含义，接着讨论"所有者"和"经营者"这两个概念，然后再讨论在所有者和经营者不是同一个主体时各自的地位、权力、作用，他们得到的利益，最后才是所有权和经营权的一般论述。

"所有"是个经济学概念，不是一个法学概念。"所有"和"占有"的概念不一样。

什么叫占有呢？就是说东西是属于某个主体（可以是个人，也可以是集体或国家）的意志活动专有的领域，我可以使用它，也可以不用它或者滥用它，但是不允许有别的意志来支配我占有的东西。

这里说的是完全的占有。但事实上存在占有权在不同的主体之间的分割。比方地主把一块农田租给了佃户。在租约期内，佃户可以去使用它，即去耕种它，地主不能去干涉佃户，一定要他种什么，不种什么。因此就将一部分的占有权暂时让给佃户。但是租约里并没有允许佃户在这块土地上挖土造砖，所以佃户对这块土地的暂时占有也不是完全的。而地主如果不把这块土地租出去，他爱做什么就可以做什么。

尽管有时可以有两个或两个以上的主体部分地占有同一个客体，但是所有者

对客体的占有从根本上说是完整的。因为可以租让出去,也是他占有权的实现,他可以租出去,也就可以收回来(下面我们讲的永佃权例外),只是暂时把使用权(它是占有的一个内容)让给别人而已。

"所有"的基础是"占有",但是"所有"不等于"占有"。占有在概念上可以同占有者的经济利益不发生任何关系。我占有了某个东西,即使这种占有没有给我带来经济利益,这个"占有"也成立。要说"所有",只有这一点就不行了。"所有"必须和经济利益结合在一起,只有同经济利益挂钩的"占有",才是经济学上讲的"所有"。我"所有"的东西是能给我带来经济利益的东西。因此"所有"是人和人的经济关系,总有它的经济内容。因此,现实的"所有",总是在一定社会经济形态下的"所有"。社会主义制度下"生产资料归国家所有"包含的经济内容就很多。上面说的地主把农田租给农户,通过收取地租的形式取得经济利益,这农田就成了地主的财产,也就成为地主所有的东西。在德文中,财产和所有是一个字,而不是两个字,这两个概念的同一性就表现得很清楚。

在这里我得讲清楚,上面说"只有同经济利益挂钩的'占有',才是经济学上讲的'所有'""这个话,是不那么确切的",因为"挂钩"这样的语言太宽泛了。准确的说法要做一番科学抽象才能达到。这就是当人们取得一定数量的经济利益后,比方说,一个自耕农在自己的土地上务农,他收到的经济利益经过抽象分析可以分成两部分,一部分是如果这地是租种别人的也可以得到的;另一部分是由于土地是自己的才能得到的。所以上面说的经济利益,准确地说是仅仅凭借对土地的占有而获得的那一种。

讲了"所有",接着再讲"经营"。那么什么叫经营呢?

我对经营下的定义是:"直接取得经济效益的社会实践。"对某事物的"所有"带来的经济效益,总是要经过某种取得效益的社会实践,即经过经营才能取得。我这个关于经营的定义是适用于多种社会实践的,在这里只讲经济经营,即直接取得经济利益的社会实践。

在上面举的农业的例子里,不论是自耕农还是佃农,为了种田而进行的劳动,包括耕地、插秧、田间管理、收获,以及购买生产资料,出卖农产品等活动,都属于"经营"的范围。只有从事这些经营,农产品才能生产出来,收到实物的收入,并在出售后收到货币的收入。

清楚了"所有"与"经营"两个概念的区别,也就可以清楚"所有者"和"经营者"是两个不同的概念。

既然从事经营就上面我们对某物的占有和所有来说,就是使用这某物来从事取得效益的社会实践。我们就把从事这种实践的人叫作经营者，而把仅仅依据对某物的占有而取得利益的叫作所有者。当然经营者可以同所有者是同一个主体，上面说的自耕农就是属于这种情况。经营者也可以和所有者不是同一个主体，在上面说的地主出租土地给佃农耕种的例子里，所有者是地主，经营者就是佃农。在后一种情况下，经营者也占有某物，这种占有我叫它为"经营性占有"，即经营此物属于自己意志专有的领域，而且借助于这个占有取得经营的利益，否则他就不是一个与所有者相异的主体。但他是靠自己的经营实践取得利益的，而所有者取得的利益，是他把经营中取得的经济利益的一部分交给所有者的结果。如果经营者不交出这一部分，按照所有者的含义，所有者就不成其为所有者了。经营者的作用就是经营，就是凭借经营取得自身的利益。而所有者的作用就是仅仅凭借其所有权取得自身的利益。所有者和经营者不属于同一个主体的道理，除了可以从地主出租土地这一个例子中看得很清楚，还可以从马克思《资本论》中分析资本主义企业中仅仅拥有资本的资本家和经营企业的资本家（如股票持有者与企业经营者）间的关系时，所讲过的那些话里了解到。十二届三中全会通过的《关于经济体制改革的决定》里讲的根据马克思主义的理论，指的就是这方面的论述。

现在我们可以一般地讨论所有权和经营权的问题。这里所说的"权"，严格说来是法律上确定的"权"，但是在立法工作不很完善的情况下，也不一定明文规定，而只是表明一种人们承认的事实。本来所有与经营、所有者和经营者就是不相同的概念，不同的概念就无所谓分开与否的问题。但是在所有者与经营者不是同一个主体的情况下，所有者和经营者对待生产资料的关系上有各种情况。我觉得关于所有权与经营权分开最突出的一个例子是我国旧社会农村中的永佃权。在这种情况下，土地永久归佃户使用，土地所有者仅有收取租金的权利，连要回土地的权利都没有。在这种情况下，实际上所有者的所有权就不再是完整的了。完整的所有权应该包括把生产资料收回的内容，因为有了这一条才能保证所有者能够充分获得自己的利益。

现在我们讨论的不是一般的所有权和经营权，而是一个非常特殊的问题。那就是社会主义国家所有制企业的所有权与经营权的问题。

这是一个什么性质的问题呢？

社会主义国家所有制企业的所有权属于谁呢？当然属于国家。那么它归谁来经营呢？这个归谁经营的问题就是经营权属于谁的问题。现在按照要进行改革的思想，企业应该归企业来经营，即经营权归企业。但是原有的体制不是这样。在旧的体制下，企业当然有权经营自己的企业，但是它的上级（不仅是顶头上级，而且包括上级的上级）有权对企业的经营进行干预。因此在这里实质性的问题是谁是经营者的问题，企业能否作得了本身经营的主，还是企业只作得了一部分的主，甚至当家作主的权不大。当然社会主义国营企业所得的利益要按照国家的要求，交给国家。这一点表明所有权还是国家的，因此人们现在就说所有权与经营权分离开来了：所有权是国家的，经营权是企业的。由于上级对企业的经营还不是完全不能干预，所以在文字上就表达为所有权和经营权适当分开。

现在我们再来讲讲，这样表述在理论上会遇到的一些问题：

（1）使企业拥有更多的经营权，也可以说是企业所有权属于国家的一个表现。因为在这里较大的经营权是国家给予的，如果国家本来就没有这种授予权，就不能进行这种授予。凡是可授予的东西，除非受到某种契约的制约，如上述永佃权的情况，是可以收回的。所以现在我们说的所有权与经营权分开，并不意味国家放弃部分的所有权，因为所有权就包括授予企业更多的权力在内。

（2）国家在理论上能够成为所有者，因为除了个人和企业利益外，还可以有国家的利益。这种利益是经营者通过经营取得的。国家能不能成为经营者呢？我认为从理论上说，国家作为一个整体成不了经营者。可以成为经营者或者可以拥有部分经营权的只能是某个经济管理机关，直到很上层的经济管理机关。但它还不是国家本身。所谓国家经营，实际上就是这样一些国家机关在经营。现在我们强调这些机关减少对企业经营的干预，让企业有更多的经营权。当然这些机构应该进行适合它们职能的经营。在《关于经济体制改革的决定》中讲的政府机构管理经济的八条职能，就是政府机构经营的方向。就其对企业的关系来说，主要包括管理和服务。管理（包括计划、人事等）和服务（如信息服务），都不是干预企业的经营。这里仍是企业经营权属于谁的问题。

（3）关于利益分配方面，在直接由国家某个机关经营的企业中，企业经营好坏，不仅影响上缴给国家的税收，而且影响它上缴给国家的盈利，国家机关经营的企业的盈利多少直接就是国家收入的多少。这是它同其他只向国家缴纳税金的企业不一样的地方，这也是所有者同经营者是同一个主体的一种表现。在利改税之前，一般的国营企业都是这样，而在利改税之后，向国家缴纳利润的企业就成为少数的了。这就在所有者同经营者是否同一个主体上有了一种新的变化。

四、社会主义制度下首先是相互援助、相互支持,还是首先是竞争

近年来大家都已肯定,在社会主义制度下并不完全排斥竞争。在社会主义企业之间允许竞争,对于促进企业改善经营管理是大有好处的。关于社会主义协作,那是以前我们一直强调的。两者之间的关系,是一个值得探讨的问题。十二届三中全会接触到这个问题,《决定》里讲道:社会主义企业之间的关系首先是互相协作、互相支援的关系,但这种关系并不排斥竞争。

这里讲了两个问题:一是确认协作在社会主义制度下的首要地位。社会主义制度下存在同志式的互助合作关系,这一条是应该肯定的,是社会主义同资本主义的原则区别。这一点不是什么新思想。但是过去政治经济学教科书里只是简单地讲讲这条原则,不去进一步研究其中的问题。现在十二届三中全会《决定》把它和竞争问题联系在一块讲,多少有了一点新的意思。这里面有一个在协作、支援和竞争的积极作用之间相比较、相联系的问题。关于两者各自的地位,《决定》还是讲首先是协作和支援。协作和支援对竞争来说是有优先地位的,这一点《读本》是肯定的。因为社会主义企业之间相互协作和支援是社会主义原则里面不可缺少的一条。但是有一个问题也要特别注意,就是协调企业之间利益的问题。这要在协作当中很好地加以解决,否则互相协作、互相支援就得不到应有的发展,不能长久进行下去。如果不很好地协调利益关系,这个协作和支援就可能是以高风格原则开始,最后是低风格扯皮、终止协作结束。对竞争和协作的关系,《读本》没有这样联系起来讲,是应该加进去的。

还有一个问题是承认社会主义制度下存在竞争。过去认为社会主义企业之间不存在竞争,现在既然承认了社会主义制度下商品经济要发展,存在着商品也就必然存在着竞争,因此应该在理论上承认社会主义企业之间的竞争。实践的结果也证明,这种竞争是有利的。它可以鼓励先进,促进落后的赶先进。但应指出社会主义条件下允许的竞争,它的目的、性质、范围和手段,与资本主义竞争都是不同的。在竞争中容易出现消极现象,如本企业为了加强自己的经济地位,取得本单位、本部门的利益,有可能把自己掌握到的先进技术、市场信息加以垄断,不让别人知道,因而使得先进技术得不到普遍推广。应该尽量发挥竞争的积极作用,为此就要想出一些好办法来。但是肯定在社会主义制度下可以进行竞争这件事在我国的时间并不长,经验还很少,因为其客观的规律性——指的是区别于资本主义制度下竞争的客观规律性,还未能比较充分地显示出来。这一点要在对整

个社会主义经济运行机制的研究有了更多的成就后才能做到。

五、重视消费的地位和作用

《决定》里强调了消费对生产的决定作用。我们一直讲生产对消费的决定作用，这是对的。不把物质产品生产出来，居民消费什么？消费在质上、量上都由生产决定。但是如果只讲生产决定消费，而不讲消费也决定生产的道理，也是不对的。社会主义生产目的就是为了满足居民消费的需要，提高人民的消费水平。离开消费，生产就成了没有目的的行为。老是压抑消费，生产就没有办法增长。生产当然要依靠消费，有什么样的消费要求才生产什么。关于这个问题，马克思在他的《〈政治经济学批判〉导言》里有整个一节讲生产和消费的关系。

在这里不妨引几段："生产直接是消费，消费直接是生产。每一方直接是它的对方。可是同时在两者之间存在着一种媒介运动。生产媒介着消费，它创造出消费的材料，没有生产，消费就没有对象。但是消费也媒介着生产，因为正是消费替产品创造了主体，产品对这个主体才是产品。产品在消费中才得到最后完成。一条铁路，如果没有通车、不被磨损、不被消费，它只是可能性的铁路，不是现实的铁路。没有生产，就没有消费，但是，没有消费，也就没有生产，因为如果这样，生产就没有目的。消费从两方面生产着生产：

（1）因为只是在消费中产品才成为现实的产品，例如，一件衣服由于穿的行为才现实地成为衣服；一间房屋无人居住，事实上就不成其为现实的房屋。因此，产品不同于单纯的自然对象，它在消费中才证实自己是产品，才**成为**产品。消费是在把产品消灭的时候才使产品最后完成，因为产品之所以是产品，不是它作为物化了的活动，而只是作为活动着的主体的对象。

（2）因为消费创造出**新的**生产的需要，因而创造出生产的观念上的内在动机，后者是生产的前提。消费创造出生产的动力；它也创造出在生产中作为决定目的的东西而发生作用的对象。如果说，生产在外部提供消费的对象是显而易见的，那么，同样显而易见的是，消费**在观念上提出**生产的对象，作为内心的意象、作为需要、作为动力和目的。消费创造出还是在主观形式上的生产对象。没有需要，就没有生产。而消费则把需要再生产出来。

与此相应，就生产方面来说：

（1）它为消费提供材料、对象。消费而无对象，不成其为消费，因而，生产在这方面创造出、生产出消费。

（2）但是，生产为消费创造的不只是对象。它也给予消费以消费的规定性、消费的性质，使消费得以完成。正如消费使产品得以完成其为产品一样，生产使消费得以完成。**首先**，对象不是一般的对象，而是一定的对象，是必须用一定的而又是由生产本身所媒介的方式来消费的。饥饿总是饥饿，但是用刀叉吃熟肉来解除的饥饿不同于用手、指甲和牙齿啃生肉来解除的饥饿。因此，不仅消费的对象，而且消费的方式，不仅客体方面，而且主体方面，都是生产所生产的。所以，生产创造消费者。

（3）生产不仅为需要提供材料，而且它也为材料提供需要。在消费脱离了它最初的自然粗陋状态和直接状态之后，如果停留在这种状态，那也是生产停滞在自然粗陋状态的结果，消费本身作为动力是靠对象作媒介的。消费对于对象所感到的需要，是对对象的知觉所创造的。艺术对象创造出懂得艺术和能够欣赏美的大众，任何其他产品也都是这样。因此，生产不仅为主体生产对象，而且也为对象生产主体。

因此，生产生产着消费：①是由于生产为消费创造材料；②是由于生产决定消费的方式；③是由于生产靠它起初当做对象生产出来的产品在消费者身上引起需要。因而，它生产出消费的对象、消费的方式和消费的动力。同样，消费生产出生产者的**素质**，因为它在生产者身上引起追求一定目的的需要。

因此，消费和生产之间的同一性表现在三方面：

（1）**直接的同一性**：生产是消费；消费是生产。消费的生产。生产的消费。政治经济学家把两者都称为生产的消费，可是还做了一个区别。前者表现为再生产；后者表现为生产的消费。关于前者的一切研究是关于生产的劳动或非生产的劳动的研究；关于后者的研究是关于生产的消费或非生产的消费的研究。

（2）每一方表现为对方的手段，以对方为媒介，这表现为它们的相互依存，这是一个运动，它们通过这个运动彼此发生关系，表现为互不可缺，但又各自处于对方之外。生产为消费创造作为外在对象的材料；消费为生产创造作为内在对象、作为目的的需要。没有生产就没有消费；没有消费就没有生产。这在经济学中以多种多样的形式表现出来。

（3）生产不仅直接是消费，消费也不仅直接是生产；而且生产不仅是消费的手段，消费不仅是生产的目的，就是说，每一方都为对方提供对象，生产为消费提供外在的对象，消费为生产提供想象的对象，两者的每一方不仅直接就是对方，不仅媒介着对方，而且，两者的每一方当自己实现时也就创造对方，把自己当作对方创造出来。消费完成生产行为，只是在消费使产品最后完成其为产品的时候，在消费把它消灭，把它的独立的物体形式毁掉的时候，消费使得在最初生产行为中发展起来的素质通过反复的需要达到完美的程度的时候,所以,消费不仅是使产品成为产品的最后行为,而且也是使生产者成为生产者的最后行为。另外,生产生产出消费,是在生产创造出消费的一定方式的时候,然后是在生产把消费的动力、消费能力本身当做需要创造出来的时候。这第三项所说的这个最后的同一性,经济学在论述需求和供给、对象和需要、社会创造的需要和自然需要的关系时,曾多次加以解释。"❶

因为过去引证得少,讨论得少,我在上面引得多一些,为的是我们应该仔细地研究一下关于生产和消费的一般的相互关系。这一大段讲得很全面,研究这一段话,可以帮助我们全面地、准确地了解生产和消费的相互关系。而过去在这个问题上就有不少片面性,比方过去我就有这样一种看法,认为用不着重视消费,消费的理论也不值得研究,认为消费是用不着科学指导的。如果不改变这种想法,就会使社会主义生产的目的性不明确,也会使生产得不到强大的推动力。这种轻视消费的观点,直到现在还是存在的。不顾生产的可能,片面强调消费,那当然是不对的。超过了生产可能的过高的消费意愿,是不可能实现的。在积累和消费的比例关系上,消费基金过大,就会影响扩大再生产的规模,这也是不行的。同时强调消费的意义,这是十二届三中全会《决定》的一个新的内容,而且是有针对性的。总的说来,由于我国底子薄,还要强调艰苦奋斗、勤俭新中国成立,为了将来的利益不得不牺牲一些眼前的利益。不论经济发达地区或者不发达地区,都要重视这一点。

在消费问题上,依我看现在人们的看法相当不一致,因此值得展开一些讨论。在讨论中要有分析的态度,比方说,穿西装本身和工厂里用许多钱去买西装发给工人并打入成本就是两回事。前者是穿着上的多样化,后者是随意扩大消费基金。

同消费相联系就有一个重视生活方式的问题。过去我们有时也讲到生活方式,但只讲反对资产阶级生活方式。这是从消极方面提出问题,没有从积极方面提倡在我们国家需要建立和发展的生活方式。十二届三中全会《决定》指出:我们"要努力在全社会形成适应现代生产力发展和社会进步要求的,文明的、健康的、科学的生活方式。"这个问题的提出是跟我们的经济体制改革分不开的。《决定》认为:"经济体制的改革,不仅会引起人们经济生活的重大变化,而且会引起人们生活方式和精神状态的重大变化。"究竟什么样的生活方式才是文明的、

---

❶ 马克思:《〈政治经济学批判〉导言》,《马克思恩格斯选集》第2卷,第93-96页。

健康的、科学的？什么样的生活方式是落后的、愚昧的、腐朽的？这些东西又有什么样的表现？要作怎样的努力？这些问题我想还会有不同的解释。

应该指出在生活方式的概念里不光是指消费生活方面，关于生活方式问题写在党中央文件上也是个新事情，也是件大事，是应该得到重视的大事。

1985 年 4 月于郑州

以价格问题为例讨论政治经济学社会主义部分的对象、任务和方法

内容提要

（一）选这样一个题目，是想通过对一个具体的问题所做的政治经济学考察，把前三次讲过的观点再做一些发挥和补充。

（二）这里讲的是政治经济学中的价格。它与统计学中的价格有区别和联系。统计学对价格关心的是对直接现实的描绘与掌握，政治经济学则关心这直接现实背后的客观规律性。统计学中的价格要用政治经济学的概念作为工具去进行分析。

（三）政治经济学中的价格的本质是人与人之间的利益关系与财产关系。在商品按照价格买卖之前，卖者拥有在商品形态下的财产，在买者手中是货币形态下的财产。在买卖后双方拥有财产的形式有变化。关于双方拥有的财产价值量有无变化则视价格高低而定。在完全以相等的价格相交换的情况下，则双方拥有的财产价值量无变化。但是这种情况是偶然的、暂时的，因此是相对的。在价格不完全相等时，双方拥有的财产则会有所变化，而这种情况是必然的、经常的，因而是绝对的。虽然价格和价值的背离是有限度的，价格是"商品价值的货币表现"这个命题不仅在定性和定量方面都有意义，只是在定性方面有绝对的意义，而在定量方面只有相对的意义罢了。但只要有背离，从价值的角度来看，商品的价格也就起财产再分配的作用。

研究作为利益关系的价格问题，掌握价格和价值背离的程度是有最为重要的意义。

（四）我们要研究的是共产主义初级阶段中的价格问题。因为我们生活在处于共产主义初级阶段的初级阶段的我国现阶段，也不能不考虑初级阶段的历史背景。

研究社会主义制度下的价格问题，必须以社会主义制度下人与人之间关系的状况为前提。最基本的关系是各劳动者个人，各社会主义经济

组织和社会主义国家之间的相互关系。研究社会主义制度下的价格问题实际上就是去研究在价格问题上的劳动者个人、经济组织和国家之间以及劳动者个人之间、各经济组织之间的利益关系。如果我们研究当前的价格问题，我们就要加上非社会主义经济成分，使价格问题上人与人之间的利益关系更为复杂些。这种研究必须是具体的。

价格是商品价值的货币表现，价格以价值为基础，社会商品的总价格等于其总价值是商品生产的普遍的规律，而在各种社会制度下商品价格的形成，价格的决定各有自己的规律性。如在简单商品生产中，价格直接以价值为基础，在价值附近摆动；在资本主义商品生产中，价格直接以生产价格为基础，在生产价格附近摆动；在垄断资本主义商品生产中，价格形成、价格决定又有其独有的规律性。在政治经济学社会主义部分中要研究的是社会主义商品生产中的价格形成、价格决定的规律性。这种规律性不能照搬简单商品和资本主义商品生产中的规律，而要从社会主义社会的实际出发进行研究。

（五）在20世纪五六十年代有过这样两种意见：一种意见认为社会主义制度的价格同简单商品生产中的价格相似，是直接以价值为基础；还有一种意见认为社会主义制度下的价格是以生产价格为基础。这两种意见我都不赞成。我认为这些意见并没有运用政治经济学的研究，没有真正接触到政治经济学问题，对于政治经济学社会主义部分没有解决什么问题。它只能看作解决社会主义制度下价格问题的一种原则性的主张。

更近一步地考察，我认为在事实上是不可能完全按照这两种主张去做。这倒不是工作上有困难，而是在理论上不可能做到。因此这样的主张只能打折扣地去实行，至于实行的效果有待去作过细的研究。

从20世纪五六十年代起，我就一直不同意这两种意见。

（六）研究社会主义制度下价格形成和价格决定方法论上的问题没有解决。我也拿不出什么办法来。我只有一种想法，这个问题只有：①对价格体系的现状和各可供选择的价格体系的方案，进行"价格—政策—利益"三结合的整体研究，对价格体系所决定的各种利益关系做出科学的描绘；②运用政治经济学社会主义部分中的经济规律方面的知识，去评价所形成的利益关系；③从中研究社会主义价格形成和价格决定的规律性。在这里需要用适当的现代数学知识和数学工具。

1. 前三次我讲了我对政治经济学社会主义部分的对象、任务和方法的一些看法，讲的是一般的道理。这次我想结合第二十六次战略座谈会的主题，以价格问题的研究为例，继续讨论一下前三次提出的问题。我这样做的目的，是想通过对一个具体问题的探讨，对一个具体问题做的政治经济学的考察，把前三次讲过的观点再做一些发挥，同时我也可以利用这样的机会对前三次讲过的观点做一些补充。

2. 这里我讲的价格，当然是政治经济学中的价格，不是社会经济统计学中的价格。

这样我们马上遇到一个政治经济学中的概念和统计学中的概念之间的联系和区别的问题。

我提出的这个问题，在资产阶级的经济学著作中是根本不考虑的。不仅如此，在我们的政治经济学和统计学的研究和教学中，也没有明确地提出和讨论过。因此，虽然多年来我一直提这个问题，一有机会我还是想重复地讲自己有关这个问题的看法。前几次我只是简单地提出这个问题，但是没有能够展开。现在我有了这个机会，我认为讲清楚这个问题，对于我们的政治经济学研究是很有意义的，同时对我们的统计学的研究也很有意义。

对于这个问题我的基本看法是：社会经济统计学的任务是运用各类统计学上的概念（包括统计指标），来表现社会经济的直接现实，为分析社会经济的直接现实提供统计资料。社会经济统计学中的各种概念大都是在日常的社会经济生活的实践中形成的。而统计学家则根据实践中形成的东西，进一步进行一番科学的设计制作，形成一套统计概念、统计指标。由于统计概念是表现直接现实的，而直接的现实不可能是纯粹的东西，因此当我们要对非纯粹的东西进行分析时，我们就不得不依靠理论范畴。这种理论范畴是科学的抽象，科学的抽象可以达到纯粹。我曾经多次举过这样的例子：在现实生活中我们接触到的任何一种物料都是"化合物"，都不是纯粹的元素，即使被视作最纯粹的物料，也总是有些杂质。因此要指明某一种物料的成分，就一定要运用理论化学中的元素和化合物这种纯粹的概念。理论化学在这里就是政治经济学这样的理论科学，而统计学上的那些概念就相当于我们接触到的那些直接的现实的物料。

由于社会经济统计学与政治经济学的这种原则上的区别，因此即使是使用同一名词，政治经济学的概念和统计学上的概念仍不是同一的东西。首先是它们的含义不同，进一步甚至各自的外延、各自的数量也不相同。工资、成本、国民收入等,就是有相同名称的几种政治经济学概念和社会经济统计学概念。它们之间就有上面所说的那种情况。

现在回到我们考察的价格。政治经济学中的价格这个概念,也许是与同名的社会经济统计学概念最接近的一个。因为政治经济学中的价格,指的也是人们在买卖物质产品和劳务时的一种直接的现实关系,而统计学中的价格也是这种直接现实关系的表现。但是,政治经济学中的价格与社会经济统计学中的价格这两个概念还是有区别的。区别的地方是:统计学中的价格,关心的是直接现实的描绘,关心的是这种直接现实中的数量关系,而对于这种直接现实背后的本质,这种直接现实背后的不以人们意志为转移的客观规律性,它是不关心的。在政治经济学中,研究价格问题首先要考察价格与价值的关系问题,而一切有关价值的研究统计学家是不关心的,因为研究价值这种看不见摸不着的东西不是统计学的任务。一切关于价值的研究都是政治经济学研究工作者的任务。如果我们的统计学家也关心起这样的问题的时候,他就不是以他统计学家的身份在工作,而是因为他对政治经济学的研究发生了兴趣,因而他本人也是一个政治经济学的研究工作者。社会经济统计学在价格的问题上要做的事情很多,在像价格与价值之间的关系这样的问题的研究上,取得政治经济学家的协助,对统计学家来说当然是一个很有利的事情。

社会经济统计学中价格这个概念的理论上的意义,是要用政治经济学的理论范畴作为工具去分析的。我们知道,在政治经济学中,价格并不是基本的范畴,对它也需要用别的比它更为基础的范畴去分析。不但需要用"商品""价值"这样的基本范畴去分析,甚至也要用"货币"这样从"价值"范畴中演化出来的范畴去进行分析。价格的意义,一定要用"价值""货币"这样的范畴才能讲清楚。价格的定义就是"商品价值的货币表现"。但是政治经济学中的价格毕竟是政治经济学中的一个理论范畴,它也被用去分析比它更为复杂更为具体的政治经济学概念,也可以用它来分析社会经济统计学中价格这个概念和建立在价格基础上的其他许多统计学概念。

应该看到,在社会经济统计学中有上面说的建立在价格基础上的统计概念。对这些概念进行理论分析时,我们仍旧要使用政治经济学的各理论范畴。这些比较复杂的统计学概念的形成是要靠统计学中的价格来构造,但是社会经济统计学中的价格,仍旧不是对这些概念进行理论分析的工具。

在这里我们还要附带讲一个问题是,在日常生活中我们会遇到多种多样的价格,如工厂向商业部门出售产品时有出厂价格,商业部门出售产品时有批发价格和零售价格，批发价格因批发层次的不同有不同的批发价格，有在批发地的价格和运到销售地的价格等。在劳务方面也有各式各样的收费，它们本质上也是商品价格。这许许多多的价格都是社会经济生活中的直接现实。我们翻开任何一本社会经济统计辞典都可以查到多种多样的价格。我认为这多种多样的价格都符合政治经济学中价格这个概念的要求。因为这多种多样的价格无非是在多种多样具体的条件下，人们在买卖物质产品和劳务时发生的经济关系，而现实的交换总是在一定具体条件下进行的。世界上离开了具体条件的买卖是不存在的。

3. 现在我们再来讨论一下政治经济学中的价格问题，即属于人们之间的利益关系、财产关系的问题。

我们知道，商品交换在历史上有过多种形态，即在政治经济学教科书当中讲的有多种价值形态。在货币这种价值形态出现并占据统治地位之后，货币就成为唯一的一般等价物。在这时候，各种商品都首先和货币交换。于是交换价值就采取了价格的形态，同时也就有按照商品的价格来进行交换这样一种数量的关系。

我认为这样一种商品买卖关系是一种利益关系。为什么这么说呢？对于这一点可以用价值论的观点来分析。在按照商品价格进行交换前，一方手中有商品作为财产，而另一方有货币作为财产，商品与货币进行交换就是财产和财产进行交换，因此商品货币关系就是一种人与人之间的利益关系和财产关系。

这里又涉及一个政治经济学的对象问题。在讨论政治经济学的对象问题的时候，我们说政治经济学的对象是研究社会生产方式统一体中的社会生产关系。同时我在60年代又提出需要建立一门生产力经济学，它也是一门理论经济学。它的研究对象是社会生产方式这个统一体中的社会生产力。我们大家都知道，社会生产方式就是社会生产力和社会生产关系的统一体。社会生产力讲的是人与自然界的关系，它是由人和人掌握的用来改造自然、征服自然的手段——劳动手段这样两个要素结合起来的。这里说的人，不是孤立的人，而是以一定关系结合起来的人，是人类社会。最后这一句话表明社会生产力和社会生产关系是不能分开的。它也说明进步的社会生产关系可以促进社会生产力的发展，过时的、落后的社会生产关系会阻碍社会生产力的发展。我从来不认为生产力经济学和政治经济学可以截然分开，我提出要建立和发展生产力经济学的目的，只是因为以社会生产力为对象的研究和以社会生产关系为对象的研究都有非常广阔的领域，分成两个学科来研究，既有利于两个方面分别研究的展开，也有利于两个方面的研究在更高水平上的结合。进一步研究，我们可以看到，在生产力经济学的研究对象和政治经济学的研究对象中有彼此间距离比较远的部分，也有彼此间距离比较近的部分,甚至有彼此重叠的部分。最后的那一部分也可以说是这两个学科对象中的结合部。人们在生产中的劳动组织就是属于这个结合部。它可以看作属于政治经济学研究对象的范围,也可以看作属于生产力经济学研究的范围。人与人的利益关系和财产关系,就应该看作距离生产力经济学研究对象比较远,而仅仅属于政治经济学研究对象的范围。商品按照价格来买卖这样的关系,就是人与人之间的利益关系、财产关系(或所有制关系),它是距离生产力经济学研究的对象比较远的,仅仅属于政治经济学研究的范围。

既然政治经济学中价格问题的研究是人与人之间利益关系的研究,是财产关系即所有制关系的研究,我们就要对价格问题作利益关系的分析。

商品按照价格来交换这件事,从价值论的观点来分析有如下几点:

(1) 商品的出售者在交换中随着商品从他手上转移出去时,他就失去在商品中凝结的人类社会平均必要劳动量,失去原先商品的价值量。这个价值量有多大,在商品的价格中是不可能准确地看出来的。这个价值量转移到购买者手中。

(2) 商品的出售者现在得到一个相当于商品价格的货币量。这个货币量虽然也不直接表现它的价值量,但是因为货币是唯一一般等价物,由于货币有价值尺度的作用,一切商品的价值都要表现为不同数量的货币,因而商品出售者在买卖中得到的货币的数量的大小,就可以表示他从购买者手中转移过来的价值量的大小。

(3) 商品中凝结的社会平均必要劳动量,即价值的大小同商品的价格并不是同一的东西,两者之间会有差异。这个差异表示在交换中双方手中掌握的价值量的变化。商品出售者和购买者在交换后掌握的商品和货币的价值量,视交换的条件(即价格)而定。有的人增多,有的人减少。

这些都是我们日常经济生活中看到的现象,但是这样的分析同把商品按价格来交换就是按同等的价值量相交换的看法不完全一致。因为如果商品总是按照它的价值来买卖的话,那么在交换中就不会发生交换双方手中掌握的价值量增多或者减少的问题了。这里商品按照它的价格来出卖就远不只是一种不发生利益变化的利益关系,或者只有从使用价值来看的利益关系的变化了。我认为,应该承认商品按照它的价格来买卖并不意味着恰好实现商品的价值。"价格是商品价值的货币表现",这句话作为定性的定义是完全准确的,而作为定量的定义就不是准确的了。在定量的关系上,价格是商品价值的货币表现这句话只有相对的意义。因为商品价格和价值的一致,只能是偶然的、暂时的,因而是相对的;而商品价格和价值的背离却是必然的、经常的,因而是绝对的。关于价格和价值的关系,马克思在《资本论》第一卷和第二卷中强调它们的一致方面，因为不强调这一点资本主义剥削就不能得到说明。而在这里我想强调它们的差别方面，因为在这里我们的目的是想说明商品交换是一种利益关系。在这种情况下，看不到价格与价值的背离是绝对的这一点，就失去了研究这个问题的意义。然而，价格和价值的背离是绝对的这个命题，又不能推翻价格是商品价值的货币表现这个命题。这就是说，价格和价值的背离也是有限度的。这种背离在一般情况下不会发展到使得价格是商品价值的货币表现这个命题不能成立的程度。而且就商品整体来说，商品的价格和商品的价值完全一致，即社会商品价格总和总是和社会商品价值总和完全相等。因此在任何情况下，价格都不可能不反映价值，价格永远要以价值为基础，虽然价格以价值为基础的情况在不同的社会制度下并不相同，在这方面有不同的客观规律性，但价格总是以价值为基础，又不总是等于价值的道理是一直成立的。这个道理有助于我们认识商品按照它的价格来买卖涉及社会财富再分配的问题，而严格意义上的等价交换是不会产生社会财富再分配的。

根据这个道理，我们可以说经过交换双方手中掌握的价值量的变化，直接关系到双方的利益变化。举例来说，同样的商品以比较高的价格出售，商品的出售者得到的货币量，就比同样的商品以比较低的价格出售大。讲到利益关系，就不但要定性而且要定量。这就是说在研究价格问题时不能不计算。这种计算往往是复杂的。一种商品价格的变动，会影响到所有出售这种商品的人和购买这种商品的人的利益。要看清楚这么宽的面上所产生的种种结果是很不容易的。而且一种商品价格的变化，还会引起连锁反应，如果一种商品价格的变动，会引起一系列人们利益关系的变化，那么由于许多商品价格的变化引起的人们利益关系上的变化就更难以计算和掌握了。但是困难虽有，这种人们利益的变化从理论上还是可知的。

在这里我们可以看到，当我们考虑价格和价值有所背离的情况时，交换本身就包含着对社会财富再分配的作用。而价格如果起变化，社会财富分配的状况又会起相应的变化。整个社会财富分配的变化状况，视各种商品价格与价值相背离的状况和各种商品价格变化的范围和变化的程度而定。

以上所说，同我们考察的商品经济的社会性质（即所考察的是简单商品生产、资本主义商品生产、社会主义商品生产）无关，而只是由商品经济本身的性质所决定的规律性。商品经济的规律——价值规律用一句话说，应该是"商品的价值由生产这个商品的社会必要劳动量来决定"。上面说的无非是价值规律发生作用的表现。

但是，关于价格究竟如何形成、如何被决定，商品以怎样的价格来交换，则除了要遵守价值规律，即价格必须反映价值，价格必须以价值为基础外，还由其他多种因素来决定。价格规律即价格形成和被决定的规律和价值规律不是同一个规律。说"价值规律就是商品的价格倾向于与价值一致的一种必然趋势"，这是不能接受的。至于有人把价格与价值有所背离说成是违反了价值规律，那更是不正确的。

（4）现在我们是在讨论政治经济学社会主义部分的问题。在这里我们研究的重点不是上面所说的那种一般的价格问题。我们研究的是共产主义初级阶段中的价格问题，也许还要研究共产主义初级阶段的初级阶段的价格问题。关于共产主义高级阶段的问题，我认为没有必要花时间去研究，因为没有可供我们研究的资料，而且对这样的问题的研究没有什么现实意义。我们是科学社会主义者，不想陷入空想。可是关于共产主义初级阶段中的价格问题，我们有不少经验的事实的材料作为研究资料。经过几十年的研究，现在我们已经在理论上肯定了在共产主义初级阶段必然存在商品生产的问题，并且确认在共产主义初级阶段——至少在共产主义初级阶段的初级阶段，商品生产与非商品生产相比仍占绝对优势，因而社会主义经济仍是一种商品经济。这样，共产主义初级阶段中的价格问题不仅在理论上成立，而且应该承认是一个值得我们花时间去研究的重要问题。

共产主义初级阶段中的价格问题，在性质上是和简单商品的、资本主义商品的价格问题有区别的。这种区别可以从下面两个方面来考察；一是不同社会制度下的价格，是不同的人之间的利益关系、财产关系；一是不同社会制度下的价格决定的规律性，受不同社会制度下其他不同的规律性的影响。因此我们在研究共产主义初级阶段中的价格问题的时候，就要具体考察它是这个社会中怎样的人之间的关系，就要具体考察共产主义初级阶段和共产主义高级阶段的共同的经济规律（我们可以把它称作"共产主义B"的经济规律和共产主义初级阶段所特有的东西——按劳分配和社会主义商品生产在商品价格问题上的影响）。

在讨论这个问题之前，我们不妨回溯一下历史。这种历史的回溯常常可以在研究方法上给我们以帮助。

我们知道，在小商品生产条件下，价格是直接以价值为基础，并且在这个价值的附近上下波动。

这一个命题可以分解成两个层次：第一个层次是，在小商品生产条件下价格直接以价值为基础，不是间接以价值为基础；第二个层次是，价格不总是与价值一致，而是与价值经常背离，这种背离的规律性是在价值附近上下摆动。这两层意思的形成有不同的机制。

为什么在小商品生产条件下价格直接以价值为基础呢？这是因为在小商品生产条件下，在价格问题上发生的人与人之间的关系基本上是小商品生产者之间的关系。他们买进商品是为了满足自己的需要，他们出售商品是为了取得货币来购买他们所需要的物质产品。简单说，他们是为买而卖，目的是为满足自己的需要，不是为了取得剩余价值。他们在交换中关心的是这样一种利益：用自己的劳动生产出来的产品，去换得比花同样多的劳动所能取得的更多的货币，以便用获得的货币去购买更多的产品。由于大家都有这样的目的，在经过无数次这样的交易之后，彼此也只能换回同自己耗费的劳动相当的产品。那时候交换双方都明白自己是花了多少劳动把这些产品生产出来的。由于产品种类少，大都是手工劳动产品，别人生产产品消耗的劳动，自己心里也有数，于是就形成价格直接以价值为基础这样的规律性。价格直接以价值为基础的机制同价格形成的机制实质上是一回事。

那么为什么价格又在价值附近上下摆动呢？

这里说的还不是价格不完全等于价值。在小商品生产条件下，价格也不可能总是等于价值。在这里没有这么准确的事。我们说价格围绕价值上下摆动，是说明价格不完全等于价值不只是那个不可能完全相等的道理，而是有一个使价格有时上有时下的客观规律性。这类规律同买卖商品的人是否小生产者倒没有什么关系，它是一种供求关系的反映。一般来说，在一定价格水平的条件下，发生供大于求时，价格会下降；求大于供时，价格会上升。这种上升和下降有时在价值的一侧，有时在价值的两侧，即时而在上侧，时而在下侧。

在自由资本主义制度下，马克思证明价格是围绕生产价格上下摆动。

这一个命题也可以分解成两个层次。第二个层次也是摆动问题。只是现在不是在价值附近而是在另外一个价值量——生产价格附近上下摆动。只要在市场上出售商品的是若干互相自由竞争的人，价格的决定都有这样的规律。至于第一个层次，即资本主义制度下的价格不是直接以价值为基础，而是以价值的一种变形——生产价格为基础这一点，是由资本主义制度下商品的出售者是资本家这一点决定的。在这时候，个别资本家追求的是得到平均利润，所以"商品是否按照价值出售，因而价值决定本身，对单个资本家来说，是完全没有关系的"。❶ 这一件事在研究价格问题的方法论上的意义，就是否定那种把价格与价值一致视作

---

❶ 马克思：《资本论》第 3 卷，《马克思恩格斯全集》第 25 卷，第 986-987 页。

价值规律基本要求的看法。价格是商品价值的货币表现这个命题，从定量的观点去看，只能理解为价格是以价值为基础。而最后这一句话的意思把间接以价值为基础这一点也包括在内。

在垄断资本主义制度下，又有不同于自由资本主义制度下的情况。如果某种产品在市场上取得了绝对垄断的程度（这只是一种假定），那么，价格的高低就由可以做到的最高垄断利润加成本来决定。这里说的"可以做到的"这几个字的含义是：出售产品的数量是由市场的有购买力的需求决定的。这种需求又可以看成是价格的函数。因此能够售出的产品数量是价格的函数，而总利润又是由出售产品的数量和价格两个因素决定，因而最终是由价格高低决定的。因此最终可以求得以价格为变数的利润函数，从而可以求得最高垄断利润的价格。这时候的价格就不是生产价格，而是一种垄断价格。

在这里假定商品的购买者是一般的消费者，比如是一般的居民。如果购买者还有垄断资本家，加上垄断并不排斥竞争，这样情况就会很复杂。在这里我们还只考虑国内的商品交换，而现在垄断资本主义国家对外贸易都很发达，对外贸易额在贸易总额中占据相当大的比例。这种情况也不能不影响垄断资本主义制度下的价格。

上面说的是小商品生产、自由资本主义和垄断资本主义制度下价格形成或价格决定的规律性。我们可以看得很清楚，价格形成或价格决定的规律性同价值形成、价值决定的规律性根本不是一回事。我们不能只讲价值规律，而且应该讲价格规律。价值规律是一切商品经济下共同的，而价格规律——价格形成和价格决定的规律是因社会经济形态不同而不同的。甚至在同一的社会经济形态下，如自由资本主义和垄断资本主义同属于资本主义，价格形成与价格决定的规律也不完全相同。

关于自由资本主义制度下价格形成和价格决定规律性的研究，马克思是付出大量劳动的。这个工作的结果主要写在《资本论》第3卷中，在这里我不想做什么引证，同志们如果认为必要，可以自己去查。关于垄断资本主义下的价格形成和价格决定问题，我们的政治经济学教科书中则讲得非常简单。

现在我们想讨论的是社会主义制度下商品价格形成和价格决定的规律。应该承认这是一个新的而且是非常复杂的问题。关于社会主义制度下价格形成、价格决定这个问题，五六十年代我国经济学界曾经进行过一些讨论。这方面问题的争论，当时没有充分展开，当然更没有取得比较一致的意见。但是当时同志们还是提出了若干种不同意见，作了一些初步的论证。近年来在肯定社会主义经济仍然是商品经济这个问题上，我国理论上取得了突破。但在价值规律和价格形成、价格决定问题上的讨论，则没有很好地展开，不但没有提出多少新观点来争论，就是五六十年代的讨论也没有继续下去。因此在这个问题上的认识似乎没有很显著的进步。而且出现了这样一种情况，即在五六十年代只是许多看法中的一种看法："社会主义制度下的价格同简单商品生产条件下的价格一样是围绕价值上下摆动，"现在却很流行，成为没有受到比较多的经济学家反对的一种看法。而这一观点其实是难站得住脚的。这些年来存在着一种把社会主义制度下的价格形成、价格决定这样一个极为复杂的问题看得很简单的倾向。

这些年来，也存在着这样的情况，即对价格政策和价格改革谈得很多。但是对价格规律的研究非常不足。这种问题同人口问题很相似。在人口问题上也是对政策很重视，而在社会主义制度下的人口规律是怎样的，几乎没有讨论。我说不清这样的现象表明一个怎样的本质。

现在我们假定在社会主义制度下只有一种社会主义的国家所有制经济。从这个前提出发来研究社会主义制度下价格形成和价格决定的规律。这个假定有合理的一个方面，因为迄今为止这种经济在社会主义国家中最为强大，居主导地位。这种经济不是同别的经济处于平等的竞争地位。列宁讲过资本主义制度下的国家垄断资本主义和社会主义之间不再存在任何中间的阶梯，这表明社会主义国营经济所具有的垄断性质。但是社会主义的垄断和资本主义的垄断是根本不同的，因为社会主义不是以追求最高利润为目的，甚至可以说作为资本观念上产生的利润，在社会主义制度下也不能成立。社会主义生产的目的是为了满足人民日益增长的物质文化需要。社会主义国营经济需要积累，但社会主义积累的目的仍旧是为了人民的富裕。社会主义国有经济的产品的价格形成，当然同购买者方面的情况是分不开的。在购买者中可以有许多不同的单位和个人，其中，可以有其他国家所有制企业，可以有消费者个人，可以有非经济的单位等。价格的高低会影响产品的生产者的利益，也会影响把产品当作生产资料购买回去投入生产的生产者的利益，影响把产品作为流通资料购买回去然后出售的商品流通者的利益，影响把产品作为消费资料购买回去进行消费的消费者的利益。社会主义国有制经济会考虑这些问题，确定对社会是有利的价格。

假定社会主义经济只有社会主义国家所有制经济一种形式，当然是和社会主义制度下社会经济生活的实际不能符合的。这只是我们所做的一种抽象。事实上今天世界上所有社会主义国家都存在多种社会主义所有制形式，而且我们很难判断这些国家一定按单一的社会主义所有制形式的方向发展。我们做不出这种科学的论证。因此即使我们只考虑社会主义国有制经济组织中生产出来的产品的价格,我们也应考虑到在购买者中间除了上面说的其他国有制企业、劳动者个人和非经济单位等外,还会有其他社会主义所有制形式的经济组织,还有非社会主义性质的企业以及个体经济的经营者。

如果我们再进一步去考察其他社会主义所有制形式中生产出来的产品的价格,去考察非社会主义经济成分生产出来的产品的价格,在价格上的利益关系、财产关系就更为复杂。在这里就当事者社会属性来说,有许多种利益关系的组合。如果我们要研究的不仅是属于各种不同性质的所有制形式之间的关系,不仅属于各种不同性质的所有制经济组织、企业和个体经济者之间的关系,而是去研究一个一个的经济组织、一个一个的个人之间的关系,我们就可以对社会主义制度下价格问题的复杂性有一个概念。

在这里说的还只是国内的问题。如果再加上对外贸易对价格的影响,问题就更复杂。由此可见把对社会主义制度下价格问题的政治经济学研究看得很简单,是完全不符合实际的。

看来对社会主义制度下价格问题的研究,一开始就要确定我们所说的社会主义制度的模式,比方说确定一种社会主义所有制形式的结构,明确我们研究的究竟是一般的共产主义初级阶段下的价格问题还是共产主义初级阶段的初级阶段的价格问题。在确定了这个前提之后,我们才能研究在这个模式中各种组织、机构、个人的活动的规律性,他们的利益所在,他们活动所遵循的原则,研究这些对价格形成、价格决定的影响,然后把这些综合起来,看出社会主义制度下价格形成的规律性。在这样的分析和综合的过程中,"共产主义 B"的经济规律——包括关于生产的目的是为了满足社会需要的规律(过去被称为社会主义基本经济规律,但从它的内容来看应该就是共产主义 B 的基本经济规律),国民经济有计划发展的规律,人与人之间存在一种同志式的相互合作、相互服务的关系的规律性等——和它们在共产主义初级阶段有哪些方面具体化(如国民经济有计划发展是社会主义商品经济有计划的发展)等的作用就可以显示出来。社会主义的商品生产和按劳分配的规律的作用也会显示出来。

我这次讲话无意探讨社会主义制度下价格决定、价格形成这个政治经济学问题的实质。我的题目是以价格问题为例讨论政治经济学社会主义部分的对象、任务和方法。因此我就把问题只说到这里。至于对我国价格问题的实际进行研究,更不是我今天讲话能够涉及的内容。但是我相信,对社会主义制度下价格问题所做的政治经济学研究如果能够取得大的进展,对于解决我国实际的价格问题会有很大的帮助。现在解决我国实际问题时遇到的一个困难，就是对社会主义价格理论问题的研究工作很薄弱。

5. 在分析社会主义制度下价格形成、价格决定规律性的时候，我们必须注意到在社会主义社会中有一个强大的对全社会进行管理的中心，这就是社会主义国家。

在社会主义制度下许多产品的价格不是自发形成的，而是由这个管理中心制定的。这种价格可以称之为指令性计划价格。制订这种指令性计划价格，当然也有客观上的依据，也有它的客观规律性。

在社会主义制度下也实行指导性计划。指导性计划的特点是国家对实行指导性计划范围的产品仍然要制订计划，但不把计划指标分配到各单位，即不为各企业制订国家计划，而是用各类经济杠杆，其中价格是一个极其重要的杠杆，来引导各个企业去按照国家计划进行生产，即各企业按照自己的利益来进行生产的结果会符合国家的计划。应该说这里价格的性质仍是指令性的。

不论实行指令性计划或者实行指导性计划的价格都是计划价格。在社会主义制度下总还有一些经济活动国家有计划地不作计划，而由企业自己去作计划。国家也不对这些产品的经营者做出以什么价格来收购的保证。在这种情况下的价格部分地是自发形成的，部分地也受国家收购价格的巨大影响，因此仍有一定程度的计划价格的性质。

我们把这样的价格称为计划价格，是因为它是社会主义国家有意识、有计划地制订的，这并不是说它可以任意制订，可以不顾客观的经济规律。实行计划价格也是社会主义制度下价格形成、价格决定的一种客观规律性。这是同小商品生产条件下和资本主义条件下不同的一种客观规律性。在这里，客观的东西反映在主观的东西上面——这是制订计划价格的过程，进一步说，这主观上的东西又在实践上转化为客观的东西。在对社会主义制度下的价格问题作政治经济学研究的时候，不能不把这个由于社会主义国家的作用而形成的计划价格这个事实考虑进去。当然国家在价格形成、价格决定中的作用，并非从社会主义制度开始。经济史的研究可以使我们对国家在价格形成、价格决定中的作用问题的研究追溯到很远的古代。在当代资本主义国家中，国家在这方面的作用也越来越大。但是历史上国家在这方面的作用与当代资本主义国家在这方面的作用，与社会主义国家的作用是有原则区别的，不可同日而语。而对不同社会制度的国家在这方面的作用的比较研究，是价格问题上的政治经济学研究中的一个重大课题。

应该指出，社会主义制度下的价格形成的特征是计划价格（自发形成的价格应该说不是社会主义制度下价格形成的特征)。这只是社会主义制度下价格形成、价格决定的规律性的一个方面,在这里还没有解决价格的量的规定性问题。关于社会主义制度下价格问题的更大的困难性还是在这里。

我们不妨看看国家一般是怎样考虑计划价格问题的。当然我们在这里说的是一种理想的状况,而不是现实的状况,在理想的状况中,一切都是按照科学的要求进行的,而在实际生活中常常是不按照科学去进行的。

在理想的状况下,国家制订计划价格是通过正确地处理价格问题、使社会上各类人的利益得到合理解决的一种方式,这一方面是保证人民日益增加的物质文化需要比较好地得到满足,同时为了做到这一点需要保证各生产和经营单位能够得到合理的利益,保证他们的活动能够正常地进行,使得他们的经营积极性能够得到充分的发挥。最后的目的当然是社会主义社会中生产力的发展和人民生活不断地提高。在这里价格是国家手中的一种有力的工具,有力的杠杆。但是要使价格能够成为国家管理经济、发展生产力和改善人民生活的有效工具,要有下面这样的条件,要有这样的过程和机制:

(1) 有某种运用价格工具进行国民经济管理的机关。没有"运用者",也就谈不上运用。

(2) 这个机关有明确的管理目的。运用价格工具来进行管理是一种有目的的活动。

(3) 这个机关具备有效地决定商品价格的条件。它凭借着自己在法律上的地位、行政上的权威和所拥有的行政力量。如果不具备这样的条件,运用者也就不能起运用者的作用。

(4) 这个机关进行有关运用价格工具的科学研究;掌握关于价格问题的政治经济学的理论;了解有关国民经济中需要运用价格工具进行管理的实际问题;掌握有关这个问题的统计资料,然后研究:

——需要对哪些商品的物价做出决定,要个别地研究某一种或某几种商品和全面地研究各类商品的价格(或者说研究价格体系)。

——对商品价格的绝对值,对各种有关商品的比价做出的某种决定会使哪些部门、地区、单位、个人得到利益,哪些部门、地区、单位、个人受到损失,他们得益和损失的大小,他们在这种情况下可能怎样行动,他们采取这样的行动的结果是否符合预期目的。

——多种可能选择的方案的比较。

当能够弄清楚做出怎样的价格决定对于所要达到的目的是最为有利时,做出最后的决定。

（5）采取各种措施以保证所做出的决定得以贯彻。

（6）观察实践的效果，用以检验所做出的决定的正确性。

运用价格工具管理国民经济的过程和机制就是这样。在这个过程中，我们也可以看到价格工具对国民经济管理起作用这个事实，反过来成为价格形成的机制，即当经过实践证明把各类商品价格定在怎样的水平上对国民经济管理有利（这个"有利"是对社会主义事业的有利，即运用价格工具的机关议定的目的是正确的）时，这个价格就能在一个时间内稳定在所确定的价格上面。

这是社会主义制度下价格形成和价格决定的一个途径。计划价格的数量就是经过这样的过程被决定的。

也许有同志认为对社会主义价格形成和价格决定说到这样一种程度太抽象了，似乎没有把社会主义价格形成、价格决定的规律性找出来。这个指责我认为是很自然的，因为说到这个程度远没有达到上面我们讲的小商品生产、自由资本主义商品生产、垄断资本主义商品生产条件下我们知道的价格规律的程度。的确是这样，尤其是从定量的角度来看是这样。因此我主张在这个方面我们政治经济学理论工作者要下大功夫，花大时间。不过我直到今天还只能达到这个程度，而这个程度早在50年代就已经达到，在将近30年时间后，我并没有什么进展，这就是"文化大革命"后我写了不少文章，唯独没有写过价格规律方面文章的原因。准备这次讲话，我花了不少时间去思考，可是仍旧没有什么进展。看来20多年前我不同意把这个问题看得很简单，或者说我不同意那种想用一个简单化的办法来解决这一个问题的企图这一点还是对的。但是"复杂"的办法我还没有找出来，却不能不使我去思考在研究这个问题的方法上是否有哪些欠缺的地方。

6. 在这里，我想不妨对20世纪五六十年代提出的社会主义的价格形成、价格决定规律性问题的讨论回顾和分析一下。

在20世纪五六十年代的讨论中，主要有以下几种意见：

有一种意见我记得是认为社会主义制度下的价格形成和价格决定直接以价值为基础，认为这是价值规律的要求。同时又指出这样做会有这样的好处，即此时价格体系可以比较准确地反映生产中劳动创造的价值和物化劳动的消耗，因而运用这样的价格体系，社会主义社会中人们在生产和流通中的关系可以明显地表示出来，便于研究社会劳动在生产流通各部门之间的分配，便于对社会主义国民经济进行管理。而这样做要求各企业之间，各单位之间以及企业、单位与个人之间的关系符合等价交换的原则。我记得有这种看法的人是不少的。

第二种主张认为,社会主义制度下价格形成和价格决定不是以价值为基础,而是以生产价格为基础。提这种主张的同志认为,在社会主义制度下也存在平均利润率,这个平均利润率可以用社会总资金去除社会总利润的办法计算出来。有了平均利润率之后,就可以算出各种产品的平均利润和各种产品的生产价格。如果把各种产品的价格定在生产价格上就可以避免不同行业苦乐不均的情况,使得不同行业的企业在生产经营上能处于平等的地位。

还有一种意见可能就是我的。我对前面两种意见都不赞成。我为什么不赞成前面两种意见呢?

首先我认为持这两种意见的人在文章里讲的都是应该"怎么做",因为谁都看到现实的情况不是如这两种意见所说的那样。他们在文章中只是提出自己的主张,讲的是如果那样的主张被采纳对于社会主义经济建设来说有利。持这两种意见的人都没有去论证不以人们意志为转移的客观规律。这些同志所写的文章都没有把在主观上应该怎样怎样和客观上必然是怎样怎样两者严格地区分开来。因此从研究政治经济学的方法来要求,持这两种主张的人写了许多文章,但可以说都没有接触政治经济学问题。我看不出这样的意见有什么政治经济学的理论意义。而且我还认为,不论哪一种看法,最后说来都是在实际工作中做不到的,能够做到的必然和他们讲的走了样。

先来看看第一种意见。

政治经济学常识告诉我们,价值不是计算出来的,而是在无数次交换中形成的。价值只是一种科学的抽象。价值当然是现实的经济范畴,但是我们并不确切知道它们有多大,而这一点对于我们政治经济学并没有什么妨碍。这一点也并不损害价值这个范畴在政治经济学中的地位。价值这个范畴在政治经济学中的重要地位,并不是由于它可计算出来,而是它可以在我们日常经济中表现出自己的存在,表现出自己的重大作用。在政治经济学研究中不能没有这个理论范畴,不能没有这个纯粹的概念。但是现在却提出要根据价值来制订价格,那就要去计算出各种产品的确切的价值量,去计算这种不能计算的东西。这些年来,许多经济学家,中国的和外国的,认为现在有了电子计算机,对原来不能计算的价值可以进行计算了。我不同意这种错误的看法。我认为对产品的劳动消耗进行某种计算是可以的,但是这种计算并不是价值的计算,计算出来的不是政治经济学上讲的价值。真正的价值,按照政治经济学讲的这个理论范畴本来的含义是计算不出来的。任何关于"价值"的计算都是徒劳的。但是我们认为计算某种价值的类似物是可能的,在20世纪60年代我主持编写的《社会主义经济问题》,曾经使用过

"计算价值"，表示这种价值的类似物（这本书并未出版）。因此"计算价值"这样一种主张在实际生活中只能够根据我说的价值类似物去计算，或者凭我们的直感、经验去按照我们的主张找到一些可行的办法。但是，无论采取什么办法，都失去了原先作者提出问题的那种理论上的色彩，而成为一种关于建立某种价格体系的实际主张。

接着我们来研究第二种意见中的问题。

第二种意见讲的生产价格，应该说已经是统计概念而不是政治经济学的理论范畴。因为它是从统计中计算得来的。从理论上说，在社会主义制度下不存在利润平均化的趋势，而这种客观趋势是自由资本主义下生产价格形成的原因。在社会主义制度下不存在平均利润率、平均利润这样的政治经济学范畴（我甚至认为"利润"这个范畴在社会主义制度下也不存在，不过可以用接近"利润"的其他范畴来代替"利润"）。提第二种意见的同志，和提第一种意见的同志一样，他们也是对统计概念和政治经济学的概念不作严格的区分。因此他们讲的也不直接具有什么政治经济学的意义。这一点在前面我已经反复说过，不想再说下去了。

在这里我想讲的是，即使在统计数字的计算上面，也不能按照他们原先的意见贯彻到底。

让我们来看看按照这种意见进行的计算会遇到怎样的问题。

首先是平均利润率和平均利润的计算。在进行这种计算时，我们可以略去各种非社会主义经济成分的材料。但是社会主义集体所有制等社会主义所有制形式是不应略去的。这里就会遇到成本利润计算中国有制企业与集体所有制企业的差别问题和国家对两种所有制管理不同的问题。计算的范围如何确定就是一个大问题。进行这种计算要掌握两方面的材料，即利润和资金。这两方面的统计资料都不是现成的。在统计中当然有属于这方面的统计资料，比如国有制企业的资金是有统计的，但是现在统计中的资金不是为了计算平均利润率的目的而统计的。在做这样的统计时，原先没有打算以这样的形式同各企业的利益挂钩。如果现在要挂钩，就有一个重新核定的问题。在我们计算出这类平均利润率之后，为了要制订各类产品的生产价格，还要计算分散在各种单位产品上的平均资金占用额。否则还算不出平均利润，因为单位产品上的平均利润是要用这个平均资金占用额去乘平均利润率后才能得出来。这类工作上的困难一定会有许多，这里我只是随便举一些。工作上的困难可以采取工作上的措施去解决。

还有理论上的困难要更麻烦一些。比如为了计算生产价格就要计算成本。生产价格的公式是成本加平均利润。假定我们对各种产品的平均利润作了计算，好像只要把各种产品的平均成本再加上就可以得出我们要的生产价格,事实上远非这样简单。在我们未按照生产价格来制订各类产品的价格前,成本、利润、资金都是按照现在的价格来计算的,但是在新的价格体系实行后,它们都要按照新的价格体系来计算,原来的价格体系已经废除了,不再起作用,人们就会问这种按照不再起作用的材料计算出来的生产价格,还能看作现实的生产价格吗?这个问题是一个很不容易解决的问题。我们可以假定研究价格体系的范围是一个封闭的系统,整个社会产品的总价格等于总价值,整个社会的资金总额不变,因而平均利润率不变,但是个别产品上分摊的资金、成本都会发生变化。这是一个在理论上颇难解决的问题。当然我们可以把原来计算出来的生产价格作为基础来确定整个价格体系,其他的问题不去管它。但是这样就意味着没有把持这种意见的人的主张贯彻到底。所以我还是想重复前面讲过的那个意思,这样的意见不失为一种关于在社会主义制度下应该建立何种价格体系的主张。作为主张,人们总可以想出适当的办法在一定程度上采纳,而从政治经济学的角度来看,那是没有意义的。

我认为研究社会主义制度下价格形成、价格决定的规律性,不能照搬简单商品生产中的规律性或者自由资本主义商品生产的规律性,甚至我认为也不能照搬垄断资本主义制度下价格形成的规律性。社会主义制度下价格形成、价格决定的规律性只有从社会主义生产关系本身的研究中去找答案。在研究这个问题时,我们要去考虑社会主义制度下各种经济规律的作用和它们与价格形成、价格决定规律的关系。我认为首先要解决研究社会主义制度下价格形成、价格决定问题的方法论问题。我在上面提供的方法论上的意见,就是要从价格在社会主义制度下对人们社会财富再分配的意义和它作为社会主义国民经济管理中的意义的研究入手去探讨这个问题。我想提出"价格—政策—利益"三结合的研究方法。这个方法完全带有探索性质,极不成熟,随时准备抛弃重新考虑。不过想到这里也就写下来看看能否自圆其说。

7. 在我这个"价格—政策—利益"三结合的研究方法中,第一个要讲清楚的是"价格"这个词的含义。

我在这里说的价格是整个价格体系。所谓价格体系,第一,包括所有产品和劳务的价格;第二,包括单位产品或某一个单个的劳务的价格,也包括一定时间内各种产品和劳务价格的总和。后者虽然一般不看作价格,但可以从中了解一种总的有关价格的概念;第三,包括在不同情况下进行的买卖活动中是相同的价格,也包括在不同的情况下进行的买卖活动中是不同的价格,也包括在相同的情况下进行的买卖活动中不同的价格等。我们要研究的价格体系包括当前社会主义制度下（比如当前的我国）现实的价格体系，也包括某种关于价格体系的计划方案等。我觉得对我们要研究的价格体系的概念，不妨想得周全些。在实际进行研究时可以按照理论经济学的方法先抽象后具体。一开始先适当简单化，然后一步一步地具体化。我还觉得应该先对现实的价格体系进行研究，因为不管我们对现实存在的价格体系如何不满，但它毕竟是一种现实存在的东西，不是那种尚未成为现实的东西，尤其不是那种永远不能成为现实的东西。而且按照"凡是现实的就是合理的"这个哲学观点，这个现实的价格体系之所以成为现实的，必然有它的原因。我们应该对这种原因进行分析。

我在这里讲的政策，指的是与价格问题有关的政策，如商业、金融、财政、工商管理方面的政策。比如商品的流通是否不受限制（如在地区之间是否开放）；商品的供应是敞开还是凭证；在商品交换上是否实行补贴，如有补贴是在哪一个环节；对各企业征收税收的政策；货币发行方面的政策。

我在这里讲的利益，指的是受价格影响的各种人的利益。

把三者结合起来研究，就是研究在何种价格体系中和实行何种价格政策。社会上各类人因此而形成何种利益关系。把这种相互关系一条一条地找出来，看清楚其中的因果关系。这种因果关系不但是定性的而且是定量的。然后再去探讨这许多相互关系之间的关系，也从定性定量方面把这种关系看清楚，从中找到某种价格体系造成的利益关系的总和与当这种价格体系变为另一种价格体系时，利益关系发生变化的情况。

在这样研究的基础上，再去考虑由此形成的利益关系对于发展社会生产力的影响。这种影响一般通过两个途径发生：一是通过由此而产生的劳动者的积极性的高低；二是通过由此而产生的管理工作的合理与否。在社会主义制度下，我们有计划有目的的行动是为了发展社会生产力，提高人民的生活水平。各种价格体系所产生的这方面的结果，就是对选择价格体系起作用的一种信息反馈。假定说这是社会主义制度下的一种客观规律性，那么我们可以通过这种"价格—政策—利益"三结合的研究，找到最好的价格体系。人们提出各种关于价格体系的设想，包括上面提到的那两种主张以及其他各种主张，都可以放到这个三结合的模式中进行研究。由于价格问题牵涉全面，不能进行全面的试验，而涉及的问题非常复杂，因此建立一种在理论上和方法上都站得住脚的数学模式，运用先进的数学工具，把社会生活中极为复杂的因素作为数据输入到电子计算机内，然后进行为取得测试结果的运算是必要的，即在计算机中努力模拟发生在社会生活的实践中可能发生的种种情况。当然实践的结果会比计算机的计算结果要复杂得多，所以任何可选择的价格政策方案的正确性，最后还是只有通过实践去检验。特别是人的因素、心理的因素很难掌握。由于这样的实践不能轻易的做出决定，而实践的结果又要经过一段时间才能受到检验，所以对于现实的价格体系中的某些变化和实践中发生的影响的研究就很有价值。

因为实践经验的宝贵，所以世界上社会主义国家价格体系的实践就值得重视。应该进行这方面的社会主义国家实践经验的比较研究。对于这种比较研究也要有一套方法，应该有专门的人进行研究。

因为这种"价格—政策—利益"的研究，必须运用数学工具，而对各类公式和重要数据的研究则要投入大量的劳动。这样的劳动对于研究我国的价格体系来说是必须投入的，在人力财力方面是会得到保证的。虽然这类研究不属于政治经济学的范围，但是政治经济学对这种研究可以起指导作用。在政治经济学之外，还需要某些其他科学的指导，而且需要有先进的计算装备和会运用这种装备的人。

1985年5月30第四次讲座

共产主义初级阶段的经济规律研究的方法论问题

内容提要

（一）今天讲的题目，就其内容来说应该是"关于共产主义B的若干经济规律和共产主义初级阶段特有的经济规律对共产主义B的经济规律的渗透问题"。

对于共产主义初级阶段的经济规律来说，即使只从方法论的高度来讲也只是问题的一部分。共产主义初级阶段特有的经济规律向共产主义B的经济规律的渗透、共产主义初级阶段的经济规律如何作为整体来进行考察、共产主义初级阶段的初级阶段经济规律的特殊性问题等，都属于共产主义初级阶段经济规律研究方法论问题。

关于共产主义初级阶段经济规律研究方法论问题是具有重要意义的，因为政治经济学社会主义部分的任务，就是揭示和阐发共产主义初级阶段的经济规律。

（二）共产主义B的经济规律由于共产主义B的抽象性，其实质性内容是比较少的。对它要讲的话也不很多。但是在这方面以往的阐述不够充分、不够准确、不够严格、不够全面、不够深刻，因此还有进一步研究和讨论的必要。1979年、1980年两次社会主义生产目的的讨论所起的作用就说明了这一点。关于生产和消费相互关系的问题，至今还存在一些需要澄清的观点。至于国民经济有计划发展的规律则是一个尚未提出并进行讨论的问题。今天我不能全面地提出这方面的问题，只提出了一些问题：如什么叫作计划，什么叫作有计划行为？资本主义制度存在不存在有计划的行为？如果存在，那么共产主义B的有计划行为和资本主义制度下的有计划行为区别何在？"国民经济有计划发展规律"和"国民经济有计划按比例发展规律"这两种提法各自的范围和区别何在？等等。我认为即使共产主义B的经济规律比较简单，但是它是研究共产主义初级阶段经济规律的一个必要的阶梯、一个必要的组成部分。而且对共产主义 B 的经济规律研究的进一步深化，可以坚定我们对共产主义 B 的认识，可以给我们许多有益的启迪。

（三）共产主义初级阶段的生产关系，既包括共产主义 B 的东西，也包括按劳分配、社会主义商品生产这样共产主义初级阶段特有的东西，而且是两者的密切结合。因此共产主义 B 的经济规律在这个初级阶段中，必然接受共产主义初级阶段特有的东西的规律的渗透，使自己转化成为共产主义初级阶段的经济规律。

在这个讲话中，我从在共产主义初级阶段由于生产者中包括进行独立核算从事商品生产或者从事商品流通、货币流通的经营者，包括凭借自己的劳动以取得生活资料的劳动者个人，由于国家只是处在消亡的过程中，对整个社会的经济社会生活进行指导和经营管理的中心和国家机器仍结合在一起，指出在共产主义初级阶段存在全社会生产目的和各当事者生产目的，分析各当事者生产目的的两重性，分析全社会生产目的与各当事者生产目的的一致性和矛盾；从有计划行为的主体与客体等方面分析共产主义初级阶段的国民经济有计划发展的规律和共产主义 B 的国民经济有计划发展的规律的区别。正如共产主义初级阶段的经济是具有共产主义 B 性质的有计划的商品经济，共产主义初级阶段国民经济有计划发展的规律就是存在这种商品经济、适应这种商品经济的国民经济有计划发展的规律。

前几次已经讲过政治经济学社会主义部分研究的任务是揭示共产主义初级阶段生产关系运动变化发展的规律。在目前流行的政治经济学社会主义部分教科书中，也讲了不少社会主义的经济规律。按照通常人们把社会主义看成是共产主义初级阶段的同义语的看法，似乎教科书中讲的这些社会主义的经济规律，就是我们在这里所说的共产主义初级阶段的经济规律。如果我们不能在现有的教科书所说的经济规律之外发现什么新的经济规律，那么我们的任务也可以说是基本完成了。但我觉得似乎还不能这么说。

为什么呢？

首先我认为现在流行的教科书讲的许多经济规律中有的还不好说是共产主义初级阶段的规律，而只能说是"共产主义 B"的经济规律。因为这些经济规律不仅对共产主义的初级阶段而且对共产主义高级阶段都是同样适用的。

举"社会主义的基本经济规律"为例。

斯大林所表述的这个经济规律是:"用在高度技术基础上使社会主义生产不断增长和不断完善的办法,来保证最大限度地满足整个社会经常增长的物质和文化的需要。"从这样表述的经济规律来看,是完全看不出是共产主义初级阶段的经济规律还是共产主义高级阶段的经济规律。

再举"国民经济有计划(按比例)发展的规律"为例。

苏联经济研究所编写的《政治经济学教科书》对这个规律的表述是:"社会必须用计划来领导国民经济;各个生产部门必须有计划地结成一个统一的整体,各部门的发展必须遵守必要的比例;必须最合理最有效地利用物力、人力和财力。"从这样表述的经济规律来看,也完全看不出是共产主义初级阶段的经济规律,还是共产主义高级阶段的经济规律。

从这些规律的表述来看,它们只能是我讲过的"共产主义B"的经济规律,因为共产主义B就是共产主义初级阶段和共产主义高级阶段共同的东西。

共产主义B的经济规律在政治经济学社会主义部分中占据什么地位呢?

我说的那个公式:"共产主义初级阶段"等于"生产资料归社会所有"加"按劳分配"加"社会主义商品生产"。意思就是在共产主义初级阶段的生产关系中,既有共产主义初级阶段与高级阶段共同的东西,又有共产主义初级阶段特有的东西,而且是这两种东西的结合。因此共产主义B的经济规律是共产主义初级阶段经济规律的一个因素。对共产主义B的经济规律的研究可以看作对共产主义初级阶段经济规律研究的一个阶梯、一个部分。因此共产主义B的经济规律在政治经济学社会主义部分的研究中还是有一定的地位的。

关于这一方面的研究工作我们还是要做的。目前这一方面的工作也还存在着问题。就以上面我们所引用的关于社会主义基本经济规律和国民经济有计划(按比例)发展的规律的表述来看,其中有许多正确的内容。斯大林的《苏联社会主义经济问题》和苏联《政治经济学教科书》曾使我们受到不小的教益,但是其中也存在着很大缺点,有必要做出更加准确、更加全面和更加深刻的表述和阐述来代替它们。

举例来说,我们可以把所谓社会主义基本经济规律分解成若干个规律,如关于生产目的的规律,关于生产不断增长、不断完善的规律,关于生产建立在高度技术基础上的规律。其中生产目的的规律是明显地反映共产主义B本质的规律,而且是应该看作独立的规律。关于生产不断增长、不断完善的规律是相对资本主义制度下发生周期性生产过剩危机而言的,作为基本经济规律的内容就很勉强。至于高度技术基础完全没有与资本主义经济相区别的内容。而斯大林在《苏联社会主义经济问题》一书也只是在《关于尔·德·雅罗申科同志的错误》一文中做了比较有力的说明，此外没有做出什么说明。很明显，如果真的要把"社会主义的基本经济规律"作为共产主义 B 的一个基本经济规律来研究，还有不少问题需要重新研究。

再举例来说，我们也可以把苏联《政治经济学教科书》所表述的"国民经济有计划（按比例）发展的规律"分解成若干规律：国民经济有计划发展的规律（包括"表述"中所说的"社会必须用计划来领导国民经济"和"各个生产部门必须有计划地结成一个统一的整体"），国民经济按比例发展的规律（"表述"中的语言是"各部门的发展必须遵守必要的比例"）和"最合理最有效地使用物力、人力和财力"的规律。其中也只有国民经济有计划发展的规律明显地反映共产主义 B 的经济规律，而且应该看作一个独立的规律。斯大林在《苏联社会主义经济问题》一书中用的倒是这个语言。在《对于和一九五一年十一月讨论会有关的经济问题的意见》一文中有这样一段："有人说，社会主义的基本经济规律是国民经济有计划、按比例发展的规律，这是不对的。如果不知道国民经济有计划的发展是为着什么任务而进行，或者任务不明确，那么国民经济有计划的发展，以及或多或少真实地反映这一规律的国民经济计划化，是不能自行产生任何效果的。国民经济有计划发展的规律，只是在具有国民经济的计划发展所要实现的任务时，才能产生应有的效果。国民经济有计划发展的规律本身并不能提供这个任务。……国民经济有计划发展的规律的作用，只是在它以社会主义基本经济规律为依据时，才能充分发挥起来。至于说到国民经济的计划化，那么，它只有遵守下列两个条件，才能得到良好的结果，这两个条件是：（一）它正确地反映国民经济有计划发展的规律的要求；（二）它在各方面适应社会主义基本经济规律的要求。"❶

从这段引文中可以看到斯大林本人并不使用"国民经济有计划按比例发展的规律"这个说法，但是他在引用别人的议论中使用了这样的语言而没有表示什么意见。而在苏联《政治经济学教科书》中则两种提法混用，至今在我国流行的说法则很少讲"国民经济有计划发展的规律"而只讲"国民经济有计划按比例发展的规律"。依我来看，把"国民经济有计划发展的规律"与"国民经济有计划按比例发展的规律"看成相同的东西，或者用"国民经济有计划按比例发展的规律"代替"国民经济有计划发展的规律"，都是有严重缺点的，它可以使我们对

---

❶ 斯大林：《苏联社会主义经济问题》，人民出版社 1975 年版（下同）第 31-32 页。

国民经济有计划的发展的认识局限到各部门有计划按比例这一点上,而忽视其他方面国民经济有计划的发展。

国民经济按比例发展的规律,如果离开了有计划这一条并不是共产主义B所特有的。

至于"最合理最有效地使用物力、人力和财力",则不成其为规律,其中两个"最"是不科学的,而且含义也不明确,更不足以反映共产主义B的本质。

当然我们还可以举出别的例子。

从这些例子中我只是想说明一个问题:关于共产主义B的经济规律的确有一个上面我们说的要做出更加准确、更加全面和更加深刻的表述和阐述的问题。而对共产主义B的经济规律的认识进一步准确、全面和深入,对于我们对政治经济学社会主义部分的研究是可以有所启迪的。

在我们肯定对共产主义B的经济规律的研究的意义的时候,有必要指明共产主义B毕竟太抽象了。这种规律的实际性内容并不多,讲起来是比较简单的,但是对共产主义B的经济规律的研究是对共产主义初级阶段经济规律研究的基础,是应该把它研究清楚的。政治经济学社会主义部分的任务是研究共产主义初级阶段的经济规律。它把共产主义B的经济规律包括在内而比共产主义B的经济规律要具体得多。

上面我们说共产主义初级阶段的生产关系包括共产主义B和初级阶段特有的按劳分配、社会主义商品生产,而且是这两种东西的结合。共产主义初级阶段的经济规律因此也包括共产主义B和初级阶段特有的东西的运动变化发展规律和它们的结合。共产主义B的经济规律在共产主义初级阶段会透过按劳分配和社会主义商品生产的因素,使得共产主义B经济规律发展成为共产主义初级阶段的经济规律。

仍以生产目的规律为例。由于共产主义初级阶段是共产主义的初级阶段,共产主义初级阶段生产的目的就是"保证最大限度地满足整个社会经常增长的物质和文化的需要"。这是按照斯大林对"社会主义的基本经济规律"表述的语言来说的。在这里"最大限度""经常"等只是一些量词,对于事情的本质是无关重要的,从某种意义来说甚至是多余的。共产主义B的生产的目的本质是满足社会需要,而这里说的社会需要说到底又是人的需要。对于这一点斯大林《苏联社会主义经济问题》中《关于尔·德·雅罗申柯同志的错误》一文中是讲得很明确很尖锐的。雅罗申柯批评斯大林对"社会主义的基本经济规律"中关于生产目的的表述,认为斯大林那样说"不是从生产占首要地位出发,而是从消费占首要地位出发的"。斯大林批评说:"谈论消费或者生产占首要地位,这与问题毫不相干。""因为生产和消费是两个完全不同的领域",而不是一类的东西就无所谓何者占首要地位的问题(在1979年我国经济学界第一次讨论"社会主义生产目的"时,也有人认为谈论社会主义生产目的是满足消费需要,是忽视生产)。斯大林明确指出:"社会主义生产的目的不是利润,而是人及其需要,即满足人的物质和文化的需要。"斯大林认为雅罗申科的错误是:"把生产从手段变成了目的,而保证最大限度地满足社会经常增长的物质和文化的需要,却被取消了。结果弄成生产增长是为了生产增长,生产是目的本身,而人及其需要就从雅罗申科同志的视野里消失了。所以,毫不奇怪,作为社会主义生产目的的人既已消失,雅罗申科同志'概念'里剩下的一点点马克思主义也随之消失了。"❶ 在这段话中讲的人及其需要才是生产目的的最本质的东西。共产主义初级阶段作为共产主义的初级阶段,它的生产目的就不能不是这样。

但是共产主义的初级阶段又是共产主义的初级阶段。在这个阶段,劳动者个人是要把劳动作为自己的谋生手段,生产是在企业中进行,而企业是商品生产者。因此在共产主义初级阶段,整个社会生产的目的是为了满足社会经常增长的物质和文化需要;而企业和劳动者进行生产的目的却不能不带有这样一种两重性:由于在共产主义初级阶段的企业和劳动者是共产主义B这种社会经济形态下的企业和劳动者,他们的生产活动的目的就不能不是为了满足这个社会中人及其需要,同时在这个社会中企业不能不谋取自身的经济利益,谋取在上交税利后企业所能取得的纯收入,而劳动者个人不能不凭借自己的劳动谋取收入,以购置自己所需要的生活资料。

这样在共产主义初级阶段,在生产目的问题上首先就出现这样一个整个社会生产目的单纯性和企业和劳动者生产目的两重性的有机结合的问题。在这里我们首先要看到整个社会生产目的和企业、劳动者生产目的的一致性。我们可以看得非常清楚,整个社会需要的满足靠的是企业能够顺利地进行生产,而企业顺利地进行生产的条件和结果,是企业取得自身最好的经济效益。这时候企业能够比较充分地发挥自己的积极性,取得活力。这时候企业可以有力量进行较多的设备更新和添置设备,扩大再生产。这时候企业可以较大的力量来增加职工的福利,鼓励职工的积极性,并且直接在实现共产主义初级阶段生产的目的使人的需要得到更好的满足中发挥作用。我们也可以看得很清楚,劳动者凭借自己投入质量高、数

---

❶ 斯大林:《苏联社会主义经济问题》,第57—60页。

量多的劳动以取得比较多的收入,既可以增加用来满足整个社会需要的产品,又可以直接提高自己和家庭成员的生活水平。这也完全同社会生产的目的是一致的。

这种全社会生产目的和企业与劳动者生产目的的一致性非常重要。没有这种一致性,整个共产主义初级阶段的生产就成为不可能。

在政治经济学社会主义部分的研究中明确地肯定这种一致性,具有重要的理论意义和实际意义。

从哲学原理上讲,就是要认识整体是由局部或更彻底地说是由组成整体的个别分子组成的。认识不到各个局部和个别的利益,整体的利益就变成一句空话,强调整体过了分也是一种片面性。

但是企业和劳动者生产目的中那种两重性,也使得他们和全社会发生一种矛盾。这种矛盾属于局部与整体间的矛盾性质。我们知道:在这个企业之外,还有别的企业。在已有的企业之外,还有正在建造的企业。在这个劳动者之外,还有别的劳动者。在正在劳动因而能够取得劳动收入解决自身和家庭其他成员的生活需要的劳动者之外,还有没有劳动力的家庭。于是在整个社会的生产目的同企业和劳动者个人生产目的之间,就可能发生各式各样的矛盾。这种矛盾可以来源于当事者过分注重本身的利益忽视别的当事者的利益和全社会的利益,可以来源于认识不到别的当事者的利益或者全社会的利益,或者来源于政策等。不管它的来源如何,根本问题还是在于在共产主义初级阶段存在按劳分配和社会主义商品生产。在共产主义高级阶段,可以设想那时候实现了各取所需之后,个人与社会的关系将有一个根本的转变。那时候个人与社会的矛盾将是另外一种性质的矛盾。在共产主义高级阶段,生产组织将采取何种形式,现在也无从研究,但也可以肯定和现在大不相同。

在共产主义初级阶段生产目的的问题上,还有一个国家的问题使得这个问题更加复杂化。

在共产主义初级阶段国家处于消亡的过程之中但还没有消亡。在这时候社会经济指导和管理中心的职能,很大一部分就与国家政治权力结合在一起,成为国家的一种职能。当然也有一部分是不再与国家政治权力相结合的。这种区别虽然是客观存在的,但是要通过分析才能看出,并不是显露在外边、一望而知的。全社会有一个指导和管理中心,这是共产主义初级阶段和高级阶段共同的现象,这个指导和管理中心与国家结合在一起,用国家的形式出现,通过政府这样的机构来实施管理措施则是共产主义初级阶段特有的现象。

在还存在国家的情况下，国家和它的执行机构政府就和企业与劳动者个人存在着矛盾。这种矛盾的性质的一个方面是国家代表着全社会的利益，用全社会的名义，实行某些国家认为符合全社会利益的政策，采取某些国家认为符合全社会利益的措施。由于国家所处的地位，它应该代表全社会利益，而且也是具备更多关心全社会利益、了解全社会利益的条件。但这只是事情的一个方面，另一个方面是国家及其执行机构也是一个当事者，作为当事者就会与其他当事者发生矛盾，而且是两个当事者之间的矛盾。由于国家机关和政府机构是有具体的人在那里工作的，具体的人就有具体的利益。因此国家机关、政府机构与企业及劳动者个人之间的矛盾，也未必全部都属于全社会为一方、企业与劳动者个人为一方的矛盾。再考虑到国家机关和政府机构的决策未必都科学、未必都合乎全社会的利益，在这种情况下国家机关和政府机构与全社会间也会发生矛盾。

在这里我想把我关于各当事者的利益和全社会利益问题的观点再谈几句。我说的当事者的利益，就是有某个当事者在谋取、在获得的利益，而全社会的利益，并没有某个当事者在谋取、在获得。在共产主义初级阶段，全社会的利益是客观存在的，因为社会不再为私有制所分裂（至少可以说在共产主义 B 中全社会的利益这个概念的含义与以前私有制社会下全社会的含义有原则的不同）。但是它没有当事者，所以它只是一种科学的抽象。人们要去把握这种全社会的利益，就要运用科学——马克思主义的科学与有关的一般科学。作为科学抽象，全社会的利益是"不折不扣"的。这样的全社会利益同各当事者的利益存在矛盾，而代表社会利益的国家机关和政府机构作为当事者也会同这种全社会利益发生一定的矛盾。

对这种全社会的利益的认识具有重大的意义。有了这种认识，国家机关和政府机构就可以更好地代表全社会利益进行指导和管理。有了这种认识，企业和个人就可以自觉地为全社会利益奋斗，企业和劳动者生产目的两重性中的为全社会的需要而生产这一点，就可以更好地实现。有了这种认识，就可以用它来教育共产主义初级阶段的各个当事者和广大干部、广大群众。

同时我们可以看到，在共产主义初级阶段的经济还是一种商品经济的情况下，社会需要就表现为市场需要。这样有关市场的经济规律也就会向关于生产目的的规律渗透，使共产主义初级阶段的关于生产目的的规律不同于共产主义 B 的生产目的的规律。

把上面所说的做一个小结：那就是在共产主义初级阶段中生产目的的规律性，比共产主义 B 的生产目的的规律性要具体得多、丰富得多。那么我们应该如何去表述共产主义初级阶段生产目的的经济规律呢？我们应该说一句怎样的话呢？对这个问题，我的回答是：不赞成去编这样一个句子，只要讲清楚其中的道理就可以了，而其中的道理上面说的这些还是不够的，还需要做进一步的研究。我和许多同志在读到苏联经济研究所编的《政治经济学教科书》时就不赞成这本书的做法，即只在用一句话去"表述"规律上下功夫，而不去深入探讨问题的实质。

我们不妨再来讨论一下社会主义国民经济有计划发展规律的问题，看看这个规律如何从共产主义 B 的经济规律具体化为共产主义初级阶段的经济规律，即看看按劳分配和社会主义商品生产如何渗透到这个共产主义 B 的经济规律中来。

在讲这个渗透问题之前，看来还有必要对共产主义 B 的"国民经济有计划发展的规律"多讲几句。

苏联经济研究所编写的那本《政治经济学教科书》指出的国民经济有计划发展规律的要求，讲到要"用计划来指导国民经济"的问题，讲到各个生产部门必须有计划地结成一个统一的整体的问题。书中还讲到这个规律是生产调节者的问题，但是一点也没有去讲"什么叫作计划和有计划的行为"，没有去讲"共产主义制度下的计划同现代资本主义制度下的计划有何种区别"。这本书的作者大概认为这些都是人所共知的常识，因此没有必要去讲。但是事实上这个问题并不如他们想的那样简单。在这里有一些需要弄清楚而还没有弄清楚的问题。不讲清楚"什么叫作计划和有计划的行为""共产主义制度下的计划和现代资本主义制度下的计划有何种区别"这样的问题，对国民经济有计划发展的规律的基本概念就可以说没有讲清楚。几十年来苏联和我国计划经济实践中曾经发生过乃至现在仍然存在的不少问题，在相当大程度上同对上述问题没有做出正确的回答有关系。而我们要讨论共产主义初级阶段特有的东西的因素如何渗透到共产主义 B 的国民经济有计划发展规律中的时候，不把这些问题讲清楚也是不可能的。

对这些问题的看法以及对整个计划经济的看法，我希望以后有机会讲一次。现在我先把前几天写的一张题目单子也印给同志们看看。今天我只打算回答上面提出的那两个问题。

我认为计划是人们对自己准备采取的行为的一种谋划。这里说的行为，它的主体可以是某个个人，也可以是某个具有一定程度统一意志的或大或小的集体。人们常说某个人的某个行为是盲目的。其实严格说来，完全盲目的行为可以说是没有的。因为人就是具有意识——而且具有与其他动物原则上不同的发达到高级阶段的意识即人的意识——的动物。人的行为就是具有人的意识的行为。在心理学上说的行为也都是有意识的行为,没有意识就不能叫作行为。当然,有意识中有目的意识。目的意识不等同于意识一般。有目的意识的行为,就是有目的的行为,有意识的行为,不一定是有目的的行为。而且一个人的行为还可以在这一点上是有目的的,在另外一点上又是无目的的。比如玩弄枪支引起走火。玩弄枪支就是有目的的行为,而玩弄枪支走火就是由于玩弄枪支这种有意识的行为而偶然发生的无目的的行为,但不能说在这里意识不起作用。由此可见有意识的行为有多种多样,需要对具体的行为做具体的分析,对不同的行为加以区别。

我们看到:可以有经过考虑的比较慎重的行为,也可以有没有经过考虑的鲁莽的行为;可以有经过深思熟虑的事先有谋划的行为,也可以有没有经过深思熟虑的事先没有谋划的行为;有经过合乎科学的考虑、事先有合乎科学的谋划的行为,也有考虑不合乎科学、谋划不合乎科学的行为等。对有计划的行为,我的定义是最后讲到的那一种经过合乎科学的考虑、事先有合乎科学的谋划的那样一种行为。当然这里说的合乎科学,在程度上可以有很大的区别。当人们懂得有必要也有能力去分析客观条件和主观力量然后根据这种分析去进行某种谋划,并按照这种谋划去采取某种行动努力使事物的发展过程基本上符合预先的估计、预先期望的结果的时候,这种谋划我认为可以称之为计划,这种行为可以称之为有计划的行为。

有必要再声明一句,并不是一切有计划的行为对于计划必须合乎科学这一点都是很自觉的,人们制定的计划也不都是合乎科学的。在这里我们只是就行为的方式而不是从行为的实质内容来为有计划的行为下定义。

在政治经济学中,我们没有必要去讨论有关行为的心理和哲学的问题。但是对这个问题的心理学和哲学的理解,却不能不影响到我们对国民经济有计划发展规律的分析。

在研究共产主义B的这个经济规律时,我们还要回答在资本主义的经济社会生活中有没有有计划的行为。如果回答简单地是"没有",那么对资本主义和共产主义B在有计划的行为这个问题上的区别,回答也就十分简单。前者是"没有",后者是"有"。苏联《政治经济学教科书》的作者的看法是这样,我国许多教科书和许多文章的作者的看法也是这样。如果对资本主义的社会经济生活是否存在有计划的行为的问题回答是"有",那么问题就复杂了。我们就要对在两种不同的社会制度下有计划的行为的原则区别进行研究,做出科学的判断。

不论对"什么是计划和有计划的行为",还是对"在共产主义制度下和在资本主义制度有计划的行为区别何在"这两个问题,看来都需要进行科学研究,

"人所共知"的常识是不够用的。

我认为在资本主义社会经济生活中是存在有计划的行为的，在这里我不想申述自己的论据，也不想展开对这个问题的讨论。我只想指出在两个制度下有计划的行为的区别可以从这样五个方面去看：

第一，从有计划行为的主体来看。在共产主义B的社会经济生活中，有计划行为的主体是这个社会中所有共产主义B的社会经济组织。同时在共产主义B中，有一个全社会社会经济生活的指导中心、全社会共产主义B事业的经营和管理中心。这样一个中心是确实存在的，因为在共产主义B中生产资料为社会所有的缘故。这个中心是在马克思主义理论的指导下活动的。在共产主义B中，有各式各样的共产主义B的社会经济组织作为有计划的行为的主体，还有这样一个中心作为有计划的行为的主体。各社会经济组织的有计划的行为，是以整个社会有计划的行为为基础，而这个中心的有计划的行为，却给所有社会经济组织的有计划的行为以某种统一的规定性，它在很大的程度上规定着所有经济社会组织的有计划的行为。这个中心有它自己的强有力的集体的意识、集体的目的、集体的意志。它的有计划的行为，对整个社会经济生活的发展产生巨大的影响。我们可以说在共产主义B的社会经济生活中，有计划的行为是集中型的。

有计划行为的主体，在资本主义制度下主要是个别资本。资本主义也是有计划的，指的主要就是个别资本的生产是有组织的，因此必然要有有计划的行为与之相适应。资本主义制度下的计划性，就是建立在资本主义生产是有组织的社会化生产这样一个事实的基础上的，而不像共产主义B的计划性是建立在有组织的社会化生产"以及"这样有组织的社会化生产与生产资料私人所有制间的矛盾得到了解决的基础之上的。这个"以及"表明在共产主义B计划性的基础中有一个是资本主义计划性的基础中所没有的，那就是生产资料归社会所有。在资本主义制度下生产的有组织性和社会化同生产资料私有制的矛盾是得不到解决的，所以在资本主义制度下有计划的行为主体主要还是个别的资本。

我们要看到当垄断资本发展起来而且国家垄断也发展起来之后，资本主义制度下有计划行为的主体也扩大到许多垄断资本主义组织。同时现代资本主义国家干预经济的职能也扩大了。资本主义国家于是也就成为有计划行为的主体。但是在现代资本主义下仍然不存在严格意义下的全社会经济社会生活的指导中心和经营管理中心。这是同资本主义社会的整体仍为生产资料的私有制所分裂这点分不开的。现代资本主义中国家的作用是一个需要认真研究的问题。它对资本主义社会经济生活起着某种调节和控制作用，但它不能起整个社会经济组织指导中心的作用。尽管它发生了很大的影响,但与共产主义B的那个中心是不可同日而语的。

第二,从有计划的行为的客体来看,即从有计划的行为起作用的社会经济领域受影响的人和组织来看。在共产主义B下,与有计划的行为的主体相适应,整个社会的社会经济生活都可以说是属于有计划行为的客体的范围之内,如果把共产主义B中劳动者对自己生活的有计划的安排都算作有计划的行为的话。如果不那么看,而且考虑到一个社会的经济社会生活如此复杂多样,同时共产主义B又是一个高度自由的社会,因而一定有许多劳动者个人的活动不属于由某个社会经济指导中心、经营和管理中心有计划的行为的客体以及由这个中心给以某种规定的经济组织的有计划的行为的客体。即便如此,我们还是要承认在共产主义B中有计划的行为的客体的范围是非常之大的。不但共产主义B的经济社会组织,一方面为"中心"所规定,另一方面自我做出规定,它的活动属于有计划的行为的客体,就是劳动者个人虽然在处理自身的事情上是自由的,但是"中心"和"各经济社会组织"不会不关心他们,而且会有计划地在工作中做出服务于劳动者及其家庭成员的更为周到的安排,有计划地进行不妨碍劳动者个人自由的科学指导。因此从有计划的行为的客体方面来看,资本主义包括现代资本主义中的有计划的行为是远远不能与共产主义B相比的。

在共产主义B的有计划的行为的客体中,经济的领域是主要的,但不限于此,经济生活以外的社会生活、经济关系以外的社会关系都是有计划行为的客体。共产主义B的有计划行为不只是为了促进经济的发展,促进社会经济关系的改革也是共产主义B有计划行为的一个经常的领域。而这一点是资本主义制度所不能做到的。资本主义制度下经济关系、社会关系的演变是自发地进行的,不是有计划行为的结果。特别是资本主义制度下有计划的行为不可能是否定资本主义本身的,而社会的进步却必然要求埋葬资本主义,从资本主义过渡到共产主义。

第三,从有计划行为的作用来看。在共产主义B中,社会经济生活主要是由计划来调节的。在资本主义制度下不是由计划来调节,而是由市场上的竞争来调节的。在现代资本主义下,加强了国家的调节和控制作用,但是并没有改变主要地不是依靠计划来调节的基本状况。现代资本主义下国家的调节作用也不是与计划相结合和运用计划的手段来进行的,它通过另外的机制来实现。

第四,从有计划行为的指导思想和哲学基础来看。在共产主义B中,整个有计划的行为是以马克思主义的科学社会主义,即科学共产主义的基本理论为指导的。共产主义B的有计划行为,在目的上是为了增加共产主义B社会成员的幸福，是为了发展社会生产力，使整个社会沿着共产主义的方向前进。在如何达到这个目的的方法上，也运用着马克思主义的经济学、社会学、政治学以及其他马克思主义社会科学的科学成果。共产主义 B 中对整个社会经济生活进行指导和经营管理的中心就是以马克思主义为指导的。在共产主义 B 的有计划的行为中，当然也要运用一般的科学与技术。所谓一般的科学和技术，包括自然科学和无所谓马克思主义或非马克思主义的社会科学。包括各种关于技术和技巧的学问。资本主义制度下有计划的行为的指导思想和科学基础当然不是这样。从目的来说，他们的有计划行为的目的和共产主义 B 下的目的是根本不一样的。这在前面我们讨论生产目的时已经讲过了。他们在这方面是不会接受马克思主义的。在如何有计划地发展经济和社会生活的方法上，他们也是不会接受马克思主义的，他们有一套和自己目的相适应的理论和方法。而且马克思主义的科学也不是任何人都可以通用的，马克思主义的科学也不是在任何制度下的统治阶级都可以通用的。共产主义 B 有计划行为的科学基础中只有一般科学与技术是同资本主义制度下的有计划行为相同的。我们可以向资本主义国家学习的也只是在这个方面。

第五，也是最后一点，可以从有计划行为的有效性来看，从不同制度下计划性可能达到的高度来看。由于以上说的这些区别，共产主义 B 下有计划的行为可以取得比现代资本主义下有计划的行为更好的效果，共产主义 B 下可能达到的计划也一定更高。请注意在这里我们说的是可能性，不是去把某个现实的处在共产主义初级阶段的初级阶段的国家与某个现实的发达的现代资本主义国家进行比较。如果要做这种比较的话，我们可以具体地分析两国有计划行为的长短。

对两种不同的社会制度下有计划的行为的区别进行分析，我想大体上不外从上面说的几个方面进行对比的研究。

如果对这样几个方面的道理研究透彻了，我想就可以对共产主义 B 的国民经济有计划发展的规律有比较完整、比较准确的了解了。

在对共产主义 B 的国民经济有计划发展的规律写了上面这些话之后，现在再回过头来讲讲共产主义初级阶段的东西如何渗透到共产主义 B 的这个经济规律中来，使这个经济规律转化成为共产主义初级阶段的国民经济有计划发展的规律。

对这个问题我想也从上面说的那五个方面来进行考察，研究按劳分配和社会主义商品生产对共产主义 B 的有计划的行为发生怎样的影响。

从有计划行为的主体来看，在共产主义的初级阶段虽然仍是共产主义 B 的经济社会组织，仍是整个社会的经济社会生活的指导和经营管理中心，但是它们具体化了。共产主义 B 的经济组织现在具体化为实行经济核算的企业。这种经济组织的有计划的行为——对自己将要采取的行动进行谋划和为实现自己的谋划所做的努力，就不能不同他们作为共产主义初级阶段的商品生产者或专门从事商品流通、货币流通者的地位相适应。这时候他们有计划的行为就必然包括掌握市场信息、进行市场预测、使自己的计划具有适应市场情况变化的灵活性等。共产主义的初级阶段中，在实行指导性计划的场合，企业就要自己来对计划做出决定，接受市场的调节。在共产主义的初级阶段，对整个社会的经济社会生活进行指导和经营管理的中心，它的有计划行为也不能不以上面所说的那些企业的有计划的行为为基础，因此在自己的行为中也就不得不考虑商品经济这个有力的因素。如果不去考虑这个因素，它的计划就不是从实际出发的唯物主义者制定的计划，它的有计划行为也就不是从实际出发的唯物主义者的行为。我曾多次发表过这样的看法，只要我们承认生活资料的生产接受市场调节，那么生产资料的生产也就必然接受市场调节，因为生产资料的生产最终是为生活资料的生产服务的。我还多次讲过，即便实行指令性计划，仍是要接受市场调节的。它与实行指导性计划不同的地方，只是接受这种市场调节的，不是企业（因为企业无权修改分配给它的必须完成的计划指标），而是原先制订计划并有权修改计划的国家计划机关。

同时在共产主义初级阶段，既然整个社会的经济社会生活的指导和经营管理的中心和尚未消亡的国家政治机器结合成一体，在这个中心的有计划的行为中，就包括运用国家政治机器的力量来实施计划这样一个重要的内容。一个指导和经营管理的中心，强大的行政机构、行政力量是不可少的，但未必需要政治力量。这是共产主义高级阶段会发生的现象，而在共产主义初级阶段则不是那样。在共产主义初级阶段还需要运用国家这个政治机器，比如还需要运用法律的手段来保障计划的实施，需要立法，需要司法，需要必要的强制手段。同时既然国家还没有消亡也就不可避免地存在，因此而产生的各种弊端也就不可避免。

从有计划行为的客体来说，共产主义初级阶段计划的范围基本上还是那么宽，有计划行为作用的对象也还是那样一些单位和个人，但是这些客体现在也都具体化了。以劳动者个人来说，在共产主义初级阶段不能不是凭借自己的劳动取得生活资料的人，他们劳动的积极性和创造性不能不同物质利益原则贯彻得怎样密切相关。于是在制定计划和实施计划时不能不考虑如何贯彻按劳分配问题。这同在共产主义高级阶段中当然是很不同的。作为"中心"的有计划行为的客体的经济组织，既然是商品生产者或商品流通、货币流通的经营者，对它们施加计划的影响的方法当然也同社会上的经济组织不一样。如果说共产主义初级阶段的商品经济不是一般的商品经济而是带有共产主义B性质的有计划的商品经济，那么共产主义初级阶段的计划经济也是在商品经济条件下的计划经济,是以商品生产者和商品流通、货币流通经营者为有计划行为客体的计划经济。而共产主义初级阶段的国民经济有计划发展的规律,也就是在商品经济条件下的国民经济有计划发展的规律。

孙冶方同志有一篇有名的文章,叫作《把计划建立在价值规律的基础上》。我是不那么赞成他的这个提法的。因为基本经济规律对于国民经济计划化来说不能不给以最高的地位,虽然为了生产的经常的和最大限度的增长,为使社会经常增长的需要得到最大限度的满足,在计划工作中必须充分重视劳动的有效性,充分重视孙冶方同志讲的那个"价值规律"。我这里说"孙冶方同志讲的那个价值规律",意思是说他说的"价值规律"是可以同商品生产相分离的"价值规律"。孙冶方同志的那个提法我虽然不那么赞成,但是他的勇气是我非常钦佩的,而且它可以启发我们去认识商品经济诸经济规律——价值规律是其中基本的一个——向共产主义B国民经济有计划发展规律的渗透。

我认为有计划行为的主体和客体都可以对行为的规定性发生直接的影响,而行为的外部条件则不能。比如在有计划的行为中要考虑发展对外经济关系,外国的经济状况对共产主义B下的有计划行为来说只是外部条件,它也可能受到共产主义B有计划行为的影响,但不属于这种有计划行为的客体。对共产主义B,就与外国发生关系的行为来谈是属于有计划行为的范围之内,而对外国的影响来说,则一般来说不属于有计划行为的范围之内。在对外经济关系上共产主义B主体的有计划的行为,会在一定程度上影响自身的规定性,而外国的经济状况则不会发生这种影响。

关于共产主义B的国民经济有计划发展规律和在共产主义初级阶段渗入初级阶段特有的因素这两个方面我有许多话可说。比如计划性水平问题就是一个值得探讨的问题,上面我们讲有计划行为的方式和有计划行为的水平不是一回事,这一点也有待于做出解释。同时共产主义B经济规律也不限于上面说的那些,不过作为方法论的讨论只讲这些似乎也就够了。

我今天讲的题目是共产主义初级阶段的经济规律,但是因为准备工作还没有做好和时间不够,只能讲其中的一个问题,那就是:"关于共产主义B的若干经济规律和共产主义初级阶段特有的东西——即按劳分配和社会主义商品生产的因素向这些经济规律的渗透问题"。而原来的题目的范围比我今天讲的要宽得多。共产主义初级阶段经济规律这个题目可以宽到和政治经济学社会主义部分同样大的范围,因为后者的任务就是研究共产主义初级阶段的经济规律。

如果我们把"共产主义初级阶段的经济规律"这个今天我想讲的题目缩小到

研究有关这个规律的方法，它的内容也比我讲的要宽。在研究共产主义初级阶段经济规律的方法问题中，我们还要研究如同按劳分配规律、社会主义商品经济的规律应该如何研究的问题。而研究这些问题的方法论是很重要的。关于这个问题今天我没有时间讲了，但是我觉得将来还是要讲一讲。为什么呢？这是因为我把共产主义初级阶段的生产关系看作共产主义初级阶段和高级阶段共同的东西与共产主义初级阶段特有的东西的结合，无意说共产主义初级阶段的特有的东西同共产主义初级阶段和高级阶段共同的东西可以截然分开。上面我讲了，在共产主义的初级阶段，这一阶段特有的东西会渗透到共产主义初级阶段和高级阶段共同的东西里去。意思是说虽然在共产主义初级阶段的生产关系中可以在观念上抽象出共产主义初级阶段与高级阶段共同的东西，但是在现实的生产关系中如同"生产资料归社会所有"这样的东西也必然带上初级阶段特有东西的烙印。从而共产主义B的经济规律在共产主义初级阶段就会发生一些变形。这是问题的一个方面，只是共产主义B与共产主义初级阶段的东西的一种结合。而另一个方面则是共产主义初级阶段特有的东西本身也是同共产主义B分不开的。比如说没有生产资料归社会所有也就不会有按劳分配。而"四人帮"舆论工具说按劳分配产生资本主义，按劳分配产生新资产阶级分子，按劳分配产生资产阶级个人主义等之所以是反马克思主义的谬论，就是因为他们把按劳分配看成是同生产资料归社会所有互相分离的东西，看成是旧社会遗留下来的东西，而不把它看作资本主义被共产主义B取代后的产物。因此在讲清楚按劳分配规律时，应该把按劳分配和生产资料归社会所有这种共产主义B的东西的结合讲清楚。关于社会主义商品生产也有类似的问题。我们现在不是说我们的商品经济是社会主义的有计划的商品经济吗？这不是说我们的商品经济不是一般的商品经济，更不是资本主义的商品经济吗？因此不但共产主义初级阶段特有的东西的因素会渗透到共产主义B的经济规律中去，共产主义B的因素也会渗透到共产主义初级阶段特有的东西的经济规律中去。而这些是共产主义初级阶段和高级阶段共同的东西和共产主义初级阶段特有的东西的另外一种结合。对这种结合的研究只能在以后来讲。

还有两个问题，也是属于共产主义初级阶段经济规律的方法论方面的：一个是共产主义初级阶段的经济规律作为一个整体应该如何认识的问题；一个是共产主义初级阶段的初级阶段的经济规律又应该有怎样的特点的问题。因此今天我讲的，无论从哪个方面讲都只是我用的题目的一部分。但是如果我按照我讲的内容来写题目，那么就会使不很了解我关于政治经济学社会主义部分思想的同志看不懂，不如让人们听完了我的这一次讲座之后再来讲清楚我讲的只是题目的一部分好了。不过为了文题相符起见,我在题目后面加上一个"(一)",好让同志们知道我还准备对这次讲的做补充。不过下次我究竟讲什么现在我还没有定下来。

最后我还想声明一点,我今天选择了斯大林的《苏联社会主义经济问题》和苏联经济研究所编写的在1954年出版的《政治经济学教科书》。我这样做,只是因为我们今天只是想讨论共产主义初级阶段特有的东西的因素对共产主义B经济规律的渗透,总要有议论的对象,而这个议论对象人们越熟悉越好。我这样做,丝毫没有想在这两本书的基础上进行修修补补,做出共产主义初级阶段经济规律的表述。这一方面我不赞成这两个"表述"经济规律的做法——这一点我在前面讲了,同时我也一直认为政治经济学社会主义部分的研究,应该广泛地吸收国内外的研究成果并进行独立的创造。

1985年7月25日第五次讲座

价值规律在社会主义制度下的作用

内容提要

写了半篇稿子，一万多字，是用现在的眼光重新审阅四分之一世纪前所写的东西后的作品。

当时提出和讨论的问题中有许多到现在并没有解决。现在的许多问题，仍需追溯到那个时期，但是再像那时期那样地提出和讨论问题是不再能吸引人了。写的这半篇，有兴趣的同志可以看看。我认为还是有用的。但是要讲就需要用比较新的方式来提出问题。

（一）在社会主义经济仍是一种商品经济这样的论断被接受后，以往关于价值规律在社会主义制度下的作用的许多争论，就被历史解决了。

——既然社会主义经济仍是一种商品经济，即在社会主义制度下不仅存在商品生产，而且商品生产与非商品生产相比占据绝对的统治地位，那么，作为商品生产基本规律的价值规律，在社会主义的社会经济生活中就会在极为广阔的领域内起作用。那种认为价值规律在社会主义制度下的作用受到严格限制、价值规律在社会主义制度下的作用无足轻重的观点，再也说不下去了。

——既然社会主义经济仍是一种商品经济，商品经济就不再是外在于、而是内在于社会主义经济的东西，那么，作为商品生产基本规律的价值规律的作用，就渗透在整个社会主义社会经济生活之中。它是与社会主义的经济规律——社会主义的基本经济规律（即关于社会主义生产目的的规律）、社会主义国民经济有计划发展的规律、社会主义按劳分配的规律等结合在一起发生作用的。那种认为作为商品生产基本规律的价值规律与社会主义经济是互相排斥、在社会主义经济规律起作用的地方价值规律就不起作用的观点，同样再也说不下去了。

——既然社会主义经济仍是一种商品经济，那么，社会主义商品生产的存在是社会主义社会经济生活中的一个基本特征的观点也就得到了承认，因此作为商品生产基本规律的价值规律，在社会主义制度下也就是"一个"具有基础性质的经济规律。在这里我特别标明"一个"两字，表明我与孙冶方的观点有所不同。我认为社会主义生产目的这样的规律，不是建立在价值规律的基础上的，而它在社会主义制度中更是一个具有基础性质的经济规律。

——既然社会主义经济仍是一种商品经济，而社会主义经济不必说是建立在社会主义公有制基础上的计划经济，于是在社会主义制度下的国民经济的有计划的发展，就其主要点来说，就是社会主义商品经济的有计划的发展，那么作为商品生产基本规律的价值规律，也就成为在有计划调节社会主义经济生活中起重要作用的经济规律。

还会有别的推论。

在肯定了社会主义经济仍是一种商品经济后，关于价值规律在社会主义制度下的作用的政治经济学社会主义部分的研究，应该提出新的问题，进行新的探讨。

（二）对价值规律在社会主义制度下作用问题的理论研究的方向，是更为具体地研究起作用的机制，这样的工作本来就是政治经济学社会主义部分的一个重大任务，有关内容是这门学科的一个重要组成部分。

——从组织社会主义生产、促进社会主义生产的角度，研究价值规律在社会主义制度下起作用的机制；

——从社会财富在社会主义制度下的分配和再分配的角度，研究价值规律在社会主义制度下起作用的机制（在这里包括社会财富在社会主义国家、社会主义企业、社会主义制度下的劳动者及其家庭之间的分配和再分配）；

——从对社会主义社会经济生活的计划管理的角度（包括从调节社会主义的生产和流通的角度），来研究价值规律在社会主义制度下起作用的机制；

——从改进社会主义商品经营（包括对经济效益的科学分析）、提高经济效益的角度，来研究价值规律在社会主义制度下起作用的机制；

——从发展我国对外经济关系以取得有利于经济发展的效果的角度，来研究价值规律在社会主义制度下起作用的机制；

——从其他的角度来进行这种研究。

在研究价值规律在社会主义制度下起作用的机制时，要加深对"什么是价值规律"和"价值规律一般来说在商品生产中是怎样起作用的机制"的认识。

要研究生产中的价值决定问题。

要研究交换中的价值实现问题。

要研究商品流通、货币流通以及货币支付中的价值转移问题。

要研究生产和个人消费中的价值消耗问题。

要研究社会主义制度下使用价值与价值、具体劳动和一般劳动间的关系问题。

要从许多方面去研究价值规律在社会主义制度下起作用的客观规律性。价值规律和价值规律起作用的规律是两种不同性质的规律。

价值规律起作用的规律不是一个规律,而是一种类型的规律。价值规律在社会主义制度下起作用的规律也不是一个规律,而是一整套规律。

1980年时我感到我国经济学家在研究价值规律在社会主义制度下起作用的规律方面做的工作太少,现在仍想说这句话。这话是包括我自己在内的。

(三)对社会主义价格规律的研究,是对价值规律在社会主义制度下起作用的机制进行研究的最为重要的方面之一。这种研究对于别方面的研究,还带有应该先走一步的性质。社会主义价格规律属于价值规律在社会主义制度下如何起作用的规律。

社会主义价格规律的研究尚在探索的过程中,多年来这方面的研究收效甚微。

多年来我国经济学界对价格政策、价格工作考虑得多,对价格规律研究得少,这使我们在研究价格政策和价格工作中得不到政治经济学社会主义部分的理论指导。

对某个问题进行探索就要掌握探索的途径和方法。

确认社会主义价格规律的存在是进行这种探索的前提。如这个规律不存在,探索就没有意义。由于小商品生产和资本主义的价格规律已经被人们所认识,社会主义价格规律的存在就不应有什么怀疑。

明确价格规律和价值规律不是一个规律也是探索的前提。价值规律是商品生产的一般规律,如把价格规律与之混为一谈,也就是否定了社会主义的价格规律。

探索还有一个前提是掌握有关价格的一般的政治经济学知识，这是在马克思的著作中做了清楚的论述的。这就是：价格是商品交换价值的一种特殊形态，是价值的货币表现，是商品内在价值关系表现为商品和它外部存在着的货币商品的交换关系。从量上说，价格是商品价值量的指数。但是商品与货币的交换关系可以表现商品的价值量，也可以表现比这更大或更小的量。当作一个商品的价值量的指数的价格，是这个商品交换比例的指数。但是这个商品同货币交换比例的指数，并不因此就是这个商品价值量的指数。这些道理对研究社会主义制度下的价格规律也是适用的。由此而来的各社会制度下共同的价格规律，也是在研究社会主义价格规律时要注意到的。

探索的方法，一是对社会主义制度下价格现象中不以人们意志为转移的东西先做一番归纳，然后进行分析，从中寻找这些现象背后的"本质的关系或本质间的关系""现象中巩固的东西"。二是考虑到社会主义价格规律是价值规律和诸社会主义规律在价格问题上结合的产物，因此要在这个"结合"的问题上进行辩证的思考，并与小商品生产、资本主义制度下的价格规律做类比的研究。

五十年代我基本上是按照这样的方法去进行探索的，但一开始就不成功。对社会主义制度下价格的计划性、稳定性的认识简单化，客观规律与主观指导原则分辨不清，把要论证的东西——价格直接以价值为基础——作为直观的东西去描绘，这样的困难在整个政治经济学社会主义部分的研究中常会遇到。对社会主义价格规律的研究，几乎涉及政治经济学社会主义部分要研究的所有主要问题。

这里所说研究社会主义价格规律会遇到整个政治经济学社会主义部分的研究中的困难问题，指的是在社会主义社会经济生活中常常看到这样的情况：有不少按照社会主义的本性本来是"应该"做到的事，在事实上却没有做到，而有不少本来不"应该"发生的事，在事实上却频繁地发生了。从"应该"出发我们定下了许多"原则"，而在政治经济学的书籍和文章中，就把这些原则说成"规律"。

按照辩证唯物主义的逻辑，政治经济学社会主义部分要寻求的和论证的是客观上的"必然"，不是主观上的"应该"。前者出"规律"，后者出"原则"，再具体就是"政策"。但"必然"是藏在后面的东西，它在奖赏或惩罚我们时才显示出它的"威力"。"应该"也有不同的情况须分析，"必然"也在一定程度上在"应该"中得到反映。但"应该"也常常不反映"必然"，只是一种主观上的愿望。以价格问题为例：对"应该"人们想了许多也讲了许多，问题是有多少是符合事物发展的"必然"呢？我们应该怎样来检验和研究这样的问题，对它做出正确的回答呢？

事实上发生的东西，有其所以发生的原因，但未必是社会主义制度下的客观必然的表现。它可以是外部的原因或主观上的原因造成的。"必然"不等于现象，而是现象背后本质的东西，持久巩固的东西。仍以价格问题为例：发生的现象有许许多多，究竟有哪些是反映客观的"必然"性？有哪些不是？这也不是一眼可以看出的。

这里所说对价格规律的研究几乎涉及政治经济学社会主义部分研究的所有主要问题，意思是：价格规律是关于价格决定或价格形成的规律。由于价格决定或形成根据的是它的条件，因此价格规律也就是价格变化的规律。在研究社会主义价格规律时，就要掌握价格决定、价格形成和价格变化的根本条件——社会主义生产关系及它的运动、变化和发展，这就不能不以对整个社会主义生产关系及其运动变化发展的规律性的研究为前提。

应该指出，对社会主义价格规律的研究也是整个政治经济学社会主义部分研究的一个重要组成部分，不能等其他问题都研究清楚了之后再研究这个问题。

与社会主义价格规律研究关系特别密切的，首先是前面说过的对社会主义生产中价值形成、价值消耗、价值分配的研究。由于在现实生活中人们关心的、同他们的利益直接有关的是生产出来的东西的价格，在生产中消耗的东西的价格，新生产出来的东西的价格如何在生产者中间分配。价格决定对生产起着直接的巨大的影响。一定要把这种影响一个一个地列举出来并且弄清楚其间量的关系，才有利于寻找并论证社会主义价格的规律性。

与社会主义价格规律研究关系特别密切的，还有消费品价格对居民消费的影响和对整个社会主义经济的影响。这里涉及社会主义生产目的的规律、社会主义国民经济中消费和积累的规律和各部门按比例发展规律的问题。也要把这样的影响一个一个地列举出来并且弄清楚其间量的关系，才有利于寻找并论证社会主义的价格规律。

还有一些与社会主义价格规律研究关系特别密切的问题，如价格与计划的关系，在计划管理与经济调节中价格是最重要的杠杆，这就是因为价格与社会主义各当事者的利益关系最密切，影响最直接。这种关系和影响也必须一一列举，并且弄清楚其间量的关系才有利于寻找并论证社会主义的价格规律。

还有一个问题是要特别提一下的，那就是研究价值规律在社会主义制度下的作用问题时，特别是研究社会主义价格作用问题时，经常要提到市场问题。价格机制和市场机制有密切的关系。我们说的价格，在通过市场时，就是市场价格，不论生产资料、消费资料都是这样。第三产业中生产出来的劳务，也在市场上出卖。劳务的价格也是市场价格。价格的作用在市场上表现得最为明显。

总之，要从价格在社会主义社会经济中起作用的机制中研究价格规律。表面看来社会主义价格规律的研究似乎会很复杂因而难以取得成果，其实，只有切切实实做好这种基础工作，才是取得成果最有效也是最快的方法。

对社会主义价格规律，上面说的还属于方法论的范围，实质性的看法另外写。

关于价值规律在社会主义制度下的作用问题范围很广，今天只讲上面一点点，有机会再讲。

"文化大革命"后，我没有专门写讨论价值规律问题的政治经济学社会主义部分的论文。这是因为在"文化大革命"前这方面的文章我写得不少，这几年没有形成什么新的观点。同时，这些年来，经济学界其他同志对这个问题所写、所讲的，也似乎没有超出过去讨论的范围，没有引发出我写文章的动机，于是这八九年来我写的东西中，价值规律方面成了一个空白。

最近我想起这件事，觉得在这样一个重要的领域，自己的认识总应该有所前进，应该多花些时间去想一想。同时我也想到，老话也不应完全不说。因为在价值规律问题上不同于我的观点现在很流行，如果我不把自己的老观点讲讲，没有读过我写的《政治经济学社会主义部分探索》（一）的人，就不知道在中国经济学界中还有持我这样观点的人。因此今天我下了个决心，在这个"政治经济学社会主义部分讲座"中讲这么一个题目，也许能逼出一点思想来。

现在我想讲下面几点：

（一）先从孙冶方同志在这个问题上的观点开始讲起。大家都知道，孙冶方同志是非常重视在社会主义经济建设中运用价值规律的。他对社会主义制度下价值规律的地位和作用给以很高的评价。他有一篇有名的著作，题目叫作"把计划工作建立在价值规律的基础上"。但是如果没有研究过孙冶方经济思想的人，很可能不知道孙冶方讲的价值并不是古典的政治经济学著作和政治经济学教科书中的那个价值，不是商品在无数次交换中形成的那个价值，不是在商品交换价值中抽象出来的客观上存在的那个价值，一句话，不是商品价值。孙冶方同志讲的那个价值，是社会上不再存在商品、不再存在商品生产和商品交换后仍然存在而且起作用的。在孙冶方同志的文章中肯定价值是由生产这个产品的社会平均必要劳动量决定的，但他并不认为一定要有商品生产和商品交换，"社会平均必要劳动量"这个概念才能形成，商品中的这个"社会平均必要劳动量"才能实现。他认为在没有商品的未来社会中，因为生产一个产品仍要消耗劳动，因此仍旧要计算这种劳动消耗，仍要讲求而且更要讲求用比较少的劳动消耗取得比较多的使用价值，因而仍然需要"价值"这个概念。所以在20世纪60年代初期，我以及同我在一起编写政治经济学社会主义部分教科书的同志们，曾经把孙冶方同志讲的那个"价值"称之为"计算价值"，来与平常我们讲的那个"价值"、那个"商品价值"相区别。

在孙冶方同志那里并没有现在大家说的"社会主义经济仍旧是一种商品经济"的观点。这个观点是十一届三中全会后，在我国经济学家们的讨论中逐渐形成的。他是撇开社会主义经济是否是商品经济这样的问题来讨论价值问题的。他是一个"价值万岁"论者，因此他不去讨论商品价值的问题，因为如果在社会上商品不再存在，商品价值当然也就随之消失。如果说的是他所说的那种价值，那么即使到了共产主义高级阶段，价值还是会存在，而且会一直存在下去的。

现在我们的讨论，从孙冶方同志讲的价值概念转到当前肯定的社会主义经济是一种商品经济上来。什么叫作"肯定社会主义经济仍然是一种商品经济"呢？这不等于说"社会主义制度下存在商品生产"。社会主义制度下存在商品生产这样的结论，五十年代初期斯大林就在《苏联社会主义经济问题》这本书里做出来了。但是在斯大林的著作中，并没有肯定商品生产在整个社会主义经济中居统治地位，恰恰相反，他把社会主义的商品生产限制在一个比较小的范围之内。现在的结论是，商品生产仍居统治地位是合乎社会主义制度本性的。在得出了这样的结论之后，作为商品经济的基本规律的价值规律，成为社会主义制度下到处起作用的、同社会主义诸经济规律同样起基础作用的这样的结论，就是理所当然的了。

现在我们达到的这个论断,同 30 多年前孙冶方同志做出的论断,除了"价值"一词的含义外,几乎是完全一样的。孙冶方同志当时是以尖锐、明确的语言来表达自己的论断的,而且与别的同志展开了尖锐的论战。就他的见解的实际意义来说,他做出的论断也同现在我们从社会主义经济是一种商品经济出发做出的论断没有什么两样。孙冶方同志提出问题时的背景和针对性,也同我们现在提出问题时的背景和针对性非常接近。孙冶方同志就是针对当时经济工作中不重视商品价值这种情况提出自己这个见解的。因此从实际工作者的角度来看,孙冶方同志的理论观点中价值的含义就成为无关紧要的事情了。实际工作者会说:这些概念上的问题让政治经济学理论家去讨论就可以了,对于我们来说,只要肯定价值规律的重要作用就行了。依我看,孙冶方同志的价值概念与商品价值概念间的区别,从实际工作的角度来看,也的确不那么重要,它只是孙冶方同志还没有从斯大林的论断中彻底解放出来的一个表现罢了。他要解决的实际问题就是我们今天要解决的实际问题,不过今天我们比他的立场更加前进罢了。

关于计划工作和价值规律的关系问题,用孙冶方同志那样一句话简单地来概括,当时我不同意,现在我仍然不能同意。但是孙冶方同志的"把计划工作建立在价值规律的基础上"的确包含极有意义的思想。在肯定了社会主义经济是"有计划的商品经济"或者"商品经济的计划经济"之后,我们的计划工作应该有一个彻底的转变。这种转变的内容,就是我们所计划的不再是"非商品经济的发展",而是"商品经济的发展",是社会主义商品经济的发展。在这种情况下,价值规律的确是计划工作的一个基础。当然社会主义的经济规律如关于社会主义生产目的的规律,关于社会主义经济有计划发展的规律等等,也必然是社会主义制度下计划工作的基础。当时我因为强调社会主义经济规律是我们计划工作的基础,从而不同意孙冶方同志的提法。今天看来,既然社会主义制度下存在商品生产、商品交换,像孙冶方同志那样要求在计划工作中高度重视价值规律的作用,把它作为计划工作的一个基础是应该接受的。在这里,这"一个"两个字是我现在加上去的。我希望我们在接受孙冶方同志的那个论断时作这样一个补充。把价值规律作为我们计划工作的一个基础的观点,同今天我们对计划工作的改革的要求应该说是一致的。由于"把计划工作建立在价值规律基础上"那样的观点,是孙冶方同志在中国第一个提出的,而且是在从事计划工作的同志对这个意见坚决反对的情况之下,用尖锐、明确的语言提出的,因此在研究我国计划体制改革的思想史的时候,应该给孙冶方同志的这个论断以很高的评价。对我自己来说,在孙冶方同志病危的时候我对他说的话，也就是现在我想说的话，那就是我在当时过分重视孙冶方同志在理论上的不周密、不准确的那个方面，而对他见解的实际意义认识不够，因而对他见解的积极作用支持不够。我对孙冶方同志说：这种状况是同新中国成立后我一直在意识形态部门工作而没有在实际经济部门工作过有关的。"文化大革命"后，我不再在意识形态部门工作了，我更多地与实际工作接触，使我能更多地从实际意义方面去理解孙冶方同志的贡献，虽然在理论观点上我至今不能完全同意他的观点。

（二）上面从孙冶方同志的观点说到价值规律在社会主义经济生活中，包括在社会主义计划经济中的地位。现在我们打算对价值规律在社会主义经济生活中的作用以及起作用的机制具体地讨论一下，以便通过这样的讨论使我们对价值规律的地位，有一个比较具体的认识。

在这里不得不讲些老话。首先来讲一下"什么是价值规律"。这个问题虽然在初级的政治经济学教科书里就已经讲了，但是在认识上仍有模糊不清或不准确的地方。在1963年我写的一篇题为《什么是价值规律》的文章中，我主张用一句话："商品的价值量由生产这个商品的社会必要劳动量来决定"来表述这个规律。在这篇文章中我表示不同意把价值规律表述为："商品的生产和交换按照社会必要劳动消耗来进行。"理由是"照着字面来了解，就很容易使人误解为商品在任何时候、任何条件下都完完全全按照它们的社会必要劳动量来交换"。同时我在这篇文章中表示不同意把价值规律表述为"商品价格有与其价值相一致的必然趋势""商品的交换同生产商品所消耗的社会必要劳动量相适应""商品的生产和交换以所消耗的社会必要劳动量为基础"。理由是，这些说法"没有表明确切的数量关系，从而有关价值与价格的种种数量上的分析，就不能很好地从这样表述的价值规律出发来进行"。而我主张的"商品的价值量由生产这个商品的社会必要劳动量来决定"这个表述，则没有这样的缺点。这是我的那篇文章中批判的部分。

下面是我那篇文章中从正面说明我对价值规律表述的部分。

我说"商品的价值量由生产这个商品的社会必要劳动量来决定""表明了价值规律是商品生产的一个规律，即商品生产中使用价值同生产这个使用价值时所消耗的劳动之间的一个必然的本质的联系：不论生产这个商品的使用价值时人们实际上究竟消耗了多少劳动，但在这个使用价值中凝固的只是生产它的时候所消耗的社会必要劳动，也就是社会平均的劳动消耗"。接着我说："当我们说'在某个商品使用价值中凝固的只是生产它的时候所消耗的社会必要劳动'时，就必然把交换作为前提来考虑的,因为这句话的意思也就是:'在交换中社会只承认在某个商品的使用价值中凝固有生产它的时候所消耗的社会必要劳动'。所以'商品的价值量由生产这个商品的社会必要劳动量来决定'这个表述,也就表明了价值规律是商品交换的一个规律——即在商品交换中,人与人之间的一个必然的本质的关系:在交换中随着商品变更其所有者,交换双方所占有的、凝固在商品使用价值中的社会必要劳动量,也就随之而变更。……因此价值规律不仅是商品生产中价值如何形成、价值量如何被决定的规律,也是商品交换中双方占有价值量如何变化、如何增减的规律。"

这个说明中的第一个命题:"价值规律是商品生产的一个规律"中所讲的思想,完全是马克思《资本论》中对价值形成的论述的复述,没有我自己的一点儿"创造"。这个说明中的第二个命题:"价值规律是商品交换的一个规律",也不是我的"创造"。但其中有一点"新"的东西,那就是我在这里是从"商品的价值量由生产这个商品的社会必要劳动量"来进行推论。这个推论的特点是只去讨论交换中价值量的转移是由交换的条件决定的,而没有突出等价交换这一条。具体说来,就是在上述引文中用删节号略去的那个部分中的"两个'如果',两种结果":如果进行交换的两个商品的价值不相等,即生产它们时所消耗的社会必要劳动量不相等,那么经过交换双方所占有的社会必要劳动量就会发生变化:拿出价值较低的商品去换回价值较高的商品的人,经过交换,他所占有的社会必要劳动量,或者说他所占有的价值,就会比以前增加;而拿出价值较高的商品去换回价值较低的商品的人,经过交换,他所占有的社会必要劳动量,或者说他所占有的价值,就会比以前减少。如果进行交换的两个商品价值恰好相等,那么经过交换,双方占有的社会必要劳动量,或者说他们占有的价值,也就恰好不变。我把这样的推论,作为研究价值规律如何在具体的条件下起作用的一种方法论,而把社会上商品交换究竟如何进行,作为在特定的历史条件下这个规律贯彻自己的作用结果。

于是就有下面的这些推论:(1)"如果商品交换双方处在完全平等的地位,而且再不存在其他因素的影响,那么在经济生活中就会存在商品按照它们的价值来交换的必然趋势,商品交换就会直接以价值为基础",简单商品生产条件下的情况大致如此;(2)"如果商品交换双方处在完全平等的地位,但是存在着这样一种因素:由于社会制度的特殊性,交换双方对吃亏、占便宜,不再直接以占有价值多少为标准,而是有其他的标准,如资本主义条件下就是以能否保持平均利润率作为是否吃亏的标准,这时,商品就不会直接按照它们的价值为基础来进行交换，而是以另外的价值——商品的生产价格——为基础进行交换"；（3）"如果商品交换双方处在不完全平等的地位，商品就不会完全按照它们的价值……来交换。……商品的价格同它的价值（或者生产价格）发生一定程度的背离"；（4）"不论商品的价格是否同它的价值一致，也不论商品的交换"是否"直接以价值为基础，不论商品的价格同商品的价值背离到何种程度，整个社会互相交换的商品的价值总额和价格总额总是一定要相等的"。然后我做出结论说："依据'商品的价值量由生产这个商品的社会必要劳动量决定'这个价值规律，再考虑到其他条件，不但可以说明商品的交换为什么一定会直接或者间接以价值为基础，也可以说明在商品交换中为什么会发生价格与价值的背离"。

我的这些说法，现在看来我仍认为对什么是价值规律是做了一番具体分析的。不这样，就不能说清楚价值规律的作用，说清楚价格规律和价值规律的不同（对于这一点，我们在后面还要讲）。我认为我这样说有利于澄清目前存在的在价值规律问题上的糊涂观点。但是有一个逻辑上的困难需要解决，那就是按照我的这些说法，在经济生活中商品按照它们的价值来交换的必然趋势，商品交换直接以价值为基础，只是价值规律在简单商品生产条件下起作用的结果，而不是价值规律本身。这就发生一个矛盾：如果商品不是按照它们的价值来交换，价值的概念又怎么能够形成呢？因此在我的论述中就有一个循环论证的问题。在这里遇到的困难似乎与"转型问题"上遇到的困难有某些类似的地方。我想了一下，这个问题似乎可以用这样的办法来解决：

首先，如我们在学习马克思《资本论》时读到的那样，在商品世界里，物与物进行交换存在一种比例关系。马克思称这种比例关系为"交换价值"。从"交换价值"中推论出商品存在"价值"，因为没有共同的价值实体，就不可能有"交换价值"。然后进一步论证这个价值的量的规定性，论证价值规律。在论证价值规律前，事先就存在商品按价值来交换这样一个前提，但是这里商品按照价值来交换，基本上还是一个定性的规律性，从数量上说还是比较模糊的。正如价格是价值的货币表现这样一个命题所表示的那样，这个命题的正确性，并不意味价格永远就与价值一致。它只是定性的命题。价格与价值间定量的关系，那是由具体的条件决定的。有关价值的许多准确的量的关系的说明，是要在明确价值规律之后才能做出。而在没有明确价值规律前，要先有定性的和在定量上模糊地按照价值来交换这个前提，否则就不可能在明确了价值规律之后，一步一步地考察在某个社会制度下价值规律如何与其他经济规律共同起作用，具体地解决商品究竟按照怎样的价值来交换的问题。在这里看来有一个循环论证的问题。其实并非如此，在逻辑上还是前进的。这就是从定性和比较模糊的定量向更进一步定性和更准确地定量前进。从这样的认识来看，在什么是价值规律的问题上，我自己以往的说明是没有讲得很清楚的，对别的说法的批评也有不正确之处。

在1963年的这篇论文的末尾，我声明自己"有意不涉及社会主义条件下价值规律的作用问题。在这里我们只想讨论一些同研究这个问题有关的一些具有方法论意义的问题"。价值规律是商品生产和商品交换的一个基本规律，不是某一个特定的社会经济制度的规律，只要这个社会存在商品生产和商品交换，价值规律就起作用。而当我们研究任何社会制度下价值规律作用的时候，对"什么是价值规律"问题要很快地掌握，这是具有方法论意义的。

（三）在讲"什么是价值规律"时，我实际上已把价值规律和价格规律之间的差别说出来了。价值规律同价格规律（或称价格决定的规律、价格形成的规律）是两个不同的东西。在《价值规律和社会主义制度下价格决定的规律性》（此文写于1959年）这篇文章里，我还专门论述了这个问题。我写道："价格决定的规律性同价值决定的规律性不是一回事。大家知道：'价格是价值的货币表现'❶。这是作为商品交换价值的一种特殊形态——货币形态——对价格所下的定义。因此，从量上说，'价格即商品价值量的指数'❷。但是价格是可以同价值相背离的。'价格和价值量相背离的可能性，是存在于价格形态之内'，因为'虽然当作一个商品的价值量的指数的价格，是这个商品同货币交换比例的指数，但是一个商品同货币交换比例的指数，并不因此就是这个商品价值量的指数'❸。"

上述引文都出自马克思在《资本论》第一卷、第三卷里的一些论述。在解释上述引文最后一句话时，马克思在《资本论》中还用数字做了通俗的说明，并概括地说："商品的价值量表现一种必然的、内在于该商品形成过程中的、对于社会劳动时间的关系。价值量转化为价格时，这种必然关系，会表现为一种商品和那在它外部存在着的货币商品的交换关系。但这种关系可以表现商品的价值量，也可以表现比这更大或更小的量。在一定情形下，该商品就会依这更大或更小的量来让渡的"。马克思还说："价格形式不仅可能引起价值量和价格之间即价值量和它的货币表现之间的量的不一致，而且能够包藏一个质的矛盾，以致货币虽只是商品的价值形式，但价格可以完全不是价值的表现。有些东西本身并不是商

---

❶ 马克思：《资本论》第3卷，《马克思恩格斯全集》第25卷，第397页。
❷ 马克思：《资本论》第1卷，《马克思恩格斯全集》第23卷，第125页。
❸ 马克思：《资本论》第1卷，《马克思恩格斯全集》第23卷，第120页。译文稍作修改。

品,……但是也可以……具有价格"❶。因为我想证明马克思对价值规律和价格规律从来没有把它们当作一回事来看待,在1959年的那篇文章中不但在正文中写了前面这一段,而且又把马克思的这些说明写到脚注里面。

接着上面那一段话,我写道:"作为商品同货币交换比例指数的价格,不同于作为商品价值量指数的价格,它是可以因各种因素的影响,高于或低于商品内在的固有的价值的。因此,如果说商品的价值,在任何社会制度下都是由生产这个商品的社会必要劳动量来决定,因而价值决定在各个不同的社会制度下有相同的规律性的话,那么,价格决定在各个不同的社会制度下,既有相同的规律性,又有不同的规律性。"

这就是说:价值规律是商品生产的基本规律。任何社会制度下,只要存在商品生产,就存在相同的价值规律在那里发生作用。而价格规律在存在商品生产的不同的社会制度下,由于都存在商品生产,也存在某些共同的东西;同时,价格关系因是人与人之间现实的利益关系,在不同的社会制度下,这种利益关系有不同的规定性,因此价格规律就必然有其因社会制度不同而不同的东西。

对于价格在存在商品生产的各社会制度下有共同的东西这一点,我在上面那篇文章中接着写道:"不论在什么社会制度下,商品的价格量总是以它的价值量为基础,这是价格决定在不同社会制度下相同的规律性"。

关于这个说法,我在前面已经讲过过去我的看法和现在我的看法。现在我对以前讲过的东西,做了一番思考。现在我认为可以避免逻辑上的困难,不但在事实上而且可以在逻辑上肯定这一点。对上述说法,我认为还可以补充这么两点:

(1)在价格作为价值量的指数,全社会价格总量就是全社会价值总量的指数,也就是平常人们说的总价格等于总价值。但这个平常的说法在科学上是不准确的。

(2)价格受市场供求关系的影响,这也可以看作是一切社会制度下的商品价格规律中共同的东西。即便在垄断的制度下,价格也总是会受供求关系的影响的。

对价格规律在不同社会制度下有其不同的内容这一点,我写道:"在不同的社会制度下,价格有直接以价值为基础和直接以价值的变形为基础的区别,有随时涨落和比较稳定的区别,有自发地形成和由人们有计划地规定的区别等。"

区别价格规律——价格决定或价格形成的规律和价值规律,不仅对于澄清对

---

❶ 马克思:《资本论》第1卷,《马克思恩格斯全集》第23卷,第120-121页。

价值规律和价格规律的认识,而且对于研究不同社会制度下价值规律的作用,研究不同社会制度下的价格规律,都具有方法论的意义。

即使我们把社会主义制度下价值规律的作用撇开不说,我们也可以从商品生产的发生直到当代垄断资本主义为止这样一个漫长的历史时期中,看出不同历史条件下价格规律的差异性。小商品生产下的价格规律不同于资本主义制度下的价格规律。自由资本主义下的价格规律不同于垄断资本主义下的价格规律。我们的这些历史知识对于我们确认在不同的社会制度下存在不同的价格规律来说是完全足够的。在这里我们只不过对这一点做出这个概括,明确不同社会制度下存在特殊的价格规律这样一个论断罢了。

在 20 世纪 50 年代和 60 年代我写的文章中,将比较大的注意力放在通过商品按照某种价格来交换,在何种社会制度下会带来怎样的结果,来论述不同社会制度下价格决定、价格形成的规律性。恩格斯在论述在小商品生产条件下何以市场价格会以价值为基础和马克思论述在自由资本主义条件下何以市场价格会以价值的变形——生产价格为基础时,实际就是用这样的办法来论证的。因为如果不这样,交换的双方就会感到吃亏;因为商品的交换者是处于平等的地位,所以这种不平等的交换就不能成为常规。而衡量吃亏和占便宜的标准,在不同社会制度下也可以是不一样的。我从这些历史情况中,概括出:①商品交换双方处在完全平等地位,而且再不存在其他因素的影响;②商品交换双方处在完全平等的地位,但是存在着这样一种因素,由于社会制度的特殊性,交换双方对吃亏、占便宜,不再直接以占有价值多少为标准,而是有其他的标准;③商品交换双方处在不完全平等地位,这样三种情况。我认为这样的概括虽然是浅显的但也是有用的,只要我们对某个社会制度做比较深刻的研究,我这种分析方法还是会有用的。

在我国的政治经济学教学中,对垄断资本主义阶段下的价格规律没有进行讲授,因为这一部分教学通常是按照列宁的《帝国主义是资本主义的最高阶段》进行的。列宁的书中没有这方面的内容,大家也就没有去讲。在垄断资本主义阶段有大垄断资本,也有中小的非垄断资本,它们的生产目的不是一样的。大垄断资本生产的目的是取得垄断利润,即他们可以取得最大的利润。在这里存在垄断资本间的尖锐的竞争和联合,也存在垄断资本与非垄断资本的竞争和对非垄断资本的利用,还存在垄断资本销售者之间的矛盾。而非垄断资本在垄断资本占统治地位的社会中也不再是得到平均利润。因此在垄断资本主义下的价格规律,即便在做抽象的理论概括时也要比自由资本主义条件下复杂得多。

至于社会主义制度下的价格规律更是一个尚未探索出眉目的问题。现在我们是讲价格政策多,讲价格规律少,或者把价格规律和价值规律混为一谈。严格区分价值规律和价格规律有利于对社会主义价格规律的认识。垄断资本主义制度下价格规律的研究,对研究社会主义制度下的价格规律也会有某种参考意义。

(四)在讨论了前面两个关于价值规律一般的问题后,就可以接着讨论"社会主义制度下价值规律的作用",或更准确地说讨论"共产主义初级阶段价值规律的作用"。

价值规律在存在某一种商品生产的社会制度下的作用,在政治经济学研究中是一个很大的题目。我认为"'商品的价值量是由生产它的社会必要劳动量决定'这个规律本身是比较简单的。一般地讨论价值规律的作用,我们所能说的话也实在是非常少的。但是考察价值规律在某一个具体的社会形态下的作用,却是一件十分复杂的工作"。"研究社会主义制度下价值规律的作用同研究小商品生产和资本主义制度具体条件下价值规律的作用一样,都要结合社会主义制度的具体条件,系统地、全面地、具体地进行考察"。

在对某个社会制度下起作用的诸规律已经清楚了的情况下,这种具体考察可以看作对各社会制度自身特有的规律和商品生产的一般规律——价值规律如何共同起作用的问题的考察。在五六十年代讨论价值规律在社会主义制度下的作用问题时,在我的研究方法中有一个与其他同志不一样的地方,那就是强调不同规律共同起作用的问题。这种方法是同我的哲学见解联结在一起的。这样的哲学观点我写在专门的哲学论文中,也写在像讨论价值规律在社会主义制度下作用这样的论文中。

我认为,"社会主义制度价值规律是同社会主义经济规律共同起作用的"或"价值规律在社会主义的商品生产中同社会主义经济规律同时起作用的"。我对我的这个论断做了论证,即讨论了"社会主义的基本经济规律""国民经济有计划发展的规律"等同价值规律是否是绝对互相排斥的东西。如果是那样就不可能共同起作用或者同时起作用。我考察的结果不是那样。我的结论:它们是可以同时起作用而且是在事实上已经同时起作用的。

在那时我写的文章中论述了这种性质的规律同时起作用的问题。我指出由于社会主义经济规律不是从价值规律中发展出来的,它们与价值规律之间,可以被看作是互相有矛盾的规律,前者制约着后者的作用。同时价值规律也可以对社会主义经济规律发生某种制约作用。我描绘了社会主义经济规律和价值规律所起的作用可以在方向上一致,也可以正相反。而且两者在方向上相反的情况,也并不单纯由于价值规律本身,还由于其他原因。由于价值规律和社会主义经济规律同时起作用,价值规律在社会主义制度下的作用就不同于它在资本主义制度下的作用。这种状况也可以看作价值规律在社会主义制度下的作用是受到限制的。我这样理解的限制是一种哲学意义上的限制。按照这样的理解,我们也可以讲价值规律在资本主义制度下也是受到限制的。这样的具有哲学意义的论断当时我虽然没有写出来,但是这种意思已经包括在我写的文章中的那些论述里了。而且我还写了"关于在别的规律同时发生作用的条件下,某个规律不会停止发生作用或是减少作用的问题是一个具有哲学意义的问题"这样的话。这就是说,这种哲学意义上的限制只是说明在诸规律同时起作用时某个规律所起的具体作用会因其他规律的存在而有所不同,并不是说在其他规律起作用的时候或起作用的地方这个规律就不发生作用或者减少作用。具体到我们讨论的价值规律在社会主义制度下的作用的时候,就是在社会主义基本经济规律和国民经济有计划发展的规律起作用的时候和地方,价值规律不是不起作用或者少起作用。

在哲学上解决了这几个规律同时起作用、在经济学上解决了社会主义经济规律和价值规律并非绝对排斥之后,我们要做的工作就是去具体地研究价值规律同社会主义经济规律如何共同地起作用。

(五)当时我国经济学家对价值规律在社会主义制度下的作用问题讨论得最多的,是价值规律在社会主义制度下起作用的范围是否受到严格限制的问题,价值规律在社会主义制度下对生产是否起调节作用的问题等。我还用自己的研究方法对这两个问题进行了考察。

对第一个问题,当时我国大多数经济学家接受斯大林的主张,认为在社会主义制度下既然商品生产受到严格的限制,而不存在商品生产的地方价值规律就不起作用,因此价值规律起作用的范围也就必然受到严格的限制。我和孙冶方同志都不同意这个观点,但是论据却不相同。孙冶方同志认为:"没有了商品生产,价值规律仍然起作用,因此价值规律并不受什么严格的限制。"我则认为:在社会主义制度下商品生产并不如斯大林讲得那样受限制,因此价值规律也就不那样严格地受限制。我认为不仅在集体所有制经济与全民所有制经济之间、在集体所有制企业彼此之间、在集体所有制经济中个别成员彼此之间和他们与社会上其他居民之间,以及在全民所有制经济内部职工与全民所有制商业机构之间的交换关系是商品交换的关系(这些是大家都承认的),而且全民所有制内部各企业之间的交换关系,"都可以看作是商品关系,因而认为在社会主义制度下价值规律作用的范围还是很广泛的"。从五十年代起我就被称为在价值规律作用问题上的

"宽派"。

我当时的观点,很接近现在社会主义经济仍是商品经济这个观点。但是我并没有达到今天说的社会主义经济仍是一种商品经济的水平。因为我没有把社会主义经济中的商品生产与非商品生产加以比较,得出社会主义商品生产在社会主义制度下居统治地位的思想。只有明确了社会主义经济仍然是商品经济之后,价值规律起作用的范围才能得到明确的解决。

在第二个问题上,20世纪50年代和60年代占统治地位的说法是,在社会主义制度下价值规律是只在商品——当时指的是个人消费品的商品——流通领域中,在一定范围内保持调节者的作用,在生产领域内是不起调节作用的;并认为在调节生产的问题上,在资本主义制度下同在社会主义制度下当然是有不同的客观规律性的。但是具体研究社会主义价值规律在社会主义生产中的作用之后,应该得出结论说,价值规律不仅在一定程度上起调节商品交换的作用,而且也在一定的程度上起调节生产的作用。这里说的一定程度上的意思首先是指:在社会主义制度下价值规律不像在资本主义制度下那样,它对生产调节作用只是部分的和辅助的,不是决定的(应该指出价值规律在商品交换中的调节作用也是这样子的)。在我的文章中是具体地考察了价值规律在工业、农业两个部门,在社会主义国营经济、合作经济两种所有制形式,生产资料和消费资料两种产品生产中发生作用的情况之后做出这个结论的。这样的结论是1957年写的文章中得出的。

当然,当时我在研究价值规律的调节作用问题时,也没有社会主义经济仍是一种商品经济的思想,因此对问题的看法存在不充分、不彻底的问题。

应该说这两个问题的讨论还不能说对价值规律在社会主义制度下的作用问题做了具体的分析,而只是说讨论了有关这个问题的一些观点问题。具体研究这种作用,更是十分复杂的问题。这种研究当时我和别的经济学家都没有做。

(六)讨论了这个问题之后,我们可以再进一步讨论"价值规律在社会主义制度下的地位"问题。这个问题同价值规律在社会主义社会里的作用问题是一个范围同样大的题目,也可以说是关于这个问题的一个带结论性的命题。

我曾经说过,马克思的《资本论》全书,如果加上一个副标题"论价值规律在资本主义制度下的作用",也未必不可以。这样做的缺点,只是未反映出资本本身就是从价值规律的作用中产生出来的。价值规律在资本主义制度下起这么大的作用是因为"资本主义生产方式占统治地位的社会的财富,表现为'庞大的商品堆积',单个的商品表现为这种财富的元素形式",是因为资本主义是历史上商品生产最为发展的一种生产方式。在商品生产不很发达的社会里,价值规律所起作用也就不会那么大。

那么对价值规律在社会主义制度下的地位我们可以说一些怎样的话呢？

在肯定社会主义经济仍然是商品经济之后，价值规律在社会主义制度下是一个普遍起作用的规律这个地位，应该说是确立的了。上面我也已经讲过，价值规律也可以看作社会主义计划工作的基础之一。但是我还是坚持以前那样的一个观点：价值规律在社会主义制度下的作用不同于资本主义制度，如果说给《资本论》加上"论价值规律在资本主义制度下的作用"是不够合适的话，给政治经济学社会主义部分的专著加上那样的副标题就更不合适了。因为在社会主义制度下的生产目的，从根本上说不是生产价值，不是生产剩余价值。社会主义是生产资料归社会所有加括号里的按劳分配加社会主义商品生产。价值规律的地位是从这个公式的后半部产生出来的，而前半部分——它应该看作更为基本的部分，是同这无关的。如果说整个资本主义制度是建立在商品生产的基础上，从而整个资本主义经济规律也就建立在价值规律的基础之上，那么社会主义经济规律则不是建立在价值规律的基础之上，它有另外的来源、另外的基础。在 50 年代和 60 年代我写的文章里说，价值规律在资本主义制度下是资本主义经济规律的基础，"但是在社会主义制度下它是处于从属地位的"，这个观点现在我仍坚持。当时我说这句话是想表述与孙冶方同志有不一样的观点，这点我想还是站得住脚的。

同志们也许会提出问题：既然你不认为价值规律是社会主义经济规律的基础，怎么又承认它是社会主义计划工作的基础之一呢？这是因为从社会主义是生产资料为社会所有和括号里的按劳分配加社会主义的商品生产来看，价值规律是这个公式中的后半部分中包含的东西，从而也是社会主义制度本质的东西，因此也是社会主义制度的一个基础。而整个社会主义不等于这后半部分，前半部分是更为根本更为重要的东西。在社会主义制度下起作用的规律是共产主义 B 的规律和社会主义按劳分配规律与商品生产规律这样两种性质规律的结合，不只有一种性质的规律。这两种规律谁也不从谁那里演变出来，与社会主义制度下生产资料为社会所有相适应，我们有共产主义 B 的各经济规律；与社会主义制度下存在有按劳分配和社会主义商品生产相适应，我们有按劳分配的经济规律、价值规律和社会主义的价格规律。我承认价值规律是社会主义计划工作的基础之一，就是从社会主义商品生产的存在也是社会主义基本特征之一这个观点得出的结论。

但是，我认为应该指出，"基础"一词的概念是比较模糊的。因为什么叫基础，什么不叫基础，可以有各式各样的解释。因此在这两个字上做更多的文章并不是很必要的，问题是要对价值规律在社会主义制度下的作用作具体的分析。很明显，这种分析我们是做得很不够的。如果只是抽象地承认它如何重要，但在实际生活中没有去做深入的分析，就不可能把它的重要意义充分地揭示出来。如果不仅肯定它是基础之一，而且对价值规律在社会主义制度下的作用做深入的具体的分析，就可以把它的真正重要地位揭示出来，对于认识社会主义经济规律的作用会起到大的作用。

1985 年 11 月 28 日第六次讲座

计划经济与计划规律

内容提要

（一）题外的话。

讲一下为什么讲座的名称做了修改。

准备分两步走，先针对斯大林和我国老一辈经济学家以及我自己讲过的东西来讲今天的想法，然后再来评述当代外国有关政治经济学社会主义部分的一些观点。

（二）讲与计划经济和计划规律有关的一些哲学问题。

有计划、有目的、有意识是三个不同的概念。

有目的的行为必然都是有意识的行为，但有意识的行为不都是有目的的行为。有计划的行为必然都是有目的的行为，但有目的的行为不都是有计划的行为。

一切事物的发展都有不以人们意志为转移的东西。事物的发展都遵循客观的规律。但人是有主观能动性的，可以影响事物发展的进程。有意识的行为使它影响到的事物的发展既包括不以人们意志为转移的东西，也包括以人们意志为转移的东西（当然人及其主观能动性也是自然界的一部分，而非超自然的，客观与主观的对立是在特定的意义上说的）。有目的的行为使它影响到的事物的发展中包含有人的目的性。有计划的行为使它影响到的事物的发展带有按照人们对它发展的预见和对科学规律的认识做出的谋划以达到预期目的这样一种性质。

只对人的行为来说，盲目性这个概念才成立，这就是对事物的发展的进程缺乏认识，并在缺乏认识的情况下行动。人的行为可能是盲目的，事物发展过程本身无所谓盲目与否，而当人的行为带有盲目性的时候，受其影响的事物发展过程就包含有人的盲目性在内。

明确这样一些哲学观点对于我们的研究是有意义的。

（三）资本主义制度下有没有计划？

对这个问题不能简单地回答"有"或"无"，要做分析。

在古典马克思主义著作中，有肯定资本主义制度下有计划的论述，也有否认资本主义制度下有计划的论述，还有一些论述只讲了社会主义制度下有计划，但没有关于资本主义制度下有无计划的论述。

从整个社会发展史来看问题和具体地研究在资本主义制度下经济生活中的计划性，有联系也有区别。

对这个问题，今天讲马克思主义政治经济学的著作中通常的回答是：在资本主义制度下只存在个别单位、个别部门的计划性，不存在整个社会生产的计划性。这样的说法没有把政府可能的干预包括进去，不能说明资本主义国家近30年来关于制定社会经济计划的问题。用资本主义制度下的计划不具有指令性是不能把问题讲清楚的。

对资本主义制度下有没有计划，作为一个具体的经济规律问题，就同研究资本主义制度下与社会主义制度下经济发展中的计划性的问题变成同一个问题。

（四）社会主义制度下的计划性和资本主义制度下的计划性。

资本主义制度下的计划性是建立在社会化大生产基础上的计划性。资本主义的生产是有组织的。个别企业内部的生产是有组织的，垄断组织内部的生产是有组织的，被私人垄断资本或国家垄断资本所垄断的某些部门是有组织的。生产组织性扩大和加强到什么程度，资本主义制度下的计划性就扩大和加强到什么程度。资本主义制度下生产组织性的扩大和加强受资本主义私有制的制约是绝对的。资本主义生产社会化与资本的私人占有之间的矛盾是绝对的。

资本主义制度的计划性，运用了与计划工作有关的各种自然科学与社会科学、自然技术与社会技术，其中有一大部分是社会主义制度下也可以运用和应该运用的一般科学与技术。

社会主义制度下的计划性也建立在社会化大生产和生产的有组织性的基础上。就这点来说，与资本主义制度下的计划性是一样的。在一个社会主义国家，从这点来说的计划性的高低，受生产社会化的程度和生产组织性的程度所制约。经济文化比较落后的社会主义国家，在这点上未必比发达的资本主义国家高。这要具体分析。

社会主义制度下的计划性，不只建立在社会化大生产和生产的有组织性基础上，还建立在生产资料归社会所有，即建立在资本主义固有的矛盾——社会化大生产与生产资料私人占有的矛盾——获得了解决的基础上。这一点将引起多方面的变化：

——社会的统一性加强了，生产部门的统一，国民经济各部门的统一，生产力生产关系问题的统一，经济、政治、文化、社会的统一，近期远期的统一，全社会利益的统一，意志的统一。统一性不等于僵死性。统一性与灵活性相结合。统一性不否认多样性，统一性与多样性结合。

——社会主义制度下的计划性，既建立在一般的科学技术的基础之上，同时也建立在马克思主义科学的基础之上，而这在资本主义制度下是不愿也不能做到的。

在社会主义制度下自觉地发展与运用马克思主义的必要性。

（五）计划与控制、计划与引导。

计划首先意味着在人的有计划行为所能和所应起作用的范围内，对经济和社会生活进行一定程度的控制。失去控制也就无所谓计划性。

控制和控制方式不是一个概念。控制和控制程度也不是一个概念。控制和控制目的也不是一个概念。不要错误地理解只要一说控制就一定是直接的控制（方式问题），一定是严格的控制（程度问题），一定是消极的限制（目的问题）。

计划不只是控制，而且主要不是控制。

控制只是计划的必要条件。

控制是计划中的低一个层次的问题。

计划基本上和主要地是对发展的引导。

引导的目的：社会主义经济社会尽可能快和大地发展，人民生活水平尽可能快和大地提高。讲"尽可能"就不会陷入空想与急躁。计划不是自顾自的，应该有为人民谋幸福的目的性。社会主义制度下消费的"偏好"是必然的，但不能片面地去理解它。

控制靠权力。权力与权力大小、谁掌握权力、分权集权不是一个概念。

引导靠科学，要有科学权威。科学权威建立在正确性、深刻性上面。

科学权威与权力的结合与前者向后者的转化。

控制和引导都是有组织的。计划本身就有组织作用，而计划组织是计划本身所要求的。

在这里涉及"计划—决策者"(控制者、引导者、组织者)应该是怎样一个多层次、多种性质的机构组成的系统。系统内外关系问题应该根据怎样的原则来解决。

(六)计划与信息。

不论控制或者引导都要依靠信息。从"计划—决策者"同"执行者"到"有计划行为结果的接受者",都需要组织得很好的信息工作。

——各类各级计划机构了解情况、掌握"计划资料"是信息工作;

——各级各类计划机构研究制定计划是信息工作;

——传达计划,落实计划也是信息工作,而不论这种传达落实采取的是指令性计划的方式,还是指导性计划的方式;

——各级各类计划机构间交流情况是信息工作,计划者之间要求开展信息服务工作,还有计划工作中横向的信息服务;

——计划者与执行者之间有信息上的关系,有后者对前者服从的关系,即不平等的信息关系,但也有平等的信息关系,计划者对执行者的信息服务;

——重视信息从马克思主义者看来也就是一切从实际出发。计划工作中的灵活性。

信息工作包括信息传递、信息处理等。

(七)计划与市场。

计划与市场在传统理论中的对立。在马克思主义者与资产阶级经济学著作中都认为计划与市场是互相排斥的,都在互相排斥的意义上使用"计划经济"与"市场经济"这两个名词。

计划与市场相结合的思想的出现。开始是并存,然后走向结合。各式各样结合模式的研究。所谓"经验的"即"事实上存在着"的模式,和"假设的"即"理想的"模式。

我国十二届三中全会。社会主义经济是一种商品经济——社会主义的商品经济。从计划的主体来解决问题。怎样的社会主义经济,就会有怎样的解决计划与市场的相互关系的途径。社会主义经济仍是一种商品经济,决定了社会主义的计划经济是商品经济发展的计划。既然是一种商品经济的计划,就不能不考虑市场需求,重视商品在市场上的实现,接受市场的反馈,不能不考虑市场机制。

在社会主义制度下,这种结合具有社会主义的特点。

(八) 计划规律。

有计划按比例发展的规律范围最狭，但最具体，为经济工作者所最关心，与资本主义制度下的问题也最接近。在这方面的研究最发展。在这个问题上除有关竞争与危机等问题以及以指令性为保证外没有其他区别。

从"有计划按比例发展规律"到"有计划发展的规律"是一个前进。还要从"有计划发展规律"前进一步，充分反映社会主义制度下计划性的特点。

前　言

(1) 十一届三中全会以来，由于实践的发展和人们认识的提高，越来越看清楚这个看来是没有多少可以发挥的老题目，有做进一步探讨的必要，特别在十二届三中全会之后这种探讨更带有迫切性。

(2) 这种探讨应该带有某种从头开始的性质，即要从基本的概念和比较远的历史说起。

一、计划与计划经济的起源和发展

(3) 先要从哲学上讲清楚什么叫作计划，什么叫作有计划的行为。要讲清楚有计划的行为与有意识、有目的的行为之间的联系与区别。这个问题似乎还没有人做过专门的研究。但是这种研究对于研究我们的问题是必要的。回答也不会是困难的：有计划的行为不同于一般有意识的行为，甚至不同于一般有目的的行为。它要求有某种预见性，要求有一种谋划，因此有计划的行为的出现迟于一般的有意识、有目的的行为。

(4) 要考察在人类历史上什么时候开始有了有计划的行为，因为有计划的行为开始应该是很古老的事，但既然它又不同于有意识、有目的的行为（它们之间也不相同），它的出现迟于一般有意识的行为，也迟于有目的的行为。但它的出现在历史上总有一个大致的时间。考虑这个问题有利于进一步明确（3）中讲过的道理。

(5) 举例说明古代有计划的行为可以达到何种程度。不应轻视古代人的智慧。许多古代人的智慧仍是值得学习的。古代有计划的行为应该是发展的。从这种发展中最好能概括出一点道理来。但是古代人有计划的行为是受到极大限制的。

（6）因此就要去探讨古代意义下的有计划行为和近代意义下有计划行为之间的区别，通过与古代意义下有计划的行为的比较，明确近代意义下有计划行为的特点。社会主义制度下的有计划的行为，当然属于近代意义下的有计划的行为。

（7）有计划的行为扩大到日常的经济生活中，是人类历史发展中一件重大的事情。这样的事情是社会发展到资本主义阶段后才大量出现的。在这之前有计划的行为更多地表现在军事和政治上，而在经济上是带有偶然性的，在日常经济生活中还不能说有什么计划。恩格斯在《反杜林论》中指出：社会发展到资本主义阶段，"在这个个体生产者即商品生产者的社会中，渗入了一种新的生产方式。在支配全社会的自发的无计划的分工中间，它确立了在个别工厂里组织起来的有计划的分工。……有计划的组织要比自发的分工有力"。❶

（8）在资本主义制度下经济生活中的有计划行为继续向前发展。1891年法国社会民主党的纲领（即爱尔福特纲领）草案上，有这样一句话："根源于资本主义私人生产的本质的无计划性。"恩格斯在《1891年社会民主党纲领草案批判》中，认为这一句需要大加修改。他说："资本主义私人生产……已经愈来愈成为一种例外了。由股份公司经营的资本主义生产，已不再是私人生产，而是为许多结合在一起的人谋利的生产。如果我们从股份公司进而来看支配着和垄断着整个工业部门的托拉斯，那么，那里不仅私人生产停止了，而且无计划性也没有了。"❷要研究恩格斯讲过这样的话后将近一百年的资本主义发展的历史。资本主义发展到了垄断阶段，又从一般垄断资本主义发展到国家垄断资本主义。在资本主义制度下国家经济工作的加强。在经济管理工作中大量使用电子计算机等新技术，也对资本主义制度下的计划起不小的影响。要具体地研究资本主义社会经济生活的有计划行为继续发展的事实材料，从中概括出合乎客观事实的结论来。

（9）因此，说资本主义社会经济生活中根本没有计划，没有有计划的行为是一种错误的看法。但是一定要看到资本主义制度下的有计划的行为具有很大的局限性。即使在国家垄断资本主义发达和国家竭力控制整个社会经济的国家里，资本主义制度下有计划的行为仍然因存在生产资料私人占有而在范围上受限制。国家的"计划"与整个国民经济发展中因各私有者（各垄断资本、各股份公司）的利益冲突而产生的无计划性仍然存在不可调和的矛盾。只有到了社会主义制度在地球上某

---

❶ 恩格斯：《反杜林论》，《马克思恩格斯全集》第20卷，第294页。
❷ 恩格斯：《1891年社会民主党纲领草案批判》，《马克思恩格斯全集》第22卷，第270页。

些国家中建立起来之后，在经济生活中的有计划行为才获得了崭新的发展。

二、社会主义制度下的计划性

（10）主要的问题是要去区别资本主义制度下的计划性和社会主义制度下的计划性。要在这里引进计划性这样一个概念。计划性应该从有计划行为作用的范围，从有计划行为对经济生活进程产生的影响，从经济发展合乎计划目的的程度，从计划与经济生活客观进展相符合的程度等来衡量。

（11）资本主义制度下的计划性和社会主义制度下的计划性有根本性质的区别。就计划性的社会经济的基础来说，资本主义制度下的计划性，是建立在社会化生产和生产的有组织性的基础之上的计划性；而社会主义制度下的计划性，不仅建立在社会化生产和生产的有组织性的基础之上，而且建立在生产资料归社会所有的基础之上，即建立在资本主义制度所固有的、为其自身所不能克服的社会化生产和生产资料资本主义私人占有之间的矛盾得到了解决的基础之上。就依靠的科学知识来说，资本主义制度下的计划性依靠的是与有计划的行为有关的一般的科学和技术；而社会主义制度下的计划性则不仅依靠与有计划的行为有关的一般科学与技术，而且依靠马克思主义的科学。而在资本主义制度下是不愿也不能运用马克思主义科学来从事有计划的行为的。

（12）在社会主义制度下的计划性也以社会化生产和生产的有组织性为基础，它也要运用对从事有计划的行为有关的一般科学与技术。但是社会主义制度下的计划性不止于此，它同时又以生产资料归社会所有为基础并有马克思主义的指导。这说明社会主义制度下的计划性是可以吸取资本主义制度下的一切长处而又高于资本主义制度下的计划性的。

（13）恩格斯在《反杜林论》中写道，一旦社会占有了生产资料，"社会生产内部的无政府状态将为有计划的自觉的组织所代替。生存斗争停止了。于是，人才在一定意义上最终地脱离了动物界，从动物的生存条件进入真正人的生存条件。人们周围的、至今统治着人们的生活条件，现在却受到人们的支配和控制，人们第一次成为自然界的自觉的和真正的主人……只是从这时起，人们才完全自觉地自己创造自己的历史；只是从这时起，由人们使之起作用的社会原因才在主要的方面和日益增长的程度上达到他们所预期的结果。这是人类从必然王国进入自由王国的飞跃"❶ 这样的论述，以及列宁关于俄国十月革命使人类历史进入新

---

❶ 恩格斯：《反杜林论》，《马克思恩格斯全集》第 20 卷，第 307-308 页。

纪元的论述,是对人类历史发展的最精辟的论述。

(14) 对于像中国这样一个处于社会主义初级阶段的国家来说（世界上至今还没有一个处于社会主义高级阶段的国家）,生产社会化的程度比发达资本主义国家差很多,生产的有组织的程度,则有高于发达资本主义国家的地方,也有低于发达资本主义国家的地方,总的说来不比发达的资本主义国家高,至于与计划工作有关的一般科学与技术也比发达资本主义国家差很远。所以如果只是从有计划地发展经济必须以社会化生产、生产的有组织性为基础,必须依靠有关的各种一般科学与技术着眼来分析,则中国这样的社会主义国家在这方面的计划性就不比发达的资本主义国家高。承认社会主义制度下有可能在这方面不如发达的资本主义国家可能带来一个好处,使我们懂得在这方面也有必要向发达国家学习可以学习的东西。

(15) 但是资本主义国家不可能有以生产资料归社会所有与运用马克思主义科学所带来的在社会主义制度下的计划性。要具体地研究这种社会主义制度下特有的计划性都表现在什么地方。

(16) 以生产资料归社会所有为基础的计划性的一个基本特征,就是有可能由于全体劳动人民根本利益的一致性,有一个统一的社会意志,为一个统一的社会目的,运用社会主义制度所拥有的最严密的组织,使全社会按照一个统一的计划进行生产。这样的社会主义经济就被称作社会主义计划经济。社会主义的计划经济就是建立在生产资料为社会所有基础上的计划经济。

(17) 社会主义制度下除有可能具有资本主义制度下的计划性之外,还有自身所特有的计划性。这是社会主义制度下的计划性优于资本主义制度下的计划性的地方。在社会主义制度下要特别注意发挥这种优越性。

三、社会主义制度存在自己特有的计划规律

(18) 社会主义制度存在自己特有的计划规律。社会主义制度下的计划规律是关于社会主义制度下的计划性的形成和发展的规律。它是关于社会主义制度下有计划的经济生活的主体、客体、计划的内容、计划作用的范围、计划作用的程度、计划与经济生活客观发展的相互关系等与社会主义制度下的计划性有关的诸现象内在的、本质的、必然的关系。社会主义的计划规律是社会主义计划经济中关于计划性的不以人们意志为转移的东西。关于计划性还有以人们的意志为转移的东西,对它的研究不属于计划规律的范围。

(19) 斯大林在《苏联社会主义经济问题》中提出了社会主义国民经济有计

划按比例发展的规律,在苏联《政治经济学教科书》中,有时也把这个规律叫作有计划发展的规律,而其内容仍是有计划按比例发展规律的内容。因此这两个规律的提法是当作同义的规律使用的,而使用得比较多的是"有计划按比例发展的规律"。有计划地按比例发展,是社会主义经济发展的一个重要的特征。但是,社会主义国民经济有计划发展的范围,不限于国民经济各部门、社会再生产各个环节按比例地发展。社会主义国民经济有计划的发展还要包括如同有计划地改革社会主义经济体制以促进社会主义生产的发展,以及生产力在一个国家的各个地区进行有计划地合理分布等这样的内容。因此,用社会主义国民经济有计划按比例发展的规律,取代社会主义国民经济有计划发展的规律,或者把社会主义国民经济有计划发展的规律,说成与国民经济有计划按比例发展的规律是一个东西,就把社会主义制度下的计划性说得太狭窄了。

(20) 社会主义国民经济有计划发展规律,如果只从"社会主义国民经济是有计划地发展的",而资本主义制度的国民经济根本是无计划的来把握也还是不够的。如上所述,事情并非原先讲的那么简单,因此社会主义国民经济有计划发展规律本身的内容,也需要有进一步的充实和使得对这一规律的认识更加深刻、更加准确。至少要按照(18)、(19)讲到的那些方面,展开对社会主义国民经济有计划的发展规律的研究。

(21) 似乎可以把社会主义计划规律表述为社会主义国民经济统一、协调、有计划发展的规律。突出有计划发展的统一性符合社会主义的本质。在社会主义制度下各经济单位、部门、各地区也有各自的计划,但所有这些计划都要与统一的计划相一致,成为全社会统一计划的组成部分。当然这种统一性是有多样性的统一性,是能够发扬各方面积极性的统一性,是与灵活性结合在一起的统一性。社会主义计划的统一性靠协调各方面的发展来取得。社会主义经济发展就是统一地、协调地发展。

四、实行社会主义国民经济的计划化

(22) 社会主义国民经济有计划发展的规律性只是指出社会主义国民经济有计划发展的必然性,这种必然性并非指在社会主义制度下不管人们怎样做,国民经济必然是有计划地发展的,而是指在社会主义制度下可能做到这样的有计划地发展,要求做到这样的有计划地发展,如果不这样有计划地发展,就会损害社会主义制度本身。因此对社会主义制度下实行国民经济的计划化,是社会主义国民经济有计划发展客观规律对社会主义建设者提出的主观上的要求。实行国民经济计划化，使社会主义国民经济做到有计划地发展。在社会主义制度下可以达到的计划性和事实上已经达到的计划性不是同一个概念，从前者到后者，在实行国民经济计划化这种事情上，社会主义建设者要付出极大的努力。

（23）实行国民经济计划化的工作有两个层次的问题：一是要正确地去做计划工作；一是要有高水平的计划工作。这里说的计划工作包括制定计划和组织对计划的执行。在概念上可以分作这两个层次，但是在实践中这两个层次却分不那么清楚。

（24）正确地去实行国民经济计划化，不仅要求对社会主义国民经济有计划发展规律有正确的认识和要正确地了解实际情况，并且要求掌握实行社会主义国民经济计划化的方法。

（25）应该对一切能够计划化的东西实行计划化。过去由于把社会主义国民经济有计划发展的规律只了解为国民经济有计划按比例发展规律，使得我们实行国民经济计划化的范围受到很大的限制。30多年来，至今没有一个关于在全国建立城市和发展城市的计划，就是一个例子。更全面地考虑必须进行计划的各个方面，是国民经济计划化中要解决的一个指导思想的问题。同时在社会主义制度下也只能够计划能够计划的东西，只应该计划应该计划的东西，不应该任意扩大计划的范围。而且只去计划一切能够计划和应该计划的东西，不去计划不能够或不应该计划的东西，都是计划性高的表现。

（26）由于有计划发展的主体性质的不同，有一些经济领域只能制订与执行适应性计划。例如发展对外经济关系方面，有许多事情都不是我们可以做得了主的。最能够按照整个国民经济的统一发展的总的要求，很好地去适应情况的变化，做到对社会主义建设起最佳作用，是计划性高的表现。

（27）计划性不等于僵死性。正确的国民经济计划化，应该是统一性和灵活性的统一。包括灵活性的计划化，是较高水平的计划化。它之所以是高水平的计划化，是因为它更好地符合事物的客观进程，具有更高的预见性。过去受到计划性等于僵死性的影响，在实行国民经济计划化时没有有意识地在计划化中引入灵活性的要求，在计划中没有伸缩性的要求。在计划工作中没有考虑如何根据情况及时修改的问题。实事求是的唯物主义态度要求计划工作适应情况的变化。要在计划执行过程中掌握信息，否则即使在制订计划时是从实际出发的，过了一段时间，它就不再是从实际出发的了。重视信息及时对计划进行修改，从马克思主义的观点看来就是把实事求是的唯物主义态度贯彻到底。

（28）战略方针的制订也属于计划化的范围。它是制订具体计划的根据，也是修改计划的根据。它体现了统一性与灵活性的结合。应该具有行政上的权威。但是制订战略、规划以及中期（五年）和短期的具体计划属于"规划性的未来研究"。实行国民经济计划化，不能只去做这种"规划性的未来研究"。"规划性的未来研究"应该用"非规划性的未来研究"做补充。在"非规划性的未来研究"中包括"机会性的未来研究"，密切注意可能更快发展社会主义经济的机会，寻找这种机会。在机会成熟后，把成熟的机会作为可靠的因素，纳入规划性的未来研究之中。在"非规划性的未来研究"中，还包括"灾害性的未来研究"，增强对灾害发生的预见性，在计划工作中考虑预防灾害，救灾和增强应变能力。

五、确认社会主义经济仍是一种商品经济使国民经济计划化工作起巨大的变化

（29）十二届三中全会《关于经济体制改革的决定》指出："要突破把计划经济同商品经济对立起来的传统观念，明确认识社会主义计划经济必须自觉依据和运用价值规律，是在公有制基础上的有计划的商品经济"。在确认社会主义经济仍旧是一种商品经济这样的事实之后社会主义国民经济计划化的工作将要发生重大的变化。

（30）实行国民经济计划化时，首先要解决的问题是明确我们要使怎么样的经济过程获得计划性，使怎么样的经济成为有计划的、发展的主体即我们说的计划的发展是怎么样的、经济的、有计划的发展。社会主义经济既然是一种商品经济（十二届三中全会决定中有两个互相补充的提法："公有制基础上的有计划的商品经济"和"社会主义的商品经济"），那么实行国民经济的计划化就是实行社会主义商品经济的计划化。这就要求根据社会主义商品经济的客观规律来实行计划化。这种计划化同因为不顾社会主义经济仍是一种商品经济而实行的国民经济的计划化当然会有很大的区别。

（31）对社会主义商品经济实行计划化的一个关键性问题，就是要极大地重视市场机制。仅仅从产品生产的品种、档次和数量来说，不论产品是在什么所有制形式的生产单位中生产出来或者对它的计划管理采取何种形式，只要是在商品经济中，生产出来的东西都要拿到市场上去出卖，卖不出去，商品的价值就不能实现，再生产就要受到阻碍。因此在承认了社会主义经济仍然是一种商品经济之后，就必须把对市场的未来研究作为制订计划的一个重要前提。只有考虑市场上需求和供给的平衡，考虑在市场进行商品交换中各当事者的利益，接受市场反馈，使商品经济统一、协调发展的计划，才是社会主义商品经济发展的计划。

（32）社会主义商品发展的计划是考虑市场需求平衡的计划。这就要求做好市场预测，计算和计划好社会消费的水平和结构以及提供能够满足社会需要的各种产品的可能性，作为计划的最为重要的依据。在资本主义制度下，基本上这是各经营单位自己来做的事情，在社会主义制度下除了各经营单位自己还要做之外，各级各类计划机构都要重视这个工作，都要做好这个工作。过去对社会主义经济仍是一种商品经济缺乏认识时，在实行对社会主义国民经济计划化时优先考虑的是各生产部门物资上的平衡，而把市场上的需求和供给的平衡放在一种次要的地位。这种作法在有了这种认识之后必须改变，而应优先考虑需求与供给的平衡问题。在解决供给与需求平衡的前提下解决物资之间的平衡问题，或者把解决物资之间的平衡也当做解决供给与需求平衡这整个问题的一部分。

（33）在共产主义的初级阶段，即在通常所说的社会主义阶段，不仅存在按劳分配，而且还存在社会主义的商品生产。这是人类历史发展的一条客观规律。在人类发展的这个历史阶段，可以做到生产资料归社会公共所有，但不能消除个人之间生活水平上的差别，因而社会成员还存在对个人物质利益的关心，在个人与社会的关系上，也就会去计较多劳是否能多得的问题，这就不能不存在按劳分配。同时，在人类发展的这个阶段，在整个社会主义社会的各个社会组织之间，也不能消除劳动者社会主义积极性发挥条件的优劣、职工生活水平的高低差别，因而在这些社会组织之间，也会计较等量劳动是否能够换回等量劳动的问题，不能不存在社会主义商品生产，而且社会主义商品生产也会占据统治地位使社会主义经济仍然是一种商品经济。因此在对社会主义商品经济进行计划时，不能不考虑在市场上进行商品交换时各当事人的利益。由于各种价值货币范畴，如价格、税种税率、利息和利息率、工资、各种费用、外汇等，都会对商品生产者、商品经营者与商品消费者的利益发生影响，在对社会主义商品经济进行计划时，不能不去计算这种种价值货币范畴自发起作用的状况。我们把它作为经济杠杆使用时，对社会主义制度下各当事人利益将发生影响。而当事人利益受到的影响，又会在自己的行为中反映出来，使社会物质产品和劳务的需求和生产受影响。在这里，存在复杂的有机联系。对社会主义商品经济的发展实行计划化，就要去研究并掌握这种复杂的市场机制。

（34）市场机制离不开价值规律的作用。对社会主义制度下的市场机制进行研究，在理论上就离不开对社会主义价值规律作用的认识，这就要求正确地掌握作为商品经济基本规律的价值规律本身，又要掌握社会主义制度下价值规律起作用的基本条件，掌握有关的社会主义经济规律。对社会主义制度下价值规律作用的研究应该是具体的,不能停留在论证价值规律是否起作用这一点上,而要探讨如何起作用。为此,就要对社会主义市场机制中遇到的许多经济关系,如上面说到的价格、税收、信贷、工资等进行研究,研究与价值规律有关——甚至可以说建立在价值规律基础上的许多经济规律,研究社会主义的价格理论、社会主义商品流通理论、社会主义的投资理论、社会主义再生产理论等。要在理论上总结从斯大林《苏联社会主义经济问题》一书发表以来有关社会主义价值规律作用问题的研究和讨论,澄清讨论中存在着的不准确甚至不正确的种种说法。

（35）有一个与各当事人无关或不存在当事人利益关系情况下是否可以认为仍有某种商品货币关系、仍有价值范畴存在的问题。这个问题受到研究社会主义经济理论问题的许多经济学家的重视,并在经济学家之间引起过争论。这时候的商品货币关系就不再是实质上的商品货币关系,而价值不再是商品的价值。在未明确社会主义经济仍是一种实质上的商品经济时,这个问题的讨论是有实际意义的。但是当我们明确社会主义经济仍是一种实质上的商品经济时,这个问题就不再有实际意义。但是在理论上探讨货币关系和价值的存在是否还有与人们之间的利益无关的纯粹为实际计划管理需要的原因时,这个问题仍然是值得研究的。

（36）在对社会主义经济实行计划化而运用市场机制时,就要对有关问题作定量的计算。在这里会遇到需要运用高等数学作为计算工具的问题。不应轻视数学在社会主义经济管理中的重要意义。

六、我国当前计划体制改革

（37）十二届三中全会提出了社会主义计划体制改革的任务。计划体制改革的中心问题是适应社会主义商品经济的发展。决定指出:"社会主义的计划体制,应该是统一性同灵活性相结合的体制。……考虑到我国目前商品经济还很不发达,必须大力发展商品生产和商品交换的实际情况,建立这样的计划体制的需要就十分迫切。"

（38）十二届三中全会规定的我国计划体制有这样一个基本点,那就是:"就总体说,我国实行的是计划经济,即有计划的商品经济,而不是那种完全由市场调节的市场经济,"而"完全由市场调节的生产和交换,主要是部分农副产品、日用小商品和服务修理行业的劳务活动,它们在国民经济中起辅助的但不可缺少的作用。"这就有社会主义经济活动有国家计划机关作计划的与国家计划机关有计划地不做计划的两种情况。国家计划机关作计划的经济活动是占据绝对统治地位的,国家计划机关不作计划的只占很小的比重。但是只要所计划的是社会主商品经济的发展，任何经济活动就都有两个方面的问题。一是都是有计划的。就是在国家计划机关有计划地不去作计划的那些经济活动中，社会主义企业仍是要根据社会主义的原则，遵守社会主义国家的法律，接受社会主义国家的管理而实行本企业的计划的。二是都不能不考虑市场的需要，不能不接受市场反馈。就是那些由国家计划机关作计划的经济活动，也要去考虑市场需要，接受市场反馈。只是在这种情况下考虑市场需要，接受市场反馈与国家计划机关不作计划的经济活动不一样。后者是社会主义企业去考虑市场需要和接受市场反馈，而前者则是由制定计划的国家计划机关去考虑市场需要和接受市场反馈罢了。认为国家做计划的那些经济活动可以不考虑市场需要和不接受市场反馈的思想是错误的。

（39）凡是国家计划机关制订计划的，国家计划机关都要制订出作为奋斗目标的计划指标。作为目标的统计指标在实行国民经济计划中具有重要作用。如何正确地确定最好使用哪些作为奋斗目标的指标，确定它们的大小（硬性的或者有伸缩性的），是制订计划的艺术。

（40）凡是国家计划机关制订的计划必须具体化为企业的计划。社会计划要和企业计划相衔接。

（41）国家作的计划分作指令性的与指导性的两种。

（42）实行指令性计划，就是把争取达到国家计划机关制订的作为奋斗目标的指标，在各个企业间进行分配，作为国家下达给各企业的任务，要求各个企业必须完成。实行指令性计划各个企业没有确定自己奋斗目标的权力。这个权力是归国家的。企业只有去制订如何完成国家计划的计划的权力。

（43）实行指导性计划，国家计划机关仍要制订出作为奋斗目标的指标，但不把在各个企业间进行分配作为国家任务下达给各个企业要求各企业必须完成。但是国家计划机关制订的奋斗目标，事实上总是要分配到各企业去的，总要由各企业去完成。不过在实行指导性计划的情况下，这种分配采取另外一种方式，这就是：①允许各企业有自己确定本企业奋斗目标的权力；②同时计划机关则根据自己制订的计划目标，制订出一套关于物价、税收、利息、信贷管理、外汇管理等方面的调节制度，按照计划目标，对希望在计划期间（通常是一年）发展得快些的，在调节制度下给以优惠，以示鼓励；对希望在计划期间不要发展甚至希望收缩的，则在调节制度中对它苛刻些，以示限制。实行指导性计划要求做到调节制度发到各企业后，在各企业根据自己的条件和调节制度上所规定的条件制订自己的计划后，各企业所计划的奋斗目标加在一起，在数值上基本上符合国家计划机关原先所规定的奋斗目标。指导性计划可以看作利用市场机制来对社会主义经济实行计划化的一种形式，可以看作同社会主义经济仍是一种商品经济这样一种客观事实比较符合的一种计划形式。但是实行指导性计划不是一件容易的事。上面写的是一种带理想性质的指导性计划。现在有一些社会主义国家已经全部实行指导性计划，因此可以研究那样的社会主义国家的经验，看看实行这种指导性计划的结果究竟如何。我认为在开始实行指导性计划时，要求全面不运用行政力量做到各个企业自行制订的计划加在一起基本上与国家计划机关规定的奋斗目标一致不很容易，因此还有可能要或多或少运用行政力量。

（44）十二届三中全会决定，在计划体制中指令性计划与指导性计划同时并存，但是强调指导性计划是将要发展的、扩大的，指令性计划则是要缩小的。决定规定要"有步骤地适当缩小指令性计划的范围，适当扩大指导性计划的范围"，着重指出"实行计划经济不等于指令性计划为主"。这样决定是因为实行指令性计划同商品经济之间存在比较大的矛盾。

（45）在我国今天的实际生活中，对有些产品下达指令性的指标，但允许超产。这种产品的超计划生产的部分，国家就不作为指令性计划的产品来处理，它们可以不按指令性计划规定由国家来定价格，而可以在市场上以比较自由的价格出售。这是指令性计划适当缩小的表现。但这种情况还不能看作指导性计划得到了扩大，而只是增加了国家计划机关不做计划的部分。

（46）我国现在的情况是指令性计划的范围已经开始缩小，而在实际生活中指导性计划尚在建立中，现在指导性计划尚未完整地建立起来。指导性计划尚未完整地建立起来表现在：这些产品的计划指标与调节制度的确定都很不健全。而国家不作计划的部分，在实行指令性计划生产的产品中，超产部分的形式有所扩大。

（47）在计划工作中运用经济杠杆的一个作用，就是实现指导性计划。在实行指导性计划中一定要运用经济杠杆，但是并非运用经济杠杆于计划工作，就是实行了指导性计划。在实行指令性计划中，也要运用经济杠杆，如规定指令性经营中的工资总额、奖金、税收等。指导性计划的实行是经济杠杆的一种特殊应用，即运用事先规定好的调节制度来影响企业的计划，做到企业的计划总和大体上与原定的计划相符合。因为这不是一件容易的事，所以在我国严格意义下的指导性计划尚待建立。

（48）对不做计划的产品和部门，也要运用法律的、行政的手段进行管理，使其在社会主义国民经济发展中能够起好对计划机构制订计划的那些经济活动的辅助作用。在这里各种经济杠杆的使用，对于管理这方面的活动起重要的作用。

（49）处在社会主义初级阶段的我国，允许非社会主义经济成分，包括资本主义经济成分在一定程度上的存在，对于社会主义事业的发展是有益的。但不能使它们损害社会主义经济的有计划的发展。为此也要既运用行政的、法律的手段，也运用经济杠杆，还要运用社会主义经济本身所拥有的经济力量，来对非社会主义经济成分起不使其损害社会主义经济有计划发展的作用。

（50）通常把运用经济杠杆看做不属于行政手段、法律手段之外的经济手段。其实运用经济杠杆首先是法律手段的运用，因为制订价格、税收的机关的权力是法律赋予它们的，并且国家制订有惩罚性条款，来保证这些权力的实施；第二是行政手段的运用，它的作用的发挥是依靠行政机构、行政力量来保证的；第三是一种能使人们获得较多或较少的经济利益，或不能获得利益乃至在经济上蒙受损失的手段。经济杠杆在计划中的作用，就是通过这样一种综合性的手段来实现的。

七、计划、控制、引导

（51）计划意味着在有计划的行为能够和应该起作用的范围内，通过社会主义国民经济实行计划化，对社会经济生活进行一定程度的控制。失去控制也就无所谓计划性。

（52）控制和控制的方式不是一个概念。控制和控制的程度也不是一个概念。控制和控制的目的也不是一个概念。在控制方式上，不要错误地认为只要说控制就一定是直接控制。比方说实行指令性计划采取的是直接控制的方式，但是我们还可以实行指导性计划。这时候采取的便是间接控制的方式了。在控制的程度上，可以实行严格的控制，也可以实行不那么严格的控制，放宽和灵活。在控制的目的上可以以消极的限制为目的，也可以以通过控制某些方面的发展来积极促进另外一些方面发展为目的。

（53）计划包括控制，但不等于控制。控制只是计划化中一个最低限度要做到的事情。计划基本上和主要地是对社会的经济的发展实行引导。发展是计划的目的，引导是计划应起的主要作用。通过计划来引导社会主义国民经济尽可能快地向前发展，来引导社会主义社会成员物质文化生活尽可能快地提高。计划不是自顾自的，计划应该有为人民谋幸福的目的性。

（54）控制和引导都要靠权力，都要靠智力。权力是必要的，但一定要用好权力，不能滥用权力。不仅不能失去控制，更要善于控制。不善于控制的控制必然给社会主义经济的发展带来不好的结果。引导要靠科学，要有科学的权威。这种科学权威是建立在我们掌握了科学真理的基础之上，即建立在正确性、深刻性的基础之上。

八、计划机构

（55）在讲我国当前计划体制改革时，我们多次讲到国家计划机关。国家计划机关包括政府各部门中的计划机关，也包括地区政府中的计划机关。而且因某个政府部门内部又有下级部门，而地区政府下更有各级地方政府，所以国家机关是分类分级的。其中最高级的是中央政府的计划机关。它拥有制订国家统一的、综合的计划方案的权力。这种权力是国家给予的。它制订的统一的计划一经全国人民代表大会批准就成为国家的计划。各部门各地区的计划机关各有各的作用，中央政府的计划机关起着最重要的作用。它是国家计划机关的总代表。如果不特别指明，人们讲的国家计划机关就是指这个中央政府的计划机关。

（56）但是所有国家计划机关加在一起仍然不等于社会主义社会计划机构的整体。各个基层经济组织内部也有计划机构，它对基层经济组织的经济活动进行着计划，并且为制订全国计划提供关于基层经济组织的基础资料。在一个现代社会——特别在社会主义社会中，全社会计划机构的数目是非常庞大的，拥有的人员也是很大的一个数目。不能设想可以没有这样大量的计划机构而社会主义经济活动能够进行。

（57）在社会主义国民经济实行计划化中各类各级计划机构都发挥不同的但却是不可少的作用。

（58）在各类各级计划机构之间存在信息传递和处理方面的关系，也存在计划权力在它们之间的分配。而这两者之间又是相互关联的。

（59）计划的制订是庞大的调查研究工作，也就是庞大的信息传递和处理工作。在实行国民经济计划化中的信息工作包括：①各类各级计划机构了解为制定计划所需要的各种信息；②各类各级计划机构对所收集到的信息加以处理，筛选出可向有关机构传递的信息，或者据此提出要求、意见、方案、设想等；③把各种为制订国家计划的信息传递到中央计划机关；④国家机关对收集到的信息加以处理，制定出国家计划；⑤中央计划机关把国家计划作为信息传达到各类各级计划机构和各类各级执行机构；⑥各级各类计划机构间还发生横向和纵向的交流信息的工作。计划机构间互相作信息服务等。

（60）各类计划机构之间的信息交流有平等的关系也有不平等的关系。在制订和执行计划过程中，在信息的传递和处理问题上，与制订和执行计划权力是互相关联的。在计划权力的分配上可以有不同的指导思想。强调指令性计划与强调指导性计划，就是两种不同的指导思想。在这两种不同性质的计划中，就有不同的信息传递和处理方式。

九、作为计划化工具的计划体系

（61）实行社会主义国民经济计划化，当然要有成文的计划。成文计划是完成社会主义国民经济计划化的必要工具。它对到某一个特定时期的一段时间内社会主义国民经济有计划地发展从目标上和从达到这个目标的基本途径上，做了预先的测算与规定，它是社会主义组织安排自己活动的依据。

（62）作为计划化工具的计划不是简单的计划大纲，虽然一个简单的计划大纲在工作过程中也是必要的。作为计划化工具的计划也不是一套控制数字。虽然一套控制数字是计划的基础，它是有用的、必要的但不是完备的。完备的计划应该是一个相当详细的成文计划，而且不只是一种计划，而是一个计划的体系。在这个计划体系中，包括由中央计划机关制订的全国性的国家计划和其他要与它衔接的各式各样计划。作用就是通过这样一种综合性的手段来实现的。

（63）国家计划机关制订的计划是全国统一的、综合性的计划。国家计划要落实到企业计划中去。在国家计划和企业计划之间还有分地区、分部门、分专题的计划。这些计划的制订为的是发挥各地区、各部门以及其他各方面的力量，积极参加我国计划工作，来帮助国家计划机关，减少计划工作的困难，提高整个计划工作的水平。它也是有利于计划的执行的一种必须采取的办法。

（64）不论是国家的五年计划、年度计划，或者是各地区、各部门和各种专题的计划，或者是各类企业的计划，在性质上都属于具体计划。具体计划是同战略、规划这类非具体计划相对而言的。战略、规划等非具体计划，按照它们起作用的性质可以无须赋予行政的或者法律上的权威地位。它们是依靠自己的科学水平来对拥有行政上和法律上的权威的具体计划发生影响。它们的作用同一部权威性的科学著作是相仿的。如果战略和规划是在地区和部门的首脑主持下，在政府主管部门的积极参加下制订的，看起来它们也有官方文件的地位。但是实际上只在具体计划的制订者接受其中论述的东西并以其作为指导思想后，战略和规划的科学上的权威才在具体计划中转化为行政和法律上的权威。

（65）战略和规划也属于计划的范畴。经济社会发展战略、各种具体计划形成一个社会主义计划体系。要根据凡是可以计划和应该计划的就应该计划这个原则，按照各地区、各部门、各专题分工研究并制订社会主义计划，形成一个完整的社会主义计划体系。应该有一个建立社会主义计划体系的计划大纲。

十、制订计划的方法

（66）要有一套好的制订社会主义计划的方法。研究计划经济的学者们曾经提出过这方面的问题，举出如同部门法、资源法等方法，并且争论过它们的优劣。我这里说的方法不是一般的方法。前面讲的许多理论问题对制定社会主义计划都具有一般的方法论的意义。在这里我指的是具体计划中作为奋斗目标的国民经济各部门发展的指标数字如何确定的方法，而且侧重在从什么出发、根据什么来制订计划。我提出了这样几种方法：最终产品法、资源法、部门法、地区法、最佳方案法以及其他方法。我不赞成去争论各种可以考虑的方法的优劣，而主张多种方法的统一、多种方法的结合。

（67）我说的最终产品不是与在制品或零件配件相对而言的，而是指离开生产领域的产品。"最终产品"包括各种消费资料，以及作为出口的生产资料产品。最终产品法就是在计划时先根据社会有购买力的需要，把可以和应该生产的消费资料和出口产品先初步确定下来，然后据此对各部门产品的生产进行平衡，最后把计划数字制定出来。这种方法的根据是"社会主义生产的目的是满足社会日益增长的物质和文化需要"的原理。采用这种计划方法就要有特别关心人民生活的思想，屏弃为生产而生产的思想，对人民生活作认真的、细致的、经常的、系统的分析和预测。最终产品法是从初步的最终需求来制定计划的方法。这种方法是带有根本意义的。在社会主义经济仍是一种商品经济的情况下，最终产品法也是从市场对最终产品的需求出发制定计划的方法。

（68）制订计划不能只考虑需求，而且要考虑能够满足这种需求而把物质产品生产出来的可能性，考虑把这些物质生产出来的条件。这样就必须从本国的资源出发来研究并制订计划。在本国的资源不能生产出所需要的产品时，还可以考虑用已有的资源生产出可以到外国去交换所需产品的产品。因此在制订计划时采取资源法是必要的。资源法就是从本国的资源——天然的资源、物质产品的资源、人力资源以及从发展对外经济关系中可以获得的资源等来制定计划。在资源这个概念中既包括构成生产力要素的生产力和生产工具，也包括作为劳动对象和自然条件的天然资源。如果说最终产品法的着眼点是需要，资源法则着眼于可能。

（69）部门法和地区法则是以过去分部门、分地区的社会主义国民经济发展的情况作基础，再考虑各部门、各地区的地位和今后对它们侧重到什么程度，并据此来作分部门、分地区发展计划的研究，然后把它们进行综合和平衡。这是过去用的比较多的计划方法。这种计划方法是以已经达到的水平为基础制订计划的方法，当然也有可取的地方，但只在有了明确的目标和对资源有了正确的理解后才能收到好的效果。

（70）从取得最大的经济效益（可能做到的、最大的经济效益，不是理论上的最大的经济效益）为出发点，对各种可供选择的方案进行比较，把最佳的方案吸收到计划中去，这叫作最佳方案法。

（71）还可以有其他合乎科学要求的方法。如过去提出过的以农轻重为序，近年来提出的经济、技术、社会相统一的方法等。很明显，任何方法都只是从一个方面来看问题，只有把它们结合起来才能制订出一个好的计划出来。这种结合、这种综合、这种统一也要依据科学方法。要研究出一整套既能很好地分别运用各种方法，又能很好地把它们结合起来的完整的制订计划的方法。首先要有这样的认识、这样的愿望，然后在实践中把这一套科学地建立起来。

（72）现行的方法是一种怎样的方法？对这个问题要作科学的研究。这是研究应该采用怎样的方法的出发点，也是改革计划方法的基础。不论现在在制订计划方法方面是如何缺少科学的指导，基本上是靠经验，但是其中总有许多合理的因素。总结30多年的经验对于建立整套的计划方法是最为重要的。

十一、提高有计划程度的途径

（73）在社会主义制度下也不能不存在一定程度的盲目性，而且有计划与盲目性将长期同时存在。经济生活中盲目性产生的根源也不是很简单的，有生产关系方面的原因，也有思想认识方面的原因。十二届三中全会决定中说道："即使是社会主义商品经济，它的广泛发展也会产生某种盲目性。"这是完全正确的。同时我们也可以看到即使是非商品经济中，也可以存在盲目性而且是很严重的盲目性。1958年"大跃进"中的盲目性，达到了很高的程度，而这与商品经济是无关的。分散有分散时的盲目性，集中有集中时的盲目性。计划工作的一个基本任务，就是减少盲目性，提高有计划发展的程度。

（74）要减少盲目性就要明确什么是盲目性，什么是有计划地发展。如果我们承认计划不可能也不应该是无所不包的，那么未包进去的那个领域是否就等于盲目性的范围？在对待盲目性的问题上不应陷入盲目性。对于什么是有计划的发展，在这个提纲的第一部分（1）到（9）条有过一些说明。

（75）提高有计划程度的途径有：

——提高各社会主义经济组织和整个社会的组织性和纪律性。

——提高计划机构的工作水平，包括①对客观情况能够很好地掌握；②对计划规律有很好的理解；③善于运用作计划的各种方法；④善于分析实现所制定的计划的有利与不利条件，估量实现计划的可能性的大小；⑤善于运用包括经济杠杆在内的各种保证计划实现的手段，防止对经济杠杆的滥用；⑥善于及时对计划作必要的修改以适应情况的变化等。

——帮助广大干部做好自己所在单位的计划工作，包括充分并及时向下级提供为制订自身计划必须掌握的各种情况，即提供我称之为计划资料的东西。改变现在下级计划机关得不到资料的状况。提高社会主义经济有计划的程度不只是计划机关的事情，而且要靠社会上所有的计划机构都能提高计划工作的水平。这就要使广大的与制订计划有关的机构和干部都能掌握必要的资料和善于运用这些资料在自己的工作范围内做出正确的计划。

（76）明确检查有计划程度的原则和标准。要在一定的时间把计划执行后国民经济发展的实际情况和原先的计划进行对照并且做出科学的分析，写出成文的东西，在一定的范围内颁布。要使这样一项工作成为计划机关的一个必须进行的工作并成为制度。这样做将有利于计划程度的不断提高。

（77）不但在计划执行前要有计划，计划执行本身也要有计划。在计划执行中一方面要与破坏和损害有计划发展的行为作斗争，另一方面又要以对社会主义建设事业高度负责的态度，研究实际情况，在实际情况与原先制订计划的估计不一样或者发现计划本身有缺陷时，不去死板地执行原来的计划。要把这样两个方面严格地区分开来。只有这样才能有利于有计划程度的提高。

十二、计划与统计

（78）我对社会经济统计的定义是：发展一整套可以用来直接反映经济社会现实的工具（统计概念、统计指标、统计方法等）并去进行反映现实的具体工作。

统计工作在社会主义制度下对了解和指导经济社会的发展能起重大的作用。社会主义国民经济计划化的工作离开统计是不可能的。

（79）在计划工作中要善于利用统计：运用统计资料对现状做正确的分析，运用统计资料对未来预测。要善于设计和运用为制订和检查计划状况需要的各种统计指标。为此就要掌握运用统计指标的科学道理，善于运用理论经济学来分析计划工作中使用的各种统计指标，了解它能够说明什么问题、不能说明什么问题，在能够说明某些问题时，又要弄清楚它能对问题说明到什么程度。

（80）在当前我国计划工作中有关统计的最重要的问题之一，是关于效益和产值的统计概念、统计指标的分析。应该要求广大干部学一点关于效益和产值的统计学。

(81) 把统计作为监督计划执行和总结计划工作的重要工具。

十三、总结计划工作的经验，开展计划科学的研究，发展计划理论

(82) 制订一个好的计划，提高社会主义经济发展中有计划的程度的组织保证，是要有一个强有力的与实行社会主义国民经济计划化有关的智力结构系统，要有一支宏大的有相当水平的从事这方面工作的队伍，其中包括提供为研究计划所需要的资料的智力队伍，即广义的统计队伍。现在我国与计划有关的智力机构薄弱残缺，不足以保证计划的科学性。以中央统计局来说，不少国家中每一万人中有一人在中央统计局工作，而我国这个比例很小。统计机构的力量与它担任的任务很不相称。其他提供资料的机构的情况也是如此。

(83) 制订一个好的计划，提高社会主义经济发展中有计划的程度，更为重要的是提高计划工作的水平，做到这一点的主要办法，就是总结计划工作的实践经验。应该把定期写出计划工作经验的总结，作为一种制度来建立，从中得出方法上与理论上的结论。应该学习、掌握和发展有关计划工作的一般科学和技术，更要发展马克思主义计划理论。这是提高干部计划科学水平的基本前提。计划科学是一门既包括理论又包括方法的科学。

(84) 要做好计划工作，需要各方面的关心和支持。计划工作不只是从事计划工作的人员和机构的事。动员更多的力量去进行长期切实的工作，来为提高计划工作的水平奋斗。

后 记

(85) 计划经济与计划发展规律是一个大题目。这一个提纲不但没有展开，而且也不完全，正确性更不能得到保证。它只是一个草稿，还要进一步补充和修改。在进一步补充修改中，同志们的批评意见是最为重要的。

1986 年 1 月 23 日第七次讲座

把价格放在前面，把价值放在后面
——研究社会主义经济问题方法论上的一个现实的考虑

内容提要

近年来在我国，一种从劳动价值论那里游离开来的思想正在抬头，同时马克思讲的价值规律又受到空前未有的重视。这种情形同时存在、相并发展，从经济思想史的角度来看，是一个有趣的现象。看来关于维护劳动价值论的文章要写，关于价值规律问题的研究还需要进行，因为问题并没有完全解决。但是由于在价值及价值规律这个并不是很难的问题上花了太多的时间，再要用很多精力去讨论这个问题可能引不起人们的热情。同时我认为，不使用价值这个概念，不运用价值规律而使用价格作为认识工具，对不少社会主义经济问题的解决并没有多大妨碍，也可以收到许多成果。因此我提出"把价格放在前面，把价值放在后面"这样一个研究问题的程序。我认为这样做比生硬地把价值套用到现实经济生活中去好处可能大些。当然价值问题是要研究清楚的，否则许多社会主义经济问题不能彻底地从理论上得到说明。而在使用价格概念对解决的社会主义经济问题进行了一番研究之后，对价值规律在社会主义制度下作用问题的研究就可以更为丰富具体，可以从现在取得的成就的基础上更前进一步。

价格作为经济学上的一个重要概念有它的特点。它是一个理论的概念，是价值的货币表现。它是通过货币进行的交换中直接决定双方物质利益关系的一个条件。在一切通过货币而进行的交换中都存在价格这个范畴。在我这次演讲中，为了把价值放在后面，主要从在通过货币而进行的交换中价格对双方物质利益关系方面，来分析价格对社会主义经济运行的作用。在这里我们只把价格看作一个交换价值，而暂时不去考虑在它背后的价值实体。在我这个演讲中，我想具体一些地研究在组织社会生产中、在分配各当事者经济利益中，从而在管理和监督社会经济工作中价格起的作用，证明是可以做到"把价格放在前面，把价值放在后面"这一点的。我也可以从这样的分析中指出：尽管所讲的基本上属于经济常识的范围，而且不涉及马克思主义经济学与非马克思主义经济学的分歧，但是要把问题说得细致具体，要做出定量的分析，还是有许多工作要做的。

看来原先认为是要用价值规律来解决的问题中，有一些同价值规律并没有直接的关系。但是有一些问题，比如关于价格决定的规律问题，是必须运用价值的概念才能得到说明。凡涉及劳动和产品关系的问题，就一定要求助于价值这个概念，求助于劳动价值论。劳动价值论是经济学科学的基石。

接着前面几讲，这一次本来想讲讲社会主义制度下经济运行机制的问题。在为这次演讲作准备的过程中，我觉得还有一些方法论问题需要先作一番探讨。于是决定讲这样一个题目。不过我不想把问题讲得太抽象，尽量向具体方向多发展一些。

一

最近几年中，从我国某些经济学家和某些青年经济学工作者的言论中，我越来越觉察到有一种思想正在抬头，这就是从资产阶级古典经济学家提出的、为马克思完善的劳动价值论那里游离开来的思想。这并不奇怪。西方经济学这几年在我国也成了一种时髦货。在从中吸取某些对我国现代化建设有用的东西的时候，不可避免地也就把它的理论基础带了过来。同时正如大家知道的那样，马克思讲的价值规律，在当今我国又受到空前未有的重视，不但在文件和文章中经常提到，而且也普及到广大的干部乃至某些不能称之为干部的人们（如私人企业的经营者），成为他们常常使用的语言。这样两种现象在中国的同时存在、相并发展，从经济思想史的角度来看，是一个很有趣的现象。对这个现象的思考，会把我们又重新引向劳动价值论的基本问题上来。看来对"什么是价值和价值规律""为什么马克思的价值论是科学的真理"这样初步的问题，还有不少人，包括指导经济工作的人，并不真正理解。他们虽然在某个时候学过一些马克思主义的政治经济学，但是学习时并没有认真思考过，没有同反对"劳动价值论"的观点在思想上进行交锋，因而对它的认识并不牢固，价值规律这样的名词对他们来说是一个含义没有弄得很清楚的常用词。这种情况我想就是上述两种现象同时存在，相并发展的由来。

"劳动价值论"是研究社会主义经济问题的理论基础。我认为在今天还有写有关这个问题的文章的必要,需要就这个问题同不同意劳动价值论的观点进行一番讨论。在以前,我国学术界没有进行过这种讨论,以为接受劳动价值论是不成其为问题的。以往有关价值问题的讨论,都是在承认劳动价值论的基础上进行的。今天既然出现某些从劳动价值论游离开来的思想,就应该从根本上讨论劳动价值论是否是科学真理的问题。这种讨论应该是平心静气的、充分说理的。缺乏这种讨论,既不能使受到西方经济学思想影响的人心服,也不能使站在马克思主义经济学立场上的人得到锻炼。应该允许持各种不同观点的人把自己的想法明明白白表达出来,然后根据事实和逻辑而不是依据引文来进行讨论。现在出现一些表露出不同意见者不完全同意劳动价值论的言论,会有利于马克思主义经济学在我国的普及。我认为不论正面论述劳动价值论的文章或者与不同意劳动价值论的观点进行争辩的文章都应该写。

同时我也不认为对价值规律问题,尤其是对社会主义制度下价值规律作用的问题在我国已经讨论清楚了。关于这个问题的长期讨论基本上是"各抒己见",也缺少交锋,尤其是缺少用严格的科学态度来解决不同意见间的差别以谋求可以达到的结论。我们不能为讨论而讨论。讨论的目的是为了取得认识上的进步,在认识进步的基础上取得大多数人普遍接受的结论。当然在新的基础上还要展开更进一步的争论。关于社会主义制度下价值规律作用问题的讨论,看来还有继续进行下去的必要。

上面讲的是要重视价值问题的讨论。但是今天我想讲的不是这个,而是想提出"把价格放在前面,把价值放在后面"这样一个研究社会主义经济问题的方法论上的问题。这主要不是从理论上而是从我国经济研究的现实出发的一种考虑。我认为如果能够先把价值问题讨论清楚,再去展开对社会主义经济问题的理论研究固然最好,但是近30年来中国和外国的马克思主义经济学家关于这方面的问题的文章已经发表了不计其数,在这个本来不是很难的问题上花的时间和精力已经太多了,现在如果按照过去的方法进行讨论,我看人们不会有太高的热情。所以我虽然认为对价值问题讨论清楚很重要,虽然主张应该有人继续写这方面的文章,但是不主张今天把过多的注意力放在对价值问题的研究上面,而主张把价值问题放在后面,不把对价值问题的讨论作为研究社会主义经济问题的前提,主张把注意力首先放在运用价格这个认识工具上面。除了上面说过的之外,还有两条理由:

第一条,在价值问题没有讨论清楚之前,先运用价格这个认识工具对于许多社会主义经济问题的解决,即便有在理论上不彻底的问题,但是并没有多大的妨碍,也可以收到许多成果。我甚至认为采取这样一种研究问题的程序,有可能比生硬地把价值套用到现实生活上去的做法好处较大、坏处较小,而这种生硬地套用价值的现象是存在的。

第二条,"把价格放在前面,把价值放在后面",虽然是从现实考虑中得出的一个主张,但是它同《资本论》第一卷第一章中马克思先讲"交换价值"再讲"价值"的思想有共同的地方。马克思说:"我们实际上也是从商品的交换价值或交换关系出发才探索到隐藏在其中的商品价值"。当然马克思在《资本论》第一章中从交换价值到价值经过的路程很近。《资本论》中对"价值形式或交换价值"的讨论,是在明确了"商品的交换价值表现出商品有其固有的内在的价值"之后才展开的。但是我认为在研究社会主义经济问题时,可以考虑拉开交换价值研究与价值研究的距离,先使用价格这个认识工具,来对社会主义经济运行机制进行一番研究,然后在这个基础上进行概括。这样做有可能使得我们对社会主义制度下价值规律的作用问题有一个内容丰富具体的认识,而不再像过去那样,讨论的内容非常抽象。

采用这样的方法现在虽然还没有经验,但是我认为不妨做一下试验。

二

前面我讲要运用"作为认识工具的价格",来研究社会主义经济运行中的问题。我使用的这个语言,它的意思是什么呢?价格究竟是怎样的一种认识工具呢?

任何概念都是认识的工具,或者说都是逻辑思维的工具。要认识世界需要有各式各样的概念。但是各个概念作为认识工具起的作用是不一样的。而且概念作为认识工具,还可以有原则的区别。举例来说,哲学范畴也是概念,作为认识工具它们同各具体学科——有的属于自然科学,有的属于社会科学,有的属于边缘交叉科学——的概念,就有这样一种原则上的区别:由于前者是具有最高普遍性的概念,它的适用范围因此也是普遍的,而后者是特殊性的概念,它的适用范围就受到限制。再举一个例子,我把经济科学中的概念分做两类:理论概念和统计概念。我说的理论概念,是从客观的社会经济生活、客观的社会经济的运动、变化、发展中概括出来的科学的抽象。商品、价值等就都是经济学中的理论概念。我说的统计概念,是设计出来用来直接表示、说明社会经济生活现实的概念。比如"产量"这个统计概念,就是设计出来用来表示某种产品生产中产出的数量的概念。在"产量"这个统计概念中,我们事先要人为地对它规定好统计方法、统计口径,没有这种人为的因素,产量的统计就是不可能的。比如钢产量的统计中,就要假定所有被统计的钢是同质的,因而只统计它的重量。理论概念与统计概念作为认识工具就有这样一种原则的区别:统计概念是社会经济生活的直接的反映,反映的是现实的东西,因而就不是纯粹的东西;而理论概念,因为它是抽象的,因而也是纯粹的。理论概念就可以被用来作为对直接现实的东西进行分析和综合的工具。它可以把事物中本质的东西和非本质的东西区分开,以揭示事物的本质。统计概念也要使用理论概念去分析,它的意义才能清楚。

在经济科学的概念中,一般来说,理论概念和统计概念是不可兼得的。比如价值这个概念就不可能成为统计概念。它不直接反映现实的经济生活,而在现实的经济生活中没有与价值相当的东西,它看不见、摸不到,甚至我们不可能确切地知道它的数量。我们是通过抽象的逻辑推理才把握到它的。而许许多多统计概念又不可能成为理论概念。如"工农业总产值"本身就是一个人为设计的、内容不纯粹的东西。它的含义就要用理论经济学的概念去进行分析才能明了。但是价格这个概念是一个例外。即使不是唯一的例外,也是我现在想到的唯一的例外,可能还有,但是现在我还没有去想。价格与价值不一样,它是直接显示在外面的东西,我们可以确切地说出它的准确的数量。价格是社会经济生活中一个直接的现实。因此价格可以成为一个统计概念。进一步我们还可以说价格是一系列统计概念的基础。同时价格这个概念又是不带人为的因素的,而且本身就是"通过货币进行的交换中直接决定双方物质利益关系的一个条件"这样一个科学的抽象。作为一个理论概念的价格,是不分什么"产品价格""劳务价格""劳动力价格""土地价格""某年某月某日的价格""某地的价格""批发价格""零售价格""离岸价格""到岸价格"等的。这些都属于统计概念。在这些概念中都带有人为性质。而价格这个概念,则是任何具体情况下进行交换的客观过程中概括出来的科学的抽象,不带有任何人为规定、设计的性质,它是理论的概念,同时又不失其反映直接现实的特点。

在这里我把价格定义为:"通过货币进行的交换中直接决定双方物质利益关系的一个条件。"这个定义不同于"价格是价值的货币表现"的,是后者从价格与价值的相互关系下的定义。这个定义是完全正确的,而且是非常重要的。不从这个定义来看问题不可能从理论上彻底解决问题。但是今天我既然采取把价值问题的讨论暂时放一放,或者说把它放在后面的方针,我就不想从后面这个定义出发来讨论问题,而先使用前面这个定义来研究问题。

价格同交换中人们的物质利益之间的关系是怎么样的呢?

以产品为例。假定我们的当事人某甲手中有数量为 a 的产品 A,而当事人某乙手中有数量为 b 的产品 B,现在通过两次使用货币的交换完成了甲乙两人之间产品的交换,即某甲先把这么多的产品 A 出售得到 x 元人民币的货币,然后再用 x 元人民币的货币购进数量为 b 的产品 B。在这里数量为 a 的产品 A 与数量为 b 的产品 B 的价格总和都是 x 元人民币(A、B 两种产品的单位价格因此就是 $\frac{x}{a}$ 和 $\frac{x}{b}$)。进行这样两次交换的结果,某甲失去了原先手中的数量为 a 的产品 A,取得数量为 b 的产品 B,乙失去了原先手中的数量为 b 的产品 B,最后得到 x 元的人民币。现在假定产品 A 的单位产品价格从 $\frac{x}{a}$ 降到 $\frac{y}{a}$($y<x$),那么甲出卖数量为 a 的产品 A 时所取得的货币,就不是 x 元人民币,而是比 x 元为少的 y 元人民币。此时如果产品 B 的价格不变,而甲迫切需要数量为 b 的产品 B,他就只有用 x 元人民币去购买,而自己在出售产品 A 时却只得到 y 元人民币,于是他就要另外拿出 ($x-y$) 元的人民币。这 ($x-y$) 元的人民币就是因为 A 产品价格下降甲在利益上的损失。同时乙因为产品 B 的价格没有变动,就既没有损失也没有得到更多的利益。

在这里我是从实物的观点来看价格问题上的利益关系的。货币能用来交换,它本身是没有使用价值的,它只能代表物质利益。经济生活是物质生活,经济关系是物质关系。我认为要在货币关系后面看出物质关系才算把问题看透彻。在上述例子中,在购买数量为 b 的产品 B 中,甲多用了 ($x-y$) 元人民币,也就是损失可以用这 ($x-y$) 元人民币去购买其他实物。这样的观点不但对小商品经济适合,对资本主义商品经济也适合。资本家追逐货币,也是因为货币是一般等价物,是可以用来购买一切商品的东西。在这里我们的问题还原到最简单的程度,那就是货币本来就是交换价值的一种形式———一般等价物,而其他实物处于"相对价值形式"的地位。"交换价值首先表现为一种使用价值同另一种使用价值相交换的量的关系或比例",它的公式是"a 量的商品 A=b 量的商品 B",在这里,商品 A 具有相对价值形式,而商品 B 具有等价形式,在马克思称之为"简单的、个别的或偶然的价值形式"中,某个商品处于相对价值形式或等价形式,是可以互相颠倒的。以后在商品交换的历史发展进程中,经过若干过渡阶段,最后出现货币形式。货币永远处于等价形式的地位,而其他一切商品都永远处于相对价值形式。通过价格变化而引起出售或买进商品中的货币上的得利或损失,也就是作为可以购买一切产品的一般等价物上的得利或损失，最后也就是在各种相对价值形态上各种使用价值的得利或损失。

这样的价格概念，我认为可以用来分析、研究许多社会主义经济问题。我以前讲过，在社会主义制度下的货币有三个方面的重要作用：一是货币作为社会主义的资金，起着把社会主义生产和其他经济活动组织起来的作用。在社会主义制度下劳动者和生产资料的结合虽然不再受私有制的阻碍，但也要经过组织才能实现。而在组织这种结合时，货币就是不可缺少的工具。二是货币作为社会主义的资金，起着管理和监督社会主义生产和其他经济活动使之遵循社会主义建设要求的作用。三是货币作为社会主义资金或者作为其他基金，起着分配社会财富的作用，即随着货币的分配与再分配，用货币可以去购买的社会财富也在各当事人中间分成其相当于货币额的份额。在货币起的这些作用中，价格都扮演着重要的角色。我今天讲这样一个题目，就是想尝试一下能否暂时把价值问题放一放，直接用价格这个概念来分析一下社会主义经济运行中的一些问题，然后再回到社会主义制度下价值规律的作用这样的问题上来。我想试一下这样分析问题的方法是否可以行得通。前面我说我不想讲得太抽象，而愿意尽量向具体方面多发展一些的意思也就是这个。下面我就想从上面说的三个方面来讨论一下价格的作用。

三

（A）

首先，让我们运用价格这个概念来分析一下货币在组织社会主义生产和其他经济活动中会遇到的一些问题。为了能把问题讲得具体些，我们暂时撇开生产之外的其他经济活动，并且把劳务生产的问题也放在一边，专门考察物质产品的生产。物质产品的生产，是这样两种要素——劳动者和生产资料的结合。而生产资料又可以区分为未经人的劳动加工的天然资源和已经人的劳动加工的属于生产资料的物质产品。劳动者只有同这些因素结合在一起才能进行生产。劳动者同这些因素的结合，在私有制社会中受到这样一种限制：不经过生产资料私有者的同意，这种结合就不可能。在社会主义制度下生产资料的私有制不存在了，这种限制也就不再存在了。但是天然资源和经过劳动加工的生产资料还是有所有权的。在它们之中有的属于国家、有的属于集体。不经过国家或者集体同意，劳动者和生产资料的结合仍是不可能的。而且社会主义生产是有组织的生产，要进行生产，就要有组织者，要有组织机构。同时社会主义经济仍然是一种商品经济，因此即使在社会上为进行生产的这些要素都是现成的,不投入相当数量的货币仍然不能把这些要素结合起来。不但经过劳动加工的生产资料要作为商品用货币买过来,就是未经过劳动加工的天然资源,如荒芜的土地,一般来说也不能免费占用。至于劳动者,不论劳动力是否是商品,他们要生存,要能不断地再生产自己的劳动力,总要消费生活资料。而生活资料是要用货币去购买的。所以为了要劳动者在生产中出力,就要发给他们必要数量的货币作为报酬。所以没有货币,社会主义生产是组织不起来的。换句话说,如果没有必要的货币,现成的天然资源就只好沉睡;没有必要的货币,劳动者就只好闲在那里;没有必要的货币,有些经过劳动加工的生产资料也只好存放在仓库里或者堆场上。总之,没有一定数量的货币的投入,所有这些生产因素即使现成也不能结合起来进行生产。这就是货币在社会主义生产中起着组织工具的作用的道理。

那么价格在这里又起着怎样的作用呢?让我们先看一个企业还处于建立阶段时的情况。任何一个企业总有这样一个尚未投产的阶段。这时候它还没有"产出"而只有"投入",通过"投入"来形成生产必需的固定资产——厂房、机器设备等,通过"投入"把必要的职工聚集起来从事建设的劳动和把必要的管理机构建立起来,通过"投入"来做好投产的种种必要准备。在这个阶段,这个企业就要用货币去支付各种开支,其中用来购买各种生产资料和劳务占有最大的比重,而它们都是有价格的。因此这些生产资料和劳务的价格高低,对于一个在建企业来说,关系就很大。在这里存在两个问题:一是如果各种生产资料和劳务的价格水平高到一定的程度,就会发生货币数量不足的问题,就会使原定的生产组织工作进行不下去。二是即使建设资金是够的,由于生产资料和劳务的价格高,将来投产之后就会因为要为投入的货币资金支付利息,和要为形成的固定资产扣除比较多的折旧,生产成本因而就会增加。用一句话说就是投入的资金越多,将来生产成本就会越高。这对一个企业当然是不利的。站在在建企业的立场上当然希望所需的生产资料和劳务价格越低越好。

让我们再来考察企业建成之后的情况。这时候为形成固定资产而买进的生产资料减少,只有大修理和局部设备更新等项目中有这样的支出。在这里我们不把扩建和大规模的设备更新算进去,因为这些情况可以看做与新建企业类似的活动,不在我们现在要考察的范围之内。但是购买生产产品所需要的原材料、燃料、动力(有些企业还从别的企业那里买进零部件)等生产资料却是经常的、必不可少的。为此而付出的货币在建成投产的企业支出中,就占最为重要的比重(采掘企业除外)。这些东西是属于流动资金的范围内的,于是这些生产资料的价格水平对企业的利益来说就成为最重要的问题。一个企业如果得不到必要的流动资金,即使固定资产已经建成在那里,即使生产能力已经形成,仍然不能正常地进行生产。所以货币对社会主义生产的组织作用,并不只限于在企业未投产之前,也存在于企业投产之后。

在企业投产后货币在发挥其组织社会主义生产的作用这个问题上,价格扮演的角色,同投产前有一些不同的地方。在投产前,企业没有产品出售,这时遇到的价格,只有购买进来的生产资料的价格,这些产品的价格越高,可以用来组织社会主义生产的货币就越缺乏。而在企业投产之后,它有了可以出售的产品,出售这些产品得到的货币对于组织社会主义生产也是起作用的。因此这些产品的价格对组织生产也起重要的作用。这些产品卖出时的价格越高,企业所掌握的可以用来组织社会主义生产的货币就越多。

在这里我们只是作了一些定性的论述,在实际工作中一定要做定量的研究,才能解决实际问题。

(B)

在社会主义生产已经组织起来,即企业的正常运行已经不发生问题时,企业关心的就是取得更大的经济利益。这时候的价格问题就超出了组织社会主义生产的范围。

生产企业的利益何在呢?对于一个资本主义企业来说,企业的利益就是资本家的利益,就是企业利润的大小。工人的收入是不属于企业利益的范围之内的。站在资本主义企业的立场上,工人的工资越低越好,不仅工资总额越少越好,每个工人的工资也越低越好。资本家支付给工人的工资越少,如果纯收入不变,费于资本家的成本就越低,利润就越高。对于一个社会主义企业来说就不能这样。在社会主义企业中也有成本这个概念。它是生产中所费于企业的货币。在社会主义企业生产中当然包括生产中的物质产品的消耗。这样的消耗越少越好。这一点同资本家企业也是相同的。由于这些物质产品是有价格的,因此价格越低对生产企业就越有利。但是对成本中另外一部分,即在工人工资这个项目下的支出,社会主义企业的态度同资本主义企业的态度是不能一样的。工人的工资,也属于所费于企业的东西,应该计算在"生产成本"之中。但是社会主义企业不能有这样的观点:这部分的支出也越少越好。因为每个工人工资水平的提高,正是社会主义企业所应该关心的。因此在产品的数量、质量不变(企业为争取到更大的经济利益,应该努力提高有市场需求的产品数量和提高产品的质量)、职工人数不变

（企业要为了取得更大的经济利益，应该努力提高劳动生产率，在产品数量质量不变的情况下，应力求减少不必要的职工，使职工人数有所减少，同时社会设法广开生产门路，吸收减少下来的职工到别的工作岗位上去创造新的财富，这是符合社会主义利益的）的情况下，社会主义企业取得更大的经济利益的一个重要途径，就是争取本企业买进的生产资料的价格尽量降低，本企业生产出来卖出去的产品的价格尽量提高。

如果我们在这里讨论的生产企业是生产生产资料的企业，那么买进的和卖出的产品都是生产资料。这些生产资料价格变化而带来的经济利益的变化，同消费者的利益没有直接关系。在这里不直接涉及消费品的价格。但是当生产资料价格的变化，影响到生产消费品的企业的经济利益时，对消费者的利益就会发生间接的影响，即如果生产消费品的企业的生产成本因所需要的生产资料涨价而提高时，生产消费品的企业提高本企业产品价格的念头会更为强烈。由于一切生产企业都要消费生产资料，所以生产资料价格的变化所产生的间接影响可以说是带有普遍性的。即便不是消费品生产所需要的生产资料，这种生产资料价格的变化总会影响到为生产消费品所需要的生产资料的价格，总会影响到消费品生产企业的经济利益。

现在我们可以进一步讲讲围绕生产资料价格各当事者的经济利益问题。

让我们先来讨论一下生产资料价格总水平产生的影响问题。一个社会如果生产资料价格总水平高，那么生产消费品的企业取得较大的经济利益，困难就会多些。这会提高生产消费品企业生产成本中关于补偿物质消耗的部分。如果消费品的价格不能提高，生产消费品的企业的经济利益就小；反之就大。生产资料与消费品价格总水平之比，对于这两种企业的经济利益关系很大。这是研究社会主义经济生活时应该重视的一个问题。

至于不同品种和不同类型的生产资料的价格水平问题，应该说是更为重要的问题。某一种或某一类生产资料的价格，既直接涉及生产这种生产资料企业的利益，又直接影响使用这种生产资料企业的利益。其中几乎为所有企业使用的生产资料，如燃料、电力等。它们的价格产生的影响是极普遍的。这类生产资料的价格会直接影响到消费品生产企业的利益，间接影响消费品价格。

(C)

现在我们可以把话题转到生活消费品的价格问题。生活消费品的价格直接影响两个方面的当事者，一是直接影响消费者，即社会主义社会中的居民；一是直接影响从事消费品生产和流通经营的企业。

在考虑消费品价格的直接影响时,也可以从消费品总的价格水平和各种不同的消费品的价格这样两个层次来进行。

先来讲讲生活消费品总的价格水平问题。

我们知道,有一个全社会在一定的时间间隔内在货币形态上的生活消费基金总额这样的概念。这个概念也就是全社会居民在这个时间间隔内拿出来购买消费品的货币总额。在货币形态上的这个消费基金总额同居民货币收入总额并不是一个数目,虽然前者是以后者为来源。两者间的差别来自居民通常把他们的货币收入中的一部分储蓄起来。这就使得这个时间间隔内消费基金总额小于同一时间间隔内居民收入的总额。当然居民也可以不但不从自己收入中拿一部分进行储蓄,反而从自己以往的储蓄中把货币取出一部分来购买生活消费品。这就使得在这个时间间隔中消费基金总额大于居民货币收入的总额。

我们也知道在一定的时间间隔内也会有全体居民消费的生活资料实物的总量这样一个概念。因为消费品不知道有多少万种,而各种不同的消费品是不能相加的,在理论上,这个总量是不能用一个数字来表达的。但是我们还是可以有消费品实物总量这样的概念,而且可以说它们的多或少。

除了这样两个概念之外,我们还可以有消费品价格总水平的概念。我们知道许许多多产品中每一种产品都有它的价格,比如说每件产品卖价是多少元人民币。消费品价格总水平的概念就是把所有消费品价格水平汇总之后形成的一个概念。作为一个理论的概念,这许许多多的价格也是不能平均的。但是在观念上我们还是可以有一个总的价格水平的概念。

用数学的语言来讲,某一个时间间隔内在货币形态上的消费基金总额是一个数值,即可以用多少元人民币来表示的,而这个时间间隔内居民消费品的实物总量和消费品价格总水平是不能用一个数值来表示的,它们是一张表格或者说是一个矩阵。

在讲清楚了这三个概念之后,我们就可以使用这三个概念来说。在某个时间间隔内货币形态上的消费基金总额不变的情况下,消费品总的价格水平决定了居民消费品实物的总量(而居民消费品实物的总量也就是标志着居民生活水平)。这就是说在消费品价格水平上升时,居民可以购买回来的消费品实物总量就会减少,反之就会增加。如果在居民货币收入不变,居民也没有从自己的储蓄中取出更多的货币去购买消费品或者储蓄更多的货币时,在某个时间间隔内消费基金总额大体上就是不变的,这时候就会出现上面说的那种情况。

使用上面说的三个概念，我们还可以说，在居民购买回来的消费品实物总量为既定的情况下，总的价格水平决定了货币形态上的消费基金总额。在价格水平下降时，如居民收入总额不变，居民就可以拿出更多的货币去增加自己的储蓄。在价格水平上升的情况下，如居民收入总额不变，居民就不得不减少拿去储蓄的货币，即比原先减少了储蓄的增加量。如果价格水平上升到一定的程度，居民们就只有从原先的储蓄中取得货币去购买。

实际的情况不可能是这两种假定中的任何一种。这就是在价格水平发生变化时，不会不影响到在货币形态上的消费基金总额，也不会不影响到在实物形态上的消费品的总额，因此就有比较复杂的情况。

消费品价格总水平的上升或下降直接影响居民的生活——在这个期间的生活消费水平（包括影响他们的储蓄），这是很明显的。不仅如此，消费品价格总水平的变化，同时还会直接影响到经营消费品生产和流通的部门和单位的利益，直接影响消费品生产与流通经营者与消费者之间的利益关系。

上面讲的是消费品价格总水平变化所直接产生的影响，至于间接的影响，它的范围就宽了。从消费者方面产生的间接影响，会有因为消费品总额减少或增加，而引起的消费品的市场容量的变化，会影响到他们的劳动积极性、影响到他们对增加工资的较弱或较强的要求等。从经营消费品生产和流通的部门和单位方面产生的间接影响，会有因为企业取得的盈利的多少，影响到企业中职工的收入，影响到企业本身的积累，影响到企业向国家上缴的税利，还会影响到为消费品生产和流通的经营者供应生产资料、流通资料和提供服务的部门与单位。社会经济是一个有机的整体，消费品价格水平和它的变化，会对整个社会经济生活产生直接或间接、或大或小的影响。

在消费品价格问题上，除了消费品总的价格水平及其变化外，还必须重视各种消费品的价格水平问题。各种不同的消费品的价格水平还内含了它们之间的比价。关于各种消费品价格水平和它们的变化影响到各当事者的经济利益的机制，同前面我们讲的消费品价格总水平和它的变化发生影响的机制，原则上没有什么两样。但是两者毕竟是不同的问题。我们要注意考察两者发生影响时不完全相同的地方。比如某种特定的消费品价格的升降，只直接影响消费"这一种"消费品的消费者，不影响不去购买这一种消费品的消费者。同时这一种消费品的价格也只直接影响经营这一种消费品的生产和流通的部门和单位，不影响其他的消费品的生产与流通的经营者。

应该看到消费品价格总水平发生的影响，就是一个一个消费品价格所产生的影响的总的表现。真正发生影响的机制，要从个别消费品价格起作用的机制去找。而且如果我们要把社会经济生活研究得细微具体，就必须对一个一个消费品的价格进行考察。我们知道，由于居民的收入水平不同，社会职业、社会地位不同，以及个性、爱好等不同，居民们的消费结构是不一样的。比如在低收入的居民的消费结构中，基本生活资料、低档的生活资料占的比重就一定比高收入的居民大。正是因为总的说来我国今天居民收入比较低，所以基本生活资料和低档消费品占的比重就大。这就是为什么"菜篮子"里的消费品的价格为大多数城市居民特别关心的缘故（由于农村居民需要的"菜篮子"中的消费品，还有相当大的一部分是自给性生产的，情况与城市居民有所不同）。高收入的居民，对"菜篮子"中消费品的价格的关心程度就比低收入的居民要低，而他们对高档消费品价格的关心程度就会比低收入的居民要高。因此如果不重视不同种（或不同类）消费品的价格，而只重视消费品总的价格水平，就不可能使不同消费者之间的经济利益关系得到比较充分、比较完满的说明。

在这里我想顺便讲讲这样一个主张：我们应该把上面讲的这个道理运用到编制我国消费品物价指数这件工作中去，考虑同时编制几种不同的消费品价格指数。现在我国按照世界各国的习惯只编制全社会统一的消费品物价指数。办法是在几千几万种消费品中选定若干种作为对象，登记它们的价格变化，计算它们的价格指数，然后估量各种不同的消费品在居民消费中的重要性，即居民对各种消费品的需求量，确定不同的权数，最后加以计算，得出需要的物价指数。不错，在编制物价指数时，往往还根据对各种类型居民的家计调查，但是并没有去区分不同收入水平的居民的消费构成，同时去编写适合不同居民收入状况的另外的物价指数。统一的物价指数，有它的用途，是应该统计的，但对不同收入水平的居民编制另外的物价指数也有它们的用处，我认为也是必要的。编制了这样的物价指数，可以避免把不同收入水平的居民的利益问题掩盖在平均数之中。从这个不属于理论经济学范围的问题中可以看出理论经济学的研究，可以和应该对有关的统计问题和现实的经济问题起到指导的作用。

前面我们讲过由于一切生产部门都消耗生产资料并且整个社会是一个整体，因此生产资料价格的影响（如果把间接的影响都放在内）是带有普遍性的。在这里我们也想指出由于一切经济部门都有劳动者在那里劳动，而劳动者每天都要消耗生活资料，所以生活资料价格的影响（如果把间接的影响都放在内）也是带普遍性的。但两者有这样一个不同：在生产成本中生产资料的消耗受价格的影响是硬性的，生产资料价格增加多少，生产成本就会相应增加多少，而生活资料价格所产生的影响是软性的。例如，在生产成本中工人工资那一部分，就并不是生活资料上涨多少就上涨多少（实行浮动工资的情况除外）。

(D)

讲了组织社会主义生产及其他经济活动和各当事者之间经济利益分配的问题，对价格在管理和监督社会主义经济活动中的作用也就很容易说明。因为这里所说的管理和监督，就是使用价格这样的工具，通过生产和其他经济活动的组织和经济利益关系来实行的管理。现在在我们的经济工作的语言中，已经有了"价格杠杆"，也就是"价格工具"这样一个常用词。关于"价格杠杆"发生作用的机制是大家熟知的。它的作用无非是当它在被某个主体经营管理下，按照一定的目的使用时，①可以使某种社会经济活动能够被组织起来或者组织不起来，或者只能按照某一种条件组织起来；②可以使得采取某种行为得到较大的经济利益、采取某些行为在经济利益上蒙受较大的损失，采取某些行为既不能得到较大的利益也不会受到较大的损失而处于中间的状态，使按趋利避害的原则行事的人们的行为符合使用这个价格工具的主体的目的。

说到经营管理的主体，可以是国家利益的代表者，也可以是企业利益的代表者，只要是在他们权力能达到的范围内。对于其中包括的各级政府物价部门或者他们的上级，是用不着说明的，他们的法律地位和拥有的行政力量使得他们可以有力量来运用价格杠杆。就是一个企业，对于他自己生产出来的产品的价格也常常是有一定的自主权的。对自己这个产品所定的价格，也常常是它在市场竞争中取得优胜的一个手段。

在这里数量具有决定的意义。价格杠杆的作用的强弱，就是看价格水平的高低来决定的。在实际生活中，价格水平与管理监督的有效性是可以通过经验来察知并从中取得若干规律性的认识，在抽象理论研究中则可以从分析价格在这方面起作用的机制中明确地指明这一点。

四

上面讲的这些道理其实是很简单的，可以说都属于经济学常识范围之内的知识和议论。这些道理只是因为我今天要讲的题目是"把价格放在前面，把价值放在后面"才做了些发挥，其实都不是很值得讲的。在这里不存在马克思主义与非马克思主义的分歧。而且进一步说，在这里所说的问题也都是不必依靠劳动价值论，不必依靠什么价值规律就可以讲清楚的。在这里如果说有什么尚未得到很好解决的问题，我看无非在于如何把要求讨论的题目讲得细致讲得具体。要有比较精确的定量研究，要研究出表示复杂的经济关系的精确而漂亮的数学公式。这一点虽不那么深奥，但并不那么容易。因为社会经济生活是一个完整的有机的整体

（这一点我们在前面已经提过了），它涉及的范围非常广阔，而且是以极为错综复杂的关系联系在一起的，要把这样的关系理得很清楚是要用一番脑筋的。与价格有关的问题，如果把直接的和间接的影响都考虑进去，就涉及整个社会主义经济运行机制的问题。价格问题不是孤立的，价格工具也是同其他工具结合着使用的。所以这样的研究仍需要某些技巧。在涉及社会主义制度各当事者的利益关系和社会主义经济生活的特征等方面，还要依赖于对政治经济学社会主义部分的原理的深刻的认识。在这些研究应用于现实经济问题的研究时，还要依靠统计科学的发展，还要依靠事实资料的掌握和正确运用。

在这里我们看到了平时被人们说成是"对价值规律的运用"的许多问题，其实是用不着价值、价值规律这样的理论概念而只要运用作为货币形式的交换价值——价格这样的概念就可以得到说明的。那么又有哪些问题非要运用价值、价值规律才能得到说明呢？我认为是有这样的问题的。比如关于社会主义制度下的价格规律问题，我认为就是这样的问题中间的一个。尽管社会主义制度下的价格也是由多种因素决定的，但是某种产品的价格以生产这种产品的社会平均必要劳动量作它的基础，却是考察价格问题的基本观点。价格以价值为基础这个说法有两种含义：一种是价格直接以价值为基础，即市场价格是根据供求关系在价值上下摆动，这是小商品或简单商品下的价格规律；另一种是价格不直接以价值为基础，在资本主义商品经济中价格就不是直接以价值而是以生产价格为基础的。在垄断资本主义制度下情况又与垄断前资本主义制度下有所不同，社会主义制度下则另有自己的价格规律。但是如果我们不把价格以价值为基础理解为价格直接以价值为基础，那么由于资本主义制度下作为价格直接基础的生产价格本身也是以价值为基础的，因而价格以价值为基础的命题仍是符合资本主义的现实的。同样我们也可以去证明社会主义制度下价格决定的规律也是如此。

请同志们注意，在上面我们的论证中没有讲到劳动消耗，而只讲到劳动者在生产和其他各种活动中需要消耗生活资料。在考虑劳动的分配，考虑在各部门如何很好地贯彻按劳分配的原则时，价值与价值规律就是必要的了。在组织经济活动、分配经济利益和管理经济中使用价格杠杆，主要是把价格本身的大小当做可以以我们意志为转移即由我们决定的东西。但是，在研究价格决定中不以我们意志为转移的因素时不运用价值与价值规律，在理论上是得不到说明的。

当然，要用价格与价值相一致这样一个事实上不存在的原则，来观察价格问题、解决价格问题，是一种对价值规律和对价格问题认识简单的做法。

1986年3月27日第八次讲座

我国社会主义体制改革和政治经济学社会主义部分

之所以在"政治经济学社会主义部分讲座"中讲这样一个题目，是因为指导社会主义建设时期的社会主义改革，是这个学科发挥它的指导作用的最为重要的一个方面，对此进行探讨，可以使得我们对政治经济学社会主义部分的任务的理解更为具体。

不想写得太长，因此采取列举若干个基本观点的文字结构。

这些观点在我以前写的文章中大都讲过，但是从政治经济学社会主义部分任务的角度提纲挈领地把这些观点串起来讲，这样的工作我还没有做过。

第一个观点：我们现在正在进行的改革，就它的根本性质来说，是在一个推翻了剥削阶级统治、建立起人民民主专政、对生产资料私有制实行了社会主义改造、进入了社会主义建设时期的国家中开展的，在坚持社会主义基本制度的前提下，以改变当地当时社会主义体制——其中最为基本的是社会主义经济体制，同时也包括政治、文化及其他社会生活、社会关系方面的体制——为内容的伟大的历史变革。这个改革的目标是要使生产关系和上层建筑方面的社会主义体制，更好地适合当地当时发展社会生产力的要求，从而比较充分地发挥社会主义基本制度的优越性，促使在社会主义国家中劳动生产率超过资本主义的发达国家的目标早日实现。我们应该从社会发展史的观点——从产生改革的历史背景和历史意义来看正在进行的改革。对这一改革的历史意义不给以充分的估计，我认为是不行的。

这样一个观点应该得到政治经济学社会主义部分的论证。

（1）需要明确在社会主义制度下，社会生产关系和社会生产力基本上是相适应的，社会主义的生产关系总的说来对社会生产力起的是促进作用。相互适应也是矛盾统一的一种状态，适应并不否定矛盾的存在。这种适应说明社会主义基本的经济制度与资本主义基本的经济制度相比，具有无可争辩的优越性。但是社会主义经济体制和社会主义基本的经济制度不是一个东西。它们有联系也有区别。社会主义基本的经济制度是一切处于共产主义初级阶段的国家（社会主义国家）或者某一个这样的国家的一切历史时期共同的东西。社会主义经济体制则是在社会主义基本的经济制度的基础上建立起来的、各个不同的社会主义国家，或者某一个社会主义国家不同的历史时期不同的东西。社会主义经济体制是当地当时某个社会主义国家的社会主义生产关系。在这样的社会生产关系中可以有某些部分与当地当时社会生产力发展的要求不相适应。这种不能很好地相互适应是矛盾统一的另外一种状态。这种不相适应的矛盾不表明社会主义的基本经济制度与社会生产力的要求不相适应，而只是表明社会主义经济体制中存在与当地当时发展社会生产力不能相适应的东西。对社会主义经济体制实行改革的要求就是从这里产生的。这些分析，是马克思主义历史唯物主义原理关于社会生产关系与社会生产力矛盾统一的原理在社会主义建设时期的一个运用，也是对政治经济学社会主义部分中这个原理的确认。

（2）需要具体地对我国实行社会主义经济体制改革前和改革中的经济体制做政治经济学的分析。这种分析包括这样几个部分的内容：（a）对实行社会主义经济体制改革前的经济体制的规定性进行具体的分析，并且做出理论上的概括；（b）具体地研究旧经济体制中有哪些东西对社会生产力起促进作用，哪些东西对社会生产力已经起着障碍作用，并对这种促进和障碍作用的机制做出分析；（c）要研究在实行社会主义经济体制改革后的几年中，经济体制有了什么变化，新形成的经济体制有哪一些，它们是属于过渡性质的，还是可以看作新的经济体制的组成部分；旧经济体制或者标志着旧体制特征的东西还保留有多少，它们又怎样继续阻碍着社会生产力的发展。对改革前和改革中事实上存在的经济体制进行政治经济学社会主义部分的分析和批判，是社会主义经济体制改革的理论根据。

第二个观点：现在世界上有许多社会主义国家都在进行社会主义体制的改革。社会主义体制改革是一种世界性的现象，是当代世界中出现的令人瞩目的重要现象。我国的社会主义体制改革不是我们一国特殊的现象。产生这种现象也是有历史原因的，那就是当一个社会主义国家在取得社会主义革命的胜利使自己进入社会主义建设时期时，它就发现正在起作用的社会主义体制并不是事先做了充分研究并在这样的研究的基础上拟定好方案建立起来的，而基本是在社会主义革命过程中"自然形成"的体制。这里说的"自然形成"的体制，并不是事先对它没有做任何研究，而是说它基本上是接受社会主义革命造成的结果。自然形成的体制不能很好地适合社会生产力发展的要求是必然的事。因此包括我国在内的许多社会主义国家正在进行的改革的一个本质的特点，就是从自然形成的体制到经过研究事先设计好的体制的转变。

这样一个观点也需要用政治经济学社会主义部分的理论进行论证。

科学社会主义的学说是马克思主义的创始人运用他们创立的辩证唯物主义和历史唯物主义研究当代社会，特别是研究当代社会的经济得出的科学结论。因此政治经济学的研究在科学社会主义学说的形成中起着最为重要的作用。在科学社会主义学说建立时是如此，在科学社会主义学说的发展中也应该如此。在科学社会主义学说的建立中，马克思和恩格斯从资本主义的内在的、为其自身所不能克服的矛盾中得出资本主义必然走向崩溃、社会主义必将取资本主义而代之的结论。他们的严谨的科学精神使得他们只是去指出这样一种历史趋势，而不去对未来的社会的情景做具体的描绘。他们对未来社会只做了一些根本特征的论述。也就是说他们的论述只限于未来社会基本制度方面，而不涉及社会主义体制问题。他们的后继者也严格遵循这种科学精神，不对没有经验资料可据的问题做出不可靠的判断。关于最能适合于当地当时社会生产力发展的经济体制的研究，只在有了可供研究的资料之后才能进行。因此"自然形成"的社会主义体制在一定的历史时期起支配作用是不可避免的。而在各社会主义国家进行了或长或短的一个时期的建设之后，我们有了相当丰富的经验，积累了大量的资料，而那种"自然形成"的社会主义体制对当地当时社会生产力发展的许多障碍作用也日益被人们察觉。这时候我们马克思主义者就有可能根据这些经验，这些资料来研究究竟应该建立怎样的社会主义体制，才能更好地促进社会生产力的发展和社会的进步。在这种研究中，政治经济学社会主义部分应该起到主力军的作用。要研究从发展社会生产力和社会进步的要求出发，为了寻找一个好的社会主义体制，政治经济学社会主义部分应该提供怎样的研究成果、提出怎样的原则。

第三个观点：我们必须坚持"社会主义的根本任务是发展社会生产力"这个马克思主义的一元论，用这个一元论的观点来考察社会主义经济体制改革问题，解决社会主义经济体制中的根本原则问题。我们坚决不同意把别的原则放在这个"发展社会生产力的原则"之上的某一种一元主义，坚决不同意使别的原则取得和"发展社会生产力的原则"平起平坐的一切二元主义。把别的原则放在"发展社会生产力原则"之上的一元主义在我们国家的历史上有过，在实行"以阶级斗争为纲"的年代就是这样，发展社会生产力的主张在那个时候受到批判，给那个原则起了一个别名叫"唯生产力论"。使别的原则和"发展社会生产力的原则"平起平坐的二元主义在我国的历史上也有过，那就是不反对"发展社会生产力的原则"，但又提出"一大二公"的原则，使两者平起平坐。不坚持"发展社会生产力的原则"的一元主义，而用别的一元主义或者某种二元主义来指导我们的工作曾使我们遭受很大的损失。我们必须接受这一惨痛的历史教训。

根据这个观点，政治经济学社会主义部分就要具体地研究事实上存在着的不同的经济体制对发展社会生产力的影响，从中得出理论上的结论。从"一大二公"的观点看问题，家庭联产承包责任制当然不如"三级所有、队为基础"。但是从"发展社会生产力的原则"来看问题，结论完全相反。对事实上还不存在而处在方案阶段的社会主义经济体制问题，也应该进行这样的研究。

第四个观点：最能发挥劳动者社会主义积极性的社会主义体制是最好的社会主义体制。这是因为我们讲的是社会主义的体制，我们的体制应该有鲜明的社会主义的特点，因为社会生产力的发展、社会的进步靠的是劳动群众的积极性和创造性。现在有些文章、会议讲改革，讲了很多很多看法，但是根本没有发挥劳动者积极性的指导思想。在这一点上我们一定要同西方经济学家划一划界限，对他们来说忽视这一点是很自然的，但是我们不能这样去考虑问题。在农村改革中实行家庭联产承包制的成功，就是因为这样一种社会主义经济体制能够比较好地发挥农村居民的积极性。我认为一切挫伤劳动者社会主义积极性的做法都是改革的对象，都根本不能成为改革的措施。

根据这个观点，研究提高劳动者社会主义积极性的意义，研究提高劳动者社会主义积极性的途径和方法是政治经济学社会主义部分的重要内容。在这里，正确实行按劳分配，最大限度地满足劳动者物质生活和文化生活的需要（当然要考虑到现实的可能、全面的需要和长远的利益，是在这样的考虑下的"最大限度"），是发挥劳动者的积极性最为重要的途径。但绝不只是这一些。好的社会主义经济体制是一个必要的前提。

第五个观点：在全面考虑社会主义的体制改革时，在整个社会主义体制改革中，经济体制改革要同政治体制改革、文化体制改革以及其他社会生活、社会关系方面的体制改革配套。在经济体制改革中，社会主义所有制形式结构方面的改革，要和社会主义国家对国民经济的管理体制的改革配套。社会主义国家对国民经济管理体制内部的各种体制改革也要配套。特别是社会主义所有制形式结构方面的改革，在几年来我国的社会主义经济体制改革中的成功最为巨大，但是毕竟只有几年的时间，它还是脆弱的，需要得到多方面的支持，特别需要得到社会主义国家对国民经济管理体制改革的支持。社会主义国家对国民经济管理体制的改革，也应该起保护社会主义所有制形式结构改革成果的作用，如果不是这样就不能成为真正的改革。

与这个观点相联系的，政治经济学社会主义部分有许多工作要做。把社会主义经济体制分作社会主义所有制形式结构和社会主义国家对国民经济的管理体制是我做的划分，希望得到研究政治经济学社会主义部分的同志们的讨论。这两方面体制的含义，也希望得到进一步的确认。我认为社会主义所有制形式这个概念是能够成立的，也是具体的，在我国不仅包括国有制和集体所有制这两种形式，还有其他的形式，而且社会主义所有制形式上的区别也可以分得更细些。我认为社会主义所有制形式结构包括下面四个方面的内容：(a) 在一个国家的社会主义经济中都有哪些社会主义所有制形式；(b) 这些社会主义所有制形式的具体规定性都是怎样的；(c) 各社会主义所有制形式相对的比例关系如何；(d) 各社会主义所有制形式之间是以彼此怎样的关系结合在一起，成为整个社会主义所有制。社会主义国家对国民经济的管理体制应该包括一些怎样的内容，也应该对它进行分析。如果把在社会主义制度下能够获得经济利益、接受有关经济利益影响的称之为经济实体，这个经济实体除国家外，还有各式各样的个人、家庭、单位（集体），而整个社会主义国民经济就在生产、流通等极为复杂的活动中运动、变化和发展。在社会主义经济运行中，各经济实体间发生极为复杂的利益关系。社会主义国家可以运用它掌握的经济的、行政的、法律的、思想的、文化的各种手段，对各种社会主义所有制形式，对除国家外的各经济实体，对整个国民经济的运转，调整经济利益关系，并提高整个国家计划管理的能力，以取得更好的经济和社会效益。在这里有大量的政治经济学社会主义部分问题需要研究。

第六个观点：社会主义体制是会不断变化的。社会主义体制的进步是无止境的，人们追求社会主义体制进步所作的努力也是无止境的。就是到了共产主义高级阶段，即使不使用社会主义体制改革这样的名词，社会生产关系和上层建筑方面的变化和发展也是不会终止的。但是现在我们正在进行的社会主义体制改革是有阶段性的，即它有自己的起点和终点，在达到了自己的目的后再转入另外一个阶段。这个阶段的规定性是什么，是需要明确的，但是现在我还说不清楚。仅仅是把在实行体制改革前原来的体制的弊端都改变掉，我估计不论世界上哪一个社会主义国家都不可能在短时期内做到，对于我们中国来说，我认为20世纪内没有可能做到。当然我们可以在这个特定的有阶段性的社会主义体制改革中，再划分几个子阶段，但要这么做就要对社会主义体制改革内部划阶段问题进行研究，其中主要也还是政治经济学社会主义部分的研究。

第七个观点：虽然我们正在进行的是坚持社会主义基本制度前提下的社会主义体制的改革，但这并不是说在社会主义基本制度方面在改革前就已经是完美无缺的了。某些缺陷可能是某些客观的历史原因造成的，也可能是对社会主义基本制度认识上的不足引起的。比如，明白认识"社会主义＝生产资料归社会所有＋

(按劳分配＋社会主义商品生产)"，因此确认社会主义经济仍然是一种商品经济——社会主义的商品经济，就不是社会主义体制的问题，而是社会主义基本制度的问题。因此对社会主义体制改革的同时，完善社会主义基本制度是一切社会主义国家都会遇到的问题。

要论证和发挥这样的观点就要对政治经济学社会主义部分的普遍原理进行研究。我们要在改革中发展政治经济学社会主义部分的普遍原理。由于政治经济学社会主义部分这门学科比较薄弱，政治经济学社会主义部分中普遍原理的研究是政治经济学研究者可以大显身手的领域。

第八个观点：由于社会主义体制是因国家而异的，社会主义体制和社会主义体制改革也就总是某一个国家的社会主义体制和某一个国家的社会主义体制改革。社会主义体制改革的成功也是以它是否促进了本国的社会生产力和社会进步作为衡量标准。某一个社会主义国家进行的社会主义体制改革如果与另外一个社会主义国家有某种相似之处，那是因为这两个国家各自根据自身的情况研究出来的结论正好是相同的，或者两者的看法都是根据某种普遍性的原理。

根据这样的观点，我想讲几个专门从中国的情况得出的关于我国社会主义体制改革的观点。

第九个观点：由于中国的社会主义经济体制改革是从广大的农村改革开始的，而中国的农村改革又是通过实行家庭联产承包责任制开创了自己的道路，也就是中国的经济体制改革在社会主义所有制形式方面的改革首先取得成功。而农村改革成功，对城市也发生了较大的影响，从而使社会主义所有制形式结构方面的改革成为中国社会主义经济体制改革中最受人注意的。进一步说，农村中的这个改革打破了过去不是根据自愿和有利于参加者的原则组织起来的集体组织，这就为在农村中发展自愿和有利于参加者的原则的合作化创造了新的基础。应该允许广大农民在联产承包责任制的形式上多待些时候，由他们根据形势的发展和自身的需要，以及对这种需要的认识，采取新的形式，发展到较高层次的合作化。但接受以往的教训和鉴于当今广大农村居民们的心理状态，在新的合作化的方向上前进要强调多做切实的有利于加强他们对社会主义的向心力的工作，如社会对广大农村的居民的服务工作，而不要再去勉强他们，包括用制造声势的办法去勉强他们。

第十个观点：同上一个观点相联系，多种多样的合作经济为广大群众和干部所创造，多种多样的合作经济形式在它们的发展中被选择，是我国社会主义经济体制改革中的一个特点，也是优点。现在我国合作经济形式的创造受到的阻力，相对来说最小。这里说的合作经济包括合作社经济、集体经济，但又不等于合作社经济、集体经济。它的性质也不一定是集体所有制的，合作经济可以是多种性质的经济之间的合作——国营与国营、国营与集体、国营与个人、集体与集体、集体与个人、个人与个人等。这里说的合作经济在发展中被选择，有自然选择，让各合作经济形式自然地保留，扩大它们在整个社会主义所有制中的比重，或者自然地让位给其他更好的合作经济的形式。这种状况犹如生物进化中的野生动植物的进化那样。这里所说的合作经济在发展中选择，也有人工选择，那就是对合作经济形式的实践经验进行总结，对被认为是更好的形式有领导地进行推广。这种情况犹如生物中的农作物和饲养动物经过人工选择使良种得到培养和繁殖一样。

第十一个观点：由于中国还处在社会主义的初级阶段，因此不但存在社会主义经济体制改革的问题，还有一个允许某些非社会主义经济成分与社会主义经济成分同时存在，允许某些非社会主义经济成分在一定程度内有所发展的问题。在这里大量的是个体经济。在今天中国这样的历史条件下，个体经济的作用不允许忽视，它对社会主义经济来说是必要的助手和补充。它们的存在有利于社会主义经济的巩固。除了个体经济外，在农村中还有一个雇工问题。农村雇工问题的性质有许多复杂情况，其中有很大一部分属于合作经济的性质。有少数雇工经济应该看作是资本主义性质的经济，但是它的存在没有什么可怕的。它对发展社会生产力还有好处，而且农村雇工问题同农村家庭经济的关系密切，允许雇工对农村家庭经济的发展可以起安定的作用，农村家庭经济如上述所说是必须保护并使之发展的。如果我们用"发展社会生产力的原则"和"在社会主义制度下不允许剥削"这样的二元主义的观点来看问题，对农村雇工问题很容易解决，只要一声令下把它解散就可以了。但是这个二元主义一看便知同"发展社会生产力原则"和"一大二公"原则的二元主义一脉相承，完全是一个模式。这个二元主义和那个使"一大二公"同"发展社会生产力原则"平起平坐的二元主义一样不能被人们所接受。而且这个二元主义也完全不适用对外开放政策。引进外资是地地道道的资本主义剥削，而且是外国资本家剥削我们中国劳动者。但是由于我国需要国外先进技术、先进产品，我们就自愿地接受一定程度的剥削以求得社会生产力的发展，求得将来可以不受剥削。因此只有坚持"发展社会生产力原则"的一元主义，允许某种非社会主义经济成分存在和有一定程度发展的问题才能从理论上得到根本解决。不应该拒绝在我国社会主义建设时期存在多种经济成分的说法。在今天社会主义经济成分和非社会主义经济成分同时存在并不是退到了新民主主义时期、退到新民主主义社会到社会主义社会的过渡时期,历史不是那么发展的。我们已经走完了从新民主主义社会到社会主义社会的过渡阶段,而确实地进入了社会主义建设时期。我们要在观念上解决这样一个问题:在社会主义建设时期也可以允许非社会主义经济成分存在。在1956年后我国用了将近20年的时间,将资本主义经济成分消灭得很干净,个体经济也几乎不再存在,虽然有一些,被发现后即作为资本主义尾巴去割。纯则纯矣,但社会主义经济衰落、社会主义制度并不巩固。今天我国社会主义经济的力量比1956年大了许多,而且我们的政策的基本点是发展社会主义经济,走共同富裕的道路,允许某些非社会主义经济成分的存在和一定程度的发展是不应该大惊小怪的。

第十二个观点:总结前面所讲,我认为对政治经济学社会主义部分如何加强对我国社会主义体制改革的指导这件事,应该进行深入的研究。对这一个问题的探讨属于我国社会科学、经济科学发展战略研究中的一个重要组成部分。这种研究应该是全面的、深入的和细致的。所谓全面的,意思是说,①政治经济学社会主义部分的研究不仅要对社会主义经济体制改革起指导作用,还应该对社会主义政治体制改革、社会主义文化体制改革,以及其他社会主义社会生活、社会关系的改革起指导作用,因为经济是整个社会的基础,上层建筑和意识形态是经济基础的反映。上层建筑和意识形态方面的改革固然要靠其他的马克思主义科学指导,但也要靠政治经济学社会主义部分指导。②政治经济学社会主义部分不仅要指导本来意义下的社会主义经济体制改革中的经济理论研究,而且要指导我国改革时期对非社会主义经济成分政策的研究,其中既包括对我们允许其存在和一定程度的发展的非社会主义经济成分政策的研究,也包括对事实上存在但因其对社会主义建设起破坏作用因而必须宣布其为非法的那些非社会主义经济成分的政策的研究。③不仅要进行具体的改革中的政治经济学社会主义部分问题的研究,也要进行政治经济学社会主义部分的基础研究,这种研究虽然对社会主义经济体制改革问题不直接有关,但没有这种研究,具体的研究就难以进行。

我认为,在今天必须强调一点,那就是要真正把改革放在首位。在党中央提出的"把改革放在首位"之前加上"要真正"三个字,用意无非想更强调一下党中央这一号召的意义。希望大家,包括我们经济学工作者在内,认真地贯彻党中央的这个指示。我认为绝不应该对"把改革放在首位"这样一句话只是一般地在口头上说说而不去真做的态度。我感到当前有一些地方有这样性质的问题。我认为,如果不去努力排除当前改革中遇到的颇为不小的障碍,如果不去纠正当前颇有一点势头的干扰改革的思想,如果不去采取切实有效的措施,那么党中央再三强调的"把改革放在首位"的号召，在有的部门、地区、单位或者个人那里，就会成为一句空话。在改革中阻力是不可避免的，没有阻力的行动就不可能成为改革。改革就是克服旧事物的阻力、开拓新道路的社会实践。而改革中遇到的阻力又往往是与改革相抵触的、对改革起干扰作用的思想联系在一起的。因此必须同时去纠正那样一些对改革不利的思想。要排除障碍、纠正对改革不利的思想就要下很大的决心，用很大的气力，而且要有切实有效的措施，做实实在在的工作。我们研究政治经济学社会主义部分的人为了真正把改革放在首位，就要去研究清楚我们究竟应该研究些什么问题，并在我们应该研究的问题上取得科学的成果。

1986 年 5 月 29 日第九次讲座

访问联邦德国和瑞士时所做的十五个报告

我认为最重要的一个问题是……

全世界许多学者、政治家、实业家正注视并正在观察、研究中国的改革。中国发生的事情,对于世界来说,常常是一个谜。长达十年的"文化大革命"曾经是这样。那么中国正在进行的改革,究竟是怎么回事呢?这个问题我认为是在讨论到中国改革时最为重要的一个问题。

我不是说外国的学者、政治家、实业家等不了解有关中国改革的许多事实。他们为观察、研究这方面的问题而付出的劳动当然得到了丰厚的酬劳。比如说,我相信出席今天这个报告会的各位就掌握不少来自中国的资料。但是在我与许多外国学者的接触中,感到由于国界、语言、交通以及不同的经验知识的基础与思想方式等原因,他们对中国进行的改革不很理解又是一个带有普遍性的现象。要掌握中国改革的本质,不能仅仅依靠获得某些直接的经验知识,还要研究中国乃至世界的历史,还要进行理论的思考。

应该承认,就是在中国,对正在进行的这场改革做的理论研究也是不够的。在中国研究工作的现状是:着眼于解决现实经济问题比较多,从中国和世界历史来研究这一改革的性质、历史内容、历史意义比较少;研究中国改革问题的人中,经济学家比较多,而历史学家、哲学家比较少。这样一种状况,对于关心中国改革的外国研究者来说,也不能不是他们更深刻地理解这个对象的一个不利的条件。

我是比较早地注意到这个问题的中国学者。从 1980 年年初起,我就常常思索这个问题。我认为应该引起中国历史学家、哲学家对发生在我国的这个过程的历史内容、历史意义的深思,也应该对外国学者做这方面的介绍。于是在 1984 年就写了《从世界和中国历史来看社会主义建设时期的改革》(*Reform Wabrend desAufbaus Sozialismus unter dem Aspekt der Chinesischen and der Weltgeschiete*)这样一篇以提出这个问题而不是解决这个问题为目的的论文,并在 1985 年出版的《中国社会科学》上发表了。

感谢德中友协的朋友们把我的这篇论文收集在《China Heute－aufdem Weg Zumkapitalismus》之中。这本文集已经印出并且作为珍贵的礼物在我到达法兰克福的当天赠送给我了。由于在座的先生、女士们可以阅读那篇论文，我就可以减少许多重复劳动。但是今天我既然以《我认为最重要的一个问题是……》为题在这里做报告，指出其中表达过的某些观点还是不可避免的。我力求用另外的语言来讲，而且我想把最近的，特别是来到法兰克福后想讲的东西补充进去。

世界是不断变化和发展的。这样的一个哲学观点是用不着做什么解释的。把这样的哲学观点运用到社会主义国家的历史中去，那就是社会主义的生产关系以及建立在社会主义生产关系基础上的政治和法的上层建筑、社会意识形态也必然是不断变化和发展。但是中国正在进行的改革并不是社会主义的生产关系、上层建筑和社会意识形态的随便的变化，它有特定的历史内容，它是中国社会主义历史的一个特定阶段。对社会主义生产关系、上层建筑、社会意识形态一般的讨论，是不能说明中国这场改革的性质、内容和意义的，要做出这种说明就要进行具体的分析，我今天讲这个题目首先就要解决这样一个问题。

改革的性质是由改革对象的性质决定的，即我们要革除的是怎样的东西，我们是在什么范围内进行革除和创新的工作。这就是说，改革的性质和改革的内容基本上是一回事情。而改革的阶段，只要我们明确这一改革的起点和这场改革的终点就可以明确。明确了这两条，我们就可以说从根本上弄清楚了这场改革的一个根本问题。

我认为我们现在把这场改革称之为社会主义体制改革是很恰当的。由于这样的改革出现在社会主义建设时期，所以这场改革也可以称之为社会主义建设时期的社会主义体制改革。我们既然把中国进行的改革称之为社会主义体制的改革，也就有必要说清楚什么叫作社会主义体制。这个名词现在大家都在用，但是并不是大家都很清楚的。人们常常把它同社会主义基本制度混在一起，不加区别。在把社会主义体制一词翻译成外文时更是如此。中国的翻译首先是把"制度"和"体制"用同一个词 system 来表示，后来又把体制的翻译用 sturtwre 来表示，而制度仍译成 system，也有用另外的词来表示制度（如用 ordung 来表示制度）而仍把体制翻译成 system。我认为翻译上的不确切，使外国人研究中国问题发生困难，因为他们是以翻译的文字为根据来进行研究的。这种翻译上的混乱，也是与对概念理解不清楚有密切联系的。

为此就必须把概念弄弄清楚。

我认为有三个术语应该严格地加以区分：第一个概念是社会主义的社会制

度。我认为在这里制度这个名称，既可以翻译成法文的 ordung，也可以翻译成德文从外国语言中引用过来的 system。这里社会主义的社会制度就可以译作 Sozialistische Gesellschaft Ordung 或者 Sozialistische Gesellschaft System。一国的社会制度指的是这一国家社会关系的总和。社会主义社会制度指的就是这个国家的社会关系的总和。

第二个概念是社会主义基本的社会制度。这就是对社会主义的社会制度加上"基本的"这样一个限制词。这就是把社会制度的内容进行了一番分析，分析的结果是其中有基本的东西，也有非基本的东西。基本的社会制度就是社会制度中基本的东西。在德文翻译中，只要在社会制度这个字之前加上基本的 Grund 就可以了。这就是社会主义基本制度可以译作 Sozialistische Grund-Gesells-chaft ordung 或者 Sozialistische Grund-Gesellschaft System。

第三个概念是社会主义社会体制。体制这个词我不主张翻译成某一个欧洲文字中的一个词，因为在欧洲文字中找不到一个含义完全确切的字眼。因此我主张采取音译的办法，把体制译成 Tizhi，即体制这个中国词的汉语拼音。采取这样一种翻译方法，"社会主义社会体制"在德语中就成为 Sozialistische Gesells-chaft－Tizhi。这三个名词是既有联系又必须严格地区别的。

我把社会主义的基本社会制度定义为不同的社会主义国家（也就是一切社会主义国家）或者某一个社会主义国家在它们的不同的时期共同的那个社会主义社会制度。而我把社会主义社会体制定义为不同的社会主义国家或者某一个社会主义国家在它的不同时期在社会主义社会制度中各不相同的东西。这就是说，社会主义基本社会制度是一切处于社会主义这个历史阶段的社会主义社会制度的共性，社会主义社会体制则是社会主义社会在不同的社会主义国家和同一个社会主义国家不同时期的个性。两者间的关系是一般（Allgemeine）与特殊（Besondere）或个别（Einzelne）的关系。

这种情况，正好比"人"这个概念，对于不同的人（或一切人）都适用的，中国人、德国人、A 先生、B 先生、男人、女人、小孩、老人，等等都是人。这里说的人就相当于上面说的社会主义的基本社会制度。而某个中国人或德国人，德国人的 A 先生或 B 先生，在他的生命的某个时刻，这个人的具体的现状就相当于上面我说的社会主义社会体制。由于在德语中没有能够表示这种区别的现成字，就只好用音译的办法来表示我所作的严格区别了❶。

---

❶ 我也不同意使用 Model 这个词，因为 Model 太过于一般了，它不包括社会制度的含义。

讨论科学问题必须要有清楚而确定的概念，因此我认为把这些概念交代清楚是必要的。我是首先强调这个区别的中国学者，这一点越来越多的学者接受了我的这个术语。

使用这样的术语，我们就可以明确地表述中国正在进行的改革是社会主义社会体制的改革，而不是社会主义基本社会制度的改革。

当然这还只是在语言上做出了区别，这一区别的实质性的内容如何，当然是需要另外说明的一件事。

为了说话的方便，在下面的讨论中我把术语中的社会（Gesells－chaft）这个字省略，而使用社会主义基本制度和社会主义体制这样的语言。

必须指出，在中国的改革中，社会主义基本制度也不是一成不变的。它有一个"完善"的问题。我有这样一个分析：社会主义基本制度是社会主义（通常用这个名词来表示共产主义的初级阶段）的社会制度和共产主义高级阶段的社会制度两者共同的东西（例如生产资料归社会所有）和区别于共产主义高级阶段的社会主义社会制度特有的东西（例如按劳分配）两者的结合。列宁在十月革命前写的一篇文章中就是这么说的。他说社会主义就是生产资料归社会所有加按劳分配。根据近七十年社会主义建设的实践，列宁的这个公式应该得到补充，即还要把"社会主义的商品生产"作为社会主义社会制度中特有的东西加到这个公式中去。于是我们就应该有这样的一个公式：社会主义＝生产资料归社会所有＋（按劳分配＋社会主义商品生产）。过去在马克思主义的经济学中，没有把社会主义商品生产的地位提高到与按劳分配同等重要的地位，在实践中也就没有充分发展社会主义的商品经济，促进社会主义经济的发展，而按照这样的认识建立起来的社会主义基本制度也不是最完善的。今天中国已经在理论上、思想上明确了社会主义经济仍然是一种商品经济——社会主义商品经济，从而在改革中把过去事实上存在于社会主义基本制度中的这方面的缺陷予以克服时，我们对社会主义体制进行的改革，同时也就是对社会主义基本制度的完善。

在这里我还想指出：社会主义体制这个概念中，不仅包括社会主义的经济体制，而且包括社会主义的政治体制、社会主义的文化体制（包括科学工作和技术工作的体制）以及其他社会主义社会生活、社会关系方面的体制。对这样多方面的社会主义体制都要进行改革，仅仅是一个方面的改革是不可能取得完满的成功的。社会主义经济体制的改革当然是最为基本的，中国进行的改革中已经取得巨大成功的也是在这个方面，但发展的趋势是要进行全面的社会主义体制改革。

在讨论体制改革的性质是由改革的对象的性质决定时，我们不能一般地讲我们改革的对象是社会主义体制,还要问作为我们改革的对象是怎样的社会体制?

当我们这样提出问题时,我们就可以回答说,当前我们进行的这场改革是以在社会主义国家由于社会主义革命的实现而自然形成的社会主义体制为对象的。

那么,什么叫作在社会主义革命中自然形成的社会主义体制呢?

在回答这个问题时,我们就要观察社会主义体制形成的特点。正如大家知道的那样,社会主义体制是经过社会主义革命,在社会主义革命取得胜利后形成的。历史告诉我们,当无产阶级和劳动大众在马克思主义的政党领导下进行革命并取得革命胜利时,他们知道的只是社会主义的基本制度,他们只是为社会主义的基本制度的建立而奋斗。就是在临近革命胜利有必要去考虑胜利后应该建立怎样一些具体制度时,他们能说出的话也是非常少的。道理很简单。当时他们没有必要的资料来研究应该建立怎样的社会主义体制,他们也没有必要的历史经验。在社会主义体制建立之前,不可能事先就已经有了关于这个体制的设计。如果想要在事先有这样的设计,也就只有堕入空想。而我们马克思主义者不是空想社会主义者,我们只根据能够掌握的资料来分析历史发展的趋势而拒绝去进行没有资料根据的空想。马克思主义之所以能去为社会主义的基本制度的胜利而奋斗的道理就是这样。

但是社会主义革命在某一个社会主义国家中取得胜利后所建立起来的社会制度是具体的,而绝不是一般的社会主义制度。世界上现实的事物总是个别的,即我们只能去吃个别的梨子,不可能去吃一般的梨子。在革命胜利后建立起来的就是以社会主义基本制度为基础的社会主义体制。这个体制既然不是按照事先的设计而形成的,那么它就只能是自然而然形成的东西。

就世界现实的情况来说,目前所有的社会主义国家中的社会主义革命,都是以无产阶级和被压迫、被剥削的劳动大众的革命强力来推翻剥削阶级的统治的行动,然后在革命取得胜利后,建立起无产阶级专政,并由这个无产阶级专政的国家机器来剥夺资产阶级,建立起社会主义的经济。经过这样的过程形成的社会主义体制,自然而然地就一定是社会主义国有制占统治地位,甚至必然是国家对国民经济和社会主义政治实行高度统一管理的社会主义体制。世界历史发展的现实就是这个样子。

按照这个道理,我们就可以进行这样的推理:如果将来世界上某个国家通过另外的途径取得了社会主义革命的胜利,那么这个国家在社会主义革命后建立起来的社会主义体制就会是另外一种样子。这只是一种抽象的逻辑推理,将来会不会出现这种情况,我认为是可以研究的,我们不能把这样的事情看得很死。在讨论当前中国和其他社会主义国家的改革时，我们只去研究历史上已经出现的事物，而把可能发生的事情暂时放在一边，不去讨论。但是有一点是可以看到的，以后社会主义革命胜利后建立起来的社会主义体制，因为已经有了以往的社会主义建设和社会主义体制改革的经验，就可以自觉得多。那时候建立起来的社会主义体制就可以不是完全自然而然形成的体制。

作为历史研究，人们也许会这样提出问题：中国社会主义革命胜利的时间是1949年，即在俄国十月革命胜利的30多年后。既然已经有了30多年的经验，能够说还是自然而然地形成的吗？对这个问题我的回答是：虽然中国社会主义革命的确迟了30多年，但在20世纪40年代末苏联的历史经验并没有总结出来使中国能够利用。不但如此，当时领导苏联的斯大林在理论上不去区分社会主义的基本制度，把在苏联自然形成的社会主义体制当作社会主义基本制度要所有的社会主义国家都接受，否则他就认为是"背叛社会主义原则"。当时中国自身缺乏社会主义建设的经验，在思想上没有社会主义体制改革的认识，在理论上也同样不懂社会主义基本制度和社会主义体制的区别，因此对斯大林的那些看法和做法基本上也是接受的。因此1949年建立起来的社会主义体制，也只能是自然而然形成的。

当然，在苏共二十大后，中国对苏联的社会主义体制中的问题开始有了些认识，本来有可能使已经形成的社会主义体制有所改善，当时，中国也想走一条与苏联不完全相同的路子。但是由于理论上、思想上缺乏准备，那时中国的马克思主义者还没有觉悟到自然形成的体制不可能最好地适应社会生产力的发展和社会的进步，加上毛泽东个人方面的原因，在苏共二十大之前中国做了许多和社会主义体制改革方向相反的事情，因而在苏共二十大后在中国事实上存在着的社会主义体制仍然是社会主义革命过程中自然形成的体制，而且这里说的"社会主义革命"还包括根本错误的所谓"革命"，即在不应该进行这种革命的时间和地方去进行革命（所谓无产阶级专政下的继续革命）。长达十年之久的"文化大革命"就把这种"革命"推向高峰。因此在中国原先自然形成的体制上又加上了这一层特殊的"自然形成"的体制。

中国现在进行的这场改革，就是以在中国自然形成的社会主义体制为对象的。以这样的社会主义体制为对象就要对它进行分析，得出在这个体制中有哪些是适合中国今天社会生产力发展、适合中国社会继续进步的东西，哪些是不适合今天社会生产力发展、不适合今天中国社会继续进步的东西。这就要对改革对象进行批判。而中国改革成效的大小就决定于对作为对象的社会主义体制的分析的彻底性、深刻性和全面性。这样中国社会主义运动的历史上就出现了第二次对社会制度的批判。第一次是对资本主义制度、对中国的半殖民地半封建社会制度的批判；第二次是对我国在社会主义革命过程中包括在1957年后的二十年中对之又有发展的社会主义体制的批判。第一次批判实践的结论就是社会主义革命，即推翻旧制度的革命；第二次批判实践的结论就是社会主义体制改革。两次批判是有联系的。因此我们进行的第二次批判是对社会主义体制的批判，而这种社会主义体制是第一次批判的结果，所以第二次批判是以第一次批判为前提、为基础的。而第二次批判则是第一次批判的深入。这就是说只有经过第二次批判，社会主义基本制度的优越性才能够充分地显示出来，才能在与资本主义的竞赛中取得胜利。认为对社会主义体制进行改革就是退到资本主义那里去，是对上面所说的历史发展的前进性完全不理解。

与两次批判相应的就是两次革命。当前中国正在进行的社会主义体制改革就是继推翻剥削阶级统治、对私有制进行社会主义改造取得胜利后又一次伟大的社会变革。邓小平指出：正在进行的改革是中国的第二次革命。能否从中国的历史和现实出发认识到邓小平指出的这一点，对于考虑中国的社会主义体制改革来说，我认为就是最重要的问题。

1986年6月3日　在法兰克福　法兰克福大学

计划经济与市场经济

计划经济与市场经济互不相容，是一个有几十年历史的老命题。长期以来，不论马克思主义的经济学家或者西方的经济学家，都曾经这么认为，虽然他们对计划经济和市场经济的优劣的评价截然相反。马克思主义的经济学家们说，在资本主义制度下不可能实行计划经济，而只有市场竞争和无政府状态，社会主义制度实行计划经济是好的，市场经济是不好的；西方经济学家们说，社会主义制度下的计划经济是僵化的，对发展国民经济是不利的，因此是不好的，而资本主义制度实行市场经济，由"看不见的手"起作用，可以解决经济发展中不协调的问题，因此是好的。尽管他们说的话这么截然相反，但是讲这样的话的前提却是一样的：计划经济和市场经济是互相排斥的东西。

这样的话一直到现在还有人在说。

但是这样的话说了一个时期之后，实践证明：在资本主义制度下不但在企业内部可以有计划地进行生产和经营,就是在宏观经济的范围内,也可以或多或少地进行有计划的生产或经营,而在社会主义制度下市场的作用也或多或少地发生作用。于是计划经济和市场经济间坚固的界线开始消融。在经济学家中间就开始研究两者结合的问题。有一些社会主义国家和资本主义国家曾经在这方面走得比别的国家远些。这些国家中出现的现象,因此受到经济学家们更多的注意。

中国的经济学家在研究了世界和中国的情况、研究了一些经济学家的著作之后,根据中国的实际情况和实际工作的经验,在计划经济和市场经济的问题上得出了自己的见解。这样的见解得到社会上越来越多的人的承认。1984年秋天,在党的中央委员会的决定中陈述了这样一个观点:那就是社会主义经济仍然是一种商品经济——社会主义的商品经济。这种商品经济是有计划地发展的,受社会主义国家计划的调节,因此也被认为是有计划的商品经济。考虑到西方经济学家中间或者西方社会上还有很多人认为市场经济是完全不受计划调节的,因此在决定中用的是商品经济而不使用市场经济以避免不必要的误会。但是既然商品是为市场而生产的,商品是在市场上交换的产品,商品经济也就是市场经济,只是不要有那种把市场经济视做完全不受计划调节的看法就可以了。既然有计划的商品经济的概念可以成立,有计划的市场经济也可以成立。如果这样的看法可以成立的话,在计划经济与市场经济相互关系的理论问题上就达到了一个新的高度。这种看法就同把计划经济和市场经济看成相互完全排斥的东西的最早的看法完全对立起来。

这种看法很可能受到来自马克思主义的经济学家和来自西方经济学家两方面的责难。这种责难的思想根源是对计划性缺乏辩证的了解。计划性的概念不就是对事物的发展能有事先的预见和采取有意识的行为来达到我们预期的目的吗?如果我们不去设定客观上不可能达到的目标因而我们不可能有可以达到这样目标的手段,而是采取彻底的唯物主义的态度,充分尊重事物发展的客观规律,运用我们可以运用的手段来达到我们预期的客观上可以达到的目标,我们这样的行为难道不正是唯物辩证法者所理解的有计划的行为吗?我们对社会主义的商品经济的特性(也就是对社会主义市场经济的特性)和它的客观规律越是理解得深刻,我们对如何有计划地运用可以影响这种经济的手段的知识越丰富、越熟练,我们就越能使这种经济按照我们的计划向前发展。因此在这里要对社会主义制度下的计划提出一个新的要求,即这个计划应该是商品经济的计划,应该是市场经济的计划。这种计划应该有更好地适应市场情况的特性,应该有更大的灵活性。在制订计划的时候应该对市场情况做出科学的预测,这种预测是不可能不发生变化的,而是会在一定的幅度内发生变动的，因此我们的计划目标也会是在一定幅度内变化的。既然社会主义的计划是商品经济——市场经济的计划，就应该抛弃那种以固定的、不允许有伸缩性的目标为目标的计划模式。在有了做这样改变的计划模式之后，社会主义经济的有计划的发展——社会主义的计划经济就同市场经济可以是同一的东西了。

在这里要区分两种情况：一种是市场发展的多种可能性问题，对多种可能性的尊重是更好地制订计划、使社会主义经济更有计划发展的前提；一种是社会上存在一种与有计划地发展经济相对抗的力量。与有计划地发展经济相对抗的力量的存在当然会影响计划性的程度。因此同这样的力量进行斗争是提高经济发展的计划性必要的。但是我们也应该看到我们同破坏计划性的力量进行斗争能取得的成果，在一定时期、一定的条件下也会是有一定限度的。要对这种限度有客观的估计，我们的计划才是唯物主义的、有充分科学根据的，我们才能更好地克服计划工作中主观主义的成分。

我认为对社会主义计划性的问题，要从头开始来进行研究。五个月以前我在北京做过一次题为《社会主义的计划经济与计划规律》的演讲，就是对什么叫作"有意识的行为"，什么叫作"有目的的行为"，什么叫作"有计划的行为""古代意义上的有计划的行为与现代意义上的有计划的行为""偶然有计划的行为"与"日常经济生活中的有计划的行为""资本主义制度下的计划性"与"社会主义制度下的计划性"的共同点与区别，"社会主义制度下的计划规律""社会主义计划体制的改革"等做了系统说明的尝试。我这个演讲，再做一次补充后准备拿到中国的刊物上发表。在这里我只能说明这样一个思想：要解决社会主义制度下计划经济与商品经济或市场经济间的理论问题，就一定要改变传统的关于计划经济和市场经济的观念。传统的计划经济观念用到改革后的社会主义体制中来是我们所不能接受的，传统的市场经济的观念用到改革后的社会主义体制中来也是我们不能接受的。

我认为关于计划经济和商品经济的理论问题的解决，一定会对中国的社会主义经济实践发生重大的影响，其中包括对社会主义国家的计划也会发生的影响。不但计划体制要改革，计划的文件的写法也要改革，对这我已向若干个地区提出过建议。这是我最近一个时期内做过的工作，还没有看到我的建议是否被体现在计划文件上面。

1986年6月4日　在美因兹　美因兹大学

中国经济体制改革中对所有制形式的选择

在中国经济体制改革中,所有制形式上的变化是最令人瞩目的一个方面。

在中国经济体制改革中的所有制问题,包括两个方面:一是社会主义所有制形式结构的问题,一是社会主义所有制与非社会主义所有制并存的问题。

社会主义所有制形式结构这个问题之所以发生,其根据就是在某一个特定的社会主义国家的某一个特定时期存在的社会主义所有制总是具体的。

正如大家知道的那样,在社会主义制度下,生产资料是归社会公共所有的。这是社会主义所有制的根本属性。但是现实生活中的社会主义所有制比这要具体得多,即不简单地只是生产资料归社会公共所有这样一条,而是要问:在这里生产资料是如何归社会公共所有,要问:在这里人们的具体的经济利益关系是怎样的。这样不但有社会主义所有制的根本性质问题,而且有社会主义所有制的具体形式问题。

进一步讲,在某一个特定的社会主义国家的某一个特定的时期,往往不止有一种社会主义所有制形式,而是有多种社会主义所有制形式同时存在。这一点在对苏联 30 年代后情况的了解中,人们就已经知道有所谓全民所有制和集体所有制两种社会主义所有制形式。

因为社会主义所有制形式往往不止一种,就有了社会主义所有制形式结构的概念。我认为在考察某一个社会主义国家的某个特定时期的社会主义经济体制时,就要从两个方面来进行考察:一个是社会主义国家对整个国家的管理体制,还有一个就是社会主义所有制形式结构。这两个方面并不是截然分开的,在它们之间有相互交叉的东西,但仍不失为两个方面,因此对社会主义所有制形式结构的考察是极为重要的。

我把社会主义所有制形式结构的问题又分析成下面四个方面的结合:

(一)在我们考察的社会主义经济体制中,都存在哪些社会主义所有制形式?对于这一点我们只要列举有哪些社会主义所有制形式就可以了。

(二)在我们所考察的社会主义经济体制中,每一种社会主义所有制形式的具体的规定性都是怎样的?对于这一点,我们就要求对上面列举的每一种社会主义所有制形式做深入的细致的具体研究,掌握有关它们各方面的特性。

(三)在我们考察的整个社会主义经济体制中,这多种社会主义所有制形式占的比重是怎样的?这可以从在各种社会主义所有制形式中生产出来的产品数量的比例关系或者从在不同的所有制形式中劳动者的比例关系看出来。

（四）这多种社会主义所有制形式都是以怎样的相互关系结合在一起成为一个有机的整体的？在这里可以从双边关系和多边关系来进行研究。

社会主义所有制形式与非社会主义所有制形式同时并存的问题，可能是处于社会主义的初级阶段（共产主义的初级阶段的初级阶段）的中国应该接受的一个现实。所谓非社会主义所有制形式又可以分作有利于社会主义建设的和不利于社会主义建设的两种；有利于社会主义建设的即利于社会主义制度的巩固与发展。对于这样的非社会主义所有制形式是应该允许其作为社会主义所有制形式的助手和补充而存在的，而且应该允许它们获得一定程度的发展。关于允许它们发展到什么程度，现在还没有进行特别的研究，因为直到现在还没有看到过度发展的问题，但是在理论上总应该是有限度的。现在社会主义所有制的力量在中国十分强大，比20世纪50年代中期对生产资料私有制改造完成时要强大得多，因此允许存在的非社会主义所有制占的比重是很小的。还有一种非社会主义所有制形式对于社会主义建设是起破坏作用的，是被宣布为非法的，即使是很少很少，也不允许其存在。

中国的经济体制改革是从农村改革开始的。中国农村改革中最重要的一个内容，就是把人民公社制改为家庭联产承包制以及其他社会主义所有制形式。这就是社会主义所有制形式方面的重大改革。

中国农村中相当普遍实行的家庭联产承包责任制，比以前的人民公社总的来说前进了这样一步，那就是农民可以比较充分地做自己土地、自己农业经营的主人，因而加强了农村经济的社会主义性质，虽然从"一大二公"的观点来看是退步的，但从劳动人民当家做主这点来说是前进了。同时实行家庭联产承包责任制后，农户的生产和经营同社会主义经济组织仍是联结在一起的。

农村中实行的家庭联产承包责任制，是农村中新的合作经济形式的一个新的基础。在这个新的基础上，中国农村中各式各样的"经济联合体"在发展，到1985年有几十万个，从业人员达到400多万人。中国农村这么大，几十万个联合体当然不是一个大数字。我的看法是新的合作化的速度不必过快，而应该更注意强调自愿合作后可以得到更大的利益这样的原则。这样新的合作经济将更为巩固和可以给社会主义经济带来很大的利益。

在城市里，新的合作经济形式发展的新的基础，也正在形成和发展之中。

我认为中国经济体制改革有一个特点或者优点，那就是多种多样合作经济形式正在被创造出来，而且获得迅速的发展。在中国新的合作经济的创造受到的限制是很小的。不是说一直没有受到阻碍,而是农村中在实行家庭联产承包责任制时冲破了许多障碍,为今天多种多样合作经济形式的创造开辟了宽广的道路。

我在这里说的合作经济不等于合作社经济,也不等于过去说的集体经济,它有更广的含义。国营与国营,国营与集体,企业中国家与个人、集体与集体、集体与个人、个人与个人都可以采取适当的形式来合作。国营和集体企业实行的股份制,可以视作合作经济的一种形式。

在多种多样合作经济形式被创造出来之后,社会在它们的发展中进行选择。具有更大生命力的形式得到更好的发展。比较差的形式就会让位于更好的形式,新的形式就会取代过去的形式等。

这种选择,可以是天然的选择,即不经过专门的研究、专门的推广或者指出不应该提倡,而在其自身的发展过程中发生的选择。这种选择就和生物进化论中野生植物和动物的演化相类似。

这种选择也可以是人工的选择,这就是在各种合作经济形式被创造出来之后,各级领导人和经济学家对之进行研究,提倡这一种形式不提倡那一种。这种选择就和生物进化论中农作物和饲养动物的培养和繁殖相类似。

在人工选择中就有一个标准问题,这个标准不能是别的,只能是有利于社会生产力的发展和社会的进步。在这里所说的社会生产力的发展当然是同环境保护的利益分不开的,是以环境保护为前提的。

1986年6月4日　在法兰克福　法兰克福大学

经济改革与经济建设的相互关系

改革本身并不直接带来经济效益,直接取得效益的社会实践是建设活动。这里说的建设就是生产和各种经营,改革是为建设排除障碍、创造条件的。在改革为建设排除了某些障碍和创造了某些条件之后,就要用有成效的生产和经营把经济效益拿到手。这时候积极从事这项改革的人就有了有力的论据,证明改革的必要,改革的正确,而反对这项改革的人就失去他们反对的理由,于是这项改革就得到了巩固。否则改革就不会得到绝大多数人的积极支持。

在前一个时期实行以家庭联产承包责任制为特点的农村改革后,农民在农业生产和其他生产经营活动中就因此取得了巨大的成就,对这方面的改革原先存在的相反意见就不再存在了,农村改革就得到了巩固,并在这个基础上向前发展。农村如此,城市也如此。所以中国的经济学家不只是把很大的注意力放在改革上面,同时也把很大的注意力放到各项建设事业上来,把做好改革工作看作为建设事业创造条件,也把做好建设工作看作为巩固改革和继续发展改革创造条件。

由于中国还是一个经济落后的国家,我们不能完全依靠高投资的方法来发展中国的经济,而要强调利用"低投资的现代科学方法"来使中国多一条富起来的重要途径。我认为绝不允许对这样的办法不感兴趣。轻视对建设的研究不是中国经济学家应该走的道路。为此中国经济学家除了研究对指导改革可起重大作用的政治经济学之外,还重视对生产力经济学的研究,重视对技术经济学、国土经济学等的研究,注意能够给中国带来重大经济效益的种种有效方法。

举例来说,中国东南部是人口高密度的地区,就有一个高效率地利用土地的问题。这就要求一整套充分利用土地的办法,包括最大限度地"绿化",包括零碎的土地如庭院、房屋的顶部、墙面等一切阳光可以照耀到的地方,这就是发展庭院经济、立体农业的途径,为此就有许多经济活动如收购多种产品的商业活动要与之相配合。又比如,发展畜牧业是中国居民普遍致富之路,这就要解决营养源尤其是饲料中的蛋白来源问题,如菌糠饲料、笼养苍蝇等方法在中国农村中就受到越来越充分的重视。不千方百计地发展生产,改革作用的发挥就受到很大的限制。中国建设中不能仅仅靠高投资的方法,而且高投资所需要的资金也要靠从广大劳动者所创造的财富中一点一滴地收集起来,为此就要运用上面说的现代科学的低投资的方法。中国是一个人口众多的国家,一项措施单独看来似乎是一件小事,如只能为一个农户增加40元人民币,但2.5亿加起来就是100亿元人民币,就可以相当整个国家财政预算收入的百分之几。我把这样的项目称之为中观经济项目。我想找到若干个中观经济项目,使中国增加1000亿元人民币的社会收入。像这样的事在一个社会主义大国的经济体制改革中有可能成功。

中国国家科学技术委员会提出的"星火计划",也是想通过推广先进的低投资的、收效快的技术来使得中国得到现实的效果。这个计划列入了国家科学技术发展计划,得到了广泛的赞同。

GTZ热心帮助第三世界发展本国的经济和技术,帮助培养第三世界的经济技术管理人才等,和中国已经有了许多合作项目。GTZ的先生们女士们关心中国的改革是理所当然的,因为改革为中国广泛使用先进技术、运用现代科学创造出好的条件,也使得中国的广大劳动者学习先进科学技术的热情空前增长。中国的经济工作者、自然科学工作者、工程师、发明家等,也借助改革所创造的条件,针对中国的特殊的条件,开创各种致富的途径。富民战略是中国基本的战略,改革和现代科学技术是使中国亿万人民富裕起来的两个前进的轮子。

1986年6月5日　在爱希包思技术协作会

中国经济改革——过去的八年和今后的若干年：我对这的观察和思考

当前的这场改革是从"社会主义革命胜利过程中自然形成的社会主义体制"到"根据几十年社会主义建设经验总结而设计出来并使之成为现实的新的社会主义体制"的转变或过渡。这种转变或过渡当然具有更高的自觉性，是有计划、有步骤地进行的。

但是这种计划性也只能逐步形成和提高。

比如直到现在，中国就还没有能够科学地规定中国的改革应该分几个阶段，每个阶段的奋斗的目标和奋斗的途径是什么？还没有能够科学地规定需要多少年达到这样的目标等。而这是符合认识和实践的规律性的。

有时，对这人们也这么说或者那么说。但在仔细考察这些说法时，就会发现根据往往是不足的，因此人们应该只说在那时可以说的那些话。

历史的发展总有许多事先不能预见的事情，到时候就会发现情况并不是那个样子。同时人的觉悟也不是一下子可以提高到那样一个程度的。

不讲未来，就是已经发生了的事情，如果不对它进行理论的思考，对它仍旧可以是不明晰的。

我认为已经过去的八年，中国经济体制改革中最重要的有两件事：

第一件事是在农村中实行了联产承包责任制。

实行这个改革收到的实际效果，使得人们对它再也不能说一个"不"字。

这个改革证明了一点，劳动者的积极性对于社会主义经济的发展起决定性的作用。

有一些经济学家（外国的，也包括中国的），在谈论中国的体制改革时忘记这一点，就是没有抓住中国社会主义经济改革中最为重要的东西。

劳动者的积极性是同①他们在自己的经济生活中能够以主人翁的地位来活动，②他们的活动同所获得的物质利益有更直接的联系，这两点密切相关。中国农村中这个改革的最主要之点，就是找到了能够实现这两条的适合于今天中国情况的形式。

应该指出这种形式并不是绝对的。有别的形式也起了很好的作用。家庭联产承包责任制带有较普遍的意义。

1984年的十二届三中全会肯定了农村改革的原则对于城市改革也完全适用。

中国经济体制改革从农村开始是符合事物发展逻辑的：（1）中国百分之八十居民在农村，用"国民收入"这个统计指标计算的农村产品的产值在整个国民经济中的比重，要比用工农业总产值这个统计指标计算的大得多。大量工业品生产是以农产品为原料的。中国农村仍是最重要的消费品和生产资料市场。（2）农村经济是比较分散的，一家一户生产的独立性相对说来比较大一些。牵扯面窄进行改革比较容易。（3）在20世纪60年代初对实行包产到户有成功的历史经验。

中国农村改革是中国农村用新的合作经济形式组织起来的新的起点。

第二件事是肯定社会主义经济仍然是一种商品经济。要求按照这个原则来对社会主义经济体制进行较为彻底的改造。

从否认社会主义商品经济，到承认社会主义商品经济的存在，到承认社会主义经济仍然是一种商品经济，是对社会主义经济认识上的重大进步。

承认社会主义经济仍然是一种商品经济，其结论就是：社会主义的计划经济即是社会主义商品经济的有计划的发展，社会主义经济的计划，是商品经济发展的计划。计划经济与商品经济不是一般的、结合的关系，而是一个事情。

根据这个原则的改造工作现在正在开始，但尚未充分展开。

八年中还有别的事情是值得重视的。

（一）国营企业内部关系的改革——从"党委领导下的厂长（经理）负责制"到"厂长负责制"加"党委领导"。

（二）"利"改"税"。

（三）"指令性计划"逐渐缩小。

（四）企业自主权的扩大。

等等。

应该承认，在社会主义国家对国民经济的管理体制方面的改革，尚未取得成熟的经验和系统的决定性的胜利，不像农村改革那样。

有一些措施虽然是很重要的，但属于提高"管理文化"的范围，不属于社会主义经济体制改革本身的范围。如国家一般管理。

有一些措施目的是改变长期历史遗留下来的不合理的现状，不涉及体制的问题，如物价与工资现状。

但是在管理方面，包括计划、外贸、财政、税收、物价、工资、人事制度等方面，的确存在许多社会主义体制改革的问题。在中央和地方关系问题上也存在体制改革问题。

许多问题互相牵掣，难度比较大。各方面的改革在前进中。中国的改革不可能对整套问题都研究好,一声令下全面进行。在当前只能一边研究设计,一边试验,在行动中最后形成整套的设计。目前的情况还是这样的五个"中":

(1) 中国经济体制改革的理论在研究中;

(2) 中国经济体制改革的全面的方案在制订中;

(3) 中国全面的经济体制改革在准备中;

(4) 对中国经济体制的思想认识与觉悟在提高中;

(5) 中国经济体制改革在实践中、在行动中。

开始研究关于改革的年度计划。

不能忽视群众性的创造,不能忽视在发展过程中的天然选择作用。

在对经济改革的研究问题上,提倡大胆探索与自由学术讨论。提倡科学精神和科学态度,提倡运用科学知识(包括一般科学知识和马克思主义的科学知识),少走弯路(完全不走是不可能的),中国的经济体制改革就可以用比较快的速度向前发展。

有了1984年十二届三中全会的决定这个总的方向,就有了胜利的基本保证。

下一步在哪一点上取得突破性的成功,现在还看不清楚。看样子要有一个争取多方面有所前进的时期。中国的经济学界以及哲学界、历史学界,要多方面展开关于中国经济体制改革未来发展的讨论。

1986年6月9日 在特里尔 特里尔大学

中国经济改革的一个重要方面——权力下放

6月18日在杜伊斯堡大学我以这个题目作了一次演讲,《商业报》编辑部的先生希望把它改成一篇专论在该报发表,当时我答应在8月初把文稿由北京寄往联邦德国。后来考虑到回国后会很忙,于是就在访德途中把它整理出来了。

在中国经济改革中所谓权力下放,一是指相对政府而言的扩大企业的权力,一是指相对中央政府而言的扩大地方政府的权力。这两者都是改革中坚定不移的方向。

把权力下放说成是"非中心化"是不确切的。在社会主义制度下,政府对企业、中央政府对地方政府实行必要的管理是不应有任何疑问的。中央政府在整个社会主义社会经济生活中起着中心的作用。而且不但在社会主义制度下,就是在资本主义国家中,政府对国民经济也要实行必要的管理,在一定意义下也起某种中心作用。

但是权力过分集中在政府手中，过分集中到中央政府手中，经验表明对发展中国家经济是不利的。中国在实行经济改革前的那种过分集中的状况，是一个弊端。因此中国经济改革中就把扩大企业的权力、扩大地方政府的权力，确定为必须做到的事情，以适应中国实现四个现代化的需要。

在这两种含义的"权力下放"中，相对于政府的扩大企业的权力，是最为重要的。这是因为不这样做就不可能使得为数众多的社会主义企业获得充分的活力。在经济改革前的中国，政府对企业是管得死死的。企业要做一件事，甚至是一件很小的事情，常常自己不能作主，而要向政府的有关管理机构"请示"。有时，对企业要解决的问题，单个的政府管理机构还不能做出决定，于是公文就会在好几个管理机构之间旅行。有时旅途很长，要经过很久，企业才能知道自己提出的要求是否被批准。同时因为企业缺乏必要的权力，它也就缺乏必要的责任。在这种情况下，企业中的领导人和职工的积极性是不能得到很好发挥的。企业中的劳动生产率也就得不到应有的提高。由于对这种状况的深切认识，在1984年秋天中国共产党中央召开的全体会议上，把扩大企业的自主权、提高社会主义企业的活力当作最重要的问题之一提出来讨论，并做出十分肯定的结论，写到这次中央全会的决定中去。在这个决定中没有强调中央政府对地方政府下放权力的问题，为的是使政府下放给企业权力这一条更加突出。党中央不但要求中央政府不做过分的干涉企业行使自己职权的事，而且也要求地方政府不这样做。1984年秋的这次全会是一个具有伟大历史作用的会议。这个会议做出的决定是全国必须坚决执行的。事实上当前中国也是顺着这个方向前进的。

扩大地方政府在管理本地经济、发展本地经济中的权力，也是中国经济改革中的一个必然的趋势。中国的省、市、自治区，不同于其他国家相应的地区，其中有的人口很多。比如中国的四川省的人口就已经超过了一亿。中国的山东省和河南省的人口也各有7000万。欧洲没有一个国家的人口比这三个省多，在中国的省份中人口有5000多万、4000多万、3000多万的占多数。当然也有人口少一些的，如西藏、新疆、青海、内蒙古，但是他们的土地面积却又十分广阔。不能设想拥有这么多人口或者土地的地区的政府，可以没有比较大的权力，事事都要取得中央政府的批准才能办。

近年来，中国地方政府的权力得到了相当的扩大，因而地方政府对发展本地区经济的积极性也就大为提高，中国的许多省、市、自治区也就积极开展对外经济活动。不仅中央政府直属的省、市、自治区，就是省属市中也有不少已经开展了对外经济活动。在这次访问联邦德国期间，我就了解到中国的不少地方政府与这里的州和城市建立起固定的联系并且正在探求具体合作的途径。

有一个现象我认为值得向联邦德国的读者介绍的，那就是中国各省、市、自治区乃至许多省属市和地区，正在研究本地区经济社会发展的战略和规划，为此召开了许许多多的会议，请专家们参加研究和提供咨询。这样的会议在各地开，也到北京去开。进行这种研究的目的，是更好地认识在本地区发展经济所拥有的资源和各种条件，探求尽快地发展本地区经济的途径。各地方政府积极研究本地区的发展战略和规划这件事，改变了过去地方政府单纯地执行中央政府的计划的局面。

我同中国地方政府为研究其发展战略和规划这件事接触较多。就我了解的情况来看，在地方政府拥有的财力、物力和人力的范围内，它的权力是相当充分的。当然，在地方政府希望取得中央政府的财政援助时，他们就不拥有充分的权力，而只能向中央政府提出要求，重大的建设项目就只能向中央政府提出希望，以列入全国建设计划。地方政府的活力是具有这样的一种两重性，即在自己的财力、物力和人力的范围之外，带有建议性，而在这个范围之内它就具有充分的自主行动性。而近年来中国又提倡发展地区之间的横向联系，有些地区间还建立了松散的协作关系，如在几个省的范围内定期讨论共同关心的问题和商定相互协作的项目，发展这种地区间的协作，使各地方政府增加了他们发展本地区经济的能力。

这次访问联邦德国，在交谈中我了解到对中国经济体制改革中权力下放问题在这里很是关心。这大概是因为联邦德国的许多州和城市，近年来同中国的地方政府和企业间的接触越来越多，因而想了解中国的地方政府和企业在它们的经济活动中究竟拥有多大的权力。对于这个问题，上面我只是做了一般的分析，说明现在企业和地方政府的权力比之过去已有扩大而且将进一步扩大。至于某个地方政府拥有的财力、物力、人力究竟有多大——从对外经济关系的高度来说，还有拥有的可支配的外汇的多少这个方面——这在各地区是不完全相同的。对各地区的具体情况，在这篇短文中不可能分析介绍。

1986年6月18日　在杜伊斯堡　杜伊斯堡大学

中国城市中的经济改革和物价问题

这不是我很喜欢做报告的题目。原因有两条：第一条是对加快中国城市中经济改革步伐的必要性和应该采取的方针，在1984年秋中国共产党做出的决定（它已译成多种外国文字）中已经做了清楚的说明。除非用很多时间提供许多具体的事实和进行理论上的探讨，不可能为研究中国城市中的经济改革提供比这个文件更好的材料。第二条是在这个会议后的一年多中间，我认为中国对城市中的经济改革只是进行了各种探讨和做了一些试验，还没有像前几年农村中的改革那样取得突破性的成就，创造出具有中国特色的经验。在经过一段时间之后我如果能再来讲这个题目就更有意义。

城市中的经济改革的难度，比农村中的经济改革大得多。城市经济有很强的整体性，因而改革必须配套进行。而要设计这一整套改革方案——它必须给中国城市经济的进步带来很好的成果而不至于造成某种混乱——那是很不容易和必须十分慎重的。而这样的方案的制订，并没有现成的经验可以利用。于是就只有对历史经验进行深入的理论探讨，只有去从事这种或那种的试验，只有细心琢磨和研究改革中取得的成功和发现的问题，来加快城市改革的步伐。列宁曾经讲过的"七次量来一次裁"的工作方法，我认为对于中国城市改革来说是适用的。

应该说中国已经形成了在城市中进行经济改革的基本指导思想，因而使得改革可以在这样的指导思想下逐步地向前推进。

我认为最重要的一个指导思想是，社会主义经济建设成败的关键是劳动者的积极性能否得到最好的发挥。而为了做到这一点，就要找到使劳动者为社会做出的贡献和他们取得的物质利益能够尽可能地直接地结合起来的经济形式和使得劳动者获得能够为社会做出尽可能多的贡献的最有利的条件。经济学家们，不论是中国的或者是外国的，如果对中国的经济改革讲了许多看法，而忘记了这一条，他们就没有抓住最重要的问题，没有抓住中国经济改革的关键。

另一个最为重要的指导思想是同社会主义经济是否是一种商品经济的问题相联系的。历史上——一直到现在也还存在——经济学家们有这样一种错误的看法，认为社会主义和商品经济互相之间是绝对排斥的。后来看法逐渐起变化，经济学家们对这个问题讲出许多有价值的见解。在1984年秋中国共产党的中央全会上，明确地采用了"社会主义经济仍然是一种商品经济"的观点作为整个中国经济改革的一个指导思想。这种看法不仅否定了商品经济的规律、市场机制只在资本主义制度下起作用的观点,而且从社会主义经济本身就是一种商品经济这样的根本问题上来解决问题。

当前中国城市中的经济改革进展的情况可以分为几类:

第一类情况是客观条件齐备,只要积极进行工作就可以收到成效。在企业中实行经理责任制,我认为就属于这一类。对于这样的改革措施,党的决定中已经制定出来了,只要下决心是容易办到的。问题只在于对党的决定要认真学习和以坚决的态度去执行。如果在这里我们还有什么工作要做的话,那就是要对党委书记和党委成员以及厂长进行一番训练。

第二类情况是经过研究已经看得准,从原则上说实行了改革一定可以收到良好的效果,但是还只能有步骤地一部分一部分地实施,而全面推广还要做进一步的研究,还要进行许多准备工作。我认为物价问题的解决就属于这一类。

现在有些产品物价水平的调整是可以看得准的,某些物价决定的办法也可以有把握地改。比方说中国的大部分小商品已经"放开",即在市场上根据供求关系自行决定,国家不去规定。当然物价部门也要对这类产品价格的涨落注意观察,发现不正常的现象,比如发生垄断、故意哄抬物价等也要适当地干预。但是总的来说,物价问题还要经过一个过程才能基本上解决,这就是说,虽然物价问题解决得好是解决城市中经济改革的一个先决条件(如果物价不合理,企业经营的好坏就得不到合理的表现,它会受到不合理的物价的歪曲),但是不能一下子解决,需要大量的准备工作才行。

为什么呢?

这是因为物价的变化,意味着各个与这种产品和劳务的价格有关的当事者利益关系上的变化。有的当事者可能因为这种变化而受到某种损失。物价水平的调整,总要取得社会上大多数人的拥护才行得通。同时我们又希望经过物价调整,形成有利于改革、有利于经济发展的新的局面。要做到这点,只是强调某一个一般的原则是不行的,还要进行仔细的测算。测算出这样一个方案如果付诸实施,各当事者的利益会发生怎样的变化,对经济的发展会起怎样的作用。如果测算的结果符合实施这个方案后出现的事实,达到我们预期的目的,就可以说取得了成功。如果实施了这个方案后出现的情况是事先没有测算到的,那也会有两种情况:一种是很好,那是侥幸;一种是不好甚至很不好。像物价变动这样会直接影响众多当事者利益的事情,当然必须十分慎重。我们要求物价问题早一点解决,但是又不得不慢慢地去解决,因为正是在这个能否做出比较正确的测算的问题上,我们没有把握说这个方案一定得到成功,那个方案一定会失败。考虑到中国是一个人口那么多，人民生活水平总的说来还这么低，国家财政力量又不雄厚，各地区经济发展水平如此不平衡，而中国的统计工作和研究物价问题的科学力量还比较薄弱等情况，在全面解决物价问题上中国遇到的困难是很容易理解的。

第三类情况是有一些改革措施现在还看不准，因此正在进行各式各样的试验。比如最近沈阳正在进行的两个试验：在企业中实行股份制和宣布长期亏损并且对之进行了破产警告而收不到效果的企业破产，就属于这一类。在抚顺市正在进行对城市企业征收土地使用费的试验，也可以说是这一类。有一些措施，对于赞成者来说可以说是有把握的事，但是还存在反对者或怀疑者，进行试验常常会起一种对反对者进行说服，统一人们思想的作用。

以上三种情况是我们为了说明问题的方便而分的，实际情况比这复杂得多。中国城市中经济改革包括的问题很多，仅以税收一项来说就存在许多问题。物价问题也不只是去改变历史上形成的不合理的价格水平，还有一个改变物价决定的机制的问题，而且物价水平和物价决定机制两个方面又是互相密切结合的。此外还有信贷、工资制度等。加上对外贸易和与外资合作经营等问题，要制订配套改革的方案的确不那么容易。我们的原则是不论多么困难，改革一定要积极进行，小的毛病出一些不可能完全避免，但一定力求取得更好的效果，防止可以避免的混乱和经济上的损失。

1986年6月19日　在不来梅　不来梅经济研究所

马克思主义与中国经济改革

对马克思主义和中国经济改革的关系我想说三句话。第一句话是中国经济改革是在马克思主义的指导下进行的。第二句话是马克思主义在中国的经济改革中有所发展。第三句话是要顺利地进行经济改革，取得更大的成就，必须进一步创造性地发展马克思主义。

这三句话是同另外三句话针锋相对的。那三句话是：(a) 中国的经济改革是离开了马克思主义的，中国的改革与马克思主义的发展是不相干的；(b) 根本不存在马克思主义的发展这样一个词，马克思主义已经过时了；(c) 中国的经济改革要进行下去需要更多地抛弃马克思主义，接受西方的思想。这样的几句话有的可以从文章上看到，有的虽然文章上找不到，但是在国内尤其在国外很容易接触到这样的思想。这样的观点是客观的、实实在在存在的，不是我在这里虚构的。

那么中国的经济改革，是在怎样的马克思主义的观点指导下进行的呢？

经济改革就是要对现行的生产关系进行调整和改变，使得存在着的生产关系更加适合社会生产力的发展。而社会生产力与社会生产关系的矛盾统一，正是马克思主义的一个基本原理。努力选择最适合社会生产力发展的生产关系，也正是基于马克思主义的这个最根本原理而形成的实践中的指导思想。中国在经济改革中所做的事情不正是这样吗？

说中国的经济改革是离开了马克思主义，说马克思主义已经过时了等，是同说这样话的人对马克思主义缺乏了解或发生误解相联系的。这种情况在西方是带有普遍性的，不但普通居民，就是学者之中也有许多对马克思主义无知而随便议论马克思主义的人。我就直接接触到不少这样的学者。比如1983年，我就遇到一位英国历史学家，他不知道马克思曾经说过在他那个国家本来可以和平过渡到社会主义的有名的论述，而去批评马克思主义在任何情况下都主张使用暴力因而是不人道的。今年我又从西方出版物上看到一位先生针对我认为劳务也可以有价值的主张，说我那么说是反对马克思主义的剩余价值论，而正好在书名为《剩余价值理论》的手稿中，马克思本人就讲了我主张的观点。世界上有不少人不是在对马克思主义有了正确认识之后去议论马克思主义，而是凭道听途说，或者简单地认为社会主义国家中过去和现在以马克思主义名义所做的一切都是马克思主义的实践，而这当然是不对的。中国的青年中还有一种状况，他们是在学校政治课中学到一些马克思主义知识的，而对教员讲的和自己学到的是否就是马克思主义本身，并没有认真思考过、消化过。他们的根据既然是不符合事实的，他们所议论的马克思主义既然不全是马克思主义，他们做出的判断就不可能正确，这是理所当然的。

回过头来再看中国的经济改革，按照有一些人的一知半解，过去采用的经济体制、经济政策，既然是以马克思主义的名义建立起来或决定采用的，现在对之进行变更就是离开马克思主义。因而他们不能对这种变革进行科学的分析。在《从世界和中国历史来看社会主义建设时期的改革》一文中，我对这个问题做了一个初步的分析，我认为现行体制的形成和发展，当前社会主义国家进行的具体改革都是有客观必要性的，不及时和正确地进行改革则是一种主观上的失误，而实行并且正确地实行这种改革，则正是马克思主义所要求的而且是在马克思主义指导下进行的。上述关于社会生产关系与社会生产力矛盾统一的原理，在这里是最为重要的，除此而外还有有关的马克思主义的原理对社会主义国家的经济改革起着指导作用。

政治经济学社会主义部分探索（四）

在这里有几个观点是必须澄清的，因为正是这样一些观点支持着中国的经济改革仿佛是离开了马克思主义的这种错误判断。在这里我想首先指出这样的一个，那就是按照马克思主义的看法，在社会主义制度下不能允许市场经济的存在，或者说，社会主义和市场是不相容的。其实这样的观点，只是某些马克思主义者一种片面的看法，只是西方学者的看法，并不是马克思主义的看法。

为什么呢？为了回答这个问题，我们又要回到"什么是马克思主义"这个问题上去。马克思主义从它的根本性质来说，就是运用最为科学的哲学——辩证唯物主义和历史唯物主义，研究当代社会（在马克思和恩格斯的时代就是当时的资本主义社会），得出资本主义必然被共产主义取代，而共产主义制度建立起来之后必然通过自己的建设从低级阶段到高级阶段继续发展。马克思主义坚持辩证唯物主义的一个表现就是只去研究能够研究的事，得出可以得出的结论，而不去做没有对象（没有资料）的研究，即不陷入任何空想。为此，马克思和恩格斯只做出资本主义向共产主义发展是必然趋势的判断，只指出未来共产主义社会最基本的特征，而没有虚构任何共产主义初级阶段的具体的模式。在马克思主义的理论中没有关于社会主义经济体制的理论。在中国的理论工作者中间有一个流行的说法，认为马克思否认在社会主义社会存在商品生产。其实马克思和恩格斯在谈论未来社会没有商品生产时，是抽象地、一般地指在共产主义社会制度下的情况，并不专指共产主义初级阶段的情况。马克思和恩格斯的著作极少讨论到共产主义初级阶段的问题。唯一的例外也许可以说是马克思的《哥达纲领批判》，共产主义分初级阶段和高级阶段的道理就是马克思在这封信里提出来的。但是我们要看到，马克思只是因为要批判拉萨尔的"不折不扣的劳动所得"才不能不提到共产主义初级阶段的问题，他并不是专门来写共产主义两个阶段的文章的。同时马克思也只是为了批判拉萨尔的"不折不扣的劳动所得"，才谈论到在刚刚从资本主义的旧社会中产生出来的新社会中在个人与社会的相互关系上还不能摆脱"等量劳动与等量劳动相交换"的商品经济的原则，而只能实行按劳分配。因为拉萨尔没有提到在这个社会中的各个社会组织之间是否还会有旧社会的痕迹，商品经济的原则是否也适用，马克思也就没有论及。这样的问题当时不论拉萨尔或者马克思都没有想到，而是在社会主义制度在一个国家建立起来之后才提出来的。因为马克思和恩格斯只是一般地、抽象地谈论到继资本主义以后的共产主义社会中没有商品和价值，在社会主义建立之后，马克思主义者中几乎所有的人就认为可以不要商品，把马克思主义创始人的抽象的、一般的论述看成是一种具体的看法，而这种看法是不能看作符合马克思的原意的。在对马克思恩格斯有这种误解的人中，我想列宁也是一个，这从十月革命前后列宁的论述中可以看出。不过他思想转变得快，在后来他提出新经济政策时就不再坚持原来的观点，但是他没有来得及从根本上澄清这个问题。列宁的认识也没有达到我们今天的程度。今天我们可以把商品经济（社会主义的商品经济）和按劳分配（社会主义的劳动报酬制度）等量齐观地看作社会主义（共产主义初级阶段）的基本特征。如果人们并不把在社会主义制度下实行按劳分配看作离开马克思主义，我认为也不应该把在社会主义制度下实行商品经济看作离开马克思主义。这就是说，认为实行商品经济就是离开马克思主义的观点，是由于对马克思主义的本意和马克思主义的发展不了解产生的。我想，澄清了这个观点有利于纠正那种中国实行经济改革是离开了马克思主义的说法。

在这里，我想还可以举出现在中国不再按照"一大二公"，即越大越公越好这样的标准来看待社会主义制度应该有怎样的经济体制而引起的中国离开马克思主义的议论。而中国对外开放，欢迎外国资本家到中国来投资；对内放宽，对某些非社会主义的经济成分实行允许其在一定范围内和一定程度上存在的政策；允许一部分人先富起来等，更常被人看作离开马克思主义的具体例证。其实，上面我们已经讲到，马克思主义的根本原则是社会生产关系和社会生产力相适应，前者必须促进后者，舍此之外没有其他可以与此平起平坐的原则。马克思主义者是社会生产关系必须适合社会生产力发展的一元论者，而不能让"一大二公"的原则，或者在社会主义国家中任何时期都不允许剥削现象存在这样的原则，来和促进社会生产力发展的原则平起平坐。明确这一点正是明确了马克思主义对经济改革的指导作用，而不是离开马克思主义。

说到这里我们还只是说了第一句话，即中国的经济改革是在马克思主义指导下进行的。我认为这句话最重要，讲清楚了这一句话，以后两句话就容易清楚了。关于第二句话，我们可以指出，在中国的经济改革中不仅纠正了对马克思主义的某些误解，而且提出了一些过去马克思主义文献中没有明确提出的新观点或者新的论证。像社会主义经济仍然是一种商品经济，计划经济和重视市场机制、利用市场机制、让市场机制的发挥有利于社会主义事业是完全可以一致的理论，我认为就是在经济改革中发展马克思主义的具体例证。应该指出，在中国的经济改革中，马克思主义的政治经济学、政治学、社会学、历史学、文化学都已有了一定的发展，而且必将有进一步地发展。要详细地介绍这方面的情况不是在我这次报告中可以做到的。

第三句话是至关重要的。第一句话和第二句话讲的还只是过去的事情，而不是现状，但更为重要的是今后我们的努力。如果不讲第三句话，就会使人们误会我们的马克思主义理论发展到今天这样的程度已经够了。如果有这样的观点那是很危险的，因为这种看法会使我们放松努力。实际的情况同这种看法正好相反。目前的状况是，在中国指导改革的马克思主义理论的发展大大落后于改革的要求，还不能充分发挥马克思主义对改革的指导作用。可能有这样三种观点，第一种认为，为了中国社会主义建设事业的胜利，只需要已有的马克思主义基本原理就够用了，因而不去强调创造性地发展马克思主义。第二种认为，也许现在发展起来的一点儿对于指导我国的改革已经差不多了，不再需要做特别的努力。而我主张第三种观点，那就是一定要用很大的力量来发展作为社会主义建设的科学的马克思主义这个科学社会主义的下篇。而这作为社会主义建设的科学的马克思主义的第一个重要功用，就是指导社会主义建设的改革。马克思主义者要为此做出特殊的努力，而且这样的事不是少数人可以完成的，甚至也不是中国一个国家的马克思主义者可以不向外国学习，不吸收世界上一切有用的知识就能完成的。

1986年6月21日　在西柏林自由大学

企业和市场在中国经济改革中的新作用（提纲）

——这两个问题的性质不完全一样。

——企业的这种地位——它们都是工业生产、工程建设、商品和货币流通等主要的直接的承担者，都是社会生产力发展和经济技术进步的主导力量——不论改革前或改革后都是一样的，不论改革前或改革后都没有别的组织可以代替企业起这样的作用。

——在改革前企业的作用的发挥受到旧体制的束缚，国家对企业管得太多太死，企业内部的管理制度也有许多不合理的现象，因此企业缺乏活力。改革的目的，就企业来说，就是增加活力，使企业在社会经济发展中发挥更大的作用。

——增加企业活力要解决两方面的问题：①确立国家和"全民所有制企业"间的正确关系，扩大企业的自主权；②确立职工和企业之间的正确关系，保证劳动者在企业中的主人翁的地位。这两条实现了，企业的作用就会增大。

——企业作用的问题就是原有作用的更好地发挥。

——发挥市场作用的性质，则是改革忽视市场作用、物资分配不通过市场来实现、不要求企业为市场需要而生产、不要求企业和国家计划机关根据市场预测来制定计划、不要求企业和计划机关接受市场反馈来修改计划;而在改革中重视了市场的作用,使原先不发生的作用得以发生。

——市场作用在中国改革中正在迅速增进中,由此而产生的竞争作用也在增进中。

1986年6月24日　在奥格斯堡　奥格斯堡大学

社会主义体制和世界和平

你们这个研究所的宗旨是研究与和平有关的科学问题,为维护世界和平服务。你们这个研究所关心社会主义国家中正在进行的体制改革,关心中国的改革,我认为是很有见地的,因为社会主义体制改革同世界和平确有最重要的联系。你们给我出的题目是《改革在中国》。现在我想把题目更为扩充一下,讲讲社会主义体制改革和世界和平的关系问题。我想这样同你们关心的问题会更切合些。当然我不能不讲"改革在中国"这个内容,因为我现在讲的这个题目就是从这个题目扩展出来的。

回顾历史,社会主义体制改革问题的前身,即对社会主义体制问题的关心和研究,这可以追溯到20世纪20年代和30年代。1917年的俄国十月革命,开创了人类历史的新纪元。资本主义制度固有的、为其自身不能解决的矛盾,经过社会主义革命的胜利和社会主义制度的建立,在地球上土地面积最大的一个国家里解决了。社会主义制度具有资本主义不可能具有的优越性。但是社会主义建设是在缺乏经验的情况下开始的。社会主义的基本制度,对于我们马克思主义者来说虽然一开始就是很明确的,但是在某一个国家的某一个特定的历史时期建立一种怎样的社会主义体制,才能适合于本国的国情,适合当时它的国际环境,在缺乏经验的情况下,是没有人能够设计出来的,甚至社会主义的基本制度也不可能一下子就很完善。所以在社会主义制度建立起来之后,在马克思主义者的队伍中就引起了对社会主义体制问题的注意,进行不同意见的讨论。虽然当时并没有使用"社会主义体制"这个概念,但是实际上讨论的就是属于这个性质的问题。但是当时讨论的还不能说是社会主义体制改革的问题,因为二三十年代社会主义体制在最早的一个社会主义国家中还处于形成时期。改革总是在社会主义体制形成之后才能够发生的事。因此在二三十年代讨论的是社会主义体制改革的前身,是对社会主义体制的关心和研究。

20世纪40年代是战争的年代。战争和战后的恢复工作使对于社会主义体制的研究不能不中断。这时候，并没有把这个问题抹掉，只是把它暂时搁置了起来。

社会主义体制改革的问题，是在第二次世界大战结束后才真正提出来的。到那时候社会主义体制在苏联这个国家里已经存在了30来年。在第二次世界大战后，在欧洲和亚洲又兴起了好几个社会主义国家。在这些国家中，除了有些战争的烽火还没有熄灭外，大多数国家开始了和平建设。在和平建设时期，各社会主义国家首先关心的就是本国经济的发展和人民生活的改善。和平建设需要社会主义国家有一个更适合本国社会生产力发展和社会进步的经济体制、政治体制和其他各方面的社会主义体制。许多社会主义国家中的党和马克思主义理论工作者从本国的实际情况出发，根据本国和俄国十月革命以来的经验，研究社会主义体制，要求对现行社会主义体制进行改革是一件很自然的事。最早是东欧提出问题。南斯拉夫在铁托的领导下决心走一条与苏联不同的道路。南斯拉夫是第一个实行与苏联社会主义体制很不相同的国家，而且在那里提出了有关社会主义体制改革的许多理论问题。

可以说，没有战争的结束和和平时期的开始，社会主义体制改革的问题是不可能提出来的。

1956年在社会主义体制改革的历史上是一个重要的年份。1956年中国完成了生产资料的社会主义改造。这件事对于中国来说是具有极其重要意义的，但对世界上其他国家不能说产生了非常大的影响，因为中国在世界上的地位还没有那么高。但是我还是要讲讲这件事的世界意义，因为这件事标志了第二次世界大战爆发以来的战争和革命的年代至此告一段落，在中国大规模的社会主义革命之后，30年来再也没有发生全局性的战争和革命的行动。世界由此进入了一个相对稳定和长期和平的时期。这样的历史背景就促使社会主义体制改革的问题提到更多国家的议事日程上来。

首先是第一个社会主义国家——苏联。苏共二十大可以看作是关于社会主义体制改革的一个重大的行动。苏联社会主义社会中的矛盾被揭露出来了。在这之前，世界上许多国家的马克思主义者对苏联的情况了解不多，虽然根据辩证唯物主义的原理，肯定社会主义社会中存在着矛盾，但是矛盾究竟表现在哪些地方，矛盾究竟发展到怎样的程度，是缺乏具体了解的。苏共二十大就这一点告诉了全世界。因此尽管这次代表大会存在着严重的缺点，对无产阶级专政的历史经验未能全面地做出概括，但是在苏联这样的一个国家里提出了社会主义体制改革的问题，对全世界不能不发生重大的影响。在东欧、波兰和匈牙利的影响更为直接。

当然历史上任何重大的改革都是艰难的。南斯拉夫的改革在国外遇到的阻力是人所共知的，在南斯拉夫国内当然也不会没有阻力。苏联在二十大以后的发展也是人所共知的。从二十大到今天的30年中，苏联经历了多少曲折。而东欧的改革，不论在20世纪50年代的波兰和匈牙利，60年代的捷克斯洛伐克，都发生了令人遗憾的事件。但社会主义体制改革既然是社会主义国家建设事业顺利进展必需的，既然是社会主义国家人民的愿望，这个历史发展的趋势是不可变更的。社会主义体制改革30年中以其顽强的生命力向前发展着。

中国的社会主义体制改革的提出比较晚。原因之一是中国的内战一直打到1949年才在大陆上基本结束（完全结束则到了50年代初）。社会主义体制改革问题总要在社会主义制度建立后若干年才会提出，但是在1956年受到苏共二十大的影响，1956年、1957年在这方面也就有了不少议论。比如要如何才能发挥社会主义制度的优越性的文章发表出来了。对社会主义体制改革最初的一些酝酿，在1957年的反右斗争中被中止了。但是社会主义体制改革的思想并没有停止。已故的经济学家孙冶方在20世纪50年代和60年代不断提出这方面的问题，坚持社会主义经济体制改革。

中国社会主义体制改革不但时间比较迟，而且在20世纪50年代和60年代提出问题时的水平也不算高，改革的范围也不算广，这同在那个年代活动的中国经济学家（包括我这样的人，也包括孙冶方）对这个问题理解不深、眼界不广以及思想未能很好地解放有关。

中国的社会主义体制改革能够像现在这样坚定地提出并贯彻下去，而且在深度上、广度上不断地发展，同中国经历了长达十年之久的"文化大革命"的动乱有关。在这十年中，中国人民受的苦难从另一方面产生了促进社会进步的效果。中国人民、广大干部以及人数众多的理论工作者，在这十年之后对社会主义体制必须改革的认识大为提高。在1978年年底的中国共产党十一届三中全会之后，七八年来中国社会主义体制的进步是很迅速的。对于这个进步，向后看进步确实很大。人们可以看到，现在人们做的事、说的话放到1979年前，可以说是难以想象的。但是向前看，又感到改革这也不够那也不够，让人着急。

中国社会主义体制改革也受到别的社会主义国家的影响，要向别的社会主义国家学习。在中国的社会主义体制改革取得了某些成就之后，又可以对别的社会主义国家产生某些影响。

社会主义体制改革的目的是发展社会生产力，促进社会的进步。它要求一个和平的环境。历史证明，在战争甚至备战的时期里，社会主义体制改革的任务是提不出来的，而在和平的环境中，它就会成为人们注意的重点。这就是改革需要和平，同时和平也需要改革。因为各国都把注意力放到自己的内部，把发展本国经济的重点放到发掘自己内部的潜力上，这对于世界和平是有利的。在世界历史上，资本主义国家有一种很强烈的思想，那就是想通过对外国的侵略来使本国富强起来。为此曾经发动过许多次战争，通过战争掠夺别的国家。我们中国就一次一次地在战败后割地赔款。不过发动战争的，也并不都有好下场。军国主义的日本、希特勒德国发动战争，结果给自己带来了灾难。今天日本和联邦德国靠本国先进技术来发展本国经济，发展的效果很好。资本主义国家的问题，当然同社会主义国家中进行社会主义体制改革问题的性质完全是两回事，但在把注意力放到本国内部力量的提高和发展上则是有相同点的。在社会主义国家中，苏联现在在国外还驻有军队，这对世界和平构成一种威胁。如果它能把自己的注意力放在本国的改革上面，对于世界和平也有好处。我认为社会主义国家同资本主义国家进行和平竞赛，对人类的进步就是一件非常好的事。中国是一个在历史上一直受压迫、受侵略的国家，又一贯主张"不称霸"，中国有这么大的国土，有这么多的人口，在经过社会主义体制改革把社会主义制度的优越性很好地发挥出来之后，中国完全可以依靠内部的力量把自己建设成为一个社会主义强国。中国对世界和平所做的贡献是多方面的，如在国际问题上、外交问题上所作的种种努力都起了这样的作用。现在中国实行的改革，也可以在世界上产生有利于维护和平的影响，这是中国对世界和平可以做出贡献的一个新的方面。

1986年6月25日　在慕尼黑和平研究所

中国的改革政策

中国的改革政策可以从它的需要和目的来讲，可以从改革所依据的理论原则来讲，也可以按照其他的角度来讲。现在我只从前面这两方面来讲一些看法。

先说明一下中国改革这个对象。中国的改革主要是指社会主义体制的改革。社会主义体制不等于社会主义基本制度，它是当时当地具体的事物，不是一般的事物。它包括经济体制、政治体制、科学、教育和文化体制以及其他社会主义社会生活、社会关系方面的体制。除社会主义体制方面的改革外，还有其他方面的用改革精神进行的事，包括工作方法、思想方面进行的改革。

最重要的是经济方面的改革。在中国进行最久、有比较多的经验、在理论上讨论得最多的,也就是经济方面的改革。

经济方面进行改革的目的是建立充满生机的社会主义经济体制。进行改革之所以必要,就在于社会主义经济制度的优越性没有得到应有的发挥。为什么这样?原因就是:"除了历史的、政治的、思想的原因之外,就经济方面来说,一个重要的原因,就是在经济体制上形成了一种同社会生产力发展要求不相适应的僵化的模式。"

改革就是针对这种模式而进行的。

现行模式的主要弊端是(根据十二届三中全会文件的概括):政企职责不分,条块分割,国家对企业统得过死,忽视商品生产,价值规律和市场的作用,分配中平均主义严重。

中国的改革政策就是革除这些弊端的政策。

在经济改革中,中国经济学家从理论上讨论了下面这些问题,这些理论上的考虑,帮助了中国改革政策的形成。

(一)马克思主义中有一条基本原则,对社会主义生产关系(也就是对社会主义经济体制)的选择要视对发展社会生产力所起的作用而定,应当选择那种最适合当时当地社会生产力发展的体制。这个原则在中国已经得到充分的肯定。在十二届三中全会决定上写上了"社会主义的根本任务就是发展社会生产力,就是要使社会财富越来越多地涌现出来,不断地满足人民日益增长的物质和文化需要。……全党同志在进行改革的过程中,应该紧紧把握住马克思主义的这个基本观点,把是否有利于发展社会生产力作为检验一切改革得失成败的最主要标准"。有了这一条,就可以对不符合发展社会生产力这个根本要求,而是根据其他这种或那种"原则"、这种或那种考虑而形成的旧体制采取革除的态度。有了这一条,就可以有力地保护那些有利于社会生产力的发展但由于这种原因那种原因、或根据这种理由那种理由而受人攻击的新体制。但是今天还不能说这个指导思想已经普遍地被接受。口头上没有人反对,但是遇到某些实际问题时,比如经济学家在对私人雇工问题进行分析时,就会有不从这个原则出发看问题的人出来讲话。

(二)中国社会主义的基本经济制度是否已经很完善?在改革中可否完全不涉及基本经济制度?对社会主义商品生产、商品交换——也就是对社会主义商品经济(它同按劳分配一样是属于社会主义基本经济制度的)的态度就是一个问题。在实际生活中忽视商品经济的作用,就是社会主义基本经济制度还不完善的一个表现。根据这一点,中国在改革中强调了社会主义商品经济这个社会主义基本特征,明确了社会主义经济仍然是一种商品经济,并把这也写进了中国共产党中央全体会议的文件。因为这是属于基本经济制度的东西,明确了这一条就会带来一系列的改革。比如社会主义经济的有计划的发展,现在就应该理解为主要地是社会主义商品经济的有计划的发展。这就是说,在计划工作中就要实行带根本性的改革。

(三)对社会主义经济体制进行分析,可以看到它是由两个方面的内容组成的。一是"社会主义所有制形式结构",还有一个是社会主义国家对国民经济的管理。做了这样的分析,中国的改革就应该从这样两个方面来进行。中国农村改革就是首先从社会主义所有制形式方面开始进行的改革。这方面改革的成果现在得到了充分的肯定。中国城市改革中社会主义所有制形式结构也是一个极其重要的方面。中国多种多样合作经济的形式正在被创造出来并在发展中受到选择。对社会主义所有制形式的创造和改变不加限制而只采取引导的方针,是中国改革中的一个特点和优点。关于社会主义国家对国民经济管理体制方面的改革,是当今中国经济改革注意的重点,是当今着重研究的问题。这方面的改革必须具体化为许多方面的政策:投资政策、消费政策、工资奖金政策、物价政策、税收政策、信贷政策等。这些政策现在正一个一个地进行研究。在这方面,中国改革的政策没有前一个方面成熟,中国的特色也还不如前一个方面明显,理论上也还有不少问题没有得到解决,许多政策还在试验当中。有一些问题由于同人民生活与企业生产影响很直接,也只能采取慎重的方针,通过仔细的科学研究逐步妥善解决。

(四)对外开放是中国经济改革中一个极其重要的政策。开放本身虽不属于社会主义经济体制的范围,但它的提出和坚决贯彻,在这样一个长期实行锁国政策的国家中,是件带有重大改革意义的事情。同时实行对外开放政策,涉及有关经济体制的改革,需要正确解决外贸及发展对外经济关系等各方面的体制问题,使它们很好地同对外开放政策相适应。

(五)中国处在社会主义的初级阶段,如何正确对待国内非社会主义经济成分,是一个必须给予高度重视的政策问题。这虽然也不属于社会主义经济体制改革的范围,但是由于我国长期以来对非社会主义经济成分"一刀切",实行过左的限制政策,因此对非社会主义经济实行放宽的政策,也是一项必须具有改革精神才能很好贯彻的事。从1956年完成对生产资料私有制的社会主义改造后,中国把资本主义经济成分消灭得很彻底,个体经济也被视为"资本主义尾巴"割掉,因而在中国形成一种很纯粹的、单一社会主义所有制的情况。当时中国人自己很满意,可是实践的结果并不好,对中国的经济发展并不利。现在人们正确地把这看作一种脱离实际的极左思想的表现。允许某些非社会主义经济成分在一定程度内存在，并不损害社会主义经济，相反可以起某种巩固社会主义制度的作用，而并不影响我国的社会主义性质。

社会主义经济体制改革一定要有政治体制改革和它相配合。这样，经济体制改革的顺利进行才能得到保障。目前中国现行政治体制中，行政权力过分集中、社会主义民主发扬得不够、权力机构臃肿庞大、智力机构薄弱残缺、社会主义法制不健全等现象还很严重。在这些方面如果不进行改革，经济体制改革的继续深入和发展，是会发生困难的，而且事实上已经发生了困难。不过政治体制改革方面的工作与经济体制改革相比是处在后面的。但是体制改革肯定要扩充到政治领域，使政治体制改革的问题提到议事日程上来。

对科技体制改革、教育体制改革，中国共产党已经做出了决定。这些方面的改革，尤其是教育体制方面的改革，由于在理论研究上和实践（试验）上远远不如经济体制改革，而问题又相当复杂，因此这方面的改革还要继续推进，目前达到的只是一个初步的结果。

还有一些改革还没有着重地提出来。

中国改革的一个重要政策就是"把改革放在首位"，就是"坚定不移（对改革决不动摇），慎重初战（开始改革时要多做调查研究，不要草率从事，改革的步子要走稳），务求必胜（一定要有胜利的信心）"。

1986年6月26日　在慕尼黑技术大学

中国改革的长期计划和执行中可预见的问题

（一）社会主义制度下的计划性与资本主义制度下的计划性有一个不同之处，那就是在社会主义制度下有可能根据马克思主义的关于社会生产关系、上层建筑必须适合社会生产力发展的原理，制订一项全面改革的计划，来促进社会的进步。在资本主义制度下，由于无法克服资本主义私有制本身，因此即使在社会生产关系方面也可以制定某种政策，但它不可能涉及所有制的根本问题，不可能制订类似今天中国正在制订的改革计划。这样的计划，只有在建立了生产资料的社会所有制和只有在社会的领导中心是以马克思主义的社会学说武装起来的情况下，才有可能。

（二）改革是一项具有高度自觉性的行动，必须有明确的理论指导。缺乏明确理论指导的行动不能成为改革。在改革时期可以做出某些改变现行体制的决定，但是如果这样的决定没有以改革的理论来指导，而同整个社会主义体制改革是脱离的，甚至对整个改革不利，那就不能承认它是改革。因此关于改革的经济学、政治学、社会学的理论研究本身，就应该列入改革的长期计划之中。之所以要列入长期计划，那是因为改革的理论涉及的问题很多，问题的难度很大，不是短期可以完成的。就中国的情况来说，虽然这一方面的工作已经进行了八年之久，但是至今不能说对改革理论的研究已经深透了。我们甚至可以看到还有一些问题没有认真地提出来讨论。关于马克思主义的国家学说就可以看作是这样的一个例子。

（三）社会主义体制改革涉及的方面很多，其中经济体制的改革，当然是居首要地位的，八年来中国改革的重点也摆在这里。但中国的改革不仅在经济方面，还必须进行政治体制改革。正如社会主义经济体制改革不是要去改变社会主义基本经济制度一样，社会主义政治体制改革也不是要去改变社会主义基本政治制度，而是要去寻找适合当前中国情况的、有利于促进经济体制改革的政治体制，并求得社会主义政治制度的自我完善。我们还必须进行文化体制方面的改革，这就是说，科学、教育以及其他文化方面的社会主义体制也需要进行重大的改革，使中国文化的发展与经济的发展相适应，与中国人民生活的改善相适应。当然还有在上面说到的那些领域之外的社会生活、社会关系方面的改革。所有这些改革都应该配套。进一步说，在一种改革，如经济体制改革内部也有一个配套问题，因为社会经济生活是一个有机的整体。有些改革如果不能配套进行就收不到什么效果。因此在中国改革的长期计划中，要去制订一个在各方面能够很好地配套的全面的周密的改革方案，要设计出一个新的体制。只有全面的理论研究对于指导这场具有伟大历史意义的改革是不够的，还一定要在正确理论的指导下具体地很好地设计出一个完整的新体制的模式来。

（四）在按照研究好的理论、设计好的方案、用全社会的力量全面地执行成套的改革之前，一定要在各方面做好准备工作。要对能够掌握到的力量，可能遇到的困难，如何去克服困难使改革顺利地推进等，做出清醒和周到的估计，事先做好各方面的准备。这也是改革长期计划中必须考虑和必须完成的工作中的一个重要方面。

（五）改革本质上是先进和落后、革新和保守的斗争。改革不可能不遇到某些阻力，甚至我们可以说没有阻力就不成其为改革。而阻力又主要来自人们的认识。因此要在广大干部和人民群众中进行以改革为内容的教育，解决人们对改革理解不深因而在改革的行动中不能发挥应有的积极作用这样的问题。同时为了使改革得以顺利进行,还需要增进人们对改革需要的各种知识的了解,提高他们的能力。因此提高人们对改革的觉悟,取得改革所需要的新知识、新经验,是中国改革长期计划的又一个重要组成部分。

(六)改革在长期计划中进展的时间表,就取决于上述四个方面工作进展的速度。这四个方面不是相互独立的,而是互为条件、互相促进的。应该对这四项工作中的每一项进展作一番计算,但是在现在的条件下定出一个时间表是做不到的,还需要观察一个时期,看看如何解决这样的问题。

(七)目前中国的改革只能是一边研究关于改革的理论,一边着手研究制订全面改革的方案,一边考虑全面推行改革的准备工作,一边进行关于改革的教育,一边对可以进行的改革采取积极的行动。八年来中国的改革就是这么进行的。不能等到前面所说的四项工作都做好了,然后一声令下全面动作。中国改革的问题那么复杂,同时又迫切需要进行改革来排除经济、文化发展的障碍,因此不能在行动上等待前四项工作都做好了之后才去行动。用中国共产党中央全体会议通过的文件上的话来说,就是:"改革的步骤要积极而稳妥,看准了的坚决改,看准一条改一条,看不准的先试点,不企图毕其功于一役。"改革的这种行动对于理论研究、方案制订、全面准备和改革教育又可以起推进的作用。

(八)可以考虑先试做关于改革的年度计划,从这样的短期计划的制订和执行中研究制订改革计划与制订其他计划相比都有一些怎样的特点,研究其中有哪些经验对于制订改革的长期计划是有用的。当然短期计划与长期计划会有很大的区别。

(九)在改革计划的执行中可以预见到的主要问题,我认为有两个:一是改革和经营的相互关系有可能不能很好地协调。我这里说的经营,是我自己所下的定义的经营。它的含义是:"直接取得效益的社会实践。"经济经营就是直接取得经济效益的社会实践。我认为仅仅改革不能带来效益。改革的作用是为经营排除障碍、创造条件,间接地带来效益。如果改革了,而经营跟不上,改革就得不到效益,因而改革也就得不到最后的巩固。为此改革的同时,必须加强各项事业的经营。二是改革会引起原有经济利益关系的某些重新调整。这样就会引起一些矛盾。这是不可避免的。处理得好,这个困难可以顺利地克服,如果处理得不好,会给改革造成更大的困难。像物价、工资等对各当事者的利益直接发生影响,引起波动与社会舆论也会更加强烈。预见到这样的情况,不论长期计划或短期计划,在采取行动之前,必须做细致的测算。对经济关系的变动事先做好预测,就可以分析改革方案的可行性。

（十）由于中国是这么大的国家，各地情况如此不平衡，历史上遗留下来的问题这么多，经济财政力量不足，人民文化教育程度不高，改革的起步也不算早，再来看看别的社会主义国家改革的经验，我认为即使用最大的力量去进行改革，即使改革基本上是顺利的，要在20世纪世纪的14年内完成这个"继生产资料私有制社会主义改造完成后的又一个伟大的历史变革"，是没有可能的。究竟要用多少时间，还要对这场改革的任务做出更明确的规定，对中国改革的阶段性要进行更多的研究工作才行。

1986年6月27日 在慕尼黑经济研究所

条条社会主义道路通共产主义

你们给我出的题目是："中国改革的社会的历史的意义"。因此，我就着重来讲讲我的"条条社会主义道路通共产主义"的思想，因为有利于走向共产主义，就是中国改革最根本的社会和历史的意义。

19世纪一直到20世纪初，在许多资产阶级学者的著作中还在论述资本主义制度的永恒性。经过两次世界大战，经过几十年世界历史包括资本主义世界自身的演变，现在这么说、这么写的人已经很少了。对世界将按照"原始共产主义社会—私有制社会—未来新的共产主义社会"这样一种"否定之否定"的公式向前发展，似乎已经争论不起来了。现在西方学者向马克思主义学者进行挑战的只能是：资本主义国家经济发展得比较快，发达的资本主义国家和社会主义国家之间的差距拉大了，说明资本主义在今天还有优于社会主义的地方，而不再去讲比较远的将来的事了。对西方学者这种说法，我不以为然，现且不作评论。在这里我只想指出一点，那就是如果西方学者也不得不承认未来社会是共产主义的，这就说明他们不再反对马克思主义对于世界历史发展的这个基本观点了——而且我们还必须指出，"未来社会是共产主义的"这样一种观点，也不开始于马克思和恩格斯，在他们之前的共产主义者、社会主义者也早就这样来看问题了。

现在，我们可以不去讨论人类社会发展的这个前景。尤其是我们马克思主义者明确地把共产主义的实现作为自己的奋斗目标，没有必要去讨论它。现在我们马克思主义者所关心的并且用最大的努力去探索的，是通向共产主义的道路问题。

如果我们讲世界历史的总趋势，那么不论哪个国家、哪个民族，经过怎么样的发展阶段，最后都要走向共产主义。比如有的国家可以是经历原始公社制度—奴隶制度—封建制度—资本主义制度—共产主义制度这样典型的道路。但也有的国家，如中国，代替典型的资本主义制度的是半殖民地半封建社会。而中国有的少数民族在向共产主义社会前进的道路上跳过包括奴隶占有制度、封建制度和资本主义制度在内的整个私有社会制度，有的少数民族则跳过典型的封建制度直接以奴隶占有制度作为向共产主义前进的出发点。在这样的意义上来说，可以说"条条道路通共产主义"，而不必加上"社会主义"这四个字。今天我讲的题目"条条社会主义道路通共产主义"的含义，说的不是这个意思，而是讲为了走向共产主义，不但一定要走社会主义道路，这是肯定的——这里说的社会主义道路包括社会主义革命和革命胜利后的社会主义建设——而且对这个道路不能看得很狭窄，而应该承认有许多条。过去把社会主义道路看得太狭窄的现象是有过的。在我的那篇论文《从世界和中国历史来看社会主义建设时期的改革》里就讲了斯大林有一个不正确的观点，仿佛走向共产主义只有走苏联那样的道路。这种通向共产主义只有苏联式的一条道路的思想，在马克思主义者的队伍中受到许多人强烈的抵制。铁托、毛泽东，还有许多马克思主义者主张各国要走自己的道路。中国现在的改革就是要彻底摆脱过去在社会主义建设中盲目搬苏联经验而造成的弊端，探索出一条中国式的社会主义道路。对于我们马克思主义者来说，在目标的问题上、在关于人类社会发展的理想的问题上从来都是一致的，这不存在什么问题，但是在走向这个目标的道路问题上却一直是充满着各式各样分歧和进行着不断的探索的。以中国为例，在社会主义革命进程中就有以毛泽东为代表的道路和以陈独秀、张国焘、王明等为代表的道路（或称"路线"）的多次争论。今天中国则在总结新中国成立以来历史经验的基础上，大胆探索一条适合于中国国情、能够更有力地推进中国社会生产力发展和社会进步的建设现代化社会主义中国的道路。我说"在探索"，意味的是，从1978年中国共产党十一届三中全会以来，虽然我们在理论研究和改革实践中取得了可喜的进展和宝贵的经验，但是关于这条中国式的社会主义道路究竟应该怎么走的问题还有待于进一步明确，有待于进一步充实丰富，有待于进一步完整化、系统化。摆在中国面前的这方面的任务还很艰巨。由于中国是一个有十亿多人口的大国，全国社会经济情况也很不平衡，历史上遗留下来的问题很多，而社会主义体制改革又是对生产资料私有制进行社会主义改造基本完成之后中国又一次伟大的历史变革——用邓小平的话说是中国的第二次革命——因此解决中国式社会主义道路的问题决不是一蹴而就的事。

探讨中国式的社会主义道路是一项具体的任务，而作为可以探讨、应该探讨这样一条道路的前提,则是"条条社会主义道路通共产主义"这个论断之能够成立。

"条条社会主义道路通共产主义"的意思,并不是说无论我们采取怎样的道路都是通向共产主义的最好的道路,它只是说走向共产主义道路的多样性。这里讲的是具体的社会主义道路,不是一般的社会主义道路。一般的社会主义道路就只有一条。如果讲的是一般的社会主义道路,那么我们应该说的话就是:"走向共产主义只有唯一的一条道路——那就是社会主义道路。"因为说的是具体的道路,这样就一定要从各国实际的情况出发,因而也就必须是多种多样的。当然对一个特定的国家来说,在一定的时期总有最好的走向共产主义的道路需要我们去探索。

作为共产主义者的奋斗目标是一个无限地向前发展的共产主义社会。但是在什么情况下算是到达了共产主义社会,在观念上总应该有一个说法。比如也许可以说开始实行"各尽所能,各取所需"那个时候就进入了这样的社会。如果有了这样一个观念,并把从现实的状况到进入这样的社会所需的时间看做一个距离,那么我们就可以来讨论这样一个问题,一个社会现在的情况离开进入共产主义近些还是远些。在分析这个问题时,我们应该明确进入共产主义社会的条件有两个:一个是生产资料归社会所有这样的社会制度的建立和人们共产主义觉悟的普及与提高;还有一个是社会产品的极大丰富,居民文化教育水平的极大提高。进入共产主义社会的条件应该是这样的两个,而不只是其中的一个。如果我的这个看法能够成立的话,那么从马克思主义的观点来看,一个国家不论它现存的社会制度如何,社会生产力的提高总是在缩短这个社会走向共产主义社会的距离,而不是扩大走向共产主义的距离。这样的事并不改变社会走向共产主义社会的总的趋势,改变的只是在社会生产力高度发达的国家走向未来共产主义社会的社会主义道路。

总之走向共产主义的社会主义道路是多种多样的。凡是在一定条件下形成的,而不是从社会历史总的发展趋势中产生的观点,就会因条件的变化而变化。例如,马克思曾经认为在英国有可能和平过渡到社会主义,后来只是因为英国的情况变了,马克思才改变自己原先说过的话。那么,如果英国的情况再发生变化,他会不会又改变自己后来说过的话呢?列宁说:马克思主义的精髓是对具体事物作具体分析。"条条社会主义道路通共产主义"这句话不过是列宁这句话的应用。有一些人对马克思主义这个"精髓"不了解,以为马克思主义会把那些在具体条件下所得出的道理当作自己的基本原理,这就是对马克思主义的一种误解。可能也有一些水平比较低的马克思主义者,在课堂上或者在写文章时把那些在具体条件下得出的道理当做马克思主义的基本原理来看待。如果这么做,那是不正确的。有比较高一点水平的马克思主义者是不会这么做的。

中国经过30多年的社会主义建设,不但在具体的问题上取得了许多经验,也在走向共产主义的社会主义道路的问题上取得了许多经验。在今天的中国得出了必须进行社会主义体制改革,包括经济体制、政治体制、文化体制以及其他社会主义社会生活、社会关系方面体制改革的结论,而且正在对中国社会主义体制改革这个具体事物进行具体分析。一条正确的中国式的社会主义道路是一定可以通过具体分析,完整地系统地形成的。

1986年6月30日　在苏黎世　苏黎世大学

"社会主义的""有计划的"市场经济能不能成立

你们要我给你们作一个"关于中国经济改革一个概念"的报告,我就来讲讲中国经济改革中一个最重要的问题,那就是:1984年秋天举行的中国共产党第十二届三中全会做出的《关于经济体制改革的决定》确认了社会主义经济仍然是一种商品经济——社会主义商品经济,确认这种社会主义商品经济是有计划的商品经济,而中国的经济体制改革以这个思想为指导来进行。抓住了这一条,也就有了中国经济体制改革中的基本概念。

现在我想讨论一下把"社会主义的""有计划的"这样的限制词安在商品经济的头上是否能够成立。这个问题很重要。如果这个说法成立不了,那么中国经济体制改革的理论基础就会发生问题。中国经济学家过去对这样的问题也曾有过不同的意见,经过好几年的讨论,现在认识基本上一致了。但是外国学者未必了解这个过程,了解中国经济学家们现在达到的想法。现在我来说说自己的一些看法,我不能代表所有的经济学家。中国现在实行"百家争鸣"的方针,我只是一百家中的一家。

西方经济学著作中没有使用商品经济这个名词。有人查找了一下,马克思的《资本论》也没有使用这个名词,直到斯大林用的也只是商品生产、商品交换。我的意见是商品生产、商品交换的经济也就是商品经济。这个道理很简单,其中并没有多大学问。因为商品经济这个名词在外国用得很少,因此外国学者也很少来讨论"社会主义的""有计划的"字样安在"商品经济"的头上是否成立的问题。在外国常用的名词是市场经济。我认为商品经济同市场经济两个词在理论上说不出什么区别。商品就是要为市场生产、拿到市场上去交换的产品，因此商品经济也就是市场经济。不过当我们说社会主义的商品经济，说有计划的商品经济时，如果把商品经济和市场经济看作一个东西的话，我们就要说"社会主义的市场经济""有计划的市场经济"这样的话。这么一说，就会同西方学者对市场经济的观念发生抵触。他们通常把市场经济看成是纯粹由竞争那只"看不见的手"进行调节的经济，是没有计划的经济。为了避免这个误会，在1984年会议的文件中用了商品经济这个词，而且申明社会主义的商品经济"不是那种完全由市场调节的市场经济"。但是我认为既然"商品经济"和"市场经济"这两个词说不出什么区别，为了便于和外国学者交流观点、讨论问题，我倾向于在学术界同时使用市场经济这个名词作为商品经济的同义语。这样我们现在就可以来讨论"社会主义的市场经济""有计划的市场经济"这样的概念能否成立这个问题了。

（一）我认为"社会主义的市场经济"这个概念是可以成立的。认为市场经济与社会主义不能相容的观点可以说是一个比较牢固的观念。在马克思主义者那里有，在西方学者那里也有，但是如果仔细地去考察这个观念的根据，就会看出它并不真正站得住脚。

首先，从社会主义基本制度来看。社会主义制度下的产品，作为用来满足市场需要的商品来生产，作为商品到市场上来交换，这本来是同在分配问题上实行按劳分配一样都是社会主义经济制度的基本特征。实行市场经济同实行按劳分配一样不是背离社会主义而是社会主义基本经济制度中不可缺少的内容。

其次，从实行市场经济产生的影响来看。实行市场经济时，只要我们正确地处理社会主义制度下的经济利益关系，就可以促进社会生产力的发展，对于生产资料的社会主义公有制，对于贯彻按劳分配原则都会有很大的好处。

实行市场经济必然会带来某些结果，如竞争，如供求影响产品的价格，如市场对生产的调节作用等。有人就根据这些得出结论说市场经济与社会主义互不相容。其实社会主义有其自己的概念。社会主义是生产资料归社会所有，劳动者成为社会生产资料的主人，社会主义是以满足社会日益增长的需要作为生产的目的而不是为资本家生产利润，社会主义是资本和劳动的对立不复存在等。而竞争、供求规律、市场调节并不排斥或者损害社会主义，掌握得好，允许竞争，可以有助于促进竞争双方搞好经营，有利于社会主义公有制的巩固，竞争、市场调节作用等等可以与资本主义相联系，也可以同社会主义相联系。

（二）我认为"有计划的市场经济"也是能够成立的。在这里我想讲一点"什么是计划经济"的问题。正如为了说明"社会主义的市场经济"这个概念能够成立,就要重新考虑什么是"社会主义"这个概念一样,在说明"有计划的市场经济"能够成立时,就要对这个看来早就解决其实还存在不少糊涂观念的概念,进行一番考察。

不久前我在北京做过一次题为"计划经济与计划规律"的报告。在报告中我说对计划经济要从头研究。我说:人类的行为是有意识的。但有意识的行为不等于有目的的行为。而有目的的行为又不等于有计划的行为。进一步说,偶然的有计划的行为不等于社会经济生活中的有计划性,古代意义上的计划性不等于近代意义上的计划性,资本主义制度具有的计划性不等于社会主义制度具有的计划性等。我认为近代意义上的计划性,就是社会经济生活的发展中的这样一种现象:①社会有一个(也许可以有若干个)中心,它在研究和掌握社会经济的发展(且不论它掌握的范围和深度如何);②这个中心具备关于社会经济发展的科学规律的知识(也暂时不去讨论所掌握的科学规律的知识到何种程度);③这个中心还掌握有关经济社会发展的各种客观情况;④这个中心根据上述知识对社会经济的发展做出预测(也不论预测的准确性达到了何种程度);⑤这个中心研究如何运用现有的它自身可以掌握的各种物质的(经济的)、精神的(科学的、教育的)、行政的、法律的等手段,影响社会经济发展的可能性;⑥根据以上的研究结果,制订出一套计划,然后付诸实施,引导社会经济生活按照这个中心所事先计划好的路子向前发展,谋取事先计划好的目的的实现。近代意义上的计划性的基础是生产和社会生活的有组织性和同计划有关的各种科学技术的发展。这样的基础,近代社会包括资本主义社会和社会主义社会都具备。社会主义计划性与之不同的是多了一个生产资料的社会所有和按照马克思主义科学来办事。

这样来理解社会主义制度下的计划性,就可以理解"有计划的市场经济"这个概念为什么是可以成立的。因为,市场经济的发展也是有规律可循的;根据我们对市场经济发展规律的科学认识和客观的实际情况,是可以做出某种预测的;而社会主义的计划机关也可以运用自己所掌握的各种手段对市场经济的发展进行有计划的影响,使市场经济的发展按照事先所计划的那样发展。应该说所计划的对象的不同只能决定计划方法、计划内容的不同,不能决定能否作计划。

在许多国家长期进行计划工作的实践中,由于人为地使社会主义经济成为不实行市场经济的经济,在这样的情况下,做计划的方法和制订出来的计划,当然同现在我们肯定了社会主义经济仍然是一种商品经济——社会主义的商品经济(用我的话说也就是社会主义的市场经济)之后作计划的方法和制订出来的计划很不相同。在研究有计划的市场经济能否成立时,不能把不承认社会主义经济仍然是商品经济时的那种计划看作唯一可能的计划，而应该用对计划的新的观点来看问题。现在我们作的既是市场经济发展的计划，在作计划时就要以市场预测为根据，就要考虑到市场情况的易变性，因而制订出来的计划必然是具有更大的灵活性、更大的伸缩性。

对"社会主义的""有计划的"市场经济的概念能否成立的问题我就说到这里。中国正在按照这样的指导思想进行各种各样的试验，在理论上进行各种各样的探讨。有了社会主义经济仍然是一种商品经济、一种市场经济这样总的理论观点，然后在比较细的问题上再深入地作理论研究，再加上从各种试验中所得到的为了进行改革所必要的经验和材料，中国的改革就会取得扎扎实实的进步，就可以使拟定出来的适合中国实际的经济体制改革的方案得到比较牢靠的科学基础。

1986年7月1日　在圣加仑　圣加仑大学

中国的经济改革和科学社会主义学说

我于1986年5月31日到达联邦德国，6月29日到达瑞士。30多天中做了15场报告，接见了三次记者，今天是最后一次讲话。后天我就回中国了，因此想讲这样一个带有点总结性的题目。

这次在欧洲讲学和接受访问，从向我提出的问题中，我了解到不论提问者自己的看法怎样，都有一个疑问在脑子里：中国正在进行的改革是否离开了社会主义的道路？我分析了一番，感到这个问题的发生同对马克思主义的科学社会主义的认识有着重要的关系。人们习惯于从以往对社会主义的理解来看问题，不那么重视马克思主义是随着时代的前进不断发展的，不那么注意科学社会主义学说的最新发展。解决了这个问题就可以了解中国正在进行的这场改革是遵循着社会主义道路前进的。

大家知道，科学社会主义学说是19世纪40年代产生的，距今已经140年了。在它的创始人马克思和恩格斯在世的时候，他们使这个学说获得牢固的科学基础，并且使它越来越丰富。这个学说的基本点是由于资本主义制度内在的不能由其本身解决的矛盾的发展，资本主义必将被社会主义取代。从马克思逝世以来，100多年的时间过去了。在这100多年中，世界发生了极大的变化。在我们的星球上出现了社会主义国家，它们的国土和人口都占全球相当大的一个比例。资本主义世界同马克思主义创始人在世时的情况也大不相同。因此科学社会主义学说理应有新的内容、新的面貌。

我认为，如果我们把整个科学社会主义比作一部著作，这部著作到今天应该有上下两篇。"上篇"是关于社会主义革命的学说，关于如何从资本主义过渡到社会主义的学说。"下篇"是关于社会主义建设的学说。这上下两篇都要根据今天世界的发展来写。上篇要写出一些新意，而下篇本身就是新的东西，更要下大的功夫去写。我们中国的改革就是在科学社会主义下篇中写进一个新的篇章。1983年3月中国的学者聚集在一起纪念马克思逝世100周年的时候，我就以《发展作为社会主义建设的科学的马克思主义》为题做了一个报告，指出中国马克思主义者的这个中心任务。

不论在科学社会主义的"上篇"或"下篇"中，都有一个问题要解决，那就是到底什么叫作社会主义。这个问题看来是一个很初级的问题，但是实践证明它并不如人们原先想象的那样简单，也还有一些问题没有讲清楚。在联邦德国和瑞士讲学时，向我提出问题的人之所以有中国的改革是否离开社会主义道路那样的疑问，同他们对什么是社会主义问题的认识没有很好解决显然是密切相关的。

这次讲学过程中，向我提出最多的问题之一是：中国实行市场经济是否仍坚持社会主义道路。我的回答是肯定的。我最根本的理由是实行市场经济是社会主义基本特征之一，它的地位同实行按劳分配是一样的，两者是"等价"的。如果人们并不认为一个社会主义国家实行按劳分配的原则是离开社会主义道路的话，同样也应该认为实行市场经济并不离开社会主义道路，因为两者都是指在社会主义制度下，由于刚刚从旧社会中产生出来，不可避免地要实行"等量劳动和等量劳动相交换"的原则。两者不同的地方只是：按劳分配说的是个人和社会间的关系——个人付出怎样的劳动，社会就按照他付出的劳动的质和量给予等量的报酬。而商品经济说的是社会这个组织同另一个组织之间的关系——这一组织给另一组织多少凝结在产品中的劳动，另一组织就给予这一组织基本上相等的劳动。实行按劳分配和实行社会主义的商品生产都是社会主义（它是共产主义的初级阶段）的本质的特征。

在联邦德国作报告讲到这个问题时，我向听众介绍了我的一个公式："社会主义＝生产资料归社会所有＋（按劳分配＋社会主义的商品生产）"。这个公式的右侧有两项。一项是共产主义初级阶段和共产主义高级阶段共有的东西。还有一项用括号括进去的是共产主义初级阶段特有的东西，括号里的两项是等价的。这个公式基本上是列宁的，只有把社会主义商品生产摆到和按劳分配同等地位是新的，是我这样明确表述的。

商品经济这个名词，西方学者不那么用，马克思在《资本论》里也没有用。人们习惯用的是市场经济。我认为商品经济就是市场经济。商品就是为市场而生产的，商品就是拿到市场上去出卖的。不过在中国的文件上现在还没有使用市场经济这个名词，这是因为在西方一说市场经济就是不受计划调节、完全听任自发力量的支配，而我们说的不是这种情况，为了避免误会，因而只是用商品经济这个名词。我认为只要改变一下老观念，承认市场经济可以有各种性质，那就可以理解中国在改革中要实行的是社会主义的市场经济，中国实行市场经济并没有离开社会主义道路，而走另外什么道路了。

实行社会主义的商品经济（或者市场经济），会在中国的经济工作中引起一系列变革。中国的社会主义经济建设的计划，就会是社会主义商品经济发展的计划。而社会主义商品经济发展计划的制订，必须尊重社会主义商品经济发展的客观规律，这就要对市场有正确的预测，就要考虑到市场可能发生的变化，要求所制订出来的计划能够适应这种变化而及时修改，要求它具有高度的灵活性和适度的伸缩性。这就要使人们对计划的观念发生符合社会主义经济仍然是一种商品经济的变化。

实行社会主义的商品经济还会对社会主义所有制形式产生某些重要的影响。中国经济学界正在讨论的企业采用股份制、国家可以宣布经营不好的企业破产等，都同认识到社会主义仍是商品经济有直接联系。这些办法现在还只是在讨论中和在比较小的规模内试验。除此之外，中国经济学家们还在探讨许多问题。中国今天有一个令我高兴的现象：人们在大胆探索，而国家对各式各样的试验又很少限制，这就使人们的认识得以较快地进步，经验得以较快地丰富。而人们正在探索和试验的目的就是如何走出一条中国式的社会主义道路。在1978年年底举行的中国共产党十一届三中全会之后，中国的经济改革首先在农村取得成功，取得极为宝贵的经验。中国的农村改革仍在一步一步地前进之中。现在在中国已经形成了一个习惯，每到一个新的年头，人们就在等待指示新的一年中在农村中改革和建设如何进行的"中共中央一号文件"。1984年秋，中国共产党第十二届三中全会上通过的《关于经济体制改革的决定》，则是一个加快以城市体制改革为中心的整个改革步伐的基本性质的决定。在中国，不论是在农村还是在城市的改革，不论是在社会主义所有制形式结构方面还是在社会主义国家对国民经济管理方面，改革的内容都同实行社会主义商品经济密切结合在一起。

中国处在社会主义初级阶段，也就是处在共产主义初级阶段的初级阶段。除了实行社会主义的经济体制改革外还有一个对非社会主义经济成分的政策问题是必须正确解决的。不论对社会主义经济体制进行改革，还是对非社会主义经济成分的政策进行调整，都有一个最高的原则，那就是：社会主义的根本任务是发展社会生产力，即凡是有利于社会生产力发展的，我们就实行；凡是不利于社会生产力发展的，我们就不采取。衡量社会主义经济体制改革和对非社会主义经济成分政策成败得失的标准就是这一条。这条原则也就是马克思主义创始人建立科学社会主义学说时的一个根本原则,就是马克思主义关于社会主义革命和社会主义建设的根本原则。社会主义者的实践,是坚持社会主义的道路还是偏离了社会主义的道路,从根本上说应该从这一点来看。我们是这个原则的一元论者,即我们把这个原则看成最高原则,不能同意把别的原则提高到和它同等的地位。谁那么做,谁就是将这个原则和其他原则并重的二元论者了。以前中国有一个相当长的时期,在农村中认为生产资料所有制越大越公就越好,把这一条看成很高的一条指导原则。那时候也还没有否认发展生产力这条原则,但是把它贬低了,用所谓批判"唯生产力论"的方法来贬低它。因此事实上就把"一大二公"提高到与"发展生产力"至少同等的地位。于是中国的农村就受这样两个原则并重的二元论的指导。而中国的实践的结果证明它是很有害的。这是过去的事。在近几年的农村改革中解决了这个问题。在今天中国农村中发生了一些专业户雇工经营的现象,在这里存在一定程度的剥削。对这样的问题怎么看呢?反对剥削当然也可以成为一个原则,但是可不可以再来一个"在社会主义社会中决不允许剥削"和"发展社会生产力"这样两个原则并重的二元论,由这样的二元论来指导中国农村经济的发展呢?我认为,接受了以往强调"一大二公"的历史教训,不能再这么做,而应坚持"发展社会生产力"这样的一元论。列宁讲得好:资本主义和社会主义的对立不能抽象地去把握。我在纪念列宁逝世60周年时写了一篇论文:《列宁关于无产阶级专政条件下国家资本主义的论述和由此引起的一些思考》,文章就引用列宁的这个要把资本主义和社会主义的对立放在具体的历史条件下来把握的观点,而衡量我们社会主义经济体制改革和对非社会主义经济成分政策的正确与否的标准,仍然是是否有利于发展社会生产力。所以看到中国从过去的人民公社改为家庭联产承包和农村与城市发生一些雇工经营的情况,就怀疑中国偏离了社会主义道路的想法,在对"什么是社会主义"有了进一步的看法时是可以得到解决的。

附注 "发展社会生产力"这句话在马克思主义者的语汇中指的是社会生产的进步,它同"为生产而生产"、只重视发展生产而不顾人民生活的改善,不顾环境的保护是两回事。发展生产力这个原则之所以在今天中国得到了这样的强调,是因为有一个很长的时期由于强调阶级斗争和强调别的东西,而忽视了发展社会生产力这个根本原则。在今天中国由于对社会主义生产目的是为了人民这个原则更加明确,对环境保护这样的事还是很重视的。

1986年7月3日　在伯尔尼　伯尔尼大学

[附录一]

对联邦德国《经济周报》所提问题的回答

第一个问题：中国领导人强调，经济改革一点也不改变社会的社会主义特性。这个界限存在于什么地方呢？是否仅仅存在于生产资料的公共所有制？

将来有无可能要到私人企业中去当雇佣劳动者以谋取职业？

答：不仅中国的领导者而且中国的学者也都强调中国正在进行的改革一点不会改变中国社会的社会主义特性，相反地会使中国社会的社会主义制度因此而更加巩固。

有一些外国人看到中国强调发展商品经济就以为社会的社会主义特性有所减弱。这不是事实。因为社会的社会主义特性不仅表现在生产资料归社会公共所有上面，而且也表现在贯彻社会主义的按劳分配原则和实行社会主义的商品生产上面。或者可以说得更明确一些，社会主义就等于"生产资料归社会所有＋（按劳分配＋社会主义商品生产）"。生产资料归社会所有是社会主义——共产主义初级阶段和共产主义高级阶段共同的东西，而按劳分配和社会主义商品生产则是社会主义所特有的东西，它们都是在改革中要坚持和发挥的。同时，"生产资料归社会所有"也不是简单的一句话，它包含丰富的内容，如生产的目的不是利润而是最大限度地满足社会成员日益增长的需要，由于劳动者成了社会的主人而具有高度的社会主义的积极性，社会主义制度下具有与资本主义制度下原则上不同的计划性等都是生产资料归社会所有的必然的结果。

目前由于在国内实行放宽对某些非社会主义经济成分的政策，有些人在私人企业中受雇的事情已经发生，成为现实而不只是可能。但是由于坚持社会主义，这样的人是很少很少的，在整个国民经济中不占值得令人重视的地位，更不可能成为一种发展趋势。

第二个问题：你是怎样来看待中国经济改革中的榜样问题？你是怎样来看待中国的社会主义和苏联的本质的区别？怎样看待中国的社会主义和匈牙利的"改良共产主义"或者和南斯拉夫"工人自治模式"间的本质的区别？在西方世界中对你们是否也有榜样？

答：这里有一个正确对待外国经验的问题。可以有两种态度：一种是照搬照抄；一种是做科学研究，选择适合中国国情的、对中国改革有用的东西，适当地加以采用。我们过去犯过照抄照搬的错误，现在大家都明白不应该再这么做。外国的即使很好的经验也要根据自己的需要去决定采用与否，采纳其中哪一点和采纳到何种程度。不过总的来说，一个国家都要重视外国的经验才能把自己国家的事情做得更好。外国的经验对中国的改革是有启发作用的。我于1978年访问南斯拉夫、1979年访问匈牙利，就学到很多我认为对中国有用的东西。别的许多同志也有同感。苏联的情况最近我了解得很少，但我认为也要研究。西方国家由于社会制度的性质不一样，有许多东西对中国来说没有什么用处。不过也有许多东西不带有阶级性，对资本主义国家有用对社会主义国家也有用。对这样的东西，我们还是很重视的。

进一步说："有用或者没有用"还可以在更广泛的意义上使用。别的国家的失败，也可以使得我国避免错误。同时别的国家的一切经验都是可以用来作为理论研究的材料。对"有用""没有用"作狭窄的理解，应该说是不对的。

第三个问题：你能否讲讲将来经济改革会不会向政治的领域扩展？具体说，经济上的、更多的多元主义是否会在中华人民共和国导致政治上的多元主义？

答：经济和政治从来是不可分离的。中国的经济改革事实上已经扩展到政治的领域。如中国农村中的经济改革引起农村基层政府机构职能的变化。在城市也有这种变化。中国共产党中央提出的口号也是既要在经济上文化上现代化，又要在中国实行高度的民主。随着经济改革的向前发展，政治领域的改革也会更进一步向前发展。中国的改革不只是社会主义经济体制的改革，而且同时是社会主义政治体制、文化体制（包括科学体制、教育体制）以及其他社会主义社会生活、社会关系方面的体制改革。如前面对第一个问题的回答中所说的，不仅经济改革而且政治和其他领域中的改革也一点不改变社会的社会主义特性。在政治方面，共产党的领导就属于社会主义特性的范围之内。如果把党的领导称之为政治上的一元主义，那么这种政治上的一元主义就是和社会主义经济在中国居于绝对统治地位这种一元主义相适应的。如果把政治上的一元主义理解成不民主即不准有不同政治观点的人发表意见，或者理解为不自由，那样的"一元主义"就不是我们要提倡的。现在经济上对某些非社会主义经济成分采取允许它们存在和在一定范围内发展的政策，在政治上主张进一步发展社会主义民主，但不会发展为经济上的和政治上的多元主义。

第四个问题：中国的国家领导人宣传坚持四项基本原则。从经济改革的眼光来看，这些原则中的某一些是否必须修改？在企业中党委领导向经理领导的转变，是否就是一个例子？

答：从经济改革的眼光来看，四项原则中的任何一项都不应该修改。在企业中由党委领导下的厂长（经理）负责制改为厂长（经理）负责制并不意味着党委领导向厂长（经理）领导的转变。党委领导下的厂长（经理）负责制和厂长（经理）负责制在中国都是有特定含义的名词，不能按这个词的字面的意义来理解。中国现在说的厂长（经理）负责制指的是企业的生产（或其他经营活动）的指挥权归厂长（或经理），党委书记不应该干涉，更不应该取代。实行这一条并不是否定党委的领导。企业中的党委的职能是要求党员按照党的政策、方针来办事，不允许党员违反；在党员之间发生不同意见时，党委应该出来解决影响实际工作的分歧；党委要通过自己的工作密切党员和非党员之间的联系，反对工作中的官僚主义等。党委的一项最重要的工作，也是它最重要的一个工作方法，就是对党员进行党的方针政策的教育、进行马克思主义的理论教育。党委的这些工作完全不会妨碍厂长（或经理）行使他们上述的职权，而且可以使得厂长（经理）更为有利地行使自己的职权。而在中国所说的党委领导下的厂长（经理）负责制，事实上就是党委书记或党委对本来应该属于厂长（经理）的职权的包办或者横加干涉的制度，其结果既影响了厂长（经理）的正常工作，又使党委不能很好地做他们本来应做的工作，削弱了党委的领导作用。党委领导下的厂长（经理）负责制的含义不能从字面上被理解为党委领导加厂长（经理）负责。而它改为实行厂长（经理）负责制也不能从字面上理解为放弃或削弱党的领导，而只能理解为保证厂长（经理）能够正常地工作和加强企业中党的领导。

第五个问题：赵紫阳总理指出价格改革是中国经济改革的"心脏"。然而中国大多数物价仍是以行政的方式规定的。为什么价格改革进行得如此迟缓？是否必须解散一部分不盈利的国营企业，价格改革才能继续进行？

答：中国的物价改革实际上不是一个而是两个互相联系的问题：①现行各种产品的价格水平很不合理，因此必须设法进行一次大的调整；②中国应该有一个合理的决定物价高低的新的物价体制。前者又是经济体制改革的一个先决条件，比如因为现行价格不合理，要求企业自负盈亏就有困难（盈者并不一定意味着经营得好，亏者并不一定意味着经营得不好），因此需要通过价格的调整来为其他方面的经济改革创造更好的条件。但是如何才能把价格水平调整好，又要求在如何决定价格的机制方面找到一套比现在好得多的方法，就是建立一个新的物价体制。同时希望这个新的物价体制对于今后保持比较合理的物价的状况和不断改进物价的状况起良好的作用。

由于物价直接影响各当事者的利益，从而物价变化就会发生重大的影响。我们要调整现行的价格，首先就要先有正确的调整方案。方案的正确性在于它付诸实施后所产生的结果符合我们预期的目的。这就要求我们能做出准确的关于效果的预测。由于一种重要产品的价格变化会在很大的范围内发生影响（其中有直接的影响，也有间接的影响），这种预测的正确性不那么容易保持。这是物价工作的第一个难点。第二个难点，如何才能实现这样的调整。国家规定的价格，国家可以改变，这是比较容易做到的。但是还有许多产品的价格并不是由国家规定的，有些产品现在已经实行双重甚至多重价格的制度。要怎样才能使得这部分产品的价格调整到所希望的水平更是一个难题。

事情本身就比较难，不论在科学研究上或是在实施组织上都是如此。同时这件事情的影响又直接关系到社会上的许许多多个人和企业，因此不能不特别谨慎，这就是不能很快进行的道理。

物价现状很不合理的原因是多方面的，主要是历史的原因。这里说的历史甚至要追溯到旧中国，因为中华人民共和国建立后的物价同旧中国的物价不能不有继承性。一部分国营企业不盈利并不是物价改革困难的主要原因，因此解散一部分不盈利的国营企业对于物价改革起不到很大的作用。当然改善企业的经营管理对于物价改革能够产生好的作用，甚至可以说产生基础的作用。但是这不是很快可以做到的事情。

第六个问题：对现阶段中国经济改革中的主要问题你有什么看法？

答：进一步提高对必须进行改革的认识，这个问题并没有成为过去。因此中国领导人一再强调要把改革放在一切工作的首位，中国的学术界也致力于为改革鼓劲和呼吁。1984年9月已经通过的中国共产党十二届三中全会的决定是今后中国改革遵循的方向。

中国的经济体制改革，首先是社会主义经济内部的改革。其中分作：①社会主义所有制形式结构方面的改革；②社会主义国家对国民经济管理体制的改革。这两方面的改革都必须继续进行而且更密切地配合。当前中国正把更多的注意力用于社会主义国家对经济管理体制的改革方面，因此保护和发展前一个时期中在社会主义所有制形式结构方面的改革的成果，是一个值得重视的问题。在社会主义国家对国民经济管理体制方面的改革要和对社会主义所有制形式结构方面的改革同时进行。在这里我使用的术语，德国的读者不会熟悉，因此我另外写了一个注释，有兴趣的读者可以去看一下。

在广义的中国经济改革的概念中，还包括对非社会主义经济成分的政策。在1956年中国对生产资料的私有制的社会主义改造完成之后，在将近20年的时间内完全不存在资本主义经济成分，个体经济成分也几乎不存在。在1979年后中国放宽了对非社会主义经济成分的政策。因为中国社会主义经济的力量比起 20 世纪 50 年代来强大得多，中国已经进入了社会主义建设时期，允许某些非社会主义经济成分一定程度内的存在对于中国的社会主义建设是有好处的。坚持这种对内放宽的政策，我认为也是当前中国经济改革中的重要内容。在这里我把引进外国资本与外国商人合作也包括在内。适当发展这种"社会主义建设时期的国家资本主义"，我认为也是必要的。对这个问题，1984 年我写了一篇文章：《列宁关于无产阶级专政条件下国家资本主义的论述和由此引起的一些思考》（Lein's Exposition on State Capitalism under Proletarian Dictatorship and My Related Observation）可供参考。

所问的这个问题太大，不能用过分短的语言回答，请原谅我的回答比较抽象了一些。

第七个问题：世界银行最近一个关于中华人民共和国的报告。在报告中对中国政府的到 2000 年工农业年总产值翻两番的目标提出批评意见。世界银行介绍一种相反的战略，把目标更瞄准在服务业的发展上面。你认为这个建议如何？

答：我没有看到世界银行的这个报告，因此不想对这个建议发表什么评论。我只想说一说我自己对到 2000 年工农业年总产值翻两番这个战略目标的看法。我认为这个战略目标之所以提出，为的是鼓舞中国人民以及各级干部发展生产的热情，有一个具体数字比较容易起这样的作用。至于在实际工作中，不是单纯去追求这个产值（有些地方也存在这种倾向，但是经常地被提醒），而是全面地去要求中国经济的发展。在某些地区，主要是像上海、北京、广州这样的城市，中国政府就对服务性行业（所谓第三产业）给以很大的注意。但就整个中国来说，第一、第二产业的发展还是最为重要的。如果认为整个中国的发展重点应该是第三产业，我认为是不可取的。

第八个问题：你认为在中华人民共和国，企业和上级管理机关之间的关系应该是怎样的？企业——如在对外贸易中——的独立性应该放宽到何种程度？

答：对这个问题原则的回答已经写到中国共产党第十二届三中全会的决定中了。在十二届三中全会关于经济体制改革的决定中，处理这个问题的原则是要在放宽这方面努力，但是这种放宽是有一定限度的。究竟放宽到什么程度要在实践中解决，部分地依靠取得的经验，部分地要看企业和管理机关领导工作人员水平的提高，现在我还说不出什么具体的意见。

第九个问题：在计划经济与市场经济之间的关系方面，去年中国有些什么具体的变更？对将来计划与市场间的关系你是如何看的？

答：对于这个问题，在1984年9月的中国共产党十二届三中全会的决定中做出了原则的规定和理论上的说明。这就是中国共产党确认社会主义经济仍然是一种商品经济——社会主义商品经济。在这个决定中区别了有计划的商品经济与无计划的商品经济。由于西方有一些人把无计划的商品经济叫作市场经济，为了避免误解，那个文件没有肯定社会主义经济也是一种市场经济。但是既然是商品经济，也就是为市场而生产的经济，在客观上市场机制就必然会发生作用，在主观上也就应该善于利用市场机制来有计划地发展社会主义的商品经济。这样的事情在企业的活动中正在发展，在国家的、宏观的计划管理上现在进行的研究和采取的措施，依我看还没有跟上去，因为这个问题的解决在历史上还没有先例，难度比较大，同时在思想认识上还要经过深入的讨论才能达到完满的一致。把社会主义经济看作是一种有计划的商品经济，是1984年在中国达到的关于社会主义经济理解的新的高度。它不是简单地把计划经济和商品经济结合在一起，而是解决了一个有计划地发展的主体是一种什么样的经济的问题，这一点在以往不论是马克思主义的学者还有西方学者都没有论及。把计划经济和商品经济看作互相排斥的思想最初是马克思主义经济学家和西方经济学家共有的一种观点（虽然他们对计划经济和商品经济的优劣这个问题的看法完全相反），以后出现了两者可以结合起来的观点，最后发展到我说的从发展主体上解决问题的观点。有了这样的观点，在实践的过程中总会一步步地具体化，做到更好地掌握社会主义经济的特点，有意识地、有计划地运用市场机制来发展社会主义的经济。

第十个问题：中国去年在出口方面仅仅有适度的增长，同时却有一个真正的入超。在将来中国要么必须大力削减输入，要么就更多地欠债。在充分思考后，你认为中国是否要更多地与资本主义市场发生关系？对中国人更多地欠外债你想说些什么？

答：中国现在从外国进口的商品并不多，这个数量同一个10亿人口的大国并不相称。中国正处在现代化建设的过程中，需要从外国大大地扩大进口，特别是进口现代化技术装备。进口是目的，为了扩大进口就必须扩大出口。去年出口的增长的确不大，但是我相信只要我们努力总可以找到扩大出口的途径。在愿意更多地向中国出口的国家了解到如果能够设法使得中国有更多的出口才能更有利于自己向中国出口时，中国出口增加的途径就会更宽广。中国既不愿意也不应该大力削减输入，而要努力增加输入；也不愿意无限制地欠债，因为欠外国的债迟早是要还的，而增加出口是会有办法的，这是我们扩大进口的基点。至于中国欠的外债，到现在为止并不那么多，更多地借外债，在目前还没有多大的危险性。

我的看法是还可以多借一些。问题是借了外债要能够很好地取得经济效益，要能够增加出口。这就是说不但在增加进口方面要更多地与资本主义市场发生关系，在增加出口方面也要更多地与资本主义市场发生关系。

第十一个问题：所谓经济特区的目标——中国取得现代高技术并且同时提高出口能力，直到现在并没有达到。邓小平的这个"试验"是否已经失败了？像厦门或者深圳这样的经济特区将来究竟扮演怎样的角色？

答：取得现代高技术与同时提高出口能力是中国整个现代化的目标之一，不只是经济特区的目标。这个目标的达到不是短短几年的事情，而且也不是一次解决的问题，因为整个世界的技术与经济都在进步之中。中国经济特区建立的目的是利用这种形式在这方面多做一些工作，几年来所取得的成就也还是很大的。只要不去幻想一下子就把高技术掌握到手和一下子大大提高出口能力，经济特区就决没有失败。当然对经济特区的发展战略正在进行多方面的研究，这是一个崭新的事物，是没有先例可循的。5月下旬在北京每两个月举行一次的经济学活动周期间，就专门讨论了一次深圳特区发展战略问题。与会学者认为依靠几年来取得的经验，利用经济特区的有利条件，可以增加出口和引进更多的先进技术。经济特区与中国其他地区要更好地相互支持。由于经济特区所处的有利位置和工作的特点，它可以更多更快地掌握国际市场的信息。它的贸易活动对扩大中国的进出口是可以起到积极作用的。同时经济特区也发展自己的工业，有的是靠引进外资，部分地生产国内需要的产品，起进口替代的作用，部分地生产出口商品。同时经济特区还可以为国内其他地区的出口商品，专门进行某些加工，包括做好出口产品的包装在内。经济特区的一个作用就是提供有关发展对外贸易和引进外国资金的许多经验。

第十二个问题：有一个关于在中国经济理论界讨论的问题，今天怎样的经济学在中国经济科学研究中特别被人们所议论？怎样的西方经济学家（就对实际步骤的推动意义来说）在中国获得广泛的兴趣？

答：我是一个研究马克思主义理论的人。从1956年以来我一直在探索马克思主义的政治经济学社会主义部分这一学科的建立和发展的问题。照我个人的看法，马克思主义政治经济学的社会主义部分在中国经济科学研究中应该受到特别的重视，事实上这个经济学也是受到普遍的重视。现在有一个大规模的"政治经济学社会主义部分讨论会"正在中国进行。这个讨论会采取通信讨论的方式，已有3000多人参加，已经讨论了半年多，还正在进行下去。在中国有一个全国性的科学群众团体："中国政治经济学社会主义部分研究会"。它的工作是很活跃的。除了政治经济学以外，各种关于生产力方面的经济科学正在迅速地发展，有许多新的经济科学已经开始建立起来，如生产力经济学、国土经济学、技术经济学、生态经济学，等等。中国的经济科学研究极其活跃而富有创造性，而且很多学科是西方经济学家并不熟悉的。因为没有做向外介绍的工作，西方学者对它们恐怕不知道，不理解它们对中国经济建设和对世界经济科学发展的意义。

西方经济学家的名字也常常被人们所提到，但并没有什么学派受到突出的注意。当前中国学术界的思想是，由于过去长期实行锁国政策，对外界知道得比较少，现在想多了解一些，多研究一些，各方面的思想和见解都想多听一些。外国的学者在中国讲学和参加研究是受到广泛欢迎的。我作为一个马克思主义者，也很愿意接触外国各种经济学的思想。我想这种接触，对发展我自己的马克思主义的思想是有帮助的。

所问的问题很广泛，请原谅不能更具体地回答。

1986年6月17日　在杜塞尔多夫

[附录二]

写在去联邦德国之前
——同中国经济改革有关的若干名词的含义和翻译问题

有若干同中国经济改革有关的名词，我认为应该使它们获得确定的含义，而且在翻译成外国文字时要作一番研究，否则会引起一些混乱，不便于讲清楚问题，甚至引起误会。

现在我想说一下我的主张。对我的这些主张，在中国的经济学家中已有一些人接受，但大多数人未做表示，他们使用的词汇同我不完全相同。流行的某些翻译，我也不赞成。我不想在这里对别人使用的概念和语言发表什么评论或者替他们做解释。但是当我准备在外国做有关中国经济改革的演讲时，我认为有必要写这样的一个东西，用书面的方式，对我使用的概念和名词做一些说明，帮助听众比较准确地了解我报告的内容而节省每次都来解释的时间。

一、关于社会主义制度、社会主义基本制度、社会主义体制

我认为对这三个相互间有密切关系的概念严格地加以区分是很必要的。

我把社会主义的基本制度定义为不同的社会主义国家——也就是一切社会主义国家，或者是某一个社会主义国家不同的历史时期——也就是一切历史时期，共同的社会主义的制度。

与社会主义的基本制度相对应的就是社会主义国家或者同一个社会主义国家的不同历史时期在社会主义制度上相区别的那些东西。

在这里我们就有了三个名词：社会主义制度、社会主义的基本制度和社会主义的非基本制度。在这里"制度"一词我认为翻译成 System 是比较合适的。"基本的"译成 General 我看也可以。"非基本的"译法只要在"基本的"一词前加上一个字首就可以了。

社会主义体制，就是某一个特定的社会主义国家的某个特定的时期事实上存在着的社会主义性质的非基本的制度。它以社会主义的基本制度为基础，但不是社会主义的基本制度，而是此时此地的社会主义性质的非基本的制度。

这样社会主义基本制度与社会主义的体制这两个概念就有这样的区别，那就是：社会主义的基本制度是一切社会主义国家在任何历史时期共同的即基础性质的东西，而社会主义体制则是某一个社会主义国家在某一个历史时期特有的东

西。前者是一般，后者是个别。这种情况可以用一个例子作比方：只要是人，一切人或者一个人的一切时期都有人的共性，这就相当于社会主义的基本制度；不同的人或者一个人的不同时期的特性，这就相当于社会主义的体制。体制是个别的、具体的东西。区别体制与基本制度有这样的好处，可以避免因为这两个概念不分而产生的中国实行社会主义体制改革就是要对社会主义的基本制度实行改革的误解，而实际的状况并不是那样。中国现在只是要去改革事实上存在着的某些对于中国经济发展和社会进步有妨碍的非基本制度，而不是要去改变社会主义的基本制度。

我感到在欧洲现有的语言中没有与"体制"同样含义的很确切的现成的字眼。中国《北京周报》最初把"体制"翻译成 System，以后又改译为 Structure，我认为都不成功。解决这个困难的办法，我建议不去译成欧洲文字，而采取音译的办法介绍到外国就可以了。用习惯了就不会感到特别的不方便。使用 System 这个词，容易与基本制度分不清楚。

当然社会主义体制改革也并不是完全不涉及社会主义基本制度的变化。在社会主义体制改革的同时，也会发生社会主义基本制度完善化的情况。在中国目前进行的改革中有这样的情况。比如在中国今天的改革中肯定社会主义经济仍然是一种商品经济，就因为社会主义商品经济的存在属于社会主义基本制度的范围之内，所以这种改变也就意味着社会主义基本制度的完善。同时要对之进行改革的非社会主义基本制度，又常常是同旧中国的非社会主义性质的残留物结合在一起的，因此中国正在进行的改革中也包括削弱乃至清除这种残留物的意义。这些都是我们应该看到的。尽管如此，我还是主张一定要把社会主义的基本制度和社会主义体制两个概念严格地加以区分。要科学地认识事物，概念的明晰确定是十分重要的，而且我不主张把社会主义体制译成社会主义的 System。因为 System 这个词很容易被理解为基本制度，而社会主义体制是有其特定的明确的含义的。

在这里需要附带说明的，我在这里说的社会主义体制，包括社会主义的经济体制、社会主义的政治体制、社会主义的文化体制（其中又可以包括社会主义的科学技术工作体制、社会主义教育体制）以及社会主义其他社会生活、社会关系方面的体制。这些都是社会主义体制的组成部分，而社会主义体制一词则是用来表示这些组成部分的总和。中国正在进行的也不仅是社会主义的经济体制改革，而是包括所有上述各方面的全面的体制改革，并以社会主义的经济体制改革为基础。

二、关于社会主义所有制形式结构和社会主义国家对国民经济的管理体制

我认为社会主义经济体制是由"社会主义所有制形式结构"和"社会主义国家对国民经济的管理体制"这样两个部分组成的。

什么叫社会主义所有制形式呢?

我们知道,社会主义所有制,就是生产资料归社会所有、劳动者在社会组织内共同使用这些社会所有的生产资料进行生产,而生产出来的产品则通过商品的形式进行交换和采用按劳分配的原则进行分配。但是在一个社会主义国家,社会主义所有制又总是有具体的形式。如社会主义的国营经济与社会主义的劳动群众集体所有制经济,就是形式不同但是基本性质都是社会主义的两种经济形式——两种社会主义所有制形式。进一步讲,在一个社会主义国家中社会主义所有制形式往往不止一种。上面说的社会主义的国营经济和社会主义的劳动群众集体所有制经济这两种,就在苏联和中国长期同时存在。而且任何一种社会主义所有制都有它的质的规定性可以很具体地去把握,可以发现其中许多具体的细节。于是就可以形成社会主义所有制形式结构这样的概念。这样,我这里说的社会主义所有制形式结构就有以下一些内容:

(a) 在我们考察的社会主义经济体制中,都有哪些社会主义所有制形式。比如在过去我们中国就有国营经济、农村劳动群众集体所有制经济、城市劳动群众集体所有制经济这样几种社会主义所有制形式。

(b) 这些社会主义所有制形式的具体的质的规定性是怎样的。比如同样是国营经济,在实行改革后企业自负盈亏,与未实行改革时企业吃社会的"大锅饭",这两种社会主义所有制形式的具体的质的规定性就不完全是一样的。

(c) 在整个社会主义经济体制中,上述各种社会主义所有制形式各占怎样的比重。即使在统计上未能得到准确的表现之前,这种比重在观念上也是应该予以肯定的,而且在统计上也可以找到它的表现形式,如可以从在不同的社会主义所有制形式中所生产出来的产值来作比较,可以从在不同的社会主义所有制形式中从业人员的人数中作比较等。

(d) 在整个社会主义经济体制中,各种社会主义所有制相互间发生怎样的关系,或者说在整个社会主义经济体制中所有的社会主义所有制形式是以怎样的关系相互结合在一起,使整个社会主义所有制形式成为统一的有机的整体。

我认为社会主义所有制形式结构在社会主义经济体制中占据非常重要的地

位。但它并不是社会主义经济体制的全部内容或者唯一的内容,还有一个内容就是社会主义国家对国民经济的管理体制。

什么叫作社会主义国家对整个国民经济的管理体制呢?

上面我们已经讲过在一个社会主义国家会有多种社会主义所有制形式,这些社会主义所有制形式具体表现在属于它的各种经济组织(企业及管理组织)和个人的经济活动之中。这些活动在社会主义制度下是受国家管理的。国家的组织——政府,就是社会主义经济管理的中心,不论管理的内容如何,管多管少,怎样管,一定的管理总是必要的。某一个社会主义国家在某个特定的历史时期,国家对各种社会主义所有制形式的管理总是具体的,总有具体的一整套内容(一整套组织、一整套方针政策、一整套办法……)。这就是我在这里说的社会主义国家对国民经济的管理体制。

具体说来,社会主义国家经济的活动是多方面的。社会主义经济是计划经济,这就有社会主义计划体制的问题。社会主义国家对社会主义经济生活的哪些方面要进行计划管理,哪些方面不进行计划管理,对要进行计划管理的社会经济生活又根据要管理的对象确定管到怎样的程度,用什么手段去管理,运用什么方法去管理……仅仅是计划管理体制方面就有许多具体的和复杂的内容,包括在社会主义国家对国民经济的管理体制的范围之中。

属于社会主义国家对国民经济管理体制的东西很多。在财政和税收方面,在市场管理和物价方面,在国内商业和对外贸易方面,在劳动报酬和职工福利方面,在引进外资和外汇管理方面等,无不有一个具体的管理体制的问题。社会主义国家对国民经济的管理还会具体化为各个部门与各个地区在自己职权范围内的管理(各部门、各地区除受中央政府统一管理外,还可以对本部门、本地区在自己职权范围内进行管理)和中央政府的统一管理。于是在社会主义国家对国民经济的管理体制中,还包括政府与企业的分权和中央政府与地方政府的分权,和中央政府对一般地区、一般部门的一般管理和对特殊部门、特殊地区的特殊管理这样一些内容。

应该指出,社会主义所有制形式结构和社会主义国家对国民经济的管理体制两者并不是截然分开的。社会经济体制的这两个方面有相互交叉重复的地方。大家知道在所有制这个概念中,包括有这种所有制下的人们之间的经济利益关系,而这种经济利益关系又是在整个社会经济运动中形成的。因此在所有制形式结构的概念中,也就在一定程度上包括了社会主义国家对国民经济管理体制的某些内容,特别是社会主义国营经济这种所有制形式不能不与社会主义国家的管理体制有关。但是社会主义所有制形式结构同社会主义国家对国民经济的管理体制，终究是两个东西。对整个社会主义经济体制作这样两部分的划分，对于研究社会主义经济改革可以起到条理清楚的作用。

三、关于多种经济形式、多种所有制形式、多种经营方式和多种经济成分

中国经济体制改革的文献中，常常使用多种经济形式、多种经营方式这样的术语，同时直到现在还回避使用多种社会经济成分，回避使用所有制形式这样的字眼。我认为经济形式这样的名词，可以做很广泛的理解。这就是说，如果不进一步说明，它可以被用来指社会主义所有制形式，也可以被用来指多种经济成分，而且还不妨碍人们用经济形式指其他含义的东西。我认为现在有关经济体制改革的文献中，在用语方面考究差了一些，有随便使用的情况。这是一个需要重视和解决的问题。

我认为多种经济成分在今天中国是同时存在的，这一点用不着也不应该去回避。这是在中国存在着的现实。在今天中国存在社会主义的经济成分，也存在非社会主义的经济成分——个体经济成分与资本主义经济成分；在非社会主义的经济成分中，有的对社会主义经济建设和社会主义经济成分的发展起助手作用，对社会主义经济起巩固的作用（对这种经济成分我们采取允许它们存在而且允许它们在一定程度上发展的方针），有的则对社会主义的制度起破坏作用（对这些经济成分我们就要宣布它们为非法，同它们作斗争）。事实是什么样就应该把它看成什么样子。在这个多种经济成分的问题上要解决的一个问题是，要看到"处于新民主主义时期或处于从新民主主义时期到社会主义过渡时期的多种社会经济成分并存"和"在社会主义建设时期的多种社会经济成分并存"是两种不同的情况，不是今天多种经济成分并存就使中国退到新民主主义阶段或者退到从新民主主义到社会主义的过渡阶段。社会主义建设阶段的多种经济成分并存的特点是：社会主义经济不仅在中国已经占到绝对统治的地位，而且已经很强大，并且正迅速地继续扩大，社会主义与资本主义谁战胜谁的问题早已在国内解决，非社会主义的经济成分只是社会主义国家根据社会主义经济能够更好地发展、社会主义制度能够更好地巩固而有意识地采取措施使之存在的。非社会主义的经济成分在这里不是作为旧社会的遗留物处于被改造待消灭的过程中的事物，而是一种被允许在一定时期内（是个相当长的时期）、一定程度上存在与发展，并将在一定时期后经过一定的过程又要消亡的事物。

承认多种经济成分的存在,也就是承认社会主义所有制以外的所有制形式的存在,承认这个社会还具有一个有多种经济成分存在的社会经济结构:多种所有制形式的结构。这种结构的概念不同于社会主义所有制形式结构的概念,前者是包括非社会主义所有制形式在内的内容更广泛的结构,虽然社会主义所有制在这个社会所有制结构中占据绝对统治的地位,而且这种地位还会不断加强,从而社会主义所有制形式结构在中国经济改革中的地位远远高于社会所有制结构的地位。前者属于社会主义经济体制改革的范围,后者属于对非社会主义经济成分政策的调整问题。把这种调整说成是"经济改革"也可以,因此我们又可以看到有"社会主义经济体制改革"与"经济改革"这样两个不同的概念。对"经济改革"的概念还可以有更广泛的理解,还可以把经营思想、经营方式的改变都包括在内。我认为经营本身不属于改革的范围,而是与改革相并列的东西,即把经营定义为"直接取得效益的社会实践",而把改革视为"为经营排除障碍创造条件"。但是把有意识地改变经营思想、经营方式视为一种改革也未尝不是一种可以接受的提法。

1986年6月21日　在西柏林重写

[附记]

5月31日到7月3日我在访问联邦德国和瑞士期间，对联邦德国学者和实业界做了有关中国改革的15次报告，并且接受了记者的三次采访。这15次报告事先都没有讲稿，往往只有一个简单的提纲。现在印出的15次报告稿，都是后来追记整理的，同当时讲的话当然会有一些出入。只有一个保存了提纲的原样。三次接受记者采访，只有《经济周报》那一次事先提了问题，为此我写了一个书面答复。但在杜塞尔多夫记者又提了许多问题，后来《经济周报》登出的不是我写的文字。三次接受采访后，记者写出的报道，我收到两种。记者写的内容都未经我本人看过，而且都是德文的，尚未译成中文。因此在这里暂不收入了。我只把为《经济周报》写的书面问答收在这里，作为这15次报告稿的附录。还有一个关于我使用名词的说明，本来是想事先印出发给联邦德国学者，后因翻译工作没有来得及完成，没有发出去。现在也把它作为附录收在这里。

所有这些东西都是以外国的听众或记者为对象的，因此在讲法上和以国内听众或记者为对象不一样。在报告时我感到这样讲还有不适合外国听众的地方。比如，对所讲道理的背景交代不够，有关中国的知识交代不够就是一个问题。在讲道理时也还需要讲些马克思主义的常识，因为外国听众中不少人没有读过这方面的书，而且只有短短的几个小时，要讲清楚任何一个问题都是很难的。

访问联邦德国和瑞士期间对政治经济学社会主义部分的思考

一

我 5 月 30 日离开北京,在联邦德国和瑞士作了 30 多天的访问,7 月 7 日才回到北京。这次访问是应德中友好协会和瑞中友好协会的邀请前去的。就我来说,这既是一次讲学活动,一次对德瑞两国人民的交谊活动,也是一次观察了解两国经济社会情况的良好机会。在出国之前和德中友协主席商量这次访问计划的时候,我提出一个要求:尽量不住旅馆,而住在居民家里。我的这个要求得到了满足。这次出国访问的,连我在内共三个人,每个人都在德瑞两国九个家庭里住过。我们有时住在一起,有时分散居住,所以我们一行人共住过的家庭就不止九个了。就我个人住过的家庭来说,在联邦德国,房主人的职业是:大学教授三家、中学和小学教员两家、新闻记者一家、退休医生一家,还有一家的房主人是没有社会职业、研究建筑和美术的一位老太太;在瑞士,我住的一户,丈夫在医疗保险公司当职员,妻子在报社当记者。一个代表团在外国居住这么长的时间,实行三同,这样的事情过去不多,我认为这是我们这次访问的一个特点。在我这次出国讲学之前,我知道要去很多城市,许多大学和研究所要我去作"报告",也知道报刊要找我采访。联邦德国一家在德国和欧洲影响很大的报纸——《经济周报》,事先还向我提出了 12 个问题。由于我从来不喜欢写了一个稿子在各地讲同一个题目,因此我曾考虑定一个在德瑞两国各地讲不同题目的计划。可是后来一想,各城市对我的报告会有不同的要求,我的计划未必符合他们的要求。而且我出的题目应该事先和各城市商量,可我要去的城市很多,联系起来会花很多时间,不值得。于是我决心把这个计划搁一边,采取对方要我讲什么题目,我就讲什么的办法。这也可以说是采用按照"市场需求",我来"供货"的办法。我就是这样有意识、有计划地不做计划的。报告的办法是,两小时的报告时间内,我只讲半个小时,留下一个半小时,由听众提问题我来回答。实践的结果,我觉得后来的做法比原先在北京考虑过的办法好。每次报告从出题目到提问题,都成了我了解外国学者感兴趣的问题和了解他们观点的机会。再加上参观、访问、座谈等活动,其中包括同奥塔·锡克的见面交谈,使我在访问联邦德国和瑞士的 30 几天中,虽然没有作什么系统的调查研究,倒也了解到不少情况,获得不少比较生动、深刻的印象。我一面参观、访问、座谈、作报告,一面思考我们国家的改革和建设问题,思考马克思主义理论建设的问题,其中包括政治经济学社会主义部分的问题。这次双月经济学活动周,我来不及把原来想讲的"社会主义经济运行中的利益关系"的题目准备好,就来讲讲我"在出国访问期间对政治经济学社会主义部分的思考"吧!

二

这次我在欧洲访问,从听我报告和向我采访者所提出的问题中,使我对出国前早就知道的事实的认识进一步加深了。那就是:不论提问题者的立场和观点怎样,都有一个问题在他们的脑子里:中国进行的改革是否离开了社会主义的道路?站在社会主义立场上的人是怕我们离开社会主义道路,他(她)们对我说,你们中国在向西方吸取有用的东西的时候,一定要看到西方国家中不好的东西。有的人还对我们留学生中有一种德国什么都好的思想很看不惯,说这些青年用前面两只眼睛看德国的优点还嫌看不过来,最好两旁和脑后再长四只眼。而站在资本主义立场上的人,则认为中国的改革证明了资本主义的优越性,认为中国开始认识到了这一点,认为中国口头上坚持社会主义,事实上正在偷偷地实行资本主义,并且进一步认为中国要实现现代化还要在这个方向上走得更远些才行。这样两种观点并不表露得像我现在说的那样清楚明白,但是,事实上就是如此。当然也有些人希望中国走出自己的一条社会主义道路来,但是他们总还有一些不放心。我研究他们提出的问题的根据,归结起来主要是对马克思主义的社会主义学说——科学社会主义的认识没有解决的缘故。这种情况我认为怪不得他们。他们有这样的想法也毫不足怪。因为关于马克思主义的社会主义学说——科学社会主义的研究,的确没有跟上时代的发展而充分发展。这不但表现在对当代的许多问题没有写出令人信服的、有充分论据和具有科学权威性的著作,而且在马克思主义队伍内部,连马克思主义的社会主义学说应不应该有一个较大的发展,都还是一个有争论的问题。而对于肯定马克思主义的社会主义学说应该有一个较大的发展的人,对于应该发展些什么又不那么清楚,因而可以说在新时代下马克思主义的社会主义学说的发展,还是一个带有一定探索性的问题。连自己也还说不那么清楚,我们怎么能对这些不是专门研究马克思主义的社会主义学说、对马克思主义并不接受的人进行有力的帮助,使他们能对马克思主义的社会主义学说有恰当的认识呢？他们可能不知道我们马克思主义队伍中的这些讨论，如果知道了，他们也会发生这样一个问题，不知道该听哪一种意见好。我在联邦德国和瑞士讲了我的一些观点，同时我告诉他们：中国现在提倡百家争鸣，我只是一百家中的一家。他们要了解中国的马克思主义者都还有些怎样的其他观点，就要去听别的学者的报告，请其他的学者回答问题。我从他们提的问题中还看到这样一点：他们是以苏联和社会主义国家的实践去了解社会主义的。你们不是说实行社会主义吗？那么你们的实践不就是马克思主义的社会主义学说的结果吗？他们对马克思主义队伍中关于社会主义问题的讨论也关心，但是理论上的讨论，对他们来说，其重要性远不如社会主义的实践，而且理论上的关心往往也是社会主义实践引起的。没有中国的改革就不会有对中国改革理论的关心。但是他们对马克思主义的社会主义学说的看法，据我观察，还是以苏联过去的实践为主要根据，现在并没有改变过来。改革后的中国不同于苏联，因此就离开了社会主义。当然他们对马克思主义学说的不了解，还有一个他们对马克思主义基础知识缺少的问题。许多人谈论马克思主义，其实并没有读过什么马克思主义的书，对马克思主义知之甚少。这是就他们中大多数人而言的，也有一些人是对马克思主义很有研究的。我们改变不了他们的情况，对我们来说，重要的是在新的历史条件下研究和发展马克思主义的社会主义学说。这是我们要努力的事。在这方面我们做出了成绩，我们就可以用这种研究成果去宣传，效果总会比现在好一些。至于人家肯花多少时间来听我们的，那当然是他们的事。不过这次出国访问给我的印象，的确有不少人是愿意了解这方面的问题，他们提了这么多的问题不就是对这关心的表现吗？

三

这次出国访问向我提问题最多的是市场经济问题。商品经济这个名词在欧洲不用，他们不懂，因此总向我问什么叫商品经济。他们只懂得市场经济这个名词，我要他们理解我们实行商品经济就是实行市场经济。说实在的，商品是为市场而生产的、在市场上交换的产品，商品经济和市场经济本来就应该是一回事。我告诉他们在我们的文件上不用"市场经济"而用商品经济这个名词，就是因为现在西方国家人们所说的市场经济是和计划经济相对立的，是不要计划的。为了防止误会，所以我们在文件上没有用，实际上商品经济就是市场经济。不过我们的市场经济不同于他们说的市场经济。中国文件上说我们要实行有计划的商品经济。我个人认为有计划的商品经济就是有计划的市场经济。如果我们对市场经济不做现在西方文献和日常语言的理解，就应该说我们实行有计划的市场经济。不过要改变人家的观念不那么容易,他们总觉得只要实行市场经济,就是实行他们理解的市场经济,我们文件上把这叫作商品经济,他们仍然这么去理解。他们不会去区别商品经济和市场经济这两个名词。他们认为实行市场经济,中国就是离开了社会主义(关于离开的程度如何那是另外一回事,撇开不说)。在他们的头脑中,总存在这样的疑问,老是提这样的问题。德中友好协会的朋友为了帮助我们在欧洲学者中讲清楚问题,还专门编了一本《中国走社会主义道路吗?》的文集,其中翻译了我写的两篇在《中国社会科学》上发表的文章。在这次出国讲学中,我越来越明确地认识到要改变这样一种观念,就只有从"什么是社会主义"讲起。这次出国我讲过几次我的那个公式:社会主义=生产资料归社会所有+(按劳分配+社会主义商品生产)。对这个公式听众很有兴趣。我对他们说,这个公式的第一项是共产主义初级阶段和共产主义高级阶段共同的东西,当然是资本主义制度不具备的,人们也不会认为,实行了这一条,中国改革就离开了社会主义道路。这个公式的第二项是社会主义(它是共产主义初级阶段)特有的基本特征,它们也根本不是资本主义的东西。现在并没有人根据社会主义制度下实行按劳分配这一点,说某个国家离开社会主义道路(我没有讲,在中国的确曾经有过这个说法,"四人帮"曾经这么说过,前几年又有人这么说。在外国,至少这次我在欧洲没有听人这么提问题)。可是现在却相当普遍地认为,一个国家,如中国实行商品经济或者市场经济,就是离开了社会主义道路。其实按劳分配和社会主义商品生产两者说的都是在社会主义制度下还不得不实行等量劳动和等量劳动相交换的原则,这个原则在共产主义初级阶段还不能抛弃。按劳分配和商品经济的区别只是前者是个人与社会的关系上保留"等量劳动和等量劳动相交换的原则",商品经济是在社会主义中各组织之间还要保留同一个原则(个人到市场买消费品这件事说明按劳分配和商品经济是密切相关的。当然两者间的相关还表现在其他方面。对于这一点,我没有去多讲)。经过我这番解释,似乎有一些听众还能接受。中国实行商品经济、市场经济并没有离开社会主义。但是究竟有多少人接受这个说法,我说不清楚。

在这里我就思考更进一步的问题。市场经济或者计划经济如果不进一步增加什么规定性,本身是无所谓资本主义的或者社会主义的。如果在这里要去做这种资本主义或者社会主义的区分,就只能去区分"资本主义的商品经济"(或者"资本主义的市场经济"也一样)和"社会主义的商品经济"(或"社会主义的市场经济"),去区分"资本主义的计划经济"和"社会主义的计划经济";而简单地说"计划经济是社会主义的","商品经济或市场经济是资本主义的"是不正确的。还有关于管理和服务的许多办法,也无所谓是资本主义的或是社会主义的。它们只是同社会的一般组织性联系在一起的。就是法律,我今天只讲经济方面的法律,有不少也同资本主义、社会主义没有什么联系。我在联邦德国和瑞士期间,脑子里越来越明确地意识到,不但在马克思主义的队伍中常有一种思维方式,总想把所有的东西都定一个资本主义和社会主义的性质,就是在西方学者中也有这样一种思维方式。如在我们马克思主义的队伍中把计划经济看成是社会主义的,把商品经济、市场经济看成是资本主义的。这个看法只是最近几年在我国才改变了过来,可是坚持这种看法的人在外国和在中国我看还会有不少。而西方学者也是这么看的。马克思主义学者和西方学者虽然立场不同,但是计划经济是社会主义的,市场经济是资本主义的判断却是相同的。不同的地方只在于马克思主义学者说,因为计划经济是社会主义的,所以是好的,因为商品经济、市场经济是资本主义的所以是不好的;而西方学者说,因为计划经济是社会主义的,所以是不好的,因为市场经济是资本主义的,所以是好的。我觉得要改变这样的观念和思维方式。我们马克思主义者要改变,我们也希望西方学者有所改变。我在联邦德国和瑞士做的几次报告中,就想去做这种改变他们的观念和思维方式的工作。我不能希望一两次报告就能起这样的作用,但是我想讲讲是会有些好处的。当然,不论转变我们马克思主义者自己的观念,还是转变西方学者的观念,前提是我们自己要把问题研究清楚。所以我主张"怎么样的东西具有社会主义或资本主义性质,怎么样的东西不具有那样的性质"的问题,应该深入研究一下。

四

在这次出国访问中,我又想起大家熟悉的许多马克思主义教科书中陈述过的一个理论观点,考虑这个观点究竟站得住脚还是站不住脚的问题。

现在让我们来读这样一段话:"无产阶级革命同它以前的一切革命有原则性的区别。从奴隶占有制度过渡到封建制度,从封建制度过渡到资本主义制度,都是一种私有制形式为另一种私有制形式所代替,一些剥削者的政权为另一些剥削者的政权所代替。由于一切剥削者的社会形态具有同一类型的基础——生产资料私有制,新的经济成分是在旧的生产方式内部逐渐成熟起来的。例如,资产阶级革命通常是在比较现成的资本主义经济形式在封建制度内部已经成长和成熟起来的时候开始的。资产阶级革命的基本任务归结起来是资产阶级夺取政权,使这个政权适合现存的资本主义经济。资产阶级革命通常以夺取政权而告完成。无产阶级革命的目的是以生产资料公有制代替私有制,消灭一切人剥削人的现象。无产阶级革命遇不到任何现成的社会主义经济形式。以生产资料公有制为基础的社会主义成分,不能在以私有制为基础的资产阶级社会内部成长起来。无产阶级革命的任务在于建立无产阶级政权,建成新的社会主义的经济。工人阶级取得政权只是无产阶级革命的开始,同时政权是用来改造旧经济和组织新经济的杠杆。"

这一段话是从苏联《政治经济学教科书》下册第一章中抄下来的。这一段话中的意思在我们国家的教科书中也是一直讲授的,因此是大家很熟悉的,也是大家都曾经接受过的。我不知道这一段话近几年来有没有提出来讨论过,我自己是没有讲过这方面的问题。这次在欧洲我也没有提出这方面的问题同那里的学者讨论,我也没有在回答听众提出的问题时讲到这个观点。我在任何讲话中都没有涉及这方面的问题,但是我在欧洲感到对这样一段话在今天有拿出来研究一下的必要,准备回国以后提出来和同志们一起研究。

应该说这一段话涉及的理论问题是很重要的。这是因为在这一段话中涉及人类社会发展历史的一些规律性问题,涉及奴隶占有制向封建制度、封建制度向资本主义制度过渡的历史问题,涉及对资产阶级革命如何分析、如何估量的问题。这些问题希望历史学家发表意见,讲讲用这样的语言来概括世界历史上发生的事实是否完全准确。我们知道资本主义的兴起在欧洲、美洲以及后来的亚洲(当然还有其他洲)状况不一样,同在欧洲,英国、法国、德国和我这次去的瑞士等国也不一样。要进行综合概括工作就要对一个一个国家的历史作研究,比如说要研究美国如何从"法麦"中发展出资本家,德国的容克又如何逐渐增加其作为资本家的色彩、向资本家转化。关于资产阶级的史料很多,我想从中不难得出有关资产阶级革命产生时的社会经济状况、资产阶级革命对资本主义和封建主义兴衰所起的作用等问题的科学结论,对苏联《政治经济学教科书》做出公正恰当的评论。过去没有去注意这个问题,对之进行研究。如果注意了,对这一段话就会有较为科学、较为准确的分析。当然这一段话还涉及一些需要经济学家来研究的问题,因为它断言在资本主义社会中由于生产资料所有制的基础是私有制,因而任何社会主义经济形式在资本主义社会中都是不能形成和成长的,等等。对这样的问题,马克思主义的经济学家是应该认真地研究的。现在,在我们没有看到历史学家和经济学家对这个问题专门研究的报告之前,我只好讲一些我的感想,即一点我在访问联邦德国、瑞士期间的思考。

从这一段话中,我们可以看到,作者首先有这样一个企图,想概括出社会发展的一个普遍规律性,即因为一切剥削者社会都具有同一类型的基础——生产资料私有制,因此新的经济成分能够在旧的生产方式内部逐渐成熟起来,即只能在同一种类型的生产资料所有制的社会中成长起来。这样一个社会发展的普遍规律性是否能够成立呢？我看恐怕是一个问题。因为原始共产主义社会和奴隶占有制社会并不具有同一类型的生产资料所有制，但是奴隶占有制却在前者内部发展起来，引起原始共产主义社会瓦解，直至原始共产主义社会过渡到奴隶占有制社会。当然，历史事实告诉我们，在奴隶占有制占统治地位的社会里，封建制度的生产关系逐渐兴起，在封建制度占统治地位的社会里，资本主义生产关系逐渐兴起。但是只要举出从原始公社制到奴隶占有制，这个社会发展的普遍规律性就不能成立了。同时我们要看到，在奴隶制到封建制和从封建制到资本主义的过渡过程中，新的经济兴起与旧的生产关系之间的矛盾也还是很尖锐的。因此封建社会到资本主义社会过渡要经过资产阶级革命。

另外，企图说明资产阶级革命具有这一段话中所说的特点。看来这一条更成问题。因为按照马克思主义学说的基本道理，资产阶级革命也是为了推翻阻碍社会生产力发展的旧的封建制度的统治，为代表生产力发展要求的新的资本主义生产关系的发展扫除障碍的一场革命，不能说只是使政权适合于现成的资本主义的生产关系。照这本教科书中的说法，资产阶级革命对于促进旧的生产关系的消亡、新的生产关系的成长是不发生作用的，这是同历史事实不相符合的。事实上，在资产阶级夺得了政权之后，在新的政权的支持之下，资本主义生产关系才得到顺利的发展。资产阶级政权也是同旧经济斗争、扶植新经济发展的工具。我认为在资产阶级夺取政权之后，资产阶级的革命性并不立即消失，还要同封建势力作斗争，资产阶级革命的进程还会延长一个时期，认为夺取政权后资产阶级革命就结束的说法，我看是不符合历史事实的。

教科书在这里讲社会发展的普遍规律，讲封建社会到资本主义社会过渡，讲资产阶级革命为的是讲无产阶级革命的规律性，为的是引出下面的论述："无产阶级革命遇不到任何现成的社会主义经济形式。以生产资料公有制为基础的社会主义成分，不能在以私有制为基础的资产阶级社会内部成长起来。"在这里说得非常绝对。马克思主义创始人似乎并不这么看。马克思在《资本论》第三卷中讲股份公司是"资本主义生产方式在资本主义生产方式本身范围内的扬弃，因而是一个自行扬弃的矛盾，那显然只是作为一个过渡点，以便进入到一个新的生产形式中去"，讲股份制度"在资本主义体系本身的基础上把资本主义私有制实行扬弃；它越是扩大，越是侵入新的生产部门，它就会按相同的程度越是把私有的产业破坏"（他还讲了股份制为资本家提供了支配别人的财产、别人的劳动的权利，剥夺已经由直接生产者扩大到小资本家和中等资本家自己身上，讲了向股份形式的转化"并没有克服把财富当作社会财富和当作私有财富的性质的对立,却不过是在一个新的形式上发展了它")。在这之后,他对合作工厂写了这样长的一段话:"工人自己的合作工厂,是在旧形式内对旧形式打开的第一个缺口,虽然它在自己的实际组织中,当然到处都再生产出并且必然会再生产出现存制度的一切缺点。但是,资本和劳动之间的对立在这种工厂内已经被扬弃,虽然起初只是在下述形式上被扬弃,即工人作为联合体是他们自己的资本家,也就是说,他们利用生产资料来使他们自己的劳动增值,这种工厂表明,在物质生产力和与之相适应的社会生产形式的一定的发展阶段上,一种新的生产方式怎样会自然而然地从一种生产方式中发展并形成起来。没有从资本主义生产方式中产生的工厂制度,合作工厂就不可能发展起来;同样,没有从资本主义生产方式中产生的信用制度,合作工厂也不可能发展起来。信用制度是资本主义的私人企业逐渐转化为资本主义的股份公司的主要基础,同样,它又是按或大或小的国家规模逐渐扩大合作企业的手段。资本主义的股份企业,也和合作工厂一样,应当被看作是由资本主义生产方式转化为联合的生产方式的过渡形式,只不过在前者那里,对立是消极地扬弃的,而在后者那里,对立是积极地扬弃的。"❶ 从马克思的这段话中,我看不出同"无产阶级遇不到任何现成的社会主义经济形式"有什么相似的地方,看不出有"社会主义成分不能在以私有制为基础的资产阶级社会中成长起来"这样的思想。他说的合作工厂表明,"在物质生产力和与之相适应的社会生产形式的一定的发展阶段上,一种新的生产方式怎样会自然而然地从一种生产方式中发展并形成起来。"说的是"没有从资本主义生产方式中产生的工厂制度,合作工厂就不可能发展起来;同样,没有从资本主义生产方式中产生的信用制度,合作工厂也不可能发展起来"。可见苏联《政治经济学教科书》的说法同马克思的说法有很大的出入。哪一种说法更符合客观实际呢?我看马克思讲的不但符合当时的实际,而且100年来的历史发展表明他说的这些话也符合今天资本主义国家的实际。而我们却很少讲马克思的这些话,而苏联《政治经济学教科书》上说的这些话却一直在讲,被看作是一个科学真理,至今没有对它重新进行研究,对这一段话中包括的错误至今未能澄清。这就造成一种误解,以为苏联《政治经济学教科书》上说的这一段话是马克思主义的经典。

那么到底在资本主义社会中能不能有某些社会主义的经济成分或社会主义的因素呢?我倾向于做出肯定的回答。我认为过去人们不去区分资产阶级民主和资

---

❶ 马克思:《资本论》第3卷,《马克思恩格斯全集》第25卷,第497-498页。

本主义社会中的民主这两个概念是不对的。资产阶级民主，它的定义就是资产阶级享有民主，而无产阶级和劳动人民不享有民主，同时在资本主义社会中由于工人阶级争取民主的长期斗争（在马克思主义诞生后还包括马克思主义影响下的工人阶级争取民主的斗争），也争取到在性质上不属于资产阶级民主的民主。因此资本主义社会中在资产阶级民主占统治地位的条件下，还有人民民主的因素、成分。同样，在资本主义社会中，在资本主义生产关系占统治地位的情况下，存在由于工人阶级和广大劳动群众长期奋斗发展起来的某些带有社会主义因素的经济形式和因素、成分为什么就绝对不可能呢？我多次去欧洲访问，都对这种性质的经济形式发生兴趣，询问了有关这方面的情况。这次我去联邦德国和瑞士又了解到一些有关的情况。

苏联《政治经济学教科书》这番话是在这样两句话之后接着写的。这两句话是："由于资产阶级社会基础和社会主义社会基础的对立，由于劳动利益和资本利益的对抗，机会主义者所鼓吹的资本主义和平'长入'社会主义是不可能的。从资本主义到社会主义的过渡，只有通过无产阶级革命和无产阶级专政才能实现。"上面抄的那一大段话是为了加强批评资本主义和平长入社会主义的根据的。不过我看这样来讲问题有点儿文不对题，没有能解决作者为自己定下来的任务。

资本主义和平长入社会主义，是与经过同和平相对的强力（或称"暴力"），和通过与长入相反的"新建"来形成社会主义经济完全相反的一种情况。就现有的社会主义国家的情况来说，可以说基本上都不是这样。这是由这些国家的具体历史条件决定的。但是我们从已有的几个国家的历史事实不能得出普遍的结论。苏联《政治经济学教科书》也没有根据已有的事实来作结论，而讲出那样一篇抽象的道理。对这篇道理，我们已经指出它不完全站得住脚。因为究竟采取强力革命与否，马克思早就是从历史条件来立论的。英国在没有常备军和官僚机构的情况下，马克思曾考虑可以和平过渡；后来条件变了，马克思就说不可能和平过渡了。所以，对和平长入论的批评应该建立在对历史条件的分析的基础上面。在不能和平过渡、特别又具备可以通过暴力革命来取得胜利的地点和时间，有人去强调和平过渡，那就是一种破坏人们的革命意志，使本来可以取得的胜利化为乌有的行为，但是一般地反对和平过渡不是马克思主义的观点。苏联《政治经济学教科书》的这一段是一般地反对和平过渡，因此我认为是不对的。

进一步说，暴力革命可以在新的经济形式已经存在的情况下进行，资产阶级革命在许多国家就采取了暴力革命的形式。暴力革命也可以是在不存在新的经济形式的条件下进行的，俄国十月革命基本上就是这种情况。所以和平过渡和有没有现成的经济形式存在并没有必然联系。因为有了新的经济形式并不意味这种经济形式就可以和平发展，成为居统治地位的经济形式，资产阶级革命需要采取暴力形式时，就是因为必须借助暴力才能使资产阶级经济占据统治地位，即使资本主义和封建主义的基础都是生产资料私有制，承认资本主义社会中存在某些社会主义因素，同做出社会主义生产关系要占据统治地位必须经过暴力革命的论断从逻辑上也没有矛盾。

那么在以生产资料私有制为基础的资本主义社会中究竟能不能产生社会主义的经济形式呢？苏联《政治经济学教科书》这一段话说是不可能的。为什么呢？理由是社会主义经济形式是以生产资料公有制为基础的。这样的说法的理由也是难以成立的。上面我们已经说过，在以生产资料公有制为基础的原始公社制度中可以成长起以生产资料私有制为基础的奴隶占有制度。同时我们又可以看到，在以生产资料公有制为基础的社会主义社会中也可以存在个体经济，乃至资本主义的经济成分。社会主义社会只是社会主义经济形式居统治地位的社会，可以容纳以生产资料私有制为基础的资本主义经济形式，为什么在以资本主义经济占据统治地位的社会里就不可能有任何社会主义经济形式在其中存在和得到一定限度的发展呢？当然在这里我们说的只是某种社会主义经济形式而非一切社会主义经济形式。社会主义国家所有制经济当然是一种社会主义经济形式，但是这种经济形式在无产阶级没有夺取政权，建立起社会主义性质的国家之前是不可能存在的。那时候不存在社会主义的国家，因此不可能有社会主义性质的国家所有制经济。如果苏联《政治经济学教科书》只讲社会主义国有经济不可能在资本主义社会中形成，我认为是完全正确的。而社会主义国营经济只是社会主义经济形式中的一种，有什么理由做出一切社会主义的经济形式或任何社会主义经济形式都不能在资本主义社会中产生这样绝对的判断呢？

五

不过，只说到这里，对问题的本质还没有完全讲清楚，我们有必要回到"什么是社会主义"这个问题上来，并用讨论这个问题时形成的观点研究一下资本主义社会中能不能产生某种社会主义的经济形式。

我们在前面讲到，要区别社会主义社会和社会主义制度这样两个不同的概念。我们把社会主义社会看作社会主义制度在其中是唯一的或者社会主义制度在其中占据统治地位的社会。现在我想还应该区分一下社会主义制度、社会主义经济形式（或者带有社会主义性质的经济形式）和社会主义经济成分这样三个概念。要把"什么是社会主义"的问题讨论清楚,就要对概念做这样进一步的划分。人们对上面论及的问题发生错误的认识,在一定程度上同未做这样细致的分析不无关系。

我认为社会主义制度(在这里我们只讲经济制度)是一个总体的概念,它是这样一种经济制度,在这个制度中生产资料归社会所有,同时由于它是刚刚从旧社会发展而来,还在个人与社会和社会的各个组织之间实行等量劳动与等量劳动相交换的原则,即还实行按劳分配和实行社会主义的商品经济。社会主义经济制度通常又是由若干种社会主义经济形式(或者社会主义所有制形式)组成的,同时社会主义国家又对整个国民经济实行管理。在社会主义社会中,在社会主义的经济形式之外还存在其他社会性质的经济形式时,我们可以说,在社会主义社会中社会主义制度占据统治地位,这也就是说在社会主义社会中社会主义是占据统治地位的经济成分。假如我们承认在资本主义社会中(这时资本主义的经济制度必然居统治地位)可以存在社会主义的经济形式的话,这时候我们就说在资本主义制度下存在某种社会主义的经济成分。如果我们否认这个前提,我们就说在资本主义制度下不存在社会主义的经济成分。这里我们不是去讨论资本主义制度下是否存在作为整体的社会主义制度问题,因为这样的制度在资本主义的统治下的确是建立不起来的。在无产阶级革命没有取得胜利时,生产资料还未能社会化之前,就不可能有生产资料归社会所有这一条。社会主义国家未建立起来之前,不可能有社会主义国家对国民经济的管理这一条。在这里,我们讨论的是可否存在某种社会主义的经济形式的问题,是某种社会主义的经济形式可否成为资本主义社会中的一种经济成分,一种具有"或大或小民族规模"但必然是次要的经济成分的问题,不是社会主义制度能否在资本主义制度下成长的问题。

现在我们要来讨论一下,在作为整体的社会主义制度没有建立起来之前,在资本主义社会中到底有没有可能形成某种社会主义的经济形式。上面我们只是做了一些初步的概念分析并且专门引证了马克思著作,现在我们想来做一些经济学的分析。

上面我们已经讲过在资本主义社会不可能建立起社会主义国营经济,也不可能存在生产资料的社会所有制,那么还有其他形式的社会主义经济形式可能存在吗?我们一定会首先想起合作社。对于合作社过去也有这样一个理论:合作社经济在不存在社会主义国营经济的历史条件下,只能与资本主义经济发生联系,于是它就不能成为社会主义的经济。认为在资本主义社会中不可能存在有任何社会主义的经济形式就是以这个理论为根据的。我认为在不存在社会主义国家的情况下，合作社这样一种经济形式取得完整的社会主义性质是不可能的，但是带有社会主义性质是可能的。比如马克思在《资本论》中讲的合作工厂就是这样。在那里已经清除了剥削者和劳动者的对立，已经在工厂内部实行了集体公有，因此就应该承认带有社会主义的性质。当然这个合作工厂如果向资本主义银行贷款付利息，这个工厂工人生产出来的价值就有一部分被银行资本家剥削走，如果这个合作工厂把产品卖给资本主义商店去销售，又有一部分价值为商业资本家所占有。因此合作工厂就不可能具有完全的社会主义性质。马克思讲当时合作工厂在它的实际组织中，还是到处再生产着并且必然会再生产着现存制度的一切缺点，指的就是这类情况。

在这里我们遇到的是对具体经济形式的具体分析问题。对这样的问题只讲社会发展史的一般规律是解决不了问题的。比如讲合作经济问题吧，同样是合作社，在资本主义国家里就有各式各样的情况。马克思讲的合作工厂是一种情况。在那里参加合作的是工厂里的工人。他们用自己集体占有的生产资料进行生产，他们不受工厂主的剥削，也不剥削别的劳动者，对这样的生产合作组织带有的社会主义性质的分析如我们在上面所做的那样。如果是若干劳动者集资办一个商店，对这个合作商店是否具有社会主义的性质那就要作另外的考虑，就要采取另外的具体分析问题的方法。商业是不创造价值的（在这里我们把在商品流通过程中生产的继续这个问题暂时撇开不说）。如果是若干劳动者集资办起一个商店，雇了一些店员，而这些店员并不是股东而是雇工，这个商店从资本家那里批发来货物，然后像普通资本主义商店一样地卖给主顾，价格上也不特别低，这个商店在经营这样的业务中获得利益。像这样的商店属不属于社会主义经济形式就是一个问题。很可能属于集体资本主义企业的性质，因为它同资本主义商店没有原则的区别。但是如果这个商店的价格特别便宜，消费者本身就是它的股东，这个合作社就有一个为他们的股东——消费者服务的宗旨，情况就有所不同，就可能有一点社会主义的性质。再打个比方说，这次我们在瑞士住在一个在医疗保险公司当职员的人家里，我利用这个机会请他介绍瑞士医疗保险和医疗保险公司的情况。根据他的介绍，瑞士保险公司不以盈利为目的，它采取收支平衡的方针来收保险费，第一年付出医疗费用超过收到的保险费，第二年就增加保险费以作补偿，第一年付出的医疗费用小于收到的保险费，第二年就考虑减少保险费。这个公司就由参加保险的人选出董事会来管理，而这个组织的经营管理采取的形式是公司。对这样的保险公司的社会性质和方针又要采取另外的具体分析方法，做出恰当的结论。我认为这样的公司是带有社会主义性质的。

在这里我想指出一点，我们对资本主义社会中存在不存在社会主义经济形式问题进行的分析，在方法上同对社会主义社会中社会主义经济形式进行的分析是有所不同的。在这里我们考虑的大都是不完全社会主义性质的经济形式，显然我们不好说它们是不成熟的，合作社在资本主义国家已经存在了一二百年，而且规模也不小，怎么能说还不成熟呢？

六

现在再来讨论在社会主义社会中经济形式的社会主义性质问题。这个问题同我国经济改革有关。解决好这个问题，对于回答国外和国内人们提出的关于中国经济改革是否离开了社会主义道路的疑问也会有很大的帮助。

社会主义社会中的社会主义经济形式，不论哪一种都是构成社会主义制度的组成部分。这一点是没有疑问的。它的生产资料所有制，或者本身就是社会所有制，或者是同生产资料属于社会所有的社会主义经济形式相联系，因此不存在研究资本主义社会中社会主义经济形式时遇到的问题。在这里我们要研究的问题，在客观上是对"生产资料归社会所有"这一条应该做怎样的理解，在这里有没有质的和量的规定性问题；在我们考察的这种社会主义经济形式中，生产资料归社会所有在经济上是如何实现自己的等；在主观上就有一个如何充分显现出生产资料归社会所有这个社会主义的基本性质的问题。

我认为在当今的所有的社会主义国家中，似乎还没有发展到比较纯粹的生产资料归社会所有。在苏联和我国的教科书中都是把生产资料归国家所有同生产资料归社会所有（全民所有）视为同义语，但是也有不少经济学家不同意这个看法，认为国家在今天也还只能在一定程度上代表社会，也还不能完全代表社会。我也是这个看法。南斯拉夫的学者也不赞成把国有制等同于社会所有。他们有自己一套对"社会所有"的看法。不过在他们那里，这个问题似乎在理论上和实践上都还没有完全解决。这个问题并不最重要，因为我们可以把国有制看作是比较低一点的社会所有制。问题是要努力提高这种社会所有制性质的水平。比如我们要求国家能够按照社会主义的生产目的进行经济活动，更好地为社会全体成员的利益服务，更充分地体现社会的利益。不是为了利润而生产，而是为满足社会需要而生产，是衡量经济形式是否具有社会主义性质一个很重要的标准。

讲生产资料归社会所有，当然离不开劳动人民在所考察的经济形式中真正当家做主。社会主义与民主是分不开的。可以说因为有了民主，才有真正的生产资料归社会所有。民主越充分，生产资料归社会所有的内容越充实。

除了直接是社会所有的经济形式外，还有劳动者集体所有的经济形式。这不是私有制而是公有制，而且是劳动者的公有制。劳动者的公有制当然是使一种经济形式具有社会主义性质的重要依据。在这里的问题主要地仍是民主的问题，是劳动者是否是这种经济形式的真正主人的问题。如果一个经济组织名义上是劳动群众的集体所有制，实际上都是少数干部专断和为自己谋私的工具，致使劳动群众的积极性得不到发挥，造成生产停滞不前甚至萎缩，这种公有制就可以说是名存实亡。

在改革中出现了各式各样的社会主义所有制形式，多种多样的社会主义所有制形式现正在创造中，而且一般来说受到的阻碍较少。这是我国经济改革的一个特点，也是一个优点。当前特别受到人们注意的是股份制的问题。动员社会主义劳动者把自己的储蓄入股后，他们得到的股息应该视同把钱存到银行得到的利息。这是社会对他们节约和对社会主义事业积极支持给予的奖励。而吸收这股资金的经济组织可以看作在原有的社会主义性质外，多了一层劳动者参加合作的性质。它是改革中出现但是还没有发展起来的社会主义性质的新形式。在改革中还出现其他多种多样的合作经济形式，对于这类经济形式也是应该①从生产资料归谁所有，包括民主的范围、民主的程度；②经济活动是否把为劳动者谋取经济利益，为全社会谋取利益放在首位为标准，来分析它所具有的社会主义性质。

由于在中国现今社会中还存在非社会主义的经济成分，因此存在一个非社会主义经济成分会不会渗入到社会主义经济组织内部中去的问题。我认为这个问题是存在的。如果存在这个情况我们就可以把它分析出来。当然，也存在因为非社会主义经济成分是同社会主义经济成分（在社会主义社会中它占据统治地位）发生联系，社会主义的性质也会渗透到非社会主义经济成分中去。在这里的确有互相渗透的辩证关系，要认识这样的问题在头脑中就要多一点辩证法才行。由于这样一些情况，在社会主义社会中也存在不完全属于社会主义性质的经济形式。这种分析问题的方法，在新中国成立初期我们曾经采用过，在今天还不能完全把它丢掉。

1983年冬天在昆明举办《社会主义经济建设常识读本》研究班时，我曾提出要求写出经济工作中社会主义原则若干条。我觉得应该在工作中明确怎么做是符合社会主义的，怎么做是不符合社会主义的。我认为这是一件很重要的事。这个任务直到现在没有完成。那一次我是从主观的角度来提出问题的。从客观上说，这也是区分社会主义与非社会主义的问题。总之，只有弄清这个问题才能在实际的社会经济活动中增加它的社会主义性质或者减弱它的社会主义性质。我把一个社会经济组织的社会主义性质看作是一个可变的东西,当然是数量上的改变。

我在联邦德国和瑞士形成这样一个看法,当一些外国人怀疑中国的改革是离开了社会主义道路而我们说没有的时候,那只是说中国的改革是坚持社会主义道路的。但仅仅这么要求我们的改革还是不够的。我认为我们的改革还应该是加强社会主义的。事实上,不可能在改革前和改革后在社会主义性质的问题上保持一个不变数。不减少就要增加,不削弱就要增强,而我们应该增强我国经济的社会主义性质。我认为应该这么做是没有什么问题的。问题是对什么是社会主义要有一个正确的认识。这一点我在德瑞两国没有讲,但是我讲了我对计划经济的看法。基本思想就是这个讲座第七讲《计划经济与计划规律》里写的那些基本思想。我讲实行有计划的市场经济要求有更高的社会主义计划性,因而是加强计划经济而不是削弱计划经济。总之我处处发现有一个对"什么是社会主义"的认识问题,处处发现对"什么是社会主义"的问题需要做更为细致、更为具体的研究。这就是在联邦德国和瑞士的这30几天中,我思考的最重要的问题。我回顾了一下近年来我对政治经济学社会主义部分所进行的那些思考,我在这个讲座一开始的时候讲了共产主义A、共产主义B、共产主义C这样的概念,讲了共产主义初级阶段的初级阶段的问题,但是对"什么是社会主义"的问题还没有去作进一步的探索,需要再研究一下,因此想在今天讲这样一个题目。

七

最后我想讲一个"条条社会主义道路通向共产主义"问题。我说的"条条社会主义道路",包括现在资本主义国家和现在已经是社会主义国家正在走或者正在研究走的道路,其中包括社会主义革命的道路和革命胜利之后建设社会主义的道路。19世纪或者20世纪第二次世界大战前,还时常可以看到西方学者大讲资本主义制度的永恒性,现在西方学者这么讲的人已经不很多了。现在西方学者在反对马克思主义时,已经不能反对马克思所预言的将来人类会走向共产主义社会,而只能讲现在资本主义国家按照西方经济学所做的那一套比起社会主义国家按照马克思主义经济学所做的那一套对经济增长更好。这就是说在理想问题上他们已经输了理,这也可以看作是马克思主义的一个胜利。

回顾历史,国际共产主义运动中后来发生过的一个问题就是把通向共产主义的道路理解得太狭窄了。有一个时期,有一些人把苏联的道路看作唯一的道路。斯大林是这种看法的代表。对这种看法不同意的人不少,因此后来有第三国际的解散。在第三国际解散之后又有新成立的情报局的解散。事实上世界各国的共产党中有相当多的一部分主张根据本国的情况走自己通向共产主义的社会主义道路。不过这个问题在理论上还在探讨。比如有这么一些问题还在研究：通向共产主义的道路是否可以有许多条？究竟可以有怎样的许多条道路，对多条道路应该给予怎样的评价等。对这些问题在马克思主义理论工作者的队伍中是有不同的看法的。对于这样一个重大而又十分繁杂的问题，有不同的看法，是很自然的事。通过科学研究和讨论，就可以使对这个问题的回答逐渐明确起来。在这方面形成明确的观点，对于各国共产主义运动当然是很有好处的。

在谈论"条条社会主义道路通向共产主义"时遇到的一个理论问题，仍是什么是社会主义的问题。对什么是社会主义的问题的理解如果很狭窄，通向共产主义的社会主义道路就会被认为只可能有很少的几条，对什么是社会主义的理解如果比较宽，通向共产主义的社会主义道路就会被认为有许许多多条。在什么是社会主义问题上的宽派和窄派，也就是在通向共产主义时社会主义道路问题上的宽派和窄派。我在什么是社会主义的问题上是倾向于比较宽的这个观点的，因此在通向共产主义的社会主义道路的问题上我是站在比较宽的观点上的。不过主张宽，也不是主张宽得无边无际。宽窄都总有一个界限，总有一定的说法。前面我已经对"什么是社会主义"说了不少话，从中可以看出我的看法，从中也可以看出我对通向共产主义的社会主义道路的思想。

对条条道路通向共产主义，我还想说一个看法，那就是在这里共产主义是目标。共产主义是一直向前发展的，但是我们在概念上总可以设想有那么一个标准，比如说在做到"各尽所能，各取所需"时就算达到了共产主义。这就是说我们可以设想大体有那么一条线，达到这条线就算达到了奋斗目标。这个目标就是我们说的这条道路的终点。有了这样一个终点的观念，我们也就会有距离这个终点远近的问题。实现共产主义有几个前提，一是生产资料归社会所有，使劳动者的积极性主动性达到十分高的程度，一是经济文化的高度发达，做到社会产品的极大丰富，社会成员的文化水平极大提高。离共产主义的"各尽所能，各取所需"的目标的远近要看这两个方面的情况，不能只看一个方面的情况。所以我认为发达的资本主义国家把经济文化程度提高到相当高的程度，对于发展到共产主义的目标的距离来说，不是扩大而是缩小了。

我们中国走向共产主义要走自己的道路。我们中国有与世界上其他国家很不相同的国情，无论历史和现状，自然和社会，客观方面的状况和主观方面的状况，与别的国家相比都有很大的特殊性。中国在进行社会主义革命时，在毛泽东的领导下走了一条有中国特色的道路，中国现在在社会主义建设中也要走一条具有中国特色的道路。现在我们先肯定存在这样一条道路，作为通向共产主义的许多条道路中的一条，然后在理论上对这条道路进行探索，在实践上对这条道路进行试验，我们要在卓有成效的建设中取得成功，使这样一条道路越来越明确。

1986年7月24日第十次讲座

关于计划经济与市场经济问题的发展

有一些问题,经济学家们认识到自己的研究还没有达到完善解决的地步,承认它们是难题,对之还要进行探索。但是也有一些问题,实际上并不那么简单,本来有许多矛盾还有待展开,然而经济学家们长期并不认为存在什么问题,认为可以轻易地做出判断,只是到了后来才发现原来的看法不恰当,从而不得不承认它们是需要真正认真研究的问题。关于计划经济和市场经济的相互关系,可以说就是这样的一个问题。

一、对计划经济和市场经济相互关系的看法有这样三个发展阶段

第一个阶段:把计划经济和市场经济看成是绝对互相排斥的事物。

在十月革命前关于计划经济和市场问题的讨论,纯粹是抽象性质的。在俄国取得十月革命胜利、世界上有了社会主义国家之后,才有作为现实事物的计划经济和市场经济这样两个概念。这两个概念,不论资产阶级经济学家或是马克思主义经济学家都是接受的,而且都认为它们分属于社会主义和资本主义两种根本对立的社会制度。即他们都说:社会主义的经济是计划经济,资本主义的经济是市场经济,或者计划经济具有社会主义的性质,市场经济具有资本主义的性质。都说正如资本主义和社会主义是互相排斥那样,计划经济和市场经济也是互相排斥的。尽管资产阶级经济学家和马克思主义经济学家对计划经济和市场经济的评价截然相反。资产阶级经济学家们说:"计划经济把社会经济搞得死死的,对经济的发展起束缚的作用,因此是不好的;而市场经济有一只'看不见的手'在发挥作用,使得社会经济生活能得到及时的调节,使得人们能够在竞争中发挥自己的积极性,因此是很好的。"马克思主义经济学家们说:"计划经济能够按照事先计划好的目标发展经济,可以用计划来调节社会经济生活,可以做到生产的不断增长,高速度的增长,因此计划经济很好;而市场经济是无政府的,市场经济中竞争会导致一部分企业失败和破产,市场经济会导致资本主义经济危机,因此是不好的。"尽管这两种评价是这样地针锋相对,但是,立场观点相反的两种经济学家都认为计划经济和市场经济两者是互相排斥的东西,在这一点上却是完全一

致的。

这样的观点,至今还支配着许许多多经济学家。比如直到现在我们在许多经济学家的言论中,还经常可以看到他们去比较计划经济和市场经济的优劣,并且把这种优劣看作社会主义制度与资本主义制度优劣的一个具体表现。

马克思主义的经济学家中还有不少人这么说,而资产阶级经济学家这么说的就更加普遍。不久前,我在欧洲讲学,在讨论中,经常遇到人们用这个观点提问题。世界银行的《世界发展报告》对世界各国的分类,在低、中、高收入国家之外,就列有"市场经济工业国"和"东欧非市场经济国家"。

我把这样一种观点称为"计划经济与市场经济的相互排斥论",简称"排斥论"。

第二个阶段:认为计划经济和市场经济是可以在一定的程度上和一定的意义上结合起来的。

我把这样一种观点称为"计划经济和市场经济的结合论",简称"结合论"。"结合论"的出现是在"排斥论"以后很久的事,所以我把它看成是第二个阶段的事。

这种"结合论"有"资本主义制度"下的"结合论",即在资本主义制度下也可以存在某种计划经济、某种与市场经济相结合的计划经济;也有"社会主义制度下"的"结合论",即在社会主义制度下,也可以存在某种市场经济,某种与计划经济相结合的市场经济。

应该说"社会主义制度下"的"结合论"出现的时间要早得多。

大家知道,在十月革命后,苏联的党出自他们对马克思主义的了解,站在"排斥论"的立场上,在建立起计划经济之后根本不要市场经济,加上十月革命初期所处的国际国内形势,苏联实行了一段"军事共产主义"。但实践证明否定商品,否定市场,只要计划经济,不要市场经济,事实上做不到,于是实行新经济政策。因此在苏联就不再提废除货币,同时在事实上不得不承认市场经济在一定范围内的存在,承认它与计划经济的同时并存,从而转到两者可以结合的立场上来。社会主义制度下计划经济和市场经济的"结合论",事实上就是从20世纪20年代在苏联开始的。我们对这种"结合论"还只是在政策上承认,而在马克思主义的理论上、在政治经济学的理论上讲的还是"排斥论"那一套。

我想把社会主义制度下的"结合论"再细分为两种:一种我把它叫作"消极结合论";还有一种我把它叫作"积极结合论"。前者早,后者迟。前者就是从苏联实行新经济政策时开始的,后者在20世纪30年代才抬头。

什么叫作"消极结合论"呢？

那就是把商品、货币、市场在社会主义下的存在看成是不得已的，仿佛它们的存在损害了社会主义的纯洁性。一方面不得不承认它们，另一方面老是想要用很大的气力去对付它们，限制它们，老是想有朝一日（这一日并不是很遥远的）要消灭它们。这就是说，它们的存在不但在活动领域中受限制，而且在时间上是短暂的。把它们的存在看作是一种消极因素自然不能不这样。

在这种指导思想下，当然在马克思主义理论上不能使这种"结合论"有明白的表现。从20年代起，苏联有一部分经济学家从苏联的实际出发，不断地提出在社会主义制度下是否存在商品生产、商品交换等问题，但也不断地受到另一部分经济学家的反对。但是事实是雄辩的，争论到最后不得不在理论上承认社会主义制度下长期存在商品生产和商品交换这个结论，如大家所知道的那样，是斯大林在《苏联社会主义经济问题》一书里做出来的。在斯大林的那部著作中，没有使用商品经济，更没有使用市场经济这样的词儿。但是实行商品生产和商品交换的经济，不就是商品经济吗？而商品生产即为市场销售而进行的生产，商品交换即在市场上进行的交换。承认社会主义制度下存在商品生产、商品交换，也就是承认市场经济在社会主义制度下有它的地位。当然，在绝大多数资产阶级经济学家的著作中，"市场经济"有它的特定的含义，他们口头上说的和笔下写的市场经济专指资本主义的市场经济。这个观点也就是我在前面说的"排斥论"的观点。我认为我们不能象斯大林那样害怕使用"市场经济"这个词。而应从市场的一般含义出发来使用"市场经济"这个词，这就是至少站在"结合论"的观点来使用这个词，承认在不同的社会制度下都可以有市场经济，不同制度下的市场经济有它们的共同点，也有其本质上的差异。

由于斯大林的权威，他的最后一言，解决了苏联（不止在苏联，也在其他国家）马克思主义经济学家中间长期争论的问题。

但我仍旧把斯大林归到社会主义制度下计划经济和市场经济"消极结合论"的名下。这从《苏联社会主义经济问题》这本书里所做的论述中，可以很清楚地看得出来。以斯大林《苏联社会主义经济问题》为代表的观点，一方面说社会主义制度下存在商品生产，一方面又说在社会主义制度下，商品生产、商品交换局限于两种社会主义所有制形式——全民所有制和集体所有制之间，局限于生活资料的范围之内，也就是说商品经济在社会主义制度下受到严格的限制。这样一种观点，一方面认为计划经济和市场经济是可以结合的，并且用斯大林那样的表述方式在理论上承认了这一点，另一方面仍然是把商品生产、商品交换、商品经济、市场经济视作与计划经济相对立的、消极的东西，只是因为某种原因才不得不允许它在一定时期内和一定限度内存在罢了。

应该指出，这种"消极结合论"的观点未能克服"排斥论"，而且内涵"排斥论"的许多论点和论据，所以它不能有力地抵御"排斥论"。在拥护斯大林这本书的观点的人中，有的可以发挥其肯定社会主义制度下存在商品生产和商品交换的观点，发展这个观点，有的也可以发展其必须对商品生产、商品交换严加限制的观点，走向"排斥论"，甚至同一个人可以有时显现第一种倾向，有时显现第二种倾向。

在这里我们举毛泽东为例。他是接受斯大林这本书中关于商品生产、商品交换的观点的。在"大跃进"期间，当陈伯达等人提出要消灭商品生产不顾价值规律的时候，他为等价交换、价值规律说了话，认为不顾客观规律就要头破血流。可是同时他自己也无视商品生产，把限制商品生产，破除"资产阶级法权"在理论上提到非常高的地位，在实践上实行了非常"左"的那些东西。这在"文化大革命"中发展到非常严重的程度。

外国一些站在马克思主义旗帜下的学者，在计划经济和市场经济相互关系的问题上也持很为极端的观点。在这里我想提一下贝特兰和斯威奇这两个学者。他们在我国"文化大革命"期间是赞成"文化大革命"这一套的。他们这样做，相当大的程度上是不了解我国的实际情况，但他们对计划经济和市场经济的看法也是倾向于限制商品和市场关系这方面的。贝特兰认为：市场关系的发展是所有制根本转变的表现形式，因此，对市场调节依赖的增强，表明无产阶级专政向有利于新资产阶级统治方向的转变，它的发展将导致资本主义的复辟。斯威奇也说："任何人只要加强市场的力量而不是与之作斗争，无论动机如何，他都是促进资本主义，而不是社会主义。"

"资本主义制度下"计划经济与市场经济的"结合论"，在第二次世界大战后也有所发展。在各资本主义国家，随着国家经济作用的增长，在一个国家、一个地区中，经济生活的计划性在显著地增强。在资本主义国家中，也建立起类似社会主义国家中的计划机关。在资本主义国家中，也有编制中期和短期计划的。在学术界，对从苏联计划工作中棋盘式平衡表发展起来的投入产出法表现出高度的兴趣。但资本主义国家整个说来实行的是市场经济。因此，在有的资本主义国家中也出现计划经济与市场经济相结合的问题。这样，计划经济与市场经济的"排斥论"在一定的限度内也受到了挑战。"资本主义制度下"的"结合论"，不论在理论上或者在实践上都有所发展。当然这种发展的意义与社会主义国家在这个问题上的发展，是有完全不同的意义的。这种发展是在资产阶级经济学的基础上进行的。

在社会主义国家的马克思主义经济学家中，对计划经济与市场经济问题的探讨并不停留在"消极结合论"的水平上。后来出现另外一种观点，那就是要高估利用市场机制在社会主义制度下的作用，认为上面那种观点束缚了社会主义经济的发展。因此主张对商品经济、对运用市场机制采取更为积极的态度，而对斯大林限制市场经济的观点采取批判的态度。他们的观点仍然认为在社会主义制度下，计划经济和市场经济是可以和应该互相结合的，因此仍然属于"社会主义制度下"计划经济与市场经济"结合论"中的一种观点。但是由于他们认为对这种结合不应该采取消极的态度，我把这种观点就称为"社会主义制度下"计划经济和市场经济"积极结合论"的观点。

由于对商品经济、市场机制、对社会主义经济发展作用的评价，在程度上可以有各种差异，因此"消极结合论"和"积极结合论"的界限就难以严格划分。但是近30多年来，马克思主义理论工作者中间有一种趋势，那就是对这种结合越来越积极。

在这方面最早做出贡献的还是东欧的经济学家。早在20世纪20年代末30年代初，奥斯卡·兰格就在对资产阶级经济学家的论战中，提出了一个在保持生产资料国家所有的条件下模拟市场的机制来解决资源有效配置问题的理论模型。我认为这种观点还是属于"结合论"的。后来，布鲁斯提出的"含有市场机制的社会主义计划经济的模式"，或奥塔·锡克提出的"计划性市场经济模式"等，计划经济与市场经济相结合的积极性就越来越高。这些提法已经摆脱"结合论"中典型的计划经济和市场经济何者为主的理论格局，走向我说的在计划经济与市场经济相互关系问题上的三个阶段。

第三个阶段是进一步认识实行社会主义的商品经济（或者说市场经济）同实行按劳分配一样，是社会主义本身的要求。社会主义就是具有生产资料归社会所有（这一点是共产主义初级阶段，即社会主义同共产主义高级阶段共同的东西）和按劳分配、社会主义商品生产（它们是共产主义初级阶段特有的东西）两方面特征的一种社会制度。因此不仅由生产资料归社会所有而产生的计划性是社会主义本质的表现，而且实行社会主义商品生产也是社会主义制度本质的表现。也就是说，计划经济同社会主义的商品经济都是社会主义本质属性的表现。

有了这样的认识，对计划经济同商品经济、市场经济关系的认识就达到这样一个新的水平。在这个水平上，计划和市场就不再是两个相互外在的东西的结合，而是这样一种关系：社会主义经济既然仍是一种商品经济，社会主义经济的有计划的发展，也就是社会主义商品经济的有计划的发展。在这里社会主义商品经济就是有计划发展的主体，而我们的计划就应该是社会主义商品经济发展的计划。

我把这样的一种观点叫作"社会主义制度下"计划经济与市场经济关系问题上的"主体论"，简称"主体论"。

"主体论"的思想也可以从一些经济学家的著作中比较早地看到。但是明确的表述是写在1984年秋中国共产党的第十二届三中全会通过的《关于经济体制改革的决定》以下简称《决定》上面。在这个《决定》中，使用的一个规范的语言是："社会主义计划经济必须自觉依据和运用价值规律，是在公有制基础上的有计划的商品经济"，把一些限制省略后，就是社会主义计划经济是在公有制基础上的有计划的商品经济，再简化就是社会主义计划经济是一种特定的商品经济。虽然我国经济学家对这一句话还有不同的理解，但是有一点是很清楚的，在这里计划经济和商品经济已经不是上面说的那种两个互相外在的东西了。当然，也允许有人不去作上面我说的那种"主体论"的理解。

有了这样的认识，就可以理解，实行社会主义的商品经济，不但是毫不离开社会主义的道路，而且是保证国民经济沿着社会主义道路发展的必需。因为实现了这样的一条，我们社会主义经济制度才更完善。过去，把社会主义商品经济排除在社会主义基本经济制度之外的看法，是不正确的。

外国有一些经济学家对社会主义国家应该重视利用市场机制问题写了不少著作，起了很重要的作用，但是还没有对这样的观点做明确的表述。而在中国，由于经济学家的长期讨论，认识越来越深化。开头只是在商品生产、商品交换范围上进行讨论，后来深入到社会主义经济的本质，达到了这样新的水平。中国经济学家研究的成果，被十二届三中全会所接受，写进了这个具有伟大历史意义的文件。

在计划经济、市场经济问题认识上的这个进步，要求经济建设的实践与之相适应。比如有了这个认识之后，计划工作就应该有一个根本性的改造。政治经济学思想的进步，应该带来计划经济学的进步。当今计划工作跟不上十二届三中全会关于社会主义经济仍然是一种商品经济的认识，是当前我国经济工作中的一个重大矛盾。而解决好我国计划工作中的这个问题，并且在实践中取得成功是证明这个"主体论"正确性的实践基础。在没有取得这方面的重大成果之前，"主体论"也许还只是一种在逻辑上说得通即顺理成章的理论，它还有待于实践给予有力的证明。不能轻视直接取得效益的经营的意义,即通过经营的成功来证明改革的作用,这个道理已为中国农村改革所证明,我想社会主义计划经济仍是一种商品经济的论述,通过计划工作的成功可以得到有力的证明。

关于计划经济与市场经济相互关系问题的这种新认识,不但思想停留在第一个阶段上的人对它难以接受,就是思想停留在第二阶段上的人也不一定能够很好地接受。因此,不但应该让思想停留在第一阶段的经济学家把自己的意见很好地讲出来,进行学术讨论,更应该让思想停留在第二阶段的经济学家把自己的意见很好地讲出来,进行讨论。"双百"方针必须彻底贯彻。如大家知道的那样,在十二届三中全会前,人们对商品经济问题有着很不相同的看法,这许多不同的看法不会因为做了决定就会自动消失。只要在行动上按照党中央的决定去做(这是党的民主集中制所要求的),在理论观点上应该允许人们保留自己的看法,而且应该允许把不同的观点发表出来,然后进行分析,求得认识进一步的提高。当然,为了学术讨论真正取得成果,坚持按照科学精神来进行讨论是最为重要的,那就是言必有据,那就是一定要讲逻辑,在我们国家对这一点有特别强调的必要。

二、进一步讲讲"计划经济是社会主义性质的"、"市场经济是资本主义性质的"这种看法的不恰当

"计划经济是社会主义性质的""市场经济是资本主义性质的"这样的说法流行了许多年,但是并不准确。

什么是社会主义?什么是资本主义?两者的界限是什么?这本来是很明确的。社会主义制度的基础是生产资料归社会所有,同时因为社会主义是刚刚从资本主义发展过来的,还要实行社会主义的按劳分配和社会主义商品生产。这是社会主义的本质。资本主义制度的基础是生产资料归资本家所有,资本家凭借这种所有占有劳动者创造的剩余价值。两者的本质规定性和界限就应该划在这里。在这两种不同的社会制度下,有不同的生产目的。社会主义生产的目的是满足社会成员日益增长的需要,资本主义生产的目的是为资本家生产利润。这一点直接表明社会主义生产和资本主义生产的本性不同。从这里,可以看出社会主义和资本主义的区别。至于计划与市场,即便把它们看成可以相互分离的两个事物,讲的也只是经济运行机制的问题,并不直接由社会主义和资本主义的本质来决定。而过去人们却把这个问题处理得很简单。"计划经济是社会主义性质的""市场经济是资本主义性质的"那样的话,在马克思主义经济学家和资产阶级经济学家的言

论中，都曾经被看作是无须论证的"自明之理"。

这种"自明之理"的最初形成，其实只是当时某种事实的直接反映。在过去某个历史时期的确有这样的现象：在资本主义国家中只是在企业内部是有计划的，在国民经济中还没有计划。而在社会主义国家中实行计划经济，对市场经济则采取限制的方针。在这个时候说"计划经济是社会主义的""市场经济是资本主义的"可以说还是符合事实的。但这并不等于从理论上说明了资本主义制度下不可能有计划经济，社会主义制度下不可能有市场经济。"事实上如何如何"和"事物发展规律如何如何"不是一回事。比如在某人活着的时候，说"某人活着"是符合事实的，但这并不表明"某人总是活着"这样一种客观规律性。资本主义在某个时期国民经济不是有计划的发展的事实，不能说明资本主义制度永远不可能有某种计划性。社会主义在某个时期市场经济受限制的事实，不能说明市场经济不能被社会主义制度接受。要说那样的话，还要做理论上的分析和论证。我认为分析和论证的结果，只能得出这样的结论：在资本主义制度下，即便在国民经济的一定的范围内，也是可以有一定意义下的计划性的，那就是它可以有建立在社会经济生活的一般的组织性和与计划管理有关的一般科学与技术基础上的计划性，可以有建立在资产阶级国家所发生的那些经济作用基础上的计划性。我认为，不能说资本主义制度下就没有任何计划性，不能说计划性是社会主义制度下特有的东西。我过去有过这样的观点，现在我想做某些修改，我想去对社会主义制度下的计划性和资本主义制度下的计划性进行区分。我认为，在社会主义制度下的计划性也是建立在社会经济生活的一般的组织性和建立在与计划管理有关的一般科学与技术基础上的，这一点同资本主义制度下的计划性相同。在社会主义制度下的计划性应该把这包括在自身之内，但是比这更前进一步，它还建立在资本主义制度下不具备的生产资料归社会所有这个基础之上，即建立在生产社会化与生产资料之间的矛盾已经被克服的基础之上。因此在社会主义制度下的计划性，既有同于、又有不同于资本主义计划性的内容。换句话说，在计划性问题上，社会主义与资本主义之间的区别，不是有无计划性的区别，而是计划性的质的规定性上的区别。也就是说，不是是否实行计划经济的区别，而是所实行的计划经济的范围、性质、作用之间的区别。因此，说"计划经济是社会主义性质的"，仿佛只要实行计划经济（而不论实行怎样的计划经济），就都是社会主义性质的，或者只有在社会主义制度下才能实行计划经济，都是不恰当的。

"计划经济是社会主义性质的"，这样的判断可以符合资本主义发展的某个时期的状况，但是它越来越不符合资本主义现代发展的状况。因此现在说这样的话的人也越来越少了。不少经济学家开始改变原来的看法。理论要符合客观事实，这是最低限度的要求，但是理论如果只要求自己与事实相符，它的作用就未免太低了。理论应该看得更深一些，才能对实践起指导的作用。

"市场经济是资本主义性质的"这个"自明之理"，其最初形成，也只是对当时事实的直接反映。因为那个时候，在社会主义国家是不搞市场经济，排斥市场经济，至少是限制市场经济的，于是市场经济就被视作资本主义的专有物。其实，进行理论的分析就可以证明，在社会主义制度下也可以实行市场经济，而且必须实行市场经济。这样的结论，主要是马克思主义经济学家们经过长期的研究做出的。在上一节说的对计划经济和市场经济相互关系的看法的几个发展阶段中，我们概括地讲了一下马克思主义经济学家在这方面理论上的进步和思想上的变化。资产阶级经济学家中有的人注意到了马克思主义经济学家的这个研究成果，使自己的认识有所提高。但是还有一些资产阶级经济学家，由于他们马克思主义的知识很少和囿于偏见，至今没有多少进步。因此当他们见到社会主义国家开始实行市场经济这种情况，就认为社会主义国家走上了资本主义的道路。这是因为他们仍停留在"市场经济是资本主义性质的"这样一种不正确的观点上的结果。

我说有些资产阶级学者马克思主义知识很少，甚至缺少马克思主义的常识，是有许多事实作根据的。手边正好有一篇美国人写的文章，上面有这样几句话："美国人是如此熟悉我们自己的市场经济的机制，以致我们很难理解任何别的制度怎样才能有效地运行。生产者利用利润最大化的原则生产消费者需要的商品，这种市场经济的倾向有一个内在的逻辑，这个逻辑早在好几个世纪前就已为人们所认识。然而在苏联，'计划者主权'已取代'消费者主权'。"在这里我不想就苏联那时的情况做什么辩护，因为"计划者主权"这种状况在苏联是长期存在的。而且我认为，还要坦率地承认，就是在今天，我们中国"为生产而生产"和"计划者主权"的思想，也还是存在的。但是我们马克思主义者明确地肯定，社会主义生产的目的是满足社会成员日益增长的物质与文化的需要。因此我们是主张"消费者主权"的。而在资本主义制度下，满足消费者需要只是取得最大限度利润的手段，在那里，不存在"消费者主权"的问题。他们用这样的观点来看待市场经济，当然不可能在市场经济性质的问题上有正确的分析。

"计划经济是社会主义性质的""市场经济是资本主义性质的"，这样的说法既然是不确切的，那就要进一步提出问题："社会主义的计划经济"与"资本主义的计划经济""社会主义的市场经济"与"资本主义的市场经济"这样一些概念能否成立？

对这个问题的回答，我持肯定的态度。但我认为，还要把问题分析得更细致些，不能简单化。

为什么我对这个问题做出肯定的答复呢？我的理由是：计划经济与市场经济讲的虽然是经济运行的方式问题，但是经济运行的目的、经济运行中的利益关系，在不同的社会制度下是不一样的。如果把这样的因素考虑进去，我们就应该对计划经济和市场经济做属于社会主义的和属于资本主义的分析。

在计划经济、市场经济之前加上"社会主义的"、"资本主义的"这样的限制词，是专指内容上的，还是专指形式上的，或者两者兼而有之？我认为首先是内容上的，但是也有形式上的。就内容来说，社会主义的计划经济和社会主义的市场经济，是以发展社会主义国民经济来满足社会成员日益增长的需要的。比如在今天，建设高度文明、高度民主的四个现代化的社会主义强国就是我们中国这个社会主义国家伟大的历史任务。中国社会主义的计划经济、社会主义的市场经济的每一个发展都是以实现这个历史任务为内容的。而各资本主义国家制定某种经济计划尽管各有自己的目的，但在原则上不可能有社会主义制度下的这种目的。由于目的不同，在计划的范围、计划的要求、市场经济的自由度等方面也不会相同。内容上的不同，要求一定的形式与之相适应，这些都是明显的道理。可惜的是资本主义国家中的计划，历史很短、实践很少，因此很不成熟。而社会主义国家实行市场经济的时间也很短，而且也只在一些国家里开始实行，可以说还处在实验阶段，以市场经济发展为主体的计划经济的实践也很少，所以要在今天去比较由社会制度决定的计划经济、市场经济形式上的差别，还不可能具体。在这里我只想抽象地给予肯定。

为什么我又认为这个问题不能简单地答复，而必须分析得很细致呢？

这又有两点理由：一是不论在资本主义国家还是在社会主义国家，经济成分往往不是很单纯的。因此不能接受这样简单的公式：非资本主义即社会主义，还要承认有既非资本主义也非社会主义的商品经济的存在。二是不论计划经济或是市场经济，在它的内容和形式中除了有由社会制度的不同性质决定的之外，也还有无所谓资本主义和社会主义的东西。因此必须对具体事物作具体分析，才能做出符合实际的判断。

1986年9月

社会主义初级阶段的经济

内容提要

（1）"社会主义初级阶段"的提出。这个提法，在1981年6月通过的《中共中央关于新中国成立以来党的若干历史问题的决议》中首次使用，后来又再一次写进1982年8月胡耀邦同志对十二大所做的报告中，1986年9月通过的《中共中央关于社会主义精神文明建设指导方针的决议》更把它提到重要的地位。它是对中国社会主义发展当前处在什么阶段的认识的一个最为概括的表述。在十二大报告中提出社会主义初级阶段在生产力方面的特征是"物质文明不发达"。在精神文明的决议中则从生产关系方面指出：这个阶段"不但必须实行按劳分配，发展社会主义的商品经济和竞争，而且在相当长历史时期内，还要在公有制为主体的前提下发展多种经济成分，在共同富裕的目标下鼓励一部分人先富裕起来"。这句话里在"不但"和"而且"之间讲的那两条——"实行按劳分配"和"发展社会主义的商品经济和竞争"，是整个社会主义阶段，即共产主义初级阶段区别于共产主义高级阶段的特征。而在"而且"之后的那两条，即"在公有制为主体的前提下发展多种经济成分"和"在共同富裕的目标下鼓励一部分人先富裕起来"则是社会主义初级阶段区别于社会主义比较高级的阶段的特征。在十二届六中全会后，社会主义初级阶段这个重要提法已经开始引起人们的注意和关心。

（2）社会主义初级阶段与多种经济成分并存。"在公有制为主体的前提下发展多种经济成分"，就表明在社会主义初级阶段作为主体的社会主义公有制经济与不成为主体的非公有制经济同时并存。

十二届六中全会决议中的"多种经济成分"与胡耀邦同志在十二大所做报告中、十二届三中全会决定中，以及中央某领导同志关于"七五"计划报告中提出过的"多种经济形式""多种所有制形式"的含义有所不同。"多种经济形式"是指在社会主义国营经济外还要发展社会主义的集体经济和合作经济，当然也指要发展个体经济。"多种所有制形式"的含义大致也是这样。而"多种经济成分"指的是公有制经济成分与非公有制经济成分的并存。在十一届三中全会中这个思想内涵在对外开放、对内放宽这样的语言当中,只是在十二届六中全会的文件中才做出这样明确的表述。

当然"多种经济成分"这样的概念,在新中国成立前讲革命根据地经济时就已经使用过。在新中国成立后到1956年这个历史阶段内,则更经常指出当时具有多种经济成分并存的特征。但是在1956年我国生产资料私有制的社会主义改造完成后,情况发生了变化。在1957—1978年的22年中,我国实现了单一的社会主义经济,就不再存在多种经济成分并存的局面。而实践证明这种单一的公有制经济,并不适合中国现阶段的国情。1957年后的20年中我国经济发展停滞不前,当然有多种原因,单一的公有制经济不适合我国现阶段国情是重要的原因之一。而在十一届三中全会后的几年中,对外实行开放,对内放宽政策,多种经济成分并存的问题重新登上中国的历史舞台,对多种经济成分并存问题的研究也重新登上了中国理论研究的舞台。

这样的事实已经存在与发展了好几年。但直到这次十二届六中全会,才在中央文件中得到明确的表述。原因是1956年我们已经由多种经济成分进到单一的社会主义经济,承认多种经济成分易被视作历史的倒退,易被认为中国退到了社会主义改造时期,甚至退到新民主主义社会。演变到最后,在十二届六中全会的决议中才明确了多种经济成分的提法。

在社会主义初级阶段有哪些非公有制经济成分?无非是个体经济、本国人经营的资本主义和外国人在中国经营的资本主义等。这是一个很普通的看法,但是仔细研究起来并不那么简单。因为分析一种经济成分的性质涉及对一些马克思主义经济学理论的认识,涉及一些方法上的问题。我主张从某种非公有制经济成分的内部关系来做出它的性质的判断,而它的外部关系则对这些经济成分在某些社会中的地位和作用可起决定性的作用。我认为这样的看问题的方法同马克思如何看待私有制性质的论述是没有矛盾的。当然在这里有一些复杂问题要做研究,而且在方法论上也需要做进一步的探讨。

在这里有一个问题是要给以回答的:在社会主义初级阶段的多种经济成分并存和在过渡时期的多种经济成分并存有何不同?要回答这个问

题就要把过渡时期和社会主义初级阶段的区别讲清楚,讲清楚在过渡时期和在社会主义初级阶段公有制经济与非公有制经济不同的地位和不同的历史命运。

(3) 社会主义初级阶段与鼓励一部分人先富裕起来。作为社会主义初级阶段特征的一部分人先富裕起来,不仅是由于贯彻按劳分配原则而形成的一部分人富裕程度高于社会上的另一部分人,而更是由于允许超出按劳分配原则而产生收入上的显著差别。这不仅是对事实上早已存在的"按照生产资料占有状况分配"的原则、"按能力分配"的原则的承认,而且是对同社会主义经济仍然是一种商品经济相联系的和同发展多种经济成分相联系的分配原则的承认。不承认一部分人先富起来,商品经济与发展多种经济成分就失去了动力,因而成为没有意义的事。而不承认发展商品经济与不承认发展多种经营,一部分人先富起来就无从实现。但是社会主义初级阶段是社会主义的一个初级阶段,按劳分配原则仍是社会主义初级阶段基本的分配原则,因此一部分人先富起来不会导致私有制社会下的贫富两极分化。鼓励一部分人先富起来为的是鼓励大家致富,为的是用先富者的经验引导人们去共同致富。

(4) 社会主义初级阶段的经济建设。从生产力的角度来看社会主义初级阶段,它的基本特征就是"物质文明不发达",即社会生产力水平低。特殊历史条件使得中国在一个相当长的时期内形成这样一种特别的局面:一方面已经建立起世界历史上最为先进的社会主义制度,而另一方面却处于经济文化仍然很落后的状况之下。这是中国不得不经过很长一个"社会主义初级阶段"的根本原因。而上述社会主义初级阶段在生产关系方面的特征则是社会生产力水平在中国这样一个社会主义国家中的反映。

社会主义初级阶段就是初级阶段的社会主义建设时期。社会主义初级阶段的基本纲领就是要把中国建设成为现代化的社会主义强国。这个基本纲领就是针对中国在社会生产力方面远远落后于世界上发达国家这个状况而提出的。1980年中国人均国民生产总值在世界银行174个国家和地区的统计中占第151位,绝对值是290美元。而那时占第6位的联邦德国是13 590美元,占第12位的法国是11 730美元,占第14位的美国是11 360美元,占第21位的日本是9 890美元,占第26位的英国是7 920美元。这些国家人均国民生产总值和我国相比,最高者为我国的47倍,最低者为27倍。如果它们能以年增长率2%的速度发展,到2050年其人均国民生产总值仍将为邓小平同志提出的,我国希望要达到的4 000美元的10倍。不论将来对实现现代化的概念会有怎样的变化,现代化在中国的实现与社会主义初级阶段的过程都会是很长的。

但是处在社会主义初级阶段的中国,如能胜利地实现改革,发挥社会主义的优越性,根据"后来居上"的道理,做好自己的工作,是能够逐步赶上走在前面的发达国家的。

当然也必须看到实现现代化存在很大的困难。落后——财力不足、人才短缺、技术水平低、文化素质差等——本身就是发展的困难。一个国家之所以处于落后状态,总有它的原因。原因如果没有改变,那就不可能改变它的结果,即不可能变落后为先进。在这里有一个类似"鸡生蛋蛋生鸡"的问题。这样的问题,抽象的思维是不能解决的,而在实践中却可以找到解决问题的环节和突破口,加上我们积极的行动,就可以变落后为先进。

(5) 为什么不提我们还处在过渡时期?按照列宁的话说,过渡时期就是"衰亡着的资本主义与生长着的共产主义彼此斗争的时期",也就是非公有制经济被消灭被改造的时期。在新中国成立初期,需要很快壮大社会主义公有制经济,需要同资本主义经济做斗争,需要巩固工农联盟。但是由于中国不是一个资本主义国家,把中国当时的历史阶段看作类似俄国十月革命后的过渡时期,可能就是未能坚决贯彻从中国国情出发这个原则。在改造非公有制经济的过程中我国在政策上、步骤上、方式上的成功,掩盖了在如何看待中国究竟处在怎样的历史阶段这个更为根本的问题上的不成功。

如果我们认为在20世纪50年代把中国的历史发展阶段看成是过渡时期,就已经不那么恰当,那么就更没有理由把当前我国的历史发展阶段说成是过渡时期。

而且如果说今天我国还处在过渡时期,那么我们就不得不接受马克思、列宁对过渡时期下的定义、做的论述。而因为社会主义初级阶段的概念完全是我们提出的,我们就可以完全按照马克思主义的普遍原理与我国社会主义建设的实际相结合的原则,对这一历史阶段的特征、任务等做出合乎客观规律的规定。

由于社会主义初级阶段的基本任务,是建设一个四个现代化的社会主义强国，即奋斗目标是在建设方面。多种经济成分并存与一部分人先富裕起来等，在这里是作为有利于完成建设任务的社会经济关系被肯定的。因此不会在这个历史阶段对有利于建设的经济关系提出改造和消灭的方针。而社会主义初级阶段很长，因此社会主义初级阶段这个提法有利于政策的稳定，从而也有利于建设事业的发展。

关于社会主义初级阶段的经济有很多理论问题，同时我们还要研究社会主义初级阶段的政治。对这个题目过去我们研究得很少，理论界要提出应该研究的各方面的问题，并且对它们做深入思考和探讨。

再改变一下原订的计划插入讲这样一个题目，这是因为前两个月通过的《中共中央关于社会主义精神文明建设指导方针的决议》，比较突出地再一次提出"我国还处于社会主义初级阶段"这个命题。当前我国经济学界对这个问题有很大的兴趣，它是一个热门的题目，改一下似乎更好一点。同时这次（第37次）经济社会发展战略讨论会讨论的题目是"经济改革与精神文明建设"。改讲这个题目，两次会议也可以配合得更好一些。不过在政治经济学社会主义部分问题讲座中讲这个题目，有相当大的困难，因为这个讲座的性质是讲一般理论问题的，需要对社会主义初级阶段的经济做出抽象的理论概括，而对这我还没有来得及研究，一时讲不出很多道理来。因此今天只好就已经认识到的，比较肤浅地讲一点看法。希望经过大家讨论，能在理论上提高一步。

一、社会主义初级阶段这个概念的提出

社会主义初级阶段这个概念，是在党的第十一届六中全会总结新中国成立以来党的历史问题时第一次提出来的，它被写进1981年6月27日全会通过的《中共中央关于新中国成立以来党的若干历史问题的决议》的最后一个部分——"团结起来，为建设社会主义现代化强国而奋斗"中的第33节里面。这个文件使用这个概念的那一段文字是这样的："只有社会主义才能救中国。这是中国各族人民从一百多年来的切身体验中得出的不可动摇的结论，也是新中国成立三十二年来最基本的历史经验。尽管我们的社会主义制度还是处于初级的阶段，但是毫无疑问，我国已经建立了社会主义制度，进入了社会主义社会，任何否认这个基本事实的观点都是错误的。我们在社会主义条件下取得了旧中国根本不可能达到的成就，初步地但又有力地显示了社会主义制度的优越性。我们能够依靠自己的力量战胜各种困难，同样也是社会主义制度具有强大生命力的表现。当然，我们的

社会主义制度由比较不完善到比较完善，必然要经历一个长久的过程。这就要求我们在坚持社会主义基本制度的前提下，努力改革那些不适应生产力发展需要和人民利益的具体制度，并且坚决地同一切破坏社会主义的活动做斗争。随着我们事业的发展，社会主义的巨大优越性必将越来越充分地显示出来。"

十一届六中全会这个决议虽然没有着重阐明处在社会主义社会初级阶段的意义，但是有这样几点意思是很清楚的：

第一，它肯定了我国当前的社会主义究竟处在怎样的阶段。正如大家都知道的那样，社会主义是共产主义的初级阶段，因此社会主义的初级阶段就是共产主义初级阶段的初级阶段。社会主义是区别于共产主义高级阶段而言的共产主义，而社会主义初级阶段则是区别于社会主义的中级阶段和社会主义的高级阶段的社会主义。不同于一般的社会主义阶段，它是社会主义的一个特定的阶段。

第二，它肯定了社会主义初级阶段是比较不完善的社会主义，而且肯定"社会主义制度由比较不完善到比较完善，必然要经历一个长久的过程"，这就是说，社会主义初级阶段不是短暂的历史时期。

在以往党的文件上从来没有讲过我国社会主义处在什么阶段的问题，只是一般地说中国已经进入了社会主义的阶段。这就是说在以往党的文件中，对我国处于怎样历史阶段的提法还是比较一般的。十一届六中全会做出的这个论断比起以往来就具体得多了。因此十一届六中全会决议中的这一个论断是一个崭新的提法。这个提法明显很重要，会后理应对这进行宣传。

现在越来越看得清楚，社会主义是一个很长很长的历史阶段。笼统地说，一个国家进入了社会主义阶段，对于任何一个社会主义国家的党正确地认识本国的国情、认清这个国家现阶段的历史任务、制定适合于本国历史发展阶段的经济政治文化社会的基本方针来说，都是完全不够的。因此，几乎所有社会主义国家都关心如何评估本国究竟发展到社会主义的怎么样的一个阶段的问题。对于我们中国来说，也应该是这样。在十一届六中全会决议中虽然对此没有着重阐述，但是做出了这样一个回答，应该认为这是具有非常重要的意义。那种只去强调地宣传中国进入社会主义，而不去做处于社会主义怎么样的阶段的这样具体分析的做法，事实证明是起不到重要的积极意义的。

在党做出《关于新中国成立以来党的若干历史问题的决议》一年又两个月之后，胡耀邦同志代表党中央在党的第十二次代表大会上做了政治报告。报告中再一次写进我国还处在社会主义初级阶段的这个提法。它是写在"努力建设高度的社会主义精神文明"这一节里面的。有关这个提法的文字是这样的："社会的改造，社会制度的进步，最终都将表现为物质文明和精神文明的发展。我国的社会主义社会现在还处在初级发展阶段，物质文明还不发达。但是，如同有了一定程度发展的现代经济，有了当代最先进的阶级——工人阶级及其先锋队共产党，社会主义革命就有可能成功一样，在建立起了社会主义制度以后，我们就能够在建设物质文明的同时，建立起高度的社会主义精神文明。"这是党的文件对十一届六中全会提出的我国的社会主义社会还处在初级阶段再一次的肯定。由于这个报告是在党的代表大会上做的，这个提法的权威性因此就更加提高了。

不过在十二大报告中，我国还处在社会主义初级阶段的这个论断，是在讲精神文明将与物质文明并行发展时讲的。所以对这个论断只做出"物质文明还不发达"这样一句属于生产力方面的描绘，而未做生产关系方面的描绘。总之我们可以看得很清楚，不论党的十一届六中全会或是第十二次代表大会所讲的社会主义的初级阶段，讲的都是我国社会主义社会的发展阶段问题，而不是社会主义生产关系的某种具体的形式是"高级的"还是"初级的"问题。在一个社会主义国家党中央的文件中明确规定本国在当前处在"社会主义的初级阶段"这个提法是没有先例的。

1986年9月闭幕的党的十二届六中全会决议，把我国还处于社会主义初级阶段这个论断，放到比前两个中央文件更为重要的地位上面。这个提法，在《中共中央关于社会主义精神文明建设指导方针的决议》中写到"树立和发扬社会主义的道德风尚"这一节里面。有关的那一段文字是："道德是经济基础的反映，而不是脱离历史发展的抽象观念。我国还处在社会主义的初级阶段，不但必须实行按劳分配，发展社会主义的商品经济和竞争，而且在相当长历史时期内，还要在公有制为主体的前提下发展多种经济成分，在共同富裕的目标下鼓励一部分人先富裕起来。"这一决议关于"我国还处在社会主义的初级阶段"的论述，与前两个文件相比，又前进了一步。第一，它对这个论断做了正面的论述。第二，它明确指出这个阶段是一个"相当长历史时期"。"相当长历史时期"这样的语言，在我们党的文献中曾多次使用。它的含义虽然同说明究竟有多长不一样，即没有指明多少年，但大家知道这个时间绝不是十年、二十年这样短暂的时间，而要比这长得多。第三，它明确指出中国社会主义初级阶段某些生产关系方面的特征。从《决议》的文字表达来看，在上引的这段话的"不但"和"而且"两词中间讲的那两条——"实行按劳分配"和"发展社会主义商品经济和竞争"是整个社会主义阶段（共产主义初级阶段，它区别于共产主义高级阶段）的特征。而在"而且"两个字后的那两条，即"在公有制为主体的前提下发展多种经济成分"和

"在共同富裕的目标下鼓励一部分人先富裕起来",则是社会主义初级阶段区别于社会主义比较高级的阶段的特征。这两条的内容,在现实生活中早已存在。现在在这个党中央的《决议》中对此做出了明确的肯定是具有重大意义的,应该受到理论界和各界高度的重视。

二、社会主义初级阶段与多种经济成分并存

《中共中央关于社会主义精神文明建设指导方针的决议》把"在公有制为主体的前提下发展多种经济成分"作为社会主义初级阶段在中国的一个特征。

多种经济成分是一个怎样的概念呢?

《决议》在文字表达上很清楚。"在公有制为主体的前提下发展多种经济成分",这几个字明明白白地说明这样两点意思:第一,在这个社会主义初级阶段,公有制的经济成分在多种经济成分构成的整个社会的所有制结构中,占据主体的地位。第二,在社会主义初级阶段的所有制结构中还同时存在非公有制的经济成分,而且,非公有制的经济成分还不止一种。非公有制经济的经济成分有哪些?对这个问题我国理论工作者有各式各样说法。在这里我暂且不涉及有争论的问题,仅仅从现象来看,在我国现实生活中就有:个体经济、本国私人雇工的经济、外国资本家到中国投资办企业的经济等。对这些经济如何分析,是一个需要认真研究的问题,但是有一条总是可以肯定的,那就是就这些经济内部的关系来说,它们既然都不是建立在公有制的基础之上的,因此它们要么不是社会主义性质的经济,要么至少不完全是社会主义性质的经济。因此公有制经济与非公有制经济多种经济成分的并存,它的含义也就是社会主义性质的经济成分与非社会主义性质的或不完全是社会主义性质的多种经济成分的并存。

因此,"在公有制为主体的前提下发展多种经济成分"的提法,与发展多种经济形式和多种经营方式乃至发展多种所有制形式的提法相比,应该说是有区别的,也就是说是有所前进的。

大家知道,在1982年十二大的报告中,"关于坚持国营经济的主导地位和发展多种经济形式的问题"这一节中,有关文字是这样的:"社会主义国营经济在整个国民经济中居于主导地位。巩固和发展国营经济,是保障劳动群众集体所有制经济沿着社会主义方向前进,并且保障个体经济为社会主义服务的决定性条件。由于我国生产力发展水平总的说来还比较低,又很不平衡,在很长时期内需要多种经济形式的同时并存。在农村,劳动人民集体所有制的合作经济是主要经济形式。城镇手工业、工业、建筑业、运输业、商业和服务业,现在都不应当也不可能由国营经济包办,有相当部分应当由集体举办。城镇青年和其他居民集资

经营的合作经济，近几年在许多地方发展了起来，起了很好的作用。党和政府应当给以支持和指导，决不允许任何方面对它们排挤和打击。在农村和城市，都要奖励劳动者个体经济在国家规定的范围内和工商行政管理下适当发展，作为公有制经济的必要的、有益的补充。只有多种经济形式的合理配置和发展，才能繁荣城乡经济，方便人民生活。"从这段话中，我们看到十二大报告讲的多种经济形式里面，也讲到了非公有制的经济成分，因为其中讲到"在农村和城市，都要鼓励劳动者个体经济在国家规定的范围内和工商行政管理下适当发展"，作为公有制经济的必要的、有益的补充。在多种经济形式中，包括"劳动人民集体所有制的合作经济"，其中包括城镇各种形式的合作经济。从这段话中可以看到，多种经济形式的提法主要是从各行各业都不能由国营经济包办来着眼的。这同我国现阶段的经济不能是单一的公有制经济，不能是单一的社会主义性质的（或者不能是单一的"完全是社会主义性质的"）经济的看法是不完全相同的。在那个报告中未用多种经济成分而用多种经济形式，可以看清楚是经过一番斟酌的。

在1984年十二届三中全会通过的《关于经济体制改革的决定》中使用的仍然是"多种经济形式"，并且加了一个"多种经营方式"（不过在这个《决定》的第8节，标题用的是"积极发展多种经济形式，进一步扩大对外的和国内的经济技术交流"，没有把"多种经营方式"放在标题里）。《决定》中有关这一个意思的那段话是："我们要迅速发展各项生产建设事业，较快实现国家繁荣富强和人民富裕幸福，必须调动一切积极因素，在国家政策和计划的指导下，实行国家、集体、个人一起上的方针，坚持发展多种经济形式和多种经营方式。"从"国家、集体、个人一起上"这点来看，讲的还是十二大所讲的多种经济形式的意思，在多种经济形式后加上"多种经营方式"的意思是，即便是同一种经济形式，在"经营方式"上还可以有多种多样。经营方式变化可以不涉及经济形式的变化。

我们可以看得很清楚，十二大报告和十二届三中全会《决定》中讲的多种经济形式，与多种经济成分相比含义是比较宽的。从以上引的十二大报告的那段话和十二届三中全会《决定》中的"国家、集体、个人一起上"来讲多种经济形式这些文字来看，在"多种经济形式"这个概念中包括了"多种所有制形式"的含义，但是又没有使用多种所有制形式这个名词。

在"七五"计划的文件中才开始使用"多种所有制形式"这个提法。这是赵紫阳同志在《关于第七个五年计划的报告》中叙述"六五"计划期间在我国经济体制改革方面取得的成就时讲的。有关的那一段话是："企业自我改造、自我发展的能力逐渐增强，社会主义市场不断扩大，多种所有制形式和经营方式显著发展，各种形式的横向经济联系日益加强，整个国民经济的运行机制发生了有利于搞活经济的许多变化，有效地调动了广大职工群众的积极性和创造精神。经过

'六五'期间的实践,特别是经过中共中央做出《关于经济体制改革的决定》以后这一年多来的实践,建立有中国特色的社会主义经济体制的轮廓越来越明晰了,路子越来越清楚了。"在这一段话中第一次使用"多种所有制形式"以代替以前说的"多种经济形式",同时保留"多种经营方式",并且又加上了一个"各种形式的横向经济联系"。

第一次使用多种经济成分这个语言的中央文件,是十二届六中全会的决议。当然多种经济成分是在20世纪50年代早就使用过的。但那是对全国胜利前革命根据地中和对从中华人民共和国成立到生产资料所有制的社会主义改造胜利完成前这个期间内我国社会所有制结构的一个科学的描绘。而1956年对生产资料的社会主义改造完成后,我们就不再使用"多种经济成分"这个名词来说明当前的社会所有制结构了。这是很自然的,因为在1957年后到十一届三中全会这20多年中,我们的确实现了单一的社会主义经济,资本主义经济被消灭了,个体经济被改造了,剩下一些带有个人经济性质的活动,也被当作资本主义尾巴去割。在那些年中的确不再存在多种经济成分并存这个情况。但是实践证明这种单一的社会主义经济成分的状况并不适合中国今天还处在社会主义初级阶段这个国情。20年来我国经济发展停滞不前当然有多种原因,这种单一的社会主义经济、单一的公有制经济不适合现阶段中国生产力的水平和不适合我国当前社会生产力发展的要求,是一个很重要的原因。于是在十一届三中全会拨乱反正、恢复实践是检验真理唯一标准这个马克思主义的思想路线之后,就改而实行对外开放、对内放宽的政策,允许个体经济和其他对发展我国社会主义生产力能起积极作用的非公有制经济成分的存在和一定范围内的发展,甚至允许外国资本家到中国来与我国合资甚至独资办企业。于是多种不是建立在公有制基础上的经济成分,重新登上中国的历史舞台,而对多种经济成分并存的研究也重新登上我国理论研究的舞台。

这样的事实的出现和有所发展,在我国已经有了几年的历史。而"多种经济成分"这个名词虽然在有的经济学家的文章和书籍中早就一直使用[1],但是在党中央的文件中,直到最近召开的十二届六中全会才使用。这是什么缘故呢?我认为原因是,新中国成立以前的革命根据地和在生产资料私有制的社会主义改造完成之前是多种经济成分并存的,两者的区别是在全国胜利前的革命根据地里公有

---

[1] 《社会主义经济建设常识读本》可以作为这样的书籍的一个例子,在1984年出版的这本书的第二十一章中说:"在某个社会主义国家的某个历史时期中,也可以存在某些非社会主义性质的生产关系,如在社会主义的经济外还存在资本主义性质的和非社会主义的个体性质的经济。这就发生多种经济成分同时存在的问题。在一个社会主义国家中有哪几种性质不同的生产关系,它们各占怎样的比重,它们在整个社会生产中的地位怎样,它们之间发生怎样的关系,构成这个国家的社会经济结构或称这个国家的社会所有制结构。像在我们中国这样的一个社会主义国家中,社会经济结构问题也是很重要的。"

制经济占不到主体地位,那时候我们把当时的这种经济称为新民主主义经济。人民革命在全国胜利后,由于没收了官僚资本和帝国主义的财产,一下子建立起比较强大的社会主义国有制经济,而中国民族资本的力量本来就薄弱,并在连年战争中更进一步被削弱,社会主义经济很快就占据主体地位。但是那时还有个体经济和资本主义经济,所以仍是多种经济的并存。而据此我们提出的任务是"一化三改"。一化就是工业化,三改就是对资本主义工商业、对个体农业和个体手工业进行改造。那时候我们把当时的历史阶段叫作对生产资料私有制改造时期,也叫作从新民主主义到社会主义的过渡时期。1956年对生产资料私有制的社会主义改造完成后,我国的经济体系成了单一的社会主义经济,我们就说,我国又发展到了新的历史时期。由于在社会主义改造前我们说"中国处于新民主主义到社会主义的过渡阶段"(最初我们是这么说的,后来改说从资本主义到社会主义的过渡阶段,近年来又改回去说从新民主主义向社会主义的过渡阶段),而在社会主义改造完成后,我们则说我国过渡完毕,进入了社会主义阶段。于是在许多人的头脑中就形成这样的概念,似乎只要承认中国还有多种经济成分就是承认中国还没有走完过渡时期(或者说就是退回到过渡时期),甚至就是退到新民主主义时期。而这样的结论,我们当然是不愿意接受的。于是就发生这样一种现象:一方面在十一届三中全会后,单一的社会主义经济状况事实上已经改变为多种经济成分同时并存,但是又不能痛痛快快承认多种经济成分并存这个事实。这几年我们就是这样走过来的,即一方面我们采取了正确的放宽政策、搞活经济的政策,事实上承认在公有制为主导的前提下多种经济成分的存在,另一方面为了避免与那些不愿意在口头上承认多种经济成分的看法进行争论,因而在使用"多种经济成分"这个概念的问题上,就出现了从"多种经济形式"到"多种所有制形式",再到"多种经济成分"这种"渐进"的现象。这样做虽然暂时牺牲了一些明确性,但对实际工作并没有造成很大的妨碍。演变到最后,在十二届六中全会的决议中才明确了"多种经济成分"的提法。

关于"多种经济成分"还有一些需要解决、探讨的问题。对此在这里我想举出几个,但未必举得完全,也未必举得恰当。现在先说出来请大家斟酌一下。

第一个问题是,在社会主义初级阶段究竟存在哪些不是公有制经济的成分?

我认为这个问题比较容易回答,无非是个体经济、本国人经营的资本主义经济、外国人在中国经营的资本主义经济,可能还有一些比较复杂的非公有制经济形式。

关于个体经济。今天我国个体经济不论在城市乡村都有。在城市,个体经济这种成分比较明显。城市中的小个体手工业者、个体小商贩、个体运输业者、个体服务业者、个体小商店等一切靠个人或者他们的家庭成员运用自己所有的生产资料、流通资料来从事生产和经营以取得收入的,就属于个体经济。农村中的情况有一点复杂。那就是在实行大包干之后的农户,究竟属于个体经营还是属于个体经济?这个问题在理论界并没有完全解决。为了避免"分田单干"的指责,几年来一直说大包干后农户经营的经济不是个体经济。理由是:①土地在这里不是农户所有的,每一户种的地是集体包给他们种的,集体有权改变包干者使用土地的状况。②他们对集体承担承包的义务——最低限度完成多少农产品的生产,向集体缴纳承包土地的钱都是由集体决定的。③农户接受集体办的事业的服务,有些地方做到农户事实上不能离开集体办的这些事业的服务。④农户在相当大的程度上依靠集体办的工业企业。总起来说是,在这样条件下的农户经济,是建立在集体经济基础上的,因此不属于个体经济。但这么说也是有困难的,因为农户与集体的联系有时可以非常紧密,有时也可以非常微弱,在这种情况下,个体经济与集体经济的界限如何划分,在理论说明上是个相当困难的问题。

关于本国人经营的资本主义经济。我认为这种资本主义经济在中国今天典型的形式是私人雇佣大量的工人,用资本主义的方法来进行经营,而不论所从事的生产和经营的内容是什么。这种中国人经营的资本主义性质的经济,在整个国民经济中占有多大的比重,我没有了解到这方面全面的资料。这些年有些发展,但我估计总的来说目前占的比重很小。至于小到什么程度,我仍然说不上来。而不论究竟占有一个怎样的比重,还是应该肯定在多种经济成分中有这样一种。

关于外国人在中国经营的资本主义。我们欢迎外国资本家到中国来投资。外国资本家到中国来投资在我们马克思主义政治经济学的语言中叫作"资本输出"。就是外国人他们也不忌讳使用这个"资本输出"的名词。大家知道,资本是生产剩余价值的价值。外国资本家把钱投到中国来生产剩余价值,这明显是在中国经营资本主义。

除了上述三种外,还有各式各样中间状态的和复杂的形式,这三种可以说就是基本的。

上面三种我们说的是在我国法律上、政策上允许其存在和在一定范围内发展的经济成分。其之所以在法律上、政策上得到允许,那是因为它们的存在和一定范围内的发展,对我们的社会主义建设能起积极作用。同时我们还应该承认,在今天中国还存在一些对于我们社会主义经济发展来说起着损害和破坏作用的非社会主义性质的经济成分。我们不能允许其存在下去,更不能允许其发展。它们在我们的国家中是非法的。我们要取缔它们。但是应该承认它们不是一下子可以消灭的。虽然我们的方针是不允许它们存在，而且采取强有力的措施和它们进行斗争，但是它们还会存在一个时期。我们应该承认这样的经济成分是存在的，如果它们是不存在的，我们就用不着去禁止和取缔它们了。

我们接着再讲，在社会主义初级阶段，对各种非公有制经济成分的性质应该如何进行分析？

上面我们讲过的关于实行联产承包责任制后的农户经营的性质也是一个没有得到解决的问题。至于雇工经济成分性质的讨论更是这几年的"热门"问题。弄清楚这些非公有制经济的性质，不仅对于理论研究，而且对于实际工作都有很大的影响。对在社会主义公有制经济为主体的情况下非公有制经济成分的性质如何确定的问题，在马克思主义者中间很早就有过讨论。研究这样的问题涉及关于如何确定一种经济成分性质的政治经济学的理论和方法的问题。早在俄国十月革命胜利后不久，列宁就提出过在社会主义国家中的"国家资本主义"问题。这种"国家资本主义"有一个特殊的含义，那就是它不是资本主义社会中的国家资本主义，而是在社会主义制度下，由社会主义国家考虑后，认为它能对社会主义制度的巩固和发展起积极作用的那种资本主义，同时它又必须是遵守社会主义国家法律、在社会主义国家监督之下活动的那种资本主义。对这种国家资本主义的性质应该怎样分析呢？比如说外部的条件——社会主义国家同这种资本主义经济成分的联系，是否会改变或者影响它的资本主义性质呢？这就是一个值得研究的问题。社会主义制度在波兰建立后，波兰最早的一位党的领导人哥穆尔卡，用魏斯拉夫的笔名在20世纪40年代末写了一篇文章，认为在社会主义国家中的个体经济，因为在流通过程中与社会主义国营经济相联系，所以就带有社会主义性质（文章早就不在手边，这是凭我记忆来说的）。这篇文章发表后不久我就看到了。记得当时研究这篇文章时，我认为确定一种经济成分的性质，应由这种经济成分内部的经济关系来决定，由这种经济成分内部的所有制和经济利益关系来决定，因此不能从个体经济在流通过程中与社会主义国营经济有联系就说它有社会主义性质。这样的讨论，在研究今天我国的非公有制经济成分的事情上又提出来了。对这样的问题，我们究竟应该怎么看待？这是应该研究解决的。

我认为应该承认这个问题的复杂性，现在我的想法还是我在读了哥穆尔卡文章后的观点，即仍然主张一种经济成分的性质是由这种经济成分内部的经济关系、所有制关系来决定的。而它们与外部的关系，则不是决定一种经济成分性质的根据。这就是说，个体经济就是个体经济；资本主义经济就是资本主义经济；

外国人在中国经营的资本主义经济就是外国人在中国经营的资本主义经济；本国人经营的资本主义经济就是本国人经营的资本主义经济。至于这些经济成分的地位和作用，当然同它的外部条件密切相关，外部条件在这里可以起决定性的作用。同时这些经济成分的活动也会受到外部条件的制约。

马克思的确强调，财产❶如果不能给它的主体带来经济利益，就根本没意义。他反复强调要说明某种所有制就要把它作为生产关系的基本点。因此财产或所有制问题是一个复杂的问题。尤其是在社会主义制度下，非公有制经济的外部条件很特殊，与某一个经济成分发生各式各样的利益关系。但是如果说这种利益关系，如向国家缴纳税金，或者向银行支付利息都会影响某种经济成分的性质，那就不论在现代资本主义制度下，或者在现代社会主义制度下，"经济成分"这个概念都没有独立的意义了。当然有某些带合作性质的经济，比如资本主义经济（不论是外国人经营的或是本国人经营的）与社会主义的公有制经济之间常有各种各样的合作，就不能简单地说这样的合作经济就属于上面说的那几种社会主义的经济成分或非社会主义的经济成分。这样的经济成分可以说是具有复合性质的。而这种复合性质（在它的本身中就有两种或两种以上经济成分）仍是由它们的内部的经济关系决定的，而且只有从它们的内部关系来判断这种合作经济是以公有制经济为主体，还是以资本主义经济和个体经济为主体。当然还会有不能说以何种经济为主体的。

第二个问题是，非公有制经济在社会主义初级阶段的地位和作用。

前面说过在社会主义初级阶段的个体经济和资本主义经济与过渡时期的个体经济和资本主义经济，它们的地位和作用、它们的意义有很大不同。认识这种区别，是很重要的一个现实的马克思主义理论问题，也是一个很重要的实际问题。

对这我们可以说些什么呢？

首先是两者的历史背景不一样。关于过渡时期，过去有一句话，那就是在那时候社会主义与资本主义谁战胜谁的问题还没有最后解决，或者用列宁在《无产阶级专政时代的经济和政治》中的话说："在资本主义和共产主义❷中间隔着一个过渡时期，……这个过渡时期不能不兼有这两种社会经济结构的特点或特征。

---

❶ 在德文中，"所有"或"所有制"与"财产"用的是一个词，"所有权"和"财产权"用的也是一个词。

❷ 这里用的"共产主义"一词，指的应该是共产主义初级阶段与共产主义高级阶段共同的那个共产主义。到了共产主义初级阶段，也就到了这种含义的"共产主义"。在"大跃进"的年代里曾把这里说的共产主义理解为共产主义高级阶段，而把这里说的过渡称为"大过渡"。

这个过渡时期不能不是衰亡着的资本主义与生长着的共产主义❶彼此斗争的时期，换句话说，就是已被打败但还未被消灭的资本主义和已经诞生但还非常脆弱的共产主义彼此斗争的时期。"处于这样的历史阶段中的多种经济成分间的关系，当然同处于社会主义初级阶段中的多种经济成分间的关系很不相同。因为到了我国社会主义初级阶段，社会主义（也就是列宁说的共产主义）不是非常脆弱的，资本主义已经被消灭过一次，现在的资本主义是我们有意识地让它们发展起来的，因此斗争虽然存在，但是斗争的态势发生了很大的变化，社会主义初级阶段尽管是很低的发展阶段，但毕竟不再是已经过去了的过渡时期。

从根本上把过渡时期和社会主义初级阶段这两个概念讲清楚，我打算在这个讲话的第四部分中去讲。在这里我打算介绍一些统计数字来说明在我国过渡时期，社会主义公有制的力量远远不能和现在相比。虽然在两个时期多种经济成分中公有制都是主体，但在两个时期中主体这个词的含义还是有很大的差别。我们不妨看一下过渡时期开始的第一年（1952年）和这个时期结束后的第一年（1957年）这两年"国营企业年底固定资产净值"的统计数字，它们分别为167亿元和382亿元。我们还可以看一下十一届三中全会以后的第一年——1979年和1984年这两年的"国营企业年底固定资产净值"，它们分别是3449亿元和5070亿元，把前两个数字和后两个数字进行比较，就可以看到1979年比1952年、1957年分别增加20倍多、9倍多，1984年比1952年、1957年分别增加30倍多、13倍多。在这里还没有把农村和城市集体经济力量放进去，这许多年，农村社会主义公有制经济力量还是有较大增长的。

在这两个历史时期，情况有那样的不同，非公有制经济的地位作用、意义当然也就很不相同。衡量非公有制经济的地位、作用、意义的标准，就是看它与社会主义公有制的关系。首先要看它们对社会主义经济的巩固和发展是起消极作用还是起积极作用。在过渡时期，我们基本上认为它们是起消极作用的（这个看法今天看来不完全正确），认为资本主义经济甚至个体经济不减少，社会主义经济就上不去。两者间是"消"与"长"的关系（可是列宁却又说过如果国家资本主义在俄国能够在半年内发展起来，社会主义就可以在一年内得到巩固这样的话）。所以资本主义经济和个体经济在过渡时期只是改造的对象，最后是消灭的对象。我们当时曾经使用过"利用、限制、改造"这个提法，但是只"利用"了很短一段时间，而整个来说，是改造和消灭。这是我国过渡时期的现实的状况（虽然这样的看法今天看来有

---

❶ 这里说的仍是上个注解里说的那个"共产主义"，并不是共产主义高级阶段。

偏差)。社会主义初级阶段发展到今天，公有制经济力量已经强大到这个程度，我们就可以有把握地把个体经济和资本主义经济在社会主义公有制经济占据主导地位前提下的存在和适当发展，看作有利于社会主义公有制进一步巩固和发展的东西。这些非公有制经济在今天不再是改造和消灭的对象。在讲到这个问题的时候，我们在谈非公有制经济的发展时总是没有忘记加"适当的""一定范围内的"等字样，表示我们还是十分注意坚持整个国民经济沿着社会主义方向前进。有这样一条，加上今天社会主义公有制经济确实已经大大发展了这个条件，就可以不必去考虑资本主义和社会主义谁战胜谁的问题会不会重新发生。在今天资本主义和社会主义之间的关系就不应该是"消""长"之间的关系，而是非公有制经济补充公有制经济的关系。而且这种关系的存在不是短时期的，是整个社会主义初级阶段历史时期的事。我认为只要指明存在这种关系，就可以说明，我们不能再用以前看待个体经济和资本主义经济的眼光来看待它们。我们应该从社会主义的根本任务是发展社会生产力这个马克思主义原理出发，肯定允许个体经济和资本主义经济在我国社会主义初级阶段长期存在，而不必去把它们说明为带有社会主义性质的经济成分。我认为我们应该有承认非社会主义经济成分可以存在这样的理论勇气。

在这里我还必须重复前面讲过的意思，指明在多种经济成分中有一些成分是会损害和破坏社会主义经济而不是有利于社会主义经济的。对它们就要采取禁止和坚决进行斗争的态度。在这里存在上面说的"消""长"之间的关系，即这些经济成分如果不打击，如果不"消"，社会主义经济的发展就会受到影响，就不能很好地"长"。列宁在《无产阶级专政时代的经济和政治》中说的话，在这一点上仍然适用。列宁曾经说过的"文明的"与"不文明的"资本主义间的区别，我们今天仍要做这种区别。不过时代变了，"文明的"与"不文明的"的含义和列宁当时说的有相同的地方，也有不一样的地方。

在这里我们不妨再讨论一下，多种经济成分并存这种现象是否只能是在人民革命取得全国胜利前的革命根据地的社会——新民主主义社会中，或者在人民革命在全国胜利后的过渡时期中存在？在社会主义改造完成之后的社会主义建设时期是否也可以在一个相当长的历史时期内存在多种经济成分并存的情况？如果在社会主义建设时期也可能存在多种经济成分的话，那么这种存在同以前在新民主主义社会和在过渡时期的存在有何异同，它的意义何在？

对于这些问题，我是这样来看的：

(1) 关于社会主义改造，十一届六中全会决议是这么写的："在过渡时期中，我们党创造性地开辟了一条适合中国特点的社会主义改造的道路""在改造过程中，国家资本主义经济和合作经济表现了明显的优越性""到1956年，全国绝大部分地区基本上完成了对生产资料私有制的社会主义改造""这项工作中也有缺点和偏差。在1955年夏季以后，农业合作化以及对手工业和个体商业的改造要求过急，工作过粗，改变过快，形式也过于简单划一，以致在长期间遗留了一些问题。1956年资本主义工商业改造基本完成以后，对于一部分原工商业者的使用和处理也不很适当。但整个来说，在一个几亿人口的大国中比较顺利地实现了如此复杂、困难和深刻的社会变革，促进了工农业和整个国民经济的发展，这的确是伟大的历史性胜利。"

《决议》是从总结经验的角度这么来写的。人们在回顾历史时当然可以问：在实现了如此复杂的社会变革，而又发生了上述缺点和偏差的情况下，1956年宣布"社会主义改造已经基本完成"是否符合历史事实？我认为应该说基本符合历史事实。但是我们这里说的"基本"不同于当时以及后来常说的那个"基本"。那时所说的"基本"，意思是在实现单一的社会主义经济方面还不彻底、还不充分，是指我们只是完成了生产资料私有制方面的社会主义改造，而政治思想战线方面的社会主义改造则还没有完成，不是指《中共中央关于新中国成立以来党的若干历史问题的决议》中说的存在的那些缺点和偏差。这些缺点和偏差，在1957年后的20年中不但没有纠正，而且更加发展了，直到十一届三中全会。而十一届三中全会后的工作，在一定意义上就可以看作对这些错误和偏差的纠正。实行放宽政策等就可以说是为了解决这些错误和偏差所采取的正确措施。

（2）但是把十一届三中全会后的放宽政策、发展多种经济成分，只看成上面所说的解决社会主义改造中的遗留问题，就把这件事情的意义估计低了。我认为在社会主义建设时期的多种经济成分并存，同在革命根据地中和过渡时期的多种经济成分并存是很不相同的。上面已经说过在革命根据地中的多种经济成分并存，并不是在公有制占据主导地位这个前提下的多种经济成分并存。那时社会上有人民政权经营的公有经济，也有各种形式的合作经济，但是它们的力量都很弱，没有成为社会主义经济体系中的主体。那时候社会上存在的多种经济成分，主要是旧社会遗留下来的那些。那时候还存在相当大比重的封建主义经济——农民租种地主的土地，缴纳地租，农民还受地主的高利贷剥削等。这种封建主义经济的成分在革命根据地中是我们斗争的对象。但是在实行减租减息政策时，对封建主义经济采取的还只是削弱的政策，到了后来实行土地改革时才改成消灭的政策。在那个时候，对个体经济和服从政府法令的资本主义经济是采取欢迎态度的，没有要限制和改造个体经济和资本主义经济的意思。这是根据地中的多种经济成分的状况。

在全国胜利经过一个短短的恢复时期、进入社会主义改造时期后，社会上存在的多种经济成分，有的是旧中国原有的所有制形式，它们被带到社会主义革命胜利后的新社会来，这就是资本主义经济和个体经济。有的是旧社会遗留下来的所有制形式向社会主义的所有制形式过渡的形式，这就是国家资本主义经济和带过渡性质的合作社经济，如互助组、初级社等。当然还有社会主义的国营经济。这时公有制经济因为没有帝国主义与官僚资本的缘故，一下子强大到在整个社会经济体系中居主体的地位。但同今天相比其地位又大大不如。在那个"对生产资料私有制进行社会主义改造时期"或"向社会主义过渡时期"，我们的政策服从于一个总的改造计划，那就是不仅要一步一步地壮大社会主义公有制经济，而且重点是消灭和改造非公有制经济，各种过渡形式也只是改造过程中的形式，并不允许它们长期存在，这就是社会主义改造时期或过渡时期多种经济成分并存的状况。

后来我国进入了社会主义建设时期。社会主义建设时期的任务是发展社会主义经济。现在还处于这个社会主义初级阶段的中国，在社会主义建设中不但需要用最大的力量发展占主导地位的公有制经济，而且还需要非公有制经济的存在和一定范围内的发展，作为公有制经济发展的补充。这些非公有制经济可以帮助解决许多仅仅靠公有制经济所不能解决的经济问题和社会问题，因此它们对于公有制的巩固和发展可以起到积极的作用。1957年到1978年的历史经验已经向我们表明了这一点。十一届三中全会后，即1979年以来的经验又进一步表明了这一点，比如城市居民的充分就业问题就是一个实例。现在在公有制经济中，要解决一个劳动力的工作岗位问题，国家平均要投资10 000元以上，而发展个体经济，国家就可以完全不投资。采取这种办法解决就业问题，国家就可以腾出更多的财力用于重点建设，使得社会主义公有制经济得到更好的发展。

社会主义建设对非公有制经济的需要，可以看得很清楚，不会是短期的。因此把现在的多种经济成分并存看作在对旧社会遗留下来的东西进行社会主义改造时期之前或之中的现象是不合适的。那样的看法对于以前的过渡时期还是可以的，而在今天不再是合适的了。它有了新的含义。它是社会主义建设时期的多种经济成分并存。这就是社会主义初级阶段条件下的多种经济成分并存的状况。

从以上叙述中可以看出，这三种不同历史条件下存在的多种经济成分并存的状况，的确是很不一样的。

三、社会主义初级阶段与鼓励一部分人先富裕起来

《中共中央关于社会主义精神文明建设指导方针的决议》指出的社会主义初级阶段在中国的另一特征，是在共同富裕的目标下一部分人先富裕起来。应该看到，这里说的先富裕起来，在相当大的程度上指的不是按劳分配而带来的富裕，如果指的只是由于实行按劳分配而带来的一部分人先富裕起来，就用不着作为社会主义初级阶段的特征，紧接着发展多种经济成分来说了。

当然如果真正贯彻按劳分配的原则，现在存在于不同的劳动者之间的收入上的差别就会有所扩大。现在高水平的科学家、有成就的艺术家、善于经营的企业家等的收入，都没能够贯彻按劳分配的原则，取得比较多的收入。如果贯彻按劳分配的原则，这些人是可以先富裕起来的。但在社会上这样的人毕竟只是很少数，对于大多数劳动者实行按劳分配，只能拉开一些收入的差距，不可能做到一部分人先富裕起来。

应该承认，在社会主义初级阶段，消费品的分配并不完全按照劳动来进行。这种情况早就存在。全国各地农民的收入差别就是一例。依我看，在我国工农差别的程度比不上农农差别。在沿海富裕地区从事同样劳动的农民所取得的收入，比在边远贫穷地区的农民高得多。这种区别产生的原因，或者由于土地肥沃程度（这是级差地租 IA）、交通条件（这是级差地租 IB）的不同，或者因为经济力量上的差异，贫困地区的农民没有钱买机器、买化肥等。他们也没有力量去比较好地发展副业。在这里也存在级差地租 II 的问题（当然这里说的级差地租都是社会主义制度下的级差地租）。在级差地租大部分归农民所得（国家也通过农业税和征购等手段取得一部分）的情况下，高产地区与贫困地区的农民收入差别，就不是实行按劳分配造成的。同时即使在同一个地区，而且同是在农村，并且是在实行经济改革前，农村中实际上也不完全是按劳分配。比如这个村和另一个村之间的贫富差别，在很大程度上就取决于所占有的生产资料的差别。这就是说"按生产资料占有状况来分配"的原则，是一直在起作用的。

所以超出按劳分配原则分配的一部分人先富裕起来，是新中国成立以来一直存在的现实。但是过去一直不敢正视这个现实、承认这个现实。过去对按劳分配原则尚且不能够贯彻，尚且存在用平均主义的思想来歪曲按劳分配甚至反对按劳分配，经常用平均主义来裁判生活，当然更谈不到在原则上承认超出按劳分配原则的分配。在这种思想的压力下，怕冒尖不敢致富的思想，长期支配着广大的劳动者。邓小平同志提出的"一部分人先富起来"这个指导思想，使原先的客观上

现实的东西得到了承认，排除了思想上的重大的障碍，明确了一个认识上存在糊涂观念的问题。这对于解放生产力起了很大的作用。

应该指出，作为社会主义初级阶段特征之一的"一部分人先富裕起来"，不只是对已经存在着的事实的确认，而且有重要的新的历史内容。它同后来十二届三中全会上确认的社会主义经济仍然是一种商品经济是有密切联系的。

在商品经济的条件下，不仅劳动是一种致富的手段，而且经营也是致富的手段。善于商品经营，可以收到致富的效果。谁能及时掌握到准确的、大量重要而又有用的市场信息，并且善于利用这种信息，谁能正确掌握好社会主义的关系学，与有关方面建立对于发展自己从事的社会主义事业的必要的各种经济联系，谁能搞好生产和流通，谁就能取得好的经济效益。经营当然是一种劳动。进行经营活动当然要付出辛勤的劳动。是否善于经营，作为努力学习的结果，也要付出劳动。经营者在同样的时间内投入的劳动量，也可以看作是有差别的。这里也有一个社会承认某个人的劳动数量的问题，即实行按劳分配原则就有一个要给经营者以符合其劳动量的报酬的问题。但是经营效果的好坏，并不完全取决于经营中各式各样的客观条件、主观上的决策是否正确以及各种机会。因此为经营者带来的收入，也并不能简单地归结为按劳分配，还有按劳分配以外的分配原则在起作用。此外圣西门的"按能力分配"的原则，在社会主义初级阶段（恐怕不仅在初级阶段）也是起作用的。当然能力的取得是要耗费劳动的，能力强的人由于劳动的复杂程度高，同样长的劳动时间，付出的劳动数量就大。但按能力分配与按劳动分配，终究是两个不完全相同的概念，可以有能力而不好好劳动。

进一步说，一部分人先富裕起来又同发展多种经济成分有密切的关系。只允许发展多种经济成分，而不允许一部分人先富裕起来，就会发生这样的问题，一部分人去发展非公有制经济本来的目的是想富起来，如果不让他们富，他们就没有了或者失去了致富的动力，也就没有发展多种经济成分的积极性。反过来，如果只允许一部分人先富裕起来，同时却不允许发展多种经济成分，在致富的手段中就少了很重要的一个方面。

总之，如果只有贯彻按劳分配的原则，一部分先富裕起来就不成其为一个有独立意义的方针，就不成其为社会主义初级阶段的一个特征。当然社会主义初级阶段是属于社会主义的一个阶段。按劳分配仍是这个阶段中的基本的分配原则，多种经济成分也是在公有制占主导地位前提下的多种经济成分。因此在社会主义的这个特定阶段，一部分人先富起来目的仍是鼓励大家致富，用一部分人先富起来的事实来鼓励人们共同致富，用一部分人先富起来的经验来帮助人们去共同致富。一部分人先富起来不但与共同富裕不矛盾，而且是达到共同富裕的一个重要手段。因此在实行一部分人先富起来这个方针的时候，一定要正确处理好它和全社会共同富裕的关系。而只要处理好这个关系，一部分人先富起来的方针是不会导致发生私有制社会中的那种贫富两极分化的。

四、社会主义初级阶段的经济建设

从生产力的角度来看的社会主义初级阶段，它的基本特征就是十二大报告中提出的"物质文明不发达"。当然在社会主义初级阶段，精神文明也不发达，但是由于我这次讲的是经济方面的问题，精神方面的问题就从略了。

物质文明不发达，换句话说也就是社会生产力水平低，远远低于今天世界上发达资本主义国家的水平。任何一个国家社会生产力的状况，都是历史的原因造成的，中国自不例外。中国在社会主义革命胜利前，是一个经济上非常贫困的国家。由于特殊的历史条件（这样的历史条件在毛泽东的著作中做了精辟的分析），在以毛泽东为领袖的中国共产党正确的马克思主义的领导下，经过广大劳动群众艰苦奋斗，特别是经过长期的革命战争，中国这样一个十分落后的国家，却比发达国家早得多地取得了社会主义革命的胜利，建立起社会主义制度。但是这个胜利，只能为中国能够以比较快的速度进步创造一种好的条件，而不能很快地改变原先那种经济落后的状况。要改变中国落后的面貌，需要进行很长时期的建设。于是在一个相当长的历史时期内，中国就形成在我们党的文献中多次指出的那样一种局面：一方面已经建立起世界历史上最为先进的社会制度——社会主义制度，而另一方面却处于经济文化仍然很落后的状况之下。这是中国社会主义初级阶段不得不经过一个很长的历史时期的根本原因。上面说的社会主义初级阶段在生产关系方面的特征，就是这种低下的社会生产力水平在中国这样一个社会主义国家中的反映。中国现阶段的社会生产力的现状与社会生产关系现状的统一，就是中国社会主义初级阶段的生产方式。

社会主义初级阶段作为紧接着"从新民主主义社会到社会主义社会的过渡时期"的一个历史阶段，有一个显著的转变，那就是中国社会进步的历史任务从革命转为建设。尤其是经济建设，因为它是整个社会建设的基础，因而也就成为整个建设的重点。对于历史任务的这个转变，在社会主义改造即将完成的时候，党曾经提出过。我们可以从党的第八次代表大会的报告和决议中看出这一点。可惜因为当时人们对这一点认识不深，因而也就不那么坚定，结果是在大规模阶级斗争的时代已经过去的情况下，不把重点放到建设上面，反而继续大搞阶级斗争。

一直发展到1962年八届十中全会上提出"以阶级斗争为纲"的口号,要求对阶级斗争"年年讲、月月讲、天天讲"。这种违反了中国社会主义发展的客观规律性的做法,延续了20年之久,一直到1978年十一届三中全会才从根本上扭转过来,从此我国坚定地实现了从革命到建设的历史的转变。

社会主义初级阶段,本来就应该是初级阶段的社会主义建设时期。由于指导思想上的错误,这个转变一直到1979年才实现。从1957年到1978年应该看作一个很特殊的历史时期。这是一个没有尊重历史发展的客观规律,没有正确地理解历史任务,在路线上犯了重大的错误,结果导致我国经济发展的长期停滞,政治上倒退动乱的时期。既不是上面说的过渡时期,又未进入社会主义建设时期。

社会主义初级阶段的基本纲领就是要把中国建设成为现代化的社会主义强国。"四个现代化"就是属于社会主义初级阶段的口号。因此社会主义初级阶段也可以说就是为实现社会主义现代化而奋斗的历史阶段。

为什么这么说呢?

因为如果中国本身就是一个发达的国家,就用不着提现代化的口号,也不会提现代化的口号。在这样的情况下,中国的水平就是现代的水平,何必再讲什么"现代化"?我们之所以提现代化口号,就是因为我们经济文化很落后,与发达国家相比差得很远,也就是在中国还有许多"古代"的东西非改变成现代的东西才行。比如现代的农业使用的是现代的农业机械和设备,现代农业劳动者是受过现代科学教育、掌握现代科学知识的人,而在中国的农村特别是在比较边远的地区,还到处看到农民使用着同古代几乎没有什么区别的农具,到处可以看到没有现代科学知识的农业劳动者。工业中的情况好一些,但与发达国家相比,不论在技术上、管理上,总的说来也落后许多。社会主义初级阶段的一个根本任务就是要改变这种状况。

根据国家统计局提供的资料,1980年以美元计算的人均年国民生产总值,美国是11 360美元,日本是9 890美元,联邦德国是13 590美元,英国是7 920美元,法国是11 730美元,而我国是290美元。这五个发达的资本主义国家人均年国民生产总值的简单的平均数(不是加权平均数)是10 878美元。数字与我国的人均年国民生产总值的数字绝对之差是10 588美元,相对的比值是前者为后者的37.5倍。这个差距就是我国提出要努力实现现代化的一个根据。

根据国家统计局提供的资料,1981—1985年五年中上述国家历年国民生产总值增长的速度:美国是2.6%,−2.0%,3.8%,6.9%,2.4%,1981—1985年平均增长速度是2.6%,1985年比1980年共增长14.2%;日本是4.2%,

3.1%，3.0%，5.8%，5.0%，1981—1985年平均增长速度是4%，1985年比1980年共增长22.9%；联邦德国是0，－1%，1.0%，2.6%，2.3%，1981—1985年平均增长速度是1.1%。1985年比1980年共增长5.0%；英国是－1.3%，1.9%，3.3%，2.3%，3.4%，1981—1985年平均增长速度是1.9%，1985年比1980年增长了10.1%；法国是1.2%，0.2%，0.7%，2.0%，1.2%，1981—1985年平均增长1.2%，1985年比1980年共增长5.5%。从这五年的情况来看（这五年中发达资本主义国家的发展速度总的说来是不高的），这五个国家年增长速度在1.2%和4%之间，平均是2%多一点。在这些年中，发达的资本主义国家就是以这样不算快的速度前进着。

邓小平同志与外宾谈话时指出，中国现代化建设分作这样两步走，第一步是完成十二大提出的战略目标；第二步要争取在21世纪中期使我国的经济发展到接近世界发达国家的水平，即达到中等发达程度，达到每年人均GNP大约4 000美元。如果在1980年到2050年，国民生产总值可以增长4.5倍，那时人均国民收入在4 000美元到5 000美元之间，我国与发达国家之间仍有10倍的差距。比之1980年的37.5倍差距是缩小了很多，但是差距还很大，至于绝对值的差距则扩大了很多。由于中国人口这么多，中国发展到人均4 000美元这个程度，我们国家在世界上就了不起。加上我国是共同富裕的，情况就同现在大不相同。并且是只要我国能一直以比发达国家高不少的速度前进，总有一天绝对差距也会开始缩小。当然这要在更长的时间之后。虽然我们现在不知道对实现现代化这个概念的看法以后会发生怎样的变化，但是有一点可以肯定，那就是这绝不是很容易实现的事。我们应该充分估计实现现代化任务的长期性，也就是说我们要充分估计社会主义初级阶段的长期性。

如果不是从必要性、而是从可能性来看完成现代化的任务，我们关于社会发展不平衡问题讲过的一番道理是带有普遍性的，并非只适用于资本主义国家。因为走在前面的国家，在其发展中既没有历史的经验，也没有前人的创造可以利用，因此很大程度上带有暗中摸索的性质，而且不得不常常走弯路和做一些愚蠢的事。走在后面的国家就不一样了。对它们来说当然仍有许多未知的东西要去探索，同时前人的失败有时也难免要重复。但是如果他们善于学习的话，比起前人总可以顺利得多。至于为了取得自然科学的发现和生产技术的创造，发现者和创造者所投入的劳动，比起学习掌握它的人所投入的劳动来，不知要大多少倍，需要的时间也不知要长多少倍。马克思在《资本论》里说过，二项式定理的发现者不知花了多少劳动才取得这个成果，而今天一个初中学生只要用一堂课的时间就可以学会。这种后来居上的道理，有的近代经济学家称之为"后发性利益"的原理。这个道理就是走在后面的国家，有可能接近、赶上走在前面的国家的一个根据。我国的社会主义的基本制度，具有资本主义国家不可能具备的优越性。这种优越性如果能很好地发挥出来，后进的社会主义国家就有赶上发达的资本主义国家的一种优越的条件。当然在以往许多年中，由于社会主义的体制（具体的社会主义制度而不是基本的社会主义制度）上的弊端和缺陷，由于指导思想上的错误（其中包括历史上传下来的和在现实生活中形成的错误的或含有错误的观念），社会主义的优越性未能很好地显示出来。现在我国虽然在进行改革，但是问题并没完全解决。事实是这样，但这不能用来说明社会主义制度不具备它的优越性，而只应该用来说明社会主义体制改革的必要性和观念更新的必要性。在社会主义体制改革和观念更新中，凡是好的东西，包括我国历史上遗留下来的，现在正在做的，和外国有而我国没有的，都要吸收，只有这么做，处于社会主义初级阶段的中国，才会取得逐渐接近现代发达的资本主义国家的基本条件。

当然，我们也必须看到另外一个方面的问题，即走在后面的落后国家要接近和赶上发达国家，存在很大的困难。第一，落后本身就是进一步发展的困难。比方说有一件迫切需要办的事，在发达国家因为物力很充分，办起来就比较容易。而一个落后的国家，就没有这个财力，只好把一个很好的方案长期地搁置在那里。第二，要生产一种先进的工业产品，不只是要有一个拥有先进技术、先进设备的工厂，还会要求整个社会有较高的生产水平和工艺水平。一个工厂不是孤立的，需要使用从别的工厂中生产出来的原材料，甚至使用别的工厂生产出来的某些零部件，因此在整个社会生产还比较落后的情况下，这个工厂在生产先进产品时就会遇到很大的、有时甚至是短期克服不了的困难。又比如人的素质也是落后国家最大的问题之一。还是以物质生产为例，不论是直接生产者或者是经营者的素质，对于发挥现有生产力和发展社会生产力都非常重要。而改变人的素质问题也不是短期内可以解决的。有些素质问题要在学校教育中解决，还有些素质是要在实践中提高的。素质的提高也常常需要一定的条件。比如有些先进的知识要在先进的企业中学习，纸上谈兵总是有一层隔膜。如果没有先进的企业，就学不到这种知识。就是在学校中学习现代水平的知识，这个学校也要有高水平的教员、高水平的设备等，才能学得更好。这只是困难的一些方面，在其他方面也存在因为这个国家的落后而造成的很大的困难。对落后国家前进中的困难，一一列举不容易做到。总之一个国家处于落后的地位，总有造成这种落后的客观上的和主观上的原因。属于原因方面的东西如果没有改变，就不可能改变它的结果，即不可能由落后变先进。

　　人们可以说，一个落后国家要能够比较快地发展起来，成为一个比较发达的国家，就得有比较发达的条件。人们又可以说，要获得比较发达的条件，就要求这一个国家能够发达起来。这种类似"鸡生蛋还是蛋生鸡"的问题，抽象的思维是解决不了问题的，而在实践中却是可以解决的。在实践中总可以找到解决问题的突破口，总可以找到解决问题的环子。抓住解决问题的环子，找到突破口，凭借积极的行动，就可以加快变落后为先进的过程。

　　有必要在这里指出一点：要取得"后发性的利益"，就要理解取得这种利益的规律，找到如何取得这种利益的方法，不是只凭主观愿望就可以取得成效的。我们一定要有严格的科学精神和丰富的科学知识，做到高度科学性和高度建设热情相结合。缺乏高度建设热情是不行的。但是只凭热情，缺乏科学精神也是不行的。要做到后来居上，就一定要头脑冷静，一定要做尽可能精密的计算。

　　这样的科学精神要贯穿到许多重要的事情上，比如在建设目标与速度问题上。一个处于社会主义初级阶段的后进国家，要实现现代化，一定要努力做到使经济高速度的发展。我认为，只要是可能做到的、实实在在的，而且不是今天的"大起"会带来明天或后天的"大落"的速度，当然是越快越好。但是我们绝不可能无根据地以为可以用事实上做不到的速度向前发展；以为可以在比较短的时间内做到产品的极大丰富；以为现在不是处在社会主义初级阶段或者可以很快地从社会主义初级阶段发展到社会主义的中级阶段、社会主义的高级阶段。又比如在技术政策的问题上，在今天我们当然要引进先进技术，这是走向现代化的必要的途径。但同时也要看到中国经济的不平衡性，还要用很大的力量推广"适用技术"，还要采用我们曾经说过的"运用现代科学的穷办法"。

　　上面讲的还是生产力内部关系范围内的事。在生产关系方面除了在前面讲发展多种经济成分和使一部分人先富起来这两条之外，我们还可以举全国地区之间的相互关系为例。大家知道，整个中国可划分为西北部和东南部两大部分。它们是发达程度差距相当大的两半个中国。如以平均400毫米等降水线划分，东南部季节风地区的面积约占全国总面积的48%，但拥有大约94%的人口，产值在全国产值中比重与人口比重大致相仿。而我国西北干旱地区和青藏高寒地区加在一起，面积占全国总面积的52%，但只拥有6%的产值。这两部分地区发达的程度差得很远。东南部特别是沿海最发达地区，在一个相当长的时期内，必然走在前面，先实现现代化，而西北部则走在后面。这两部分地区间合作的途径，前者以资金、人才、技术、经验帮助后者，同时从中取得本地区的经济效益，而后者则从这种帮助中取得自己的经济效益。我们还可以举一个消费和生产的比例关系为例。事实证明，在和平建设的环境下，一定要注意提高人民的消费水平，因为这是社会主义生产的目的。同时也要认识消费对生产起巨大的促进作用。当然在今天我们又要强调把足够多的物质产品用于扩大再生产，以加快发展的速度。在这个提高人民消费水平的问题上，我们特别注意采取既要积极又要慎重的态度，这也是社会主义初级阶段的特点要求的。

五、有关社会主义初级阶段的几个理论问题

第一个问题：在社会主义初级阶段既然还存在非公有制经济成分与公有制经济成分并存的局面，既然一部分人和另一部分人在富裕程度上有相当大的差别，那么社会主义初级阶段同革命根据地时期，或者同"从新民主主义社会到社会主义社会的过渡时期"究竟有什么区别？为什么不干脆说我国还处在走向社会主义的过渡时期？

我认为说我国还处在过渡时期并不是完全不可以提出的一个见解。从总结历史经验的角度来说，1956年匆匆忙忙宣布过渡时期结束进入社会主义社会，的确过早了。上面我们引用《中共中央关于新中国成立以来党的若干历史问题的决议》的那一段话，就有这样的意思。事后诸葛亮，如果我们把从新民主主义到社会主义的过渡时期多延长一些年，对于我国长期的发展，也许会好得多。今天有这样看法的同志很多，我也赞同这个看法。不过在十一届三中全会前我根本没有这个看法。虽然如此，我仍不主张说今天我国还处在过渡时期，而一直主张采用"社会主义初级阶段"这个提法。我认为在今天使用社会主义初级阶段这个概念比使用过渡时期这个概念更为适合中国今天的国情，对于我国的建设来说也有更大的好处。

为什么呢？

我的一个理由在上面讲多种经济成分时已经说到了，那就是：过渡时期多种经济成分并存的这种局面的形成，是由于一方面无产阶级领导下人民革命的胜利产生了新的社会主义经济，另一方面旧社会里的个体经济和资本主义经济也进入了新社会。于是经过一个比较短的恢复时期后，全面改造旧经济的任务就提出来了。由于对旧经济成分进行改造需要一个过程，于是在历史的发展中就出现一个社会主义改造时期。这个时期的本质就是对旧经济成分改造的时期。至于那个时期在中国是否应该只讲"改造"，或者应该坚持最初我们讲过的"利用、限制、改造"，或者再来加上一个"允许它们在一定范围内的发展"，那时大家都没有经

验，也没有结合世界和中国的实际把马克思、列宁关于过渡时期的理论研究得很透彻，不记得有这种议论，而是认为在我国革命胜利后也要经历类似马克思、列宁讲的那样一个过渡时期。今天重新研究这个问题，我们可以这么来说：马克思当时指出在无产阶级夺取政权后社会主义取代资本主义在经济上要有一个转变时期，指出与这个转变时期相适应，在政治上要有一个无产阶级专政时期。这对于当时处在无产阶级革命过程中的资本主义国家来说的确是非常精辟的论述。这个论述表明从资本主义到社会主义不是推翻资产阶级政权就可以一下达到的。在夺取政权之后还有一个激烈的阶级斗争的时期，一个已经上升到统治地位的无产阶级与已被推翻但未被消灭的资产阶级进行斗争的时期，一个新诞生的社会主义经济与从旧社会那里带来的资本主义经济进行斗争的时期。这是完全合乎历史规律的。列宁在十月革命前后，考虑到俄国当时阶级斗争的形势，强调在革命胜利后要有这样一个时期，说"在资本主义和共产主义（指社会主义。因为社会主义就是共产主义初级阶段，进入社会主义也就进入包括共产主义初级阶段和高级阶段在内的那个共产主义——引者注）中间隔着一个过渡时期，这在理论上是毫无疑义的。这个过渡时期不能不兼有这两种社会经济结构的特点或特征（指兼有两种性质的经济成分——引者注）。这个过渡时期不能不是衰亡着的资本主义与生长着的共产主义彼此斗争的时期，换句话说，就是已被打败但还未被消灭的资本主义和已经诞生但还非常脆弱的共产主义彼此斗争的时期"❶。我认为列宁的这个论断对当时俄国来说是完全正确的。那么对于我国来说，马克思和列宁的这些说法是否适合呢？如果今天要我们来回答，对这个问题我想可以回答说，这要从两方面看。一方面要看到在我国人民革命刚刚取得全国性胜利后的那些年，帝国主义、官僚资本主义、封建势力在我国还有相当强的力量，国内外敌人正在对新诞生的中华人民共和国进行破坏活动，无产阶级和民族资产阶级间的矛盾也有一定的尖锐程度，从政治上说，在那些年阶级斗争的确是很尖锐的；从经济上说，在那时刚建立起来社会主义经济成分的主导地位也亟须加强。因此在那个时期强调阶级斗争和社会主义改造应该说是必要的。因此那时中国历史进入的那个阶段，同马克思、列宁所说的有相似之处。这是一方面。另一方面中国毕竟有自己的历史特点。中国资本主义很不发达。中国民族资本主义与帝国主义、官僚资本主义之间矛盾又相当尖锐，这种尖锐的矛盾使得中国民族资产阶级可以成为我们团结改造的对象。在新中国成立前夕第一次全国政协通过的《共同纲领》，集中说明

---

❶ 列宁：《无产阶级专政时代的经济和政治》，《列宁选集》第4卷，第84页。

了中国的这个特点。因此在新中国成立初期提出的巩固新民主主义秩序的口号，即便有不尽恰当的地方，但它是考虑了中国的历史特点的。如果当时我们能够把促进社会经济结构进一步改造的思想（指出和强调这一点是必要的，也是当时一部分同志认识不足的）和更加重视中国历史特点的思想，结合得更好一些，不去匆匆忙忙地向社会主义过渡，而制定一个更适合中国历史发展的纲领，也许对中国更为有利。在中国的条件下，马克思、列宁提出的过渡时期既有某种程度的适用性，又有不完全适用的地方。在新中国成立初期没有提出过渡时期，在中国过渡时期的概念是1953年才提出来的。提出过渡时期的概念时做了一个解释，今天看来在做这个解释时对中国的实际没有很好地进行分析。我参加了《中共中央宣传部关于党在过渡时期总路线的学习和宣传提纲》的起草工作。在这个提纲中就引用了马克思列宁关于从资本主义到社会主义过渡时期的论述，而且还说我国目前的现实也证明了马克思和列宁的这些论断的正确。对我们这么写现在我认为应该进行很好的反思。不过1953年党提出的是"从新民主主义到社会主义的过渡时期"。这个提法，反映出这个过渡时期还有自己的特色。可是到1955年9月毛泽东在《中国农村的社会主义高潮》的序言中把"从新民主主义到社会主义的过渡"改为"从资本主义到社会主义的过渡"，对这当时我就理解不了。因为中国从来也没有成为资本主义社会。但是当时我只是感到不理解，没有敢想毛主席也会说不正确的话，总觉得自己思想跟不上。今天看来当时我们把马克思、列宁关于过渡时期的说法直接搬到中国来，是脱离中国实际的。中国历史以后的发展同这个提法是否有重大的关系，这应该由历史学家来研究。我在这里只是说一下自己不那么成熟的想法。当然关于我国的过渡时期有一条，那就是那时在改造资本主义和个体经济的步骤、形式方面我们是注意到了必须根据中国国情，因而是有独创性的，所以改造进行得比较顺利，取得比较大的成功。但也许正是由于这些战术上的、政策上的成功，掩盖了我们在掌握中国社会发展历史阶段问题上的不成功。

  应该再一次指出，现在我们是在研究历史。研究历史就要做上面说过的"事后诸葛亮"。在当时我除了对"从资本主义到社会主义过渡"这个提法有一点不理解外，别的什么也没有想。在1951年写《政治常识读本》的时候我曾经按照当时党中央的文件，写进了"巩固新民主主义秩序"那样的内容。后来中央批评那个口号，我也就立即接受了这种观点，没有别的考虑。那个时期对毛泽东同志的确盲目崇拜，使得我会不动脑子到这种程度。按理有了矛盾就应该去认真思考提高认识，但在那时我并没有这样。在相当长的一段时间内，我的观点一直停留在《中共中央宣传部关于党在过渡时期总路线的学习和宣传提纲》中的观点上面，直到"文化大革命"后，我才重新研究这段历史，并且去思考"无产阶级专政下继续革命"这个"理论"形成的历史，这时候我才感到也许"无产阶级专政下继续革命"的"理论"，可以追溯到当初简单地搬用马克思、列宁的过渡时期理论。两者当然不是一回事，但在中国强调马克思、列宁讲的那些道理，最后会产生那样的结果。回想在宣传"无产阶级专政下继续革命"的那些年，要大家反复学习的语录就是那些条。因为有这样的想法，所以在1979年理论界提出中国当前还处在过渡时期的时候，我没有那么去主张，我觉得同马克思、列宁关于"过渡时期"的那些论述，同我国的实际不完全对得上号。反复思考，我认为"社会主义初级阶段"这个提法比较好。它同马克思、列宁对过渡时期下的定义、指出的质的规定性等不发生大家说的直接关系，因而可以根据马克思主义的理论和方法，完全从中国的具体实际出发来研究有关的理论和实际问题。

我虽然不主张我们在今天还处在过渡时期，但我认为在新中国成立以后，我国的历史带有一种向社会主义社会前进的过渡性质。在20世纪50年代是这样，在今天也是这样。"带过渡性质的历史时期"和"过渡时期"是两回事。"过渡时期"不是泛指带有过渡性质的历史时期，它在马克思主义的文献中是一个专门的名词，它的含义已经在马克思、列宁的著作中，有了明白的说明。我认为在一个社会主义社会中，有多种经济成分并存就表明事情的过渡性质。大概在1981年我在一篇提纲式的文章《马克思主义与社会主义》中说到了这一点。但是这个提法只是从哲学的角度看的，我并不认为我国处在马克思、列宁说的或者我们20世纪50年代说的那种"过渡时期"。我认为既然在20世纪50年代直接沿用马克思、列宁所用的"过渡时期"这个概念恐怕就已经不那么妥当，那么我们今天就更没有一定要使用这个概念的必要。

至于现阶段的情况，上面讲过，在今天中国出现的非公有制经济成分可以说是在很彻底地消灭了资本主义经济和改造了小生产经济以后，为了社会主义事业的需要而主动地让它们发展起来的。因此今天多种经济成分并存的局面的出现，不能不是因为社会主义现代化建设的需要。这个考虑问题的角度，与20世纪50年代时考虑问题的角度是很不一样的。上面也讲过，在"过渡时期"把改造和消灭旧的经济成分放在首位是很自然的事。如果在今天使用过渡时期的提法，就会使人们误会我们要继续按照那个时候的思想的基本路子来处理问题，而实际上我们不会那么做也不应该那么做。就20世纪50年代提出的"利用、限制、改造"这个六字方针来说，"利用"两字对于今天来说更为适用。但是应该明确，今天我们对非公有制经济的利用不是短暂的，而是要利用相当长的一个历史时期。这一点同20世纪50年代的情况是不一样的。"限制"两字在一定意义下是适用的，因为非公有制经济成分发展的范围应该是有限制的，但同20世纪50年代初不一样，那时候的限制是在改造、消灭过程中的限制，而现在则是在发展中的限制。在今天我们固然不主张非公有制经济可以无限制地发展，但是总的说来今天的非公有制经济还是发展的问题而不是限制的问题。只是我们要求它们的发展要适当，要注意有所限制而已。至于"改造"和"消灭"在今天不是直接的任务。当然非社会主义性质的经济成分总有一天要变化，总有一天要变成社会主义性质的经济，不会现在是这样，将来永远就是这样。从这个意义上说，它们总是会被改造、被消灭的。但现在并不把改造和消灭它们作为直接的任务。如果把改造和消灭作为直接任务，何必在已经实现了单一的社会主义经济的中国又让这些非社会主义经济成分重新走上历史舞台呢？将来到了社会主义初级阶段快结束时，非社会主义经济成分成为没有用的东西的时候，也许"改造"它们的任务。但更有可能到了那个时候由于在社会主义初级阶段中多种经济成分本身的变化，那些非社会主义经济关系已经自然而然地转化为社会主义经济，使得改造任务的提出成为不必要的事情。

以上讲的是我不主张说今天我们仍处在过渡时期的第一个理由。还有一个理由，那就是过渡时期给人的印象总是比较短暂的。上面我们说过渡时期把对非公有制的改造作为自己的历史任务。而作为一个任务，总是越快完成越好。社会主义初级阶段这方面的情况就很不相同。社会主义初级阶段的历史任务是实现四个现代化，把我国建设成为社会主义强国。过渡时期总的目标是在革命和改造方面，而社会主义初级阶段总的目标是在建设方面。改革就是要去寻找更适合客观实际的社会主义经济体制。在社会主义初级阶段也要进行改革，但目标仍在建设方面。这就是说在社会主义的初级阶段，多种经济成分的并存是服从于建设的，是服从于发展社会主义生产的，不像过渡时期，对非公有制经济成分的改造本身就是任务。在社会主义初级阶段，只要对发展社会主义生产有利，非公有制经济成分存在得长一些，就不会被视作不好的事情。从为了使得多种经济成分并存的局面保留得更久一些来考虑，社会主义初级阶段的提法也比过渡时期的提法要好些。

当然在时间会很长的社会主义初级阶段中，多种经济成分并存的具体情况是会发生许多变化的。这不改变社会主义初级阶段的重要特征。在现在的社会经济结构中，一方面存在多种社会主义所有制形式的并存，另一方面存在多种经济成分的并存。将来总有一天，多种社会主义所有制形式并存和多种经济成分并存这两种并存的局面，会基本上变成只有多种社会主义所有制形式的并存的局面。但这将是走出社会主义初级阶段以后的事情。由于发展多种经济成分是作为促进建设的一个途径提出的，因此只要我国还处在社会主义初级阶段，多种经济成分并存的格局就不会改变。

至于由于我们在1956年宣布社会主义改造已经完成，宣布中国已经进入社会主义，如果说今天仍处在过渡时期会在社会上引起较大的波动这一点，虽然不属于原则上的问题，也是应该给予注意的。使用社会主义初级阶段的提法当然就不会发生这个问题。

第二个问题：是不是一切国家在社会主义革命胜利后都一定要经历社会主义初级阶段这样一个历史时期？

对这个问题，我的回答是否定的。如果在一些比较发达的国家中社会主义取得胜利，这些国家有可能都要经过一个马克思说的从资本主义到社会主义的过渡时期。但是它们却不会经过我们上面说的那种社会主义初级阶段。因为上面我们说的社会主义初级阶段的基本特征是社会生产力水平很低，这是同发达国家的状况很不相同的。当然如果在比较发达的国家中社会主义取得了胜利，社会主义的发展当然也会是分阶段的，也会由比较低级的阶段向比较高级的阶段前进。但是这里说的低级的阶段，同原先是落后国家取得社会主义胜利后的情况会大不一样。这是从抽象的逻辑推理得出的结论。由于今天世界上还没出现这样的社会主义国家，而且由于当前我们还看不到在发达国家中社会主义即将取得胜利的形势，因而也就难以对在这样的国家社会主义发展阶段做出什么科学的判断。

但是我也不认为社会主义初级阶段只是中国一个国家的现象。在第二次世界大战后建成的社会主义国家中，有的国家同中国一样，原先也是经济文化很落后的国家。很可能它们也要经过一个社会主义初级阶段。但是社会主义初级阶段在别的国家中，它的特征和面临的问题，不会同我国完全相同。我国理论工作者的任务是集中力量去研究社会主义初级阶段在中国的特征，研究中国当前面临的问题，如上面我们做过的那样。

第三个问题：社会主义初级阶段这个概念在马克思主义的著作中都有一些什么根据？

"社会主义初级阶段"作为社会主义国家发展的一个特定的阶段，这样的一个概念在古典的马克思主义著作中没有提出过。但是大家都知道社会主义是一个很长的历史阶段，一个很长的历史阶段必然会分作若干个小阶段。这样的道理是很明白的。但是历史未发展到某个时期，某个阶段的历史的规定性是显示不出来的，人们只能对这做一些抽象的讨论，而不可能讲出什么具体一些的看法。在缺乏资料的情况下不做什么判断，这是科学社会主义一贯的基本的态度。列宁就讲过这样的意思。他就俄国的情况讲，社会主义是会经历若干阶段的，但究竟会经历一些什么阶段，他自己不知道。当苏联声明过渡时期结束后，苏联学者和政治家们也常常讨论苏联社会主义发展到了什么阶段的问题，而且有时这种讨论达到非常尖锐的程度。如以前曾肯定苏联处在"发达的社会主义"阶段，最近又改为处在"发展中的社会主义"阶段。1959—1960年年初，毛泽东同志在我国南方读苏联《政治经济学教科书》时，也讲过社会主义发展要分阶段的意思。但是社会主义初级阶段这一概念是党在1981年开始使用的一个崭新的概念。我们可以而且应该对它进行研究并做出马克思主义的新的解释。这种解释是属于创造性地发展马克思主义的范畴之内的。我们要做好这个工作。

第四个问题：关于社会主义初级阶段的经济，除了前面讲述的那一些外，还有哪些特征？

这几年我国理论界对社会主义初级阶段的问题没有做多少研究。在1981年我写的那篇《马克思主义与社会主义》中，我也只能说这样的话："社会主义低级阶段的理想状况与某个时刻某个历史时期社会主义国家的现实状况，两者既有相同的地方，又有不同的地方。必须对社会主义的现阶段进行具体的研究，才能解决现实问题。"这段话的意思是说，在1957年后应该说我国已经可以进入社会主义的初级阶段，但是由于主观上的原因，现实的状况与社会主义初级阶段的理想状态，成为完全不同的两回事。而到了1979年之后，才开始显现出社会主义初级阶段本质的特征。但是除了十二大报告提出的"物质文明不发达"外，社会主义初级阶段的特征是什么，仍没有得到阐述。1984年我在《政治经济学社会主义部分的对象》那次演讲中讲道："共产主义初级阶段的初级阶段的特征是什么？需要明确。比较低的社会主义所有制形式？更强的物质刺激的必要？管理工作中官僚主义的存在与反官僚主义的必要？不但允许社会主义国家管理下的外国资本主义而且允许其他非社会主义经济成分与社会主义生产关系的并存？"我认为在十二届六中全会关于社会主义精神文明建设指导方针的决议中指出的关于多种经济成分和一部分人先富裕起来这两条，是社会主义初级阶段在经济上的最为重要的特征。

关于社会主义阶段的政治，因为本讲座的范围所限，不想多讲。1984年那次演讲中提出的官僚主义，既可以看作属于经济的领域，也可以看作属于政治的领域。在社会主义较高级阶段，是否就一定不存在官僚主义，这很难说，但是在社会主义初级阶段确实存在官僚主义，而且在这个阶段开始的那些岁月中，官僚主义相当严重的。如果说在过渡时期马克思和列宁强调的是实行无产阶级专政，即无产阶级不与其他阶级分享政权，那么在社会主义初级阶段在政治方面强调的是要把建设社会主义的高度民主作为目标。这一方面是由于这个阶段开头的时候在这个国家中不可能有高度民主，而在另一方面这个阶段必须把高度民主作为要实现的目标。这就是说，尽管对社会主义初级阶段的政治，我们现在一时说不出什么来，但是有一点是可以肯定的，那就是将从现在比较低度状态的社会主义民主向高度的社会主义民主发展。

[附记]

对社会主义初级阶段的经济讲稿的一个补充

在准备好的讲稿中，有"社会主义初级阶段与多种经济成分并存"和"社会主义初级阶段与鼓励一部分人先富裕起来"两节。写完后感到应该接着写一节"社会主义初级阶段与社会主义经济体制改革"，下面才接着写原来的第四节。理由是这样："多种经济成分并存"和"一部分人先富裕起来"是社会主义初级阶段在中国的特点。党的十二届六中全会决议中有了明确的论述。这是没有任何问题的。但是在社会主义经济体制方面，在社会主义初级阶段也存在和它以前的过渡阶段与在它之后的社会主义中级阶段或高级阶段相区别的特点。因此只讲原先的那两节，而没有写进"社会主义初级阶段与社会主义经济体制改革"这一节，对于论述社会主义初级阶段的经济是不完整的。

在这里我所说的"社会主义经济体制改革"，指的是当前我们正在进行的具有特定的历史内容的经济体制改革。它也具有更适合于社会主义初级阶段社会生产力水平的性质。它应该放到社会主义初级阶段这个题目中去讨论。但是因为觉察到这点时，已经是开会的前一天，提纲也已经印好了，来不及放到原先已准备好的稿子里去，因此只好在那天讲课时做了声明，要做一点补充。现在我把那天讲的做了一番追记，当然在追记时又做了一些补充。

由于社会主义初级阶段是社会主义的初级阶段，它就具备社会主义——共产主义初级阶段的基本特征。也由于社会主义是共产主义的初级阶段，社会主义初级阶段也就是共产主义初级阶段的初级阶段，所以社会主义初级阶段也就具备共产主义的最一般的特征。按照我在这个讲座第一讲时用的表述，它就具备共产主义B的特征。对这个道理，我想只要着重地讲明白和在有关的地方提到就可以了。因为这样的看法我已讲过多次。但是社会主义的经济体制如何与在中国社会主义初级阶段的生产力相适应，却是一个很复杂的、我没专门讨论的问题。我认为这是一个包括我在内的对这个问题有兴趣的政治经济学研究工作者要特别研究的问题。我这次讲座的内容就在于考察社会主义初级阶段特有的经济特征，而这种特征除了多种经济成分并存与一部分人先富起来外，还应该包括社会主义经济体制本身方面。这就是说，社会主义经济体制也应该有社会主义初级阶段的特点。这一条就是我要在这里对已经写出的讲稿做补充的一个根本的观点。

对社会主义经济体制，我历来从这些方面进行分析：

(1) 社会主义经济体制和社会主义基本经济制度同属社会主义经济制度的范畴，

但前者是具体的、特殊的、个别的，后者对社会主义国家来说是带有普遍性的。

（2）某一种社会主义经济体制与这个国家在这个时期的社会经济结构是有区别的，后者除了占主体地位的社会主义经济成分以外，还可以包括不占主体地位的非社会主义经济成分。

（3）社会主义经济体制包括：①社会主义所有制形式结构；②社会主义国家对国民经济的管理体制。

我觉得进行这样的分析，对于考虑社会主义初级阶段的社会主义经济体制问题有方法论的意义。现在我对自己的意见略做一些修改，那就是我想把"社会主义国家对国民经济的管理体制"改为"包括社会主义国家对国民经济管理在内的社会主义经济运行机制"。在匈牙利把他们的新经济体制叫作 NEM。其中 M 的全字是 MECHANISM，NEM 按字直译就是"新的""经济的""机制"。如果专指后一部分，机制和体制可以看成一个东西。因为我把社会主义所有制形式作为社会主义经济体制的一个主要内容，因此把体制等同于机制就不那么恰当了。在社会主义经济运行机制中，社会主义国家对国民经济的管理是十分重要的内容。也许这是社会主义经济运行机制的一个主要的内容，过去我把它与社会主义所有制形式结构并列，现在觉得是不全面的，应该有所发展。不过我还没有对社会主义经济运行机制做进一步分析。因为这么说是最近我才在自己头脑中明确起来的，所以分析我还没有来得及做。

对社会主义初级阶段要求怎样的社会主义（请注意这四个字）经济体制，即社会主义经济体制如何与社会主义初级阶段相适应？我觉得这一点在所有制形式结构方面可以看得清楚些。比方说社会主义所有制多种形式的并存不只是社会主义初级阶段的特点的话，即到了社会主义的中级阶段仍有可能既有集体所有制形式又有全民所有制形式，那么今天我国事实上存在并还在发展的比较低级形式的社会主义的合作经济形式，就是同社会主义初级阶段相适应的。至于社会主义经济运行机制有哪些东西和社会主义初级阶段相适应，这个问题，我就一下子说不清楚了。比方说如果我们问社会主义初级阶段中的按劳分配与社会主义中级和高级阶段中的按劳分配，社会主义初级阶段中的商品经济与社会主义中级阶段、高级阶段中的商品经济，社会主义初级阶段中的社会主义国家对国民经济的管理与社会主义中级和高级阶段中的社会主义国家对国民经济的管理有何区别，现在我就没有能想清楚，我还要继续研究。

1986 年 11 月 27 日第十一次讲座

社会主义经济运行中的利益关系

内容提要

严格说来,这次讲座的题目上应该加上"导论"两字。在这一次讲座中我讲,对社会主义经济运行中的经济利益关系的研究,可以看作是政治经济学社会主义部分的主要组成部分。因此它的内容是极其丰富的。所以加上"导论"两个字就更准确些。我这次讲座因此也可以看作一个未完待续的讲座。不过,整个讲座都带有导论性质,因此也就不加了。

在这次讲座中,我把生产中的利益关系这种并不直接构成生产力那一部分的生产关系,与直接构成生产力那一部分的人与人的关系分开。这样我们就可以把社会主义中的利益关系以及最后可以归纳为利益关系的那一部分社会主义关系,单独地看成政治经济学社会主义部分的研究对象。

我想要探讨的首先是社会上各"当事者"或"经济实体"之间的利益关系。我把"当事者"或"经济实体"定义为"谋取和取得自身经济利益,承受有关经济利益的实体",指出从"个人""家庭""集体""国家"四个方面来讨论各当事者。在社会主义经济运行中的经济利益关系,就是各个经济实体之间的利益关系。而全社会的经济利益与各当事者的经济利益之间的关系,在实质上也是各经济实体间的经济利益关系,从全社会角度来考察,在全社会范围内进行协调。

各当事者之间的利益关系、全社会的经济利益以及两者间的相互关系,构成一个极为复杂的、关于经济利益的网状巨大系统,或简称"社会主义经济利益系统"。某个当事者的利益通过整个社会主义的经济运行,对其他有关的当事者和全社会的经济利益发生各式各样的影响。这个系统有许多问题值得我们花大气力研究。这种研究应该一是原则的、定性的;二是具体的、定量的。有必要对经济利益的概念做一点一般的分析。其中包括对利益的"得"和"失"应该怎么分析,利益的生产与分配、利益总量的恒等与不恒等。我认为，在研究社会主义经济运行中的利益关系时，不能仅从生产方面，也要从消费方面来考虑。

研究社会主义经济运行中的利益关系，不但要研究利益关系的形成，而且还要研究经济利益关系对经济运行的作用。这正是作为经济改革理论基础的研究的政治经济学社会主义部分的问题。利益关系涉及各当事者的积极性，涉及各当事者发展经济的条件，涉及经济运行的合理性，涉及整个社会主义经济的活力等。它对社会主义经济所发生的作用是最为重要的。研究这个问题的重要性与研究改革的重要性是等价的。

对社会主义经济运行中的利益关系问题，不仅要做静态的研究（事实上不存在真正的静态，在这里说的只是做静态的、抽象的、假定下的研究），还要做动态的分析。动态分析的基本点，是在运动中研究经济利益方面的变化，其中必须包括数量变化的研究。

我一直主张政治经济学的对象是生产关系以及它和生产力的相互作用，而政治经济学社会主义部分的对象是社会主义的生产关系以及它和社会主义社会中生产力之间的相互作用。在这一讲中，我想把政治经济学社会主义部分的对象进一步具体化为社会主义经济运动、变化、发展（或社会主义经济运行）中的利益关系和这种利益关系对社会主义经济运行的强大的反作用。

我是从这样的考虑中形成上面这个观点的。

正如我们一直讲的那样，生产是人和自然界的这样一种关系：人凭借自己掌握的手段（生产工具）对自然进行改造取得使用价值，但是同自然斗争的，不是孤立的人，他们是以一定的社会关系相互结合在一起的人。这种关系就获得社会生产关系这个名称。而以一定的社会关系结合起来的人改造自然界以取得使用价值的能力就获得社会生产力这个名称。这样来明确社会生产力和社会生产关系这两个概念，在逻辑上不存在任何问题。

但是在进一步分析社会生产力赖以构成的要素时，就会遇到这样一个困难：社会生产力是从事生产的人和他们运用的劳动手段两个要素构成的这一点，只要我们是从全社会同自然界的关系来看问题应该说是没有任何困难的。但是既然这里所说的人不是孤立的人，那么人是以怎样的社会关系结合在一起，也就会作为内在于生产力两要素中人的这个要素内的要素，属于生产力的范畴。这样，社会生产力和社会生产关系这两个概念，在分析人和自然，以及人和人之间的关系时是两个不同的概念，而在考察生产力这个概念的外延时，却又把生产关系包含进去。我认为这在逻辑上是完全说得通的，是完全可以理解的。而且正因为有这样一个逻辑上的关系才能解释为什么生产关系可以对生产力发生作用的机制。对于这一点我曾经在自己的文章中讲过。

我认为对社会生产力和社会生产关系这样一种逻辑上的关系是应该深入思考的，应该从中探讨出研究政治经济学的某些方法问题。这个问题一直在我的脑海之中，特别在我提出要建立一门与政治经济学相并立的理论经济学——生产力经济学后，我也一直对这个问题放心不下。应该说，我对这个问题还在继续思考，还没有得到满意的解决。直到今天还是这样。

由于我现在正在研究政治经济学社会主义部分的问题，所以最近我决心在这一个领域内，求得有所前进，而暂时不去寻求这个问题的广义政治经济学的解决。我想这样做也许会有些结果，也可能对实际工作更有用一些。

继续下去我的思路是，坚持社会生产力和社会生产关系的两个抽象的概念，然而把社会生产关系分作两类：一类是社会生产力直接的要素，另一类是比较间接的。举社会主义制度下的情况为例：社会主义社会的生产是社会化的生产。社会主义的生产首先是在生产企业中进行的，社会主义生产企业是有组织的。在社会主义生产企业中，比方说在工厂的车间里，按照产品的品种、工艺上的要求和使用的机器设备等，工人们各有自己的工作岗位，使用自己占用的劳动手段（包括个人占有的和共同占有的）彼此协同地进行生产。在这个车间中按照一定的方式组织起来的劳动者集体，才是与车间中劳动手段结合在一起的、与这些劳动手段相并列的人这个社会生产力的要素。我认为车间内劳动力组织这样一种生产中人与人的关系，就是直接属于社会生产力的要素。让我们再从一个车间扩大到一个工厂。这个车间生产中所需要的原料、动力等要全厂来组织统一的供应；这个车间生产出来的产品要全厂来组织收取；这个车间如果同别的车间在生产过程中是相互衔接的，也要由全厂来组织好这种时间上、空间上物质资料的衔接……总之，全厂的劳动手段要与全厂的劳动力组织、生产组织相结合才能形成社会生产力。这样看问题的方法，还可以推广到更大的范围去，因为全社会的运输、原材料的生产、机械设备的制造都要同各个生产企业的需要相适应，否则社会生产就不能顺利进行。因此我把这样的劳动力组织、生产组织归入社会生产关系中的直接属于社会生产力的那一类。它和社会生产力的另外一方面的要素——人所掌握的生产工具、劳动手段结合在一起，形成社会生产力，同时我把社会生产关系中的其他部分归入另外一类。按照上面我们讲过的道理，整个社会生产关系都可以视作包括在社会生产力的外延之中，因此后面这一类也是属于社会生产力的，但是比较间接。这个直接间接之分当然是相对的，不可能有一个绝对的界限，但是我认为这样划分还是很有意义的。它会使我们在研究社会主义生产时获得一种便利。比方说对社会生产关系做了这样两类的划分，我们就可以去建立与政治经济学相并列的另外一门理论经济学——生产力经济学，对生产力诸要素的结合和由此而形成的社会生产力在改造天然的自然的斗争中如何发挥和如何进一步发展的规律性做专门的研究，而政治经济学社会主义部分的研究则因此获得更确定的对象。这对社会主义社会生产的研究会带来很大的好处。我认为社会主义经济问题非常复杂，需要多一门理论经济学来研究，对社会生产关系不分作两类，既不利于生产力经济学的建立，对政治经济学社会主义部分的发展也会产生不利的影响。

那么在把上述直接属于社会生产力的劳动力组织、生产组织这样一些部分分出去之后，社会生产关系中还留下哪些东西呢？顺着这条思路想下去，我觉得留下来的可以看作社会主义生产中人与人之间的利益关系或者将最后归结为利益关系的那样一部分。

接着上面讲过的例子说下去。

在上面我们说到的在工厂的车间里工作的有许许多多工人，也还有工段长、车间主任等。他们在车间里如何分工、如何协作、如何共同进行生产，属于上面我讲的直接属于社会生产力的社会生产关系那一部分。可是在车间工作的这些人，他们的工资谁个多、谁个少、奖金如何发等，对社会生产力也会产生影响，会影响这些工人在生产中的积极性和创造性，但它作为社会生产力的要素就不是那么直接，可以看作属于社会生产关系中的另外一部分。如果我们考察的范围从一个车间扩大到全厂，从一个工厂扩大到社会，这种直接间接之分就更加明显。

即使我们还只是考察一个工厂，我们还会遇到这个工厂是国营工厂、集体工厂还是私人集资办的工厂这样我们称之为所有制的问题。不同的所有制，从车间的劳动力组织中是看不出来的，但它会影响到厂内外的利益关系问题。

诸如此类可以举出许多行为来。我们可以把社会主义生产中的利益关系和最后可以归结为利益关系的那一部分社会主义生产关系，单独地看成政治经济学社会主义部分的研究对象。至于在今天我讲的题目里没有用"社会主义生产中"而用"社会主义经济运行中"，那是无关紧要的。在我的政治经济学术语中，"在社会主义生产中"同"在社会主义经济运动、变化和发展中"，或是"在社会主义经济运行中"都是一个意思。它们是可以互相代替的。我之所以认为政治经济学社会主义部分的对象是"社会主义经济运行中的利益关系"，是想表明这门科学对利益关系的研究不是静态的，不只是去研究相对不变的制度，而且要在经济运动、变化和发展中去进行这种研究。

在这里说的利益关系不必说当然是经济利益关系。经济关系是物质关系，但不是一切物质关系都是经济关系。列宁在《什么是"人民之友"以及他们如何攻击社会民主主义者?》一书中曾经讲过这个关系。经济利益关系是属于经济关系的利益关系。经济利益关系是一种与劳动和与通过劳动生产出来的物质产品相联系的物质关系。这种物质关系是在物质产品和劳务的生产、分配、交换和消费中发生的利益关系。

讲社会主义制度下的经济利益关系时，首先要说明这些经济利益关系发生在什么人之间。我把任何取得经济利益、承受有关经济利益影响的叫作"经济实体"。我这里说的"经济实体"同日常生活语言中所用的是不一样的。在日常生活语言中讲的"经济实体"只是指企业，而我这里讲的"经济实体"的含义要宽得多。个人、家庭、单位、集体、国家，因为它们都有某种经济利益，都接受有关经济利益的影响，都是"经济实体"。这样来理解的"经济实体"，同我在《社会主义制度下各当事者的经济效益和全社会的经济效益》一文中写的"当事者"是完全一致的。

在社会主义制度下的"经济实体"，同在其他社会制度下的"经济实体"是不一样的。对在社会主义制度下的"经济实体"，我想做下面这样的分析。

（1）个人。在社会主义制度下有各式各样的"个人"。这里指的首先是在社会主义组织中从事劳动的"个人"，我们讲的"个人"最为重要的就是他们。他们是社会物质财富和精神财富的创造者，或者他们的活动在使整个社会主义成为一个有机的整体中起积极的作用。在社会主义组织中从事劳动的个人，可以按照他们所服务的社会主义事业的领域的不同（从大的方面来说），可以分作工业劳动者、农业劳动者、流通领域中的劳动者，在教育、文化领域中工作的劳动者，以及在政治、法律、外交等领域中工作的劳动者等。在社会主义组织中从事劳动的个人，可以按照他们主要运用体力劳动还是主要运用脑力劳动为社会主义事业服务，从大的方面来说，可以区分出"知识分子"这样一种人出来。在社会主义组织中从事劳动的个人中，还可以根据他们社会地位的不同分为管理工作者、干部、领导人等和一般的劳动者。在考察社会主义经济运行中的利益关系时，这些各式各样的人之间的利益关系，就是一个必须予以高度重视的问题。而对在社会主义组织中从事劳动的个人如何分析这件事进行经济学方面的研究，本身就是一个很重要而且复杂的理论问题。在阶级社会中，阶级的划分是最为重要的。在社会主义制度下，所有在社会主义组织中从事劳动的个人，他们的阶级属性是相同的，用现在常用的话说都是工人阶级的一部分，但是我们又不能因此抹杀在社会主义组织中劳动的个人的多样性，并把这种多样性置之不顾。相反，对这种多样性的肯定是我们研究社会主义经济运行中的利益关系的一个重要的，也可以说是必要的前提。

当然对社会主义制度下的个人还需要进行其他的划分。除在社会主义组织中从事劳动的个人之外，还有虽然有劳动力但因为各种原因而未从事劳动的人，还有尚未形成劳动能力或丧失劳动能力的人。这样的个人即便在"纯粹的社会主义制度下"也还是会存在的，至于在中国这样一个还处在社会主义初级阶段的国家里，还会有不属于以上分类的其他种种性质的"个人"。不过现在我们是在抽象地讨论政治经济学社会主义部分的问题，就把这些情况撇开不去讨论。

（2）家庭。在社会主义制度下，不论是在农村还是城市，从经济上说家庭是一个消费单位。在社会主义向共产主义高级阶段的前进过程中，家庭的前途如何，在这里我们不想讨论。现在我们可以肯定的是家庭作为消费单位的职能，是不会在比较短的时间内消亡的，它将会在很长的时间内存在。在家庭中，参加社会主义组织的各家庭成员的经济收入，在不同的程度上统一为家庭使用、共同消费。它们有共同的经济效益。

家庭是由个人组成的一个规模很小的经济实体。上面我们说"个人"已经是一个经济实体。这是因为各个个人有他自身的经济利益，接受有关经济利益的各种影响。包括未在社会主义组织中参加劳动的个人，他们或者从事家内劳动，或者任何劳动都不参加，也是一个经济实体。但是由个人组成的家庭则是有利于个人的一种经济实体。它是比个人更高一个层次的经济实体：整个家庭可以被看作一个经济实体和外界发生经济利益关系，而在家庭内部的各个成员之间又有经济利益关系，而个人作为经济实体就没有这种情况。

由于家庭是由个人组成的一个规模很小的经济实体，前面所说的个人多样性也就会给家庭带来多样性。可以有完全由工人、完全由农民、完全由知识分子的家庭成员等（儿童、少年等除外）组成的家庭。我们可以把它们称为工人家庭、农民家庭、知识分子家庭等。也可有从事性质不同的劳动、社会地位不同的家庭成员组成的家庭。这样，家庭作为经济实体在对外和对内的利益关系上就会呈现许多复杂的情况。正如个人的利益关系反映社会主义的矛盾一样，家庭的利益关系，也同社会主义各种社会矛盾有着密切的关系。城市和乡村间的差别和矛盾，工农和知识分子间、干部和群众间的矛盾，都会在家庭的利益关系中有所反映。

今天在我国，有的家庭从经济上还不只是消费单位，而且还是从事生产和其他经济经营的单位。这种情况在农村中可以说是普遍的现象。在城市这样的家庭比较少，但也占有一个相当的比重。不过在这里既然是抽象地讨论政治经济学社会主义部分的问题，我也不想多说。

（3）集体。在这里说的集体是各式各样的基层社会主义组织，它的含义同平常我们说的"单位"可以说是相同的。

最重要的基层社会主义组织，从经济的角度来说，当然是企业。企业是从事经济经营的集体。它包括生产企业，包括从事商品流通和货币流通的企业，也包括从事各种服务事业的企业等。企业拥有自己的资金，在经营中取得经济收入和付出各项开支，实行经济核算制。企业除了满足社会需要使社会得到利益外，还要谋取自己的经济利益。企业是"经济实体"是最没有疑问的，乃至在日常生活的语言中，"经济实体"这个名词是专指企业。

企业当然也是比个人更为高层次的经济实体。把企业和家庭做比较研究，我们可以看到：企业并不是家庭组成的。企业内部只有职工个人，没有职工的家庭。如果我们说企业也是由个人组成的，那么企业由个人组成的机制，同家庭由个人组成的机制有原则上的不同。由于我们现在讲的是社会主义制度下的家庭，是现代家庭，并不是什么大家庭或家族。在家庭中即便有家长，有整个家庭的共同利益等，但没有与个人利益相对的"家庭管理者"的利益。企业则与此不同。即便是在社会主义性质的劳动群众集体所有制的企业中（在那里职工是企业的主人），由于这时候企业已经建立起来，就有与职工利益相区别的企业利益。而企业的经营者、管理者，就要为这个企业的利益去奋斗。因此，尽管企业的利益与职工的利益从根本上说是一致的，但也仍会出现矛盾。至于国营企业，因为它是社会主义性质的企业，企业与职工利益的一致性仍是很明显的。企业如果盈利，职工就可以得到奖金。企业盈利越多，职工就可以得到更多的奖金。企业留下来的利润多，除了用于积累扩大再生产外，用于职工福利方面的钱也就越多，这些是社会常识。但是又因为它的所有者代表更大范围内的劳动者，企业的利益同企业职工的利益的矛盾会更显著些。前一个时候，经济学界讨论这样一个问题："厂长究竟应该代表国家还是应该代表职工？"我对这个问题的提法是不赞成的。我认为不应该把国家和职工的利益这样对立起来。但是从这个问题的提出来看，国营企业中的矛盾比集体企业中的矛盾更显著，这一点倒是得到一个观念上的表现。

总之，企业的规模比家庭不知道大多少倍，企业的性质也与家庭不同。因此企业虽非由家庭组成，但比起家庭来是层次更高的经济实体。

同时，因为企业分属于国民经济不同的部门，分属于社会再生产的不同的环节，分属于不同的地区，分属于不同的所有制，它们在整个社会经济中扮演不同的角色，因此它们在整个经济利益系统中各自占有自己的地位。而性质相同甚至生产或经营业务相同的企业，则彼此之间一方面存在相互帮助、相互协作的关系，另一方面又存在相互竞赛、相互竞争的关系。企业作为经济实体，它的内部和外部关系都是很复杂的。

除企业外，还有多种形式、多种性质的"集体"：文化、教育、科研和卫生机构（如学校、研究所、医院、图书馆、博物馆），管理机构（包括经济管理机关和政治的法律的管理机关和政权机关），党和群众团体的领导机关等。它们的活动乃至它们的存在本身，虽然不是为了谋取自己的经济利益，但又不是同经济绝缘的。它们的活动要有经费，有收入也有支出，有经济利益，也接受有关经济利益的影响，因而也属于我们所说的"经济实体"。

（4）国家。这里说的国家，不是某个国家机关，而是有自己收入、自己支出的国家财政。

从上面提到过的《社会主义制度下各当事者的经济效益和全社会的经济效益》一文中，我把国家财政作为当事者之一。理由是：社会主义国家财政，与其他各经济实体相比较是在更大的程度上代表全社会的，而其他各经济实体则在更大的程度上代表它们自己的经济利益。但是"国家"终究不就是"社会""代表"也不等于"就是"。在全社会的经济利益中既包括国家财政能够代表的那一部分全社会经济利益，也包括国家财政不能够代表的那一部分全社会经济利益。作为经济实体的国家财政，与其他经济实体之间常常发生矛盾。如上所说，在这种矛盾中国家财政一般来说更多地代表全社会的经济利益，但并不是国家财政百分之一百地代表全社会利益，并不是国家财政总是代表全社会的利益，而其他经济实体总是代表其自身的经济利益。在其他经济实体与国家财政的矛盾中，其他经济实体比国家财政更代表全社会利益的情况也是时常发生的。这样，我就把国家财政也放在一个经济实体的地位，虽然这个经济实体同其他经济实体相比有特殊的地位。

说到国家财政是一个经济实体，那是因为国家也有自己的经济利益。社会主义国家财政的经济利益表现在它能够按照国家计划来完成国家预算收入和支出。国家财政就要去谋取和获得这种经济利益，而且有一大群人来做这样的事情。我有这样一个看法：凡是要成为一个经济实体，要具备这样的条件，那就是它是要有特定的一些人去谋取和获得经济利益。我认为国家财政具备这样的条件。而"全社会"就不具备这个条件。全社会的经济利益虽然是客观上实实在在的东西，却没有特定的人去谋取、去获得。全社会的经济利益是由全社会所有的经济实体去谋取、去获得，然后汇总在一起的。这里说的所有的经济实体之中也把国家财政包括在内。我还有一个看法：凡是经济实体都有收有支，因此是可以建立会计制度的。个人是经济实体，它也可以建立会计账。如果不记，那是他认为可以不去做，并不是不能做。国家财政也符合这个条件。但是"全社会"是建立不起会计制度，是不可能有一本账的。全社会的经济利益是记在全社会所有经济实体的账本上的。这里说的经济实体也包括国家财政。各个经济实体所获得的经济利益的总和就是事实上的全社会的经济利益。因此全社会的经济利益只能统计，它是一个统计学上的概念，而不可能是会计学上的概念。当然全社会的经济利益在统计上的表现也是很复杂的，要有一整套指标才能近似地把它表现出来。

当然全社会的经济利益还是一个理论经济学上的概念。作为理论经济学概念的经济利益，我认为有双重含义：第一，我们用这个概念来概括高于一切经济实体的经济利益的经济利益。在理论上肯定了这样一种经济利益的存在，就可以要求各经济实体为它奋斗，在各经济实体的经济利益同它发生矛盾时，要求各经济实体的经济利益服从这一种经济利益。第二，它是可以争取到的但尚未实现的全社会的经济利益。肯定了这种经济利益，可以要求人们为取得这种经济利益来奋斗。这种理论上的全社会的经济利益，也是客观上实实在在的东西，但只能在理论上把握它。在理论上代表它的是能够正确地理解它的马克思主义经济学者。而马克思主义的党（在我们中国就是中国共产党）的一个责任，就是领导全国人民去为这个理论上的全社会的经济利益不断发展和变成事实上的全社会的经济利益而奋斗。

在这里不妨再重复地说国家财政这个经济实体同某个国家机关，比方说财政部机关这个经济实体在性质上是不一样的。某个国家机关，我们还是举财政部机关为例，它有自己的收入和支出，财政部机关的收入是国家财政拨给它的经费，财政部机关的支出是本机关的办公费、人头费等。国家财政可以说是最高层次的一种经济实体，而财政部机关只是属于我在前面讲的"集体"的那个层次，从经济实体的层次来说，它是属于"集体"或"单位"的，而国家财政则属于"国家"这个层次。

讲了前面这一段，我们才讲明了我们准备讲的经济利益是对什么经济实体而言的经济利益，而我们准备进一步讲的经济利益关系，也就是在这样一些经济实体之间的经济利益的关系。由于在社会主义制度下彼此发生利益关系的经济实体是如此众多，每一个经济实体都与其他经济实体发生双边和多边的利益关系，因此我们研究的对象是极为复杂的。关于经济利益的网状的巨大的系统，我们可以把它简称为社会主义经济利益系统。

在这个经济利益系统中各个经济实体的活动是最为基本的。

各个经济实体按照它们各自的性质、地位、力量、目的、条件展开自己的活动，取得相应的经济效益。而各经济实体的活动，从它产生的结果来看，不只使它们自己取得经济利益，而且对其他经济实体也产生种种影响。这种影响可以是很深远的，不但这个经济实体本身不一定会知道，就是经济学家要对这种影响做科学的说明，也不是轻而易举的。因为一个社会里的经济实体是如此众多，要把这样复杂的关系理出一个头绪，的确是一个艰巨的任务。要对这做细致的工作，同时又要想出聪明的研究问题的方法。

现在我们先来讲讲这样一个观点：那就是整个社会主义经济运行中的利益关系的基础是在一个一个的经济实体的活动之中。对这一个一个经济实体活动的研究是这种研究工作的基础。

在这里我想先在许许多多的经济实体中，挑选出从事物质产品生产的社会主义企业作为对上面我讲的这番话做解释的例子，因为这样的经济实体应该认为是最重要的。

我们可以看到，考察的这个企业正在根据自己在社会主义经济建设中承担的任务，按照社会主义计划规定的应该生产的物质产品的种类和质量，组织本企业的力量，依靠职工们的积极性，在一定的具体的条件下，开展自己为创造物质产品的活动，把预期的物质产品生产了出来。

当这个企业这样做的时候，它取得了某种经济利益。但是这种活动是否只是对本企业的经济利益发生影响呢？不是这样。这个企业活动在经济利益方面发生的影响，远远超出本企业的范围。

仅仅从这种活动产生的直接影响来说，我们就可以看到：

——由于它所生产出来的产品是能够满足社会需要，满足了自己需要的各经济实体所得到的经济利益，就来源于这个企业的活动。

——由于它生产出来的产品是要经过运输、商业等部门才能到达消费它们的经济实体手里，运输、商业等部门在经营这些产品的流通中所取得的经济利益固然要靠自身的劳动，但是我们考察的这个生产企业把产品生产了出来，是运输、商业部门取得经济利益的前提。

——由于本企业的职工在生产中一方面付出自己的劳动，另一方面可以得到工资、奖金等劳动报酬，因而取得了自己个人的经济利益。

——由于在企业生产中要消耗原材料、燃料和动力，这就为生产和经营这些生产资料的经济实体提供了市场，同时这个企业在其生产过程中要使用厂房、使用机器，而且这些固定资产在生产中还有一个损耗问题，因此这个生产企业的活动为建材业、建筑、机器制造业的产品的销售创造了实现条件。

——由于企业资金不足或解决资金及时周转的需求，它要向银行贷款，于是就要支付利息。而利息又是银行取得经济利益的一个重要来源。

——由于企业在取得纯收入之后，还要把其中的一部分作为税收上缴国家财政。这样国家财政就会因为企业盈利而取得经济利益。

……

总之，不但从产品的销售方面许多经济实体可以取得经济利益，而且对于生产企业来说列为成本的各种支出，对于有关的经济实体来说，往往就是它们的经济利益，就是它们取得经济利益的来源或者有利条件。当然企业本身在支出各种成本和缴纳税收之后，还可以留下一部分。这一部分就是企业自己最后得到的经济利益。这一切就是一个社会主义生产企业展开自己的活动后在经济利益方面所产生的直接影响。如果再把间接的影响算进去，那么它发生的影响就会很远很广。

上面说的只是一个关于生产企业的例子。在社会主义制度下有性质不同的许许多多经济实体，在它们开展活动后，会产生各种不同的经济利益上的影响，会发生各种不同的经济利益关系。各经济实体的活动，可以看作研究社会主义制度下经济利益关系的基础。

经济利益的基础是生产，但是各经济实体究竟能得到怎样的经济利益，还有一个分配在起作用。因此在这里要讲讲分配问题。

在这里有一个恒等式：全社会所有的经济实体在某一个时间间隔内所生产出来的产品和劳务的总和，等于同一个时间间隔内全社会所有的经济实体得到的物质产品和劳务的总和。不同的分配不会改变这个恒等式。因此一部分经济实体所得到的产品和劳务的增加，在全社会的总和不变的情况下，必然伴随着另一部分经济实体所得到的产品和劳务的减少。反之则发生相反的结果。只有在生产出来的产品和劳务总量有所增加时，才有可能使得所有的经济实体所得到的产品和劳务都有所增长。当然这是一种抽象的说法，事实上在整个社会的产品和劳务的总和得到增长的情况下，也会有一部分经济实体得到的产品和劳务因某种原因有所减少，但是另一部分经济实体得到的产品和劳务的总和就会更多。

这里我想说一说在某个时间向隔内，例如某年某月某日到某年某月某日这段时间内，诸经济实体在经济利益方面的"得"和"失"的问题。

"得"和"失"可以从绝对的意义上来理解，也可以从相对的意义上来理解。

从绝对意义上理解的"得"和"失"，某个经济实体在这个时间间隔内取得了经济利益，就是有所"得"，如果没有取得就是有所"失"。有所"得"就是取得"正"经济效益，有所"失"就是取得"负"经济效益。

从相对意义上理解的"得"和"失"，就会因从不同的相对意义上来理解而有不同的内容。

比如，我们可以从某个经济实体以前和现在所取得的经济利益做比较来理解。在我们考察的时间间隔内所得到的经济利益比以前同样长的时间间隔内所得到的有所增加，就是有所"得"，否则就是有所"失"。这是一种理解。我们也可以从某个经济实体根据某种合理的预测，在我们考察的这个时间间隔内，它可以取得怎样大的经济利益，而现在，实际所得到的比预测的大，这种情况也会被人们看作"得"，而相反的情况则会被看做"失"。这又是一种理解。我们还可以从这个经济实体和它的竞赛和竞争的对手做比较来理解相对意义上的"得"和"失"。那就是如果这个经济实体在同一时间间隔内，所得到的经济利益比它的对手所得到的多，这就可以被看作"得"，反之也可以被看作"失"。我们还可以从其他的角度来理解相对意义上的"得"和"失"。

在经济利益上的所谓"得"和"失"，也就是人们平常所说的"占便宜"或者"吃亏"。当然相对意义上的"得"和"失"的基础还是绝对意义上的"得"和"失"，有了绝对的"得"和"失"，才会有种种相对的"得"和"失"，在谈各经济实体的利益关系时，这个"得"和"失"是首先受人关心的。

因此，除生产外，各经济实体所得到的经济利益，就受分配的影响。我这里说的分配，把通过交换而产生的分配的结果也包括在内。我一直认为：在社会主义制度下，经济利益说到底是使用价值的占有问题。这是因为社会主义与资本主义不同，它的生产目的是满足社会需要，于是社会主义生产就是使用价值的生产。研究政治经济学社会主义部分问题，只有深入到实物和劳动才算最后接触到事物的本质，而如果停留在价值和货币上，我们的认识就还是肤浅的。满足于这种肤浅而且把这种肤浅看作深刻的思想，我曾经称之为对社会主义经济问题的认识上的货币拜物教。

但是社会主义经济仍然是一种商品经济。商品经济也就同时是货币经济。需要的物质产品和劳务的取得都要通过交换来取得。既然是交换，社会在交换中就会发生"得"和"失"的问题。交换的结果得到的产品和劳务多就是一种"得"，交换的结果得到的产品和劳务少就是一种"失"。

在这里我还想再解释一下经济利益的概念，那就是我们在上面只是讲了关于经济利益的一个基本内容，即占有劳动产品和劳务。但是应该说这只能是经济利益的一部分。对这一部分的经济利益有上面那样的恒等式。这一部分经济利益是可以在各经济实体中进行分配的。在这之外还会有其他性质的经济利益，例如，从使用、从消费角度来看的经济利益。这方面的经济利益不应该看作次要的，但在以前，政治经济学社会主义部分的文献中讨论得是比较少的（这几年才逐渐多起来）。因此我还想谈谈这方面的问题。

我们常讲社会主义生产目的是满足社会主义社会成员的物质的文化的需要，那么当生产出来的产品被需要它的人使用时，它才发挥出真正的经济利益。所以不仅把产品生产出来可以增加全社会的经济利益，经过交换把产品送到需要它的人那里也增加经济利益，而产品送到最需要它的人那里经济利益就最大。这样计算的经济利益的数量就不是恒等的，是不能被分配的，因为一种产品分配到不需要它的人手中，这个经济利益就减少了。

这种与使用与消费结合而带来的经济利益虽然是每个人从生活中感觉到的，也因为它是难以计算的，不能成为严密科学研究的对象。在研究经济利益关系时也只要注意到这一点就可以了，而很难对它进行定量的研究。

经济社会中的核心就是经济利益关系。社会经济制度可以说基本上就是经济利益制度。所有制如果不同经济利益相联系就不成其为所有制。这一点，在《德意志意识形态》中马克思和恩格斯写得很好。对于它的占有如果不给它的占有者带来某种经济利益就不是什么财产。当我们给某种所有制以科学的说明时，我们就有必要去说明这种所有制下的经济利益关系。对社会主义的所有制，对社会主义所有制的各种形式给以说明的时候，也应该这样做。

有一个时候，我因为考虑到在社会主义制度下人与人之间存在同志式的互相合作关系，因此在思想上不能接受在社会主义制度下人与人之间的经济关系仍是利益关系这样的观点。这个问题后来我是这样解决的：谋取自身的经济利益属于利益关系的范围之内，为其他的人谋取利益、把自身的利益让给他人，在利益问题上同志式的合作也属于利益关系。因此社会主义制度下人与人之间有同志式的互助合作关系，并不妨碍我们从利益关系的角度来规定社会主义制度。我们要克服在利益问题上局限于利己主义的看法。

在考察社会主义制度时要对这个制度下的经济利益关系进行系统的研究。这可以看作是政治经济学社会主义部分研究中的一个课题。但是在今天我想强调这样一个观点：政治经济学社会主义部分不能静止地去考察社会主义制度下的经济利益关系，还要在社会主义经济的运行中去考察经济利益关系。首先要从客观上去考察这种经济利益关系如何因社会主义经济运动、变化和发展而运动、变化和发展，接着还要去考察经济利益关系如何反过来作用于社会主义经济的运动、变化和发展。

在我们这么说的时候，我把经济利益关系同社会主义经济的运行分离开来了，这是为了讨论和研究问题时所必需的。如果不是去研究我这次讲话题目中的问题，我们本来是可以把经济利益的运动、变化和发展看作社会主义经济运行本身的内容。而在现在我们要把社会主义运行的范围略为缩小一些，只是去考察影响经济利益关系和受经济利益关系影响的那一个部分，而把经济利益关系暂时放在它的外边。这种情况犹如在研究人和自然界相互关系的时候那样，人本来就是自然界的一部分，是属于自然界的，包括人类社会也是自然界的一部分，也是属于自然界的，但在研究人和自然界相互关系时我们暂时从两者分割开来的观点来看问题。

在这一次讲座中，我不可能详细地来讲社会主义经济运行的经济利益问题。因为详细地来讲这个问题就等于讲政治经济学社会主义部分本身，这不是短短的几个小时，甚至也不是连讲二三十次所能办到的。我所做的这个讲座是政治经济学社会主义部分"问题"讲座。这"问题"两个字，是讲了三四次之后加上去的，因此我现在只有可能来讲一些我认为是值得注意、值得研究的问题，主要是讲研究政治经济学社会主义部分的方法问题。这次讲座也还属于这样的范围。我想经过这次讲座使我自己在政治经济学社会主义部分的研究方法上再有前进。

前面我们已经明确了（对我自己来说明确了）一些观点，比方说，明确了：可以在社会主义生产关系中划出经济利益关系作为政治经济学社会主义部分的对象；社会主义制度下的经济利益关系都在哪些经济实体中发生；经济利益关系的内容和经济利益关系的基础，等等。这些都还是比较静止地来看问题。现在我们要在运动中来考察这个问题。

社会主义经济在运动中，这是万物在运动中这个哲理的一个实例。我们用不着在这一点上停留。进一步问，社会主义经济是什么事物的一种怎样的运动呢？在任何社会制度下经济运动的基础都是生产，所以还是要从生产说起。

          1987年1月22日第十二次讲座

谈谈经济规律体系的研究[*]

有一个"全国经济规律体系问题讨论会"已经开过三次了。每次都在大连召开，每次都邀请我去参加，每次我都没有去成。这次是在10月召开，我有事又去不成。同十二届三中全会开会的时间冲突，当然更去不成。我写了一封长信给他们表示祝贺和祝愿，也讲了一点看法。在准备把这封信收进《探索》第四卷时，感到对会议开法讲的话太多，同《探索》的体例不那么吻合，可是关于经济规律体系问题又正是《探索》中应该有的东西，故此现在把那封信改写了一下，所以它已经不是那封信了。

对会议开法，也不是完全不能收进《探索》，其中有一点我不想改掉，那就是我在信上说到，从《经济学动态》和《经济研究》对两次会议的介绍中了解到，这个会是专门讨论社会主义经济运动、变化、发展规律体系的，而且已经开过三次，每年一次。这种以专题深入为目的而连续召开讨论会的方式，我特别赞成，政治经济学社会主义部分的问题很多，难度不小，如果今天讨论一个问题，明天讨论一个问题，浅尝辄止，那是什么问题也解决不好的。这个会一年一次连开三年，我看了一下材料，觉得前两次会还停留在"一种意见是……另一种意见是……"的水平上。这也许是不可避免的，但是我希望这第三次会能够前进，希望在开会时能拿出一篇（信上原先说的是一篇，现在我觉得可以拿出两三篇）比较有分量的文章，再事先组织好评论或批评的文章，然后在会上展开讨论。这个意见对于政治经济学社会主义部分的探索有关，所以我想在这篇追记里将我写那封信时的思想在文章里保留下来。

我在那封信里还表示了我为什么对他们讨论的题目有兴趣。我并不认为这个题目对于政治经济学社会主义部分的研究特别重要，但是我觉得从这个方面去探讨是有意义的。以前，以苏联《政治经济学教科书》为代表，把社会主义经济运动、变化、发展的客观规律分成一个一个规律来论述，而没有很好地向读者提供一个完整的规律体系。这样做说明当时研究政治经济学社会主义部分的学者水平是相当低的。在那封信里，我回忆我开始研究政治经济学社会主义部分的情况。

---

[*] 这是作者给"全国经济规律体系问题讨论会"的一封信，后来做了改写。

我从研究土地问题转到研究政治经济学社会主义部分，那是1953年读到《苏联社会主义经济问题》之后的事。后来在1954年读到苏联《政治经济学教科书》，我对他们用这样一个一个地表述规律的办法来写书不满意，这使得我决心自己来写一部政治经济学社会主义部分的专著或教科书，我认为有这么做的必要，也有了信心，认为有可能写得比那套书好些。不仅我这么看，我的合作者也这么看。我和我的合作者不止一次谈论过经济规律体系问题，不过没有使用这个语言。我认为有必要把整个社会主义经济当作一个整体来研究，如同马克思在《资本论》中所做的那样。认为必须从苏联《政治经济学教科书》那样的水平上大大提高一步才行。把社会主义经济规律作为一个完整的东西，作为一个体系来考虑，有助于克服这样一个缺点，因此是一个前进的方向。我觉得从不同的角度都向前发展，对建立和发展政治经济学社会主义部分这门科学是必要的。

在我写的那封信中，我介绍了我很早时候形成的一个观点：那就是在社会主义社会经济生活中，各个经济规律是共同起作用的，或者说社会主义经济生活实际的发展就是各种经济规律共同起作用的结果。《探索》的读者会知道我这个思想曾经多次写过。而且我的这个意见是从一般的哲学原理来立论的。我不但讲经济生活是如此，自然界的现象也是如此。我认为我讲的这个道理可以作为他们讨论这个问题的一个根据。为了免得开会的人去查找，我抄了1953年我第一次提出这个问题时写的一段话，1959年对这个问题讲的又一段话。1963年我在讨论价值规律问题时又一次回到这个题目。这三篇文章都收到《探索》（一）中，同志们可以去查找。

关于几个规律共同起作用的观点，甚至也不是我的新发现，我不过专门系统地对它进行阐述罢了。我通过对这个问题的讨论，说明规律是不以人们意志为转移的客观的必然的东西，为什么人的意志又能运用适当的手段在可能的范围内达到自己的目标。关于几个规律共同起作用的问题，斯大林在《苏联社会主义经济问题》中讲国民经济有计划发展规律时就讲到，它要受社会主义基本经济规律制约。斯大林说："如果不知道国民经济有计划的发展是为着什么任务而进行，或者任务不明确，那么国民经济有计划的发展，以及或多或少真实地反映这一规律的国民经济计划化，是不能自行产生任何效果的。国民经济有计划发展的规律，只是在具有国民经济的计划发展所要实现的任务时，才能产生应有的效果。国民经济有计划发展的规律本身并不能提供这个任务。国民经济计划化尤其不能提供这个任务。这个任务是包含在社会主义的基本经济规律中，即表现于这一规律的上述要求内。因此，国民经济有计划发展的规律的作用，只是在它以社会主义基本经济规律为依据时,才能充分发挥起来。"这也表明国民经济的计划化是国民经济有计划发展的规律和社会主义基本经济规律共同起作用的结果。

从若干个规律共同起作用到经济规律的体系是一个进步。在经济规律体系的概念中,不仅包括各个规律有联系,各个规律共同起作用,而且包括对各经济规律之间特定的、有机的联系,包括各经济规律是一个有机的整体,以及这整个经济规律体系才是整个社会主义经济运动变化发展的规律性等这样一些内容。我认为,各经济规律共同起作用的道理,是经济规律体系研究的基础,而经济规律体系的思想是比各经济规律共同起作用的思想要更深一层的。我对这个问题有兴趣的原因就是这一点。

现在的问题是如何进行这个研究,研究这个问题有些方法论的问题要解决,我们期望这个研究要达到一种怎么样的结果。我认为这些是今天要解决的主要问题。凡是真正实质性的问题,解决起来总是最为困难的,这就要真正下大功夫去研究。因为我没有在这一点上下什么功夫,我也就说不出什么有分量的话。现在我能想到的也只有两条:一条是从整个社会主义经济来研究,究竟应该概括出怎样的经济规律体系;一条是研究现在已经提出的经济规律的双边关系和多边关系来逐渐接近经济规律的体系。很可能这样两条路都走,一步一步地走向对经济规律有比较深一层的认识。我现在认为采取这些步骤都是可取的,但是我还是想提出,我们不能把政治经济学的研究看作是研究各种经济规律的体系,因为这种研究似乎还是从一个规律一个规律出发,把这一个一个的规律综合起来,而我们的研究应该从社会主义经济整体出发,一层一层地去分析、去研究,研究到哪个层次,社会主义经济的规律性就自然而然地被指出、被阐明。从抽象到具体,越到后来,各种规律共同起作用的问题就会越来越多。

在我给全国经济规律体系问题第三次讨论会的信里,我还讲了应用问题。我一直认为:政治经济学社会主义部分的应用问题值得给予专门的重视。我提出各个客观规律共同起作用的问题,首先就是从对客观规律认识的应用的角度来考虑的。"规律是完全不以人们意志为转移的,那么人为什么还能发挥出自己的能动作用来达到自己预定的目标呢?"我就从运用物质的力量改变物质的条件,在各客观规律同时起作用的情况下达到预定的目标来解释。在与自然界打交道时是如此,在与社会打交道时也是如此。因为社会经济生活是按照社会经济规律所起的作用而运动、变化和发展的。我们在决定政策、措施,采取某种行动时,其结果就是在这种具体条件下,各种经济规律共同起作用的结果,也可以说就是在这种具体条件下,经济规律体系起作用的结果。这是具体的问题,而具体的问题通常是很复杂的。但是我们要解决的就是这样复杂的问题,不要把问题简单化了。要学会运用经济学的理论知识对在怎样的具体条件下各经济规律共同起作用或整个经济规律体系起作用的结果能够做出推算,从而选择最适合达到目标的办法。

当然,为了达到预定的经济目标,仅仅掌握经济规律知识还是不够的,还常常要掌握经济规律以外的其他客观规律,包括自然科学的规律和其他社会领域的规律。

1987年1月26日

社会主义经济中的实物和货币

内容提要

在讲这个题目之前,我想向大家报道一下我最近对自己想写的那一部政治经济学社会主义部分专著结构的一个考虑,讲一下关于这个问题我最粗略的构想。我想把全书分为三卷。这三卷是:《论政治经济学社会主义部分》《论社会主义经济关系》《论社会主义经济关系的计量》。

按照上述思想,我这次讲的虽然是一个比较小的题目,但我想试验一下按照上述思路来讲这个题目,从中取得进一步考虑全书结构的资料。

在这个题目下我想讲四个部分。

第一个部分:广义政治经济学中的实物和货币。

在这部分中我想讲:①我对广义政治经济学含义的了解;②实物的含义和它都包括哪些方面。在这里我又是一个宽派。天然的自然物、人工环境(人工广义土地)、劳动产品、劳动者的躯体、作为消费者的人等都是实物。劳务属不属于我这里说的"实物"可以讨论;③实物的普遍性。人类社会发展中永远离不开实物;④货币是同人类社会一定的发展阶段相联系的。它是人类社会经济文化发展到一定程度的标志。交换的发展与货币及货币功用的发展。不同社会制度下货币功用的相同点与相异点。货币的前途问题;⑤实物运动与货币运动的关系。运动方向。两者间的数量关系。

第二个部分:社会主义经济的实物本质。

在这个部分中,我想从社会主义制度的特点来看实物和货币的问题,这就从广义政治经济学进入政治经济学社会主义部分。我准备讲:①从关于社会主义生产目的这个马克思主义原理立论,明确社会主义生产本质是使用价值的生产;②从生产诸要素的条件来看社会主义经济的实物本质;③从实际的经济效益来看社会主义经济的实物本质。

第三部分:社会主义商品经济与货币。

在这个部分中,我想讲:①从社会主义经济仍然是一种商品经济——社会主义商品经济(考虑到我国还处在社会主义的初级阶段,现阶段的我国的商品经济是不是纯粹的社会主义商品经济,还可以进行分析)的角度来讨论,虽然从全社会的角度来看是使用价值的生产,但从各当事者的角度来看,社会主义生产仍是价值的生产。从各当事者间的关系来看,社会主义经济离不开货币。商品经济也就是货币经济。因此各当事者的生产与经营,就是以取得货币收入为直接目标的生产与经营。②由于社会主义经济仍然是一种商品经济,各当事者的生产是以直接取得货币收入为直接目标的生产,这就不能不反映到全社会生产的目标用货币指标来衡量。③对外经济关系更是价值的生产,是货币经济。

第四部分:货币分析与货币拜物教。

我们在考虑社会主义经济时必须使用货币分析工具(统计概念、统计指标)。货币分析工具也可以说是价格分析工具。使用货币分析工具的范围很广泛,有许多研究(包括宏观经济与微观经济研究)都需要这么做。货币——价格分析有许多方便(把矩阵变成一个数值),但是考虑社会主义经济的实物本质,就要求深入到货币运动所反映的实物运动上,货币关系所反映的实物关系上。于是就要求认识不能停留在货币分析上。几年前,我把停留在货币分析不再深入到实物本质称之为货币拜物教,现在我仍是这样一个观点。

今天讲的内容是我的一个老观点,有些同志不同意我的这个观点,但我还是想讲一下。

在讲这个题目前,我想先讲一个问题。从 1956 年起我准备写一部政治经济学社会主义部分的专著,关于这部书怎么写,我最近又思考了一下,有这么个初步的构想,在这里说一下。因为这个构想和今天要讲的题目也有点关系。我准备把这部书分为三卷:第一卷是《论政治经济学社会主义部分》,也就是论这门科学,不是论这门科学的本身,是属于导论性质。为什么要写成一卷,写这么多?这是由这门科学的特殊性产生的。因为这门科学到底是个什么样的科学,它的对象、任务、方法是怎样的,这门科学的地位,这门科学和其他社会科学的关系、它和自然科学的关系等,都需要用比较长的篇幅来论述,可以构成独立的一卷。当然三卷的篇幅可以是不平衡的。大家知道,黑格尔写哲学著作有一个特点:常常有一个很长的导论,如《哲学史演讲论》《大逻辑》等。我想写的导论恐怕比他的导论占的比重还要大些。举一个很简单的例子：关于这门科学的名称，我叫作"政治经济学社会主义部分"，严格讲起来还要加几个字，叫作"马克思主义政治经济学社会主义部分"。现在，这个名称和"社会主义政治经济学"两个都用。但是我认为不能都用，因为"马克思主义政治经济学资本主义部分"也是社会主义学说的政治经济学的基础，所以列宁就把《资本论》叫作"社会主义政治经济学"。这是对的。在《马克思主义还是修正主义》这篇文章里面，列宁讲的社会主义政治经济学不是"马克思主义政治经济学社会主义部分"，因为不管是"马克思主义政治经济学资本主义部分"，还是"马克思主义政治经济学社会主义部分"，都是社会主义学说的政治经济学的基础。相反的，西方的经济学家有时也用"社会主义的政治经济学"这个名称，而他们对社会主义的研究不一定是马克思主义的，他们的思想体系不一定属于社会主义的思想体系。因此就这么一个简单的名称问题，我觉得在这部书里也还有讲清楚的必要。由于这门科学的特点，也由于关于这方面问题我讲得比较多，思想比较现成，因此想把它写成一卷。第二卷是《论社会主义经济关系》，这是这部专著的主要部分，讲的主要是定性的问题。第三卷是《论社会主义经济关系的计量》。把第二卷和第三卷这样分开，是不是有一种割裂的危险呢？讲社会主义经济关系的问题完全不讲数量关系能不能把社会主义的经济关系讲清楚呢？必要的计量关系也还是要讲的，但是在这里量的关系只是作为讲定性问题时的必要的说明，第三卷中才去把量的方面加以展开，做比较细一点的考察。这样做是因为如果在第二卷里量的问题讲得太多了，就会使定性的问题讲得不那么鲜明了，同时也使计量的问题可以在第三卷里展开，从而在政治经济学里得到比较充分的表现。在第二卷里，我也不想把大家熟悉的，或者说比较一般的问题写进去，别人已经讲过的问题，我会提到，并且表示赞成或者反对。既然是一部专著，不是教科书，无须把所有的问题，我有见解的和我没有见解的都同等看待。因为这是我的一部专著，所以就讲我有体会、有感想的内容，我想着重讲哪些方面就讲哪些方面。这部分我积累的资料不如第一部分多，有许多问题还没有去写文章，没有去涉及。但是和第三部分比，那要多一些。第三部分还没有论文的准备。专著应是论文的汇集，真正的创造性的工作，打基础的工作在论文上面，然后把论文加以整理，写出专著。这部书这样写，可能还会有些新意，也比较容易写。一定要搞一个严密的、非常细致的逻辑结构，可能做不到。我今年72岁了，到了这么个年龄，就是加足马力，不受干扰，也还是有许多事情做不完。因此要有个时间的计算。计算的结果，决定采取这样的办法来写书。我这人有个特点，心里还在想的东西就讲出来了，好处是可以和大家交流。有没有坏处呢？也可能有。但我觉得，恐怕好处还是多于坏处。

今天讲的这个题目虽然是个比较小的题目，但我也想用以上讲的三分法来试试看，用我的个别问题的研究来验证一下我的构想是有可能还是没有可能。由于最近实在太忙，没有来得及仔细地研究，所以恐怕讲得比较粗。

下面开始讲正文。我想分四个部分讲：

第一个部分：广义政治经济学中的实物与货币。在这个部分中我想讲以下几个问题：

（1）我对广义政治经济学含义的了解。广义政治经济学是与狭义政治经济学相对而言的。本来并没有狭义政治经济学这个名词。马克思对资本主义经济进行了科学的研究，写了《资本论》，副标题是"政治经济学批判"。那时讲的政治经济学，也就是我们今天讲的政治经济学资本主义部分。后来马克思主义的文献中又出现了社会主义的经济不能做政治经济学的研究。布哈林就是这个观点。以后，这个观点被否定了，认为对社会主义经济也可以做政治经济学的研究。这样政治经济学研究的范围扩充了，那么原来讲的马克思研究的政治经济学，也就是政治经济学资本主义部分，就被称为狭义政治经济学。如果说对社会主义经济可以做政治经济学的研究，那么对前资本主义经济可不可以做政治经济学的研究呢？于是乎政治经济学研究对象的广义化，就出现了一个广义政治经济学的概念。广义政治经济学概念出现后，就引起一个思想：有没有适合一切社会经济形态的一般的经济学原理？在政治经济学资本主义部分的研究中本来就包含有适合一切社会经济形态的经济规律、经济范畴、经济概念问题。而由于政治经济学研究对象的广义化，政治经济学的一般理论问题就突出出来了。这就是说，本来在资本主义社会这个特殊里面就包含各个社会经济形态的一般，但仅仅有政治经济学资本主义部分的研究，一般问题还不是那么明朗。而在广义政治经济学中，一般问题就明朗了，因为它是超越于一个社会阶段的原理和一切社会阶段的原理的。在马克思的《资本论》和《政治经济学导论》中，有许多政治经济学的一般原理，如生产与消费的关系、生产与分配的关系等。这是所有社会或者是一切社会形态都有的，因为生产、消费、分配，任何社会都有。有些东西不是任何社会都有，而是几个社会都有的，比如说商品交换。一般的劳动交换包含在生产中，是任何社会都有的，而商品交换这样一种狭义的交换则有其开始的时候，也有其结束的时候，不是任何社会都有，而只是在几个社会中都存在的。现在我们研究经济问题的时候，我们可以从西方的经济著作里面借用几个东西，原因之一是我们社会主义与资本主义经济有一个共同点，那就是社会化大生产。社会化大生产的一般原理是不分资本主义、社会主义的，它是一种共同的东西。所以广义政治经济学研究就涉及超越某一个社会经济形态的一般经济学原理的研究。这也可以作为广义政治经济学研究的对象。广义政治经济学不等于写一部社会发展史有关经济的侧面，它还有一些共同的东西要探讨，这里面有一些理论性的问题。所以我要讲社会主义经济中的实物与货币，那是讲的某一个社会经济形态下的实物与货币，但是有一些问题不属于某一个社会经济形态，而是属于广义政治经济学中的实物与货币。所以，第一个部分我讲的是广义政治经济学中的实物与货币。

（2）实物的含义和它包括哪些方面。什么叫实物？我不知道经济学的辞典中有没有这个条目，我没来得及去查。我认为经济学中的实物作为一个名词，是与货币相对而言的，是货币运动和实物运动相互关系中的实物，所以，实物首先包含天然的自然物，整个地球可以作为我们整个经济生活、经济关系中的地球。这地球不是天文学中的地球，也不是地质学中的地球，而是经济学中的地球，也就是土地的概念。什么叫土地？我查了很多辞书，没有找到答案。所以在农村报授大学教材中我出了一道思考题：什么叫土地？请读这本教科书的基层干部想一想。我出这个题目，并不是我会回答，我也没有回答好。但在教育学中我有一条思想，那就是不能因为老师不能回答的问题，就不许学生思考。我初步的想法是，土地作为一个经济的概念，地球的地心、地幔不是土地，土地是与人发生关系的那一部分，土地是地球上的一个圈，这个圈与技术圈是一致的，这个圈是不断扩大的，随着人们开挖地球的深度的增长而扩大。也就是说，人挖得到的地方是土地，挖不到的地方不是土地，土地是与人发生经济关系的地球的那一个部分，那一个圈。这一个圈从经济角度说也是实物，是天然的自然物。

第二个方面，是经过人加工的东西，而不是天然的自然物。比方说道路、经过人加工的农田、房子，以至于人工的气候等。加工有两个含义：一个是积极加工，一个是人工破坏。经过加工的东西已不是纯粹的、本来意义上的天然的自然，而是人工的自然。加过工的东西，不管是积极的加工，或是消极的加工，都有人的痕迹，这也是我的实物的概念。

第三个方面，是劳动产品。不论这种劳动产品是与土地结合在一起的，变成土地的一个部分，比如水坝，或是可与土地分离的，比如茶碗；不论这种劳动产品是作为生产资料的或是用于消费的，这些都是实物。

还有，作为劳动者的人也是实物。人难道是货币吗？人是生产的一个要素，是一个实实在在的物、一个实实在在的实物。那么，人是实物，维持人生存的生活资料当然也是实物。不能劳动的人，作为消费者，也是实物。因为他要吃饭，要与实物发生关系。以上讲到的这些东西，都属于我讲的实物的概念。

现在有一个问题是大家正在讨论的，那就是劳务是不是实物？比如演一场戏，这场戏算不算实物？我认为也是实物。按照我的实物的概念来说，它虽然本身不是物质，但它是物质本身的运动，它的使用价值可与实物的使用价值互相代替。比如，我可以看这场戏，也可以看这场戏的舞台记录片。舞台纪录片就是把它物化在电影片里了。看舞台纪录片的效果与看这场戏的效果是可以互相代替的。我可以在台上讲，也可以请人帮我录下音来，听我讲和听录音的效果是可以互相代替的。所以，我认为劳务也是实物。在实物的概念问题上，我是一个宽派，这与我在生产劳动问题上的宽派，思想上是联系着的。

（3）实物是广义政治经济学的范畴，任何社会里都有实物，都有实物在起作用。所以实物在人类社会中具有普遍性。人类社会的发展永远离不开实物。

（4）货币是同人类社会一定的发展阶段相联系的。货币不是永远都有的，一开始是没有货币的。货币是体现人与人的关系的，本身是一种社会关系的抽象。至于钞票，那也是实物。一张作为钞票的纸、叮当响的硬币、一张支票，难道不是实物吗？我们讲实物与货币关系中的货币，指的不是作为实物的那种货币，而是作为一种人与人的社会关系的抽象的那种货币。钞票印刷厂、铸币厂是进行实实在在的实物的生产，但生产出来的货币在运用时，则是与实物相对而言的货币。与实物相对而言的货币，产生于人类社会发展的一定的阶段，即原始社会开始解体，商品交换开始发展起来的时候。货币产生后，货币的形态经历了几个发展阶段，从牛羊、贝壳之类东西发展为贵金属，又发展为纸币、信用卡等。货币也是一个不断发展的事物，货币将来也还可以转化，像劳动卷已不是本来定义上的商品。将来社会发展到了更高级的阶段，用什么样的关系把货币所能起的好的作用保持下来？这个问题值得研究。所以广义政治经济学有个好处，它摆脱了从某一个社会来看问题的狭隘的观点。我们研究政治经济学既要研究特定的社会经济形态，因为这是政治经济学本质所要求的，但是又越来越看到，对广义政治经济学的观点，有些超越于某一个特定的社会经济形态的经济规律的研究，也有很重要的意义。

（5）实物运动与货币运动的关系。这也属于广义政治经济学研究的内容。商品交换，交换的是什么？当然是实物。货币运动和实物运动的方向是按相反方向进行，这在资本主义社会或社会主义社会都是如此。所以实物运动和货币运动的方向、两者间的数量关系，也属于广义政治政治学研究的范围。

以上讲的是第一部分：广义政治经济学中的实物与货币。假如把它加以发挥，写到我的书中去，这就是属于第一卷的内容。我的书叫《政治经济学社会主义部分》，我不能把广义政治经济学放到第二卷中去讲。第一卷中论广义政治经济学和政治经济学社会主义部分的关系，就成为论马克思主义政治经济学社会主义部分的内容。所以我这里讲的内容是与我前面讲的我要写的书的三卷的内容相呼应的。

第二部分就讲到了我要讲的问题的本身：社会主义经济的实物本质。这个话我可以稍微改一下，改成社会主义经济的本质是实物经济，这也是一种表达方式。这两种表达方式当然是很接近的，为什么不用后一种表达方式呢？因为社会主义经济是商品经济，也就是货币经济，而我讲的是社会主义经济的实物本质，后一种表达方式容易与商品经济的讲法碰头。社会主义经济最根本的，要从它的实物来看。人民生活消费的是实物，一个国家的国力也要看实物。一个国家的实力，就是可以动员出来发展经济的力量，或者说可以动员出来与别的国家角力的力量。关于社会主义经济的实物本质，我想从以下三个方面讲：

（1）从关于生产目的这个马克思主义原理立论，明确社会主义生产本质是使用价值的生产。社会主义生产的目的是为了满足社会成员日益增长的物质和文化的需要，当然也包括保卫社会主义国家的需要，这个需要不仅是今天的需要，而且是不断增长的需要。因此我们说社会主义的生产从本质上说，是使用价值的生产。这是从全社会观点来看的。从全社会来看，价值是没有意义的。生产同样多的实物，价值高，说明花的劳动多，那就是消极因素，价值越高越不好；而价值越低，花的劳动越少。所以，社会主义社会，从全社会角度来说，不能是价值的生产，应该是使用价值的生产。因此，就货币和实物相对而言，社会主义生产应该是实物的生产，而不应该是货币的生产。

（2）从生产诸要素的条件来看社会主义经济的实物本质。我们有没有力量扩大生产，要看生产要素具备不具备。现在各地区都在讨论地区发展战略，比如，昨天召开了三门峡市发展战略研讨会，王市长就在会上讲了三门峡的资源可以用"黄、白、黑、水"四个字来概括。"黄"就是黄金，三门峡黄金储量占全国第二位；"白"是铝矾土矿；"黑"就是煤；还有水。除此之外，还有森林、干果、红枣、苹果、柿子等植物资源。所以我给他们略加修改成"黄、白、黑、绿、红、水"，水是无色透明体。没有这些生产要素，他们就谈不了地区发展战略。

（3）从实际的经济效益来看社会主义经济的实物的本质。我们讲经济效益，讲的也是实物。翻两番的指标虽然是用元，即货币表示，但最终还是要看实物。

到底粮食增加了多少？棉花增加了多少？钢材增加了多少？人民生活消费品增加了多少？

第三部分讲社会主义商品经济与货币。

这一部分，"文化大革命"前我讲的是比较少的，很多同志不同意我的观点，与我对这个问题强调不够有关系。在这个部分中，我想讲以下三点：

（1）社会主义经济仍然是一种商品经济，即社会主义商品经济。这就是说，社会主义社会虽然是一个整体，但这个整体是可分的，不是一个不可分的整体。它可以分成若干个经济实体，或者经济单位。这样就存在社会的这一部分与那一部分的关系。在社会主义社会，这种关系还是一种商品关系。马克思在《哥达纲领批判》中讲到，一个新社会刚刚从旧社会发展起来的时候，个人和社会之间还存在一种等价交换的关系，接着就讲了按劳分配。因为拉萨尔没有讲到社会有没有这一部分和那一部分的关系，所以马克思也没有讲这个问题。我始终认为马克思对新社会有没有商品关系这个问题是没有讲过的，他没有什么设想。有人说马克思设想新社会没有商品关系，我不同意这种说法。马克思讲的是一般的共产主义社会，并不是讲刚刚从资本主义社会脱胎出来的那个共产主义的初级阶段。共产主义初级阶段有没有商品的问题，马克思没有议论，不能把马克思没有的错误强加在马克思的头上。当有了几十年社会主义社会生活的实践（其实不要几十年，苏联20世纪20年代没有货币就不行了。那时候，没有货币，苏联就不能存在了），不管人们对货币商品抱什么观点，都不能不承认社会主义需要商品和货币，尽管这种承认是勉强的、消极的、理论上不愿肯定的，但实际上不能不承认。就是苏联军事共产主义时期，和我国大跃进时的范县、徐水，也还有货币存在，所以货币并没有被彻底消灭过。当然，经过这几十年，大家认识到，货币在社会主义社会是不可缺少的东西。货币与钱在外文中是同一个字。货币的产生是社会经济发展、交换发展、社会联系发展的结果，它是与发展相联系着的，不是和不发展联系着的，不是不发展状况的表现，而是发展状况的表现。发展就要接触钱的问题。社会主义社会分成许多部分，这些部分我给它一个名称，就是"经济实体"。我这里讲的"经济实体"与现在通常讲的"经济实体"的概念不同。个人、企业、一个机关、国家的一个财政部门……都可以称为经济实体。凡是有它自己的经济利益，而要去谋取并获得经济利益的，都叫经济实体。那么商品经济就是各个经济实体间发生的关系。在商品经济条件下，每个经济实体经营的直接目的都是货币，即钱的收入，也就是说，每个经济实体的生产目的是生产价值。但从全社会观点来看，生产目的不是价值，而是使用价值。20世纪50年代我讲社会主义生产是使用价值的生产讲得比较多，后来讨论社会主义社会各当事者的经济效益和全社会的经济效益，我就越来越明确，在社会主义商品经济中，有一个当事者在谋取经济效益、获得经济效益。各个当事者有一个直接的生产目的，那就是取得货币收入。但是我们讲的当事者是社会主义制度下的当事者，因此他不仅仅要为自己谋取直接的经济效益，而且要考虑自己这么做对全社会的经济效益产生什么影响。所以我在一篇发表在《人民日报》上的文章中提出一个建议，那就是当某一个单位提出要对某一项活动做可行性分析的时候，做经济效益分析的时候，一定要写上一段，我这么做从全社会的经济效益来看如何如何。如果没有这一段，那么批准单位概不批准。我还讲，我们并不是要求那个单位对这个问题的分析有很高的水平，而是要使他们了解自己行为所产生的社会后果。因为这个问题分析起来很复杂，如果高水平地要求，那就什么项目也批不准了。主要是要使大家有全社会的观念，没有这个观念是不行的。代表全社会效益的当事者是没有的，但是党和马克思主义理论工作者应该代表全社会的经济利益说话。所以政治经济学社会主义部分的专家们，在这方面应该有特别重要的地位、特别大的发言权，他们既能为各当事者的经济利益论证，还要帮他明确他所作所为的全社会经济效益是什么。但不管怎么说，各当事者的生产和经营的直接目的还是取得货币收入。而全社会的经济效益是各当事者经济效益的总和。各当事者没有经济效益，哪里有全社会的经济效益？全社会的概念包括各个当事者在内，但不是简单地相加，还有一个更高层次的分析研究，这是真正的宏观经济——社会主义的宏观经济。所以我们一方面要讲社会主义经济的实物本质，另一方面还要讲社会主义经济是一种商品经济、货币经济。有人说《资本论》中没有"商品经济"这个词，但有多处使用"货币经济"这个词。我认为货币经济就是商品经济。

以上讲的概括起来就是：从社会主义经济仍然是一种商品经济来讨论，虽然从全社会的角度来看社会主义生产是使用价值的生产，但从各当事者的角度来看，社会主义生产仍然是价值的生产。从各当事者间的关系来看，社会主义经济离不开货币，商品经济也就是货币经济。因此各当事者的生产与经营就是以取得货币收入为直接的目标的生产与经营。所以话也可以这么说，社会主义生产既是使用价值生产，又是价值生产。但这句话如果抽象地讲、一般地讲，等于没讲。如果具体分析一下，从全社会来讲是一个什么样的生产，从各当事者来讲又是一个什么样的生产，两者结合起来，那么我们就可以把社会主义生产讲得更完满些。另外，我国目前正处在社会主义的初级阶段，现阶段我国的商品经济是不是纯粹的社会主义商品经济？这个问题错综复杂。社会主义商品经济中人与人的关系也很复杂。从双边关系来看，至少有三种情况：一种是双方都是社会主义经济实体；一种是一方是社会主义经济实体，另一方是非社会主义经济实体；还有一种是双方都是非社会主义经济实体。从多边关系来看，情况就更加复杂。而这些关系又不是相互分离开来的，而是以社会主义经济为主导的社会当中的关系。因为我国是社会主义社会，是以社会主义经济为主导的，因此从全社会来讲，可以说是社会主义的商品经济。当然具体分析起来就比较复杂。

（2）由于社会主义经济仍然是一种商品经济，各当事者的生产是以直接取得货币收入为直接目标的生产，这就不能不反映到全社会的生产目标用货币指标来衡量。

（3）对外经济关系、进出口本身就是价值的生产，是货币经济。我们生产出口产品，从整个社会范围内看，就是价值的生产。我们出口的产品，对外国来说要考虑它的使用价值，而我们只需考虑能换来多少外汇。我们考虑产品的使用价值，只是作为取得价值的一个前提，因为只有适销对路，才能换来外汇。这里面有一个直接的价值生产和间接的使用价值生产、直接的使用价值生产问题，也就是说，要分析从什么观点来看是使用价值生产，从什么观点来看是价值生产，从中来考虑实物与货币的问题。

第四部分，货币分析与货币拜物教。在我们今天这样一个社会当中，我们研究经济问题，不能不把货币作为分析问题、研究问题的工具。我们做的分析，大量的是货币分析。比如在计算经济效益和做出一项决策的时候，最后都要落到钱上：我给你多少投资，向你要多少钱……检查成果也要用钱来衡量。既然我们现在是商品经济，那么理所当然地要看到钱的方面的情况。讲经济学而不讲钱是不可能的。显然，用钱来计算要比用实物来计算便利得多，它把一个长长的复杂的矩阵变成了一个简单的数值。所以在我们的社会里，货币分析是不可缺少的。广义政治经济学中的货币有五个基本职能：一是价值尺度；二是支付手段；三是流通手段；四是贮藏手段；五是世界货币。这在社会主义社会和资本主义社会都一样。不同的是，在资本主义社会，一部分货币转化为资本。在社会主义社会货币的功能我讲过三点：（1）货币是组织社会主义生产和其他经济活动的工具。比如要造一个水坝，人也要、物也要，如果光有个机构，不给他钱，就组织不起来。给了他钱，他就可以去请工人，去买各种材料，把这个水坝造起来。谁来组织社会主义生产呢？组织的主体是社会主义社会。资本主义社会是由资本家个人组织生产，而社会主义社会是由社会来组织生产。货币就是组织社会生产的一个工具。(2) 货币是分配社会财富的工具。价格涨了，买方的财富就少了，卖方的财富就增加了。(这里讲的财富是指实物) 这里面起作用的就是货币工具。在实际生活中，货币工具如何运用直接涉及利益的分配。(3) 货币是管理监督检查的工具。同时在社会主义经济生活中就离不开货币的分析，离不开从钱来看问题。我们大量的工作是做货币分析，这是很自然的现象。但是我强调的一点是，我们在做货币分析的时候，脑子里还是要有一个实物的观点。只分析到货币，这个问题还没有分析到底，社会主义经济的实物本质没有显示出来。花同样多的钱，所得到的实物就可能不一样。我们不可能把整个实物的矩阵都拿来研究，但最后在实际生活中起作用的，还是那个矩阵，不是那个货币的数值，所以我们在考虑问题时就要有实物的观点。同样的投资，它的实物构成是不一样的。我在上海提出，在金山、奉贤、南汇、川沙围海造田，搞一个四百平方公里的带形城市——新上海。第一期工程搞二百平方公里。从金山石化总厂，我了解到，造一亩田花一万元，可以做到通电、通水、通道路、通电讯。假如买一亩地也花一万元，那么这两个一万元，从投资来看是一样的，但效果就很不一样：围海造田是向自然界争取来一亩地，即多出来一亩地，而买地是占了一亩农田。前一亩地，我可以容纳劳动力，后一亩地却要我安排劳动力。再来具体分析一下这一万元。围海造田花的这一万元，其中80%是付给了开山、采石、运输的浙江农民，变成了农民的收入，也就是说，这一万元绝大部分是用来增加了农民收入，它把闲散的劳动力组织动员起来了，提高了农民生活水平。这与花钱进口石油、机器设备等不一样，那些钱是流到外国去了。所以，你一做实物分析，哪个可干、哪个不可干，就很清楚了。所以，我认为，算钱是必要的，但是不能满足于把钱算清楚就可以了，而不再深入考虑。几年前，我把只停留在货币分析，不再深入到实物本质的做法，称之为"货币拜物教"。货币拜物教是一个认识现象，并不是宗教，与拜金主义、金钱至上不是一回事。我不是给他戴这个帽子。我认为我们分析问题时不能停留在货币上，而应一步步地深入，揭示出社会主义经济的实物本质来。

从整个政治经济学社会主义部分的利益关系、经济关系来看，实物和货币问题是应该研究的一个政治经济学的理论问题。

1987年3月26日第十三次讲座

关于社会主义地租的若干问题

内容提要

　　有关社会主义制度下土地所有和土地使用这个经济理论问题，在政治经济学社会主义部分中占据一个重要的地位。对这个问题我还没来得及做仔细的研究，今天所讲的是很不成熟的。

　　(1) 社会主义地租是否成立？马克思在《资本论》《剩余价值理论》、与恩格斯的通信和其他著作中，曾多次表述过否定在资本主义后的新社会中地租存在的思想。社会主义国家的马克思主义理论工作者长期以来曾据此否定社会主义地租的存在。但社会主义国家几十年来的实践又表明社会主义地租是存在的。那么马克思是否就错了？并非如此。须知马克思不是空想社会主义者。恩格斯最了解马克思。他说："马克思现在是，而且将来仍然是始终如一的革命家，并且在科学著作中没有人像他那样毫不掩盖自己的这些观点。可是关于社会变革后将怎样，他只是最一般地谈到。"❶ 恩格斯在"最"这个字的下面特别加上了着重的记号。马克思、恩格斯著作中讲的未来社会，是"最"一般的，即我在第一次讲座中讲的"共产主义B"。不要说马克思对社会主义社会设想如何如何，这样也就是把马克思理解成一个不彻底的科学社会主义者，使他带有空想社会主义色彩了。关于社会主义这个历史阶段（尤其是社会主义初级阶段）究竟有没有地租的问题，要运用马克思主义经典作家研究问题的方法，由我们来根据具体的情况做具体的研究。

　　(2) 地租之所以存在的根据，一般来说就是对土地的占有并凭借这种占有去取得经济收益（即使"占有"转化为"所有"）。我主张分"纯粹的"或"真正的"地租和"复合的"地租。前者是对天然土地的所有在经济上实现自己。后者则在对天然土地的占有外还占有了合并到土地

---

❶ 恩格斯：《卡·马克思〈资本论〉第一卷书评——为〈杜塞尔多夫日报〉作》，《马克思恩格斯全集》第16卷，第243页。

中去的劳动。地租在社会主义制度下仍然存在的根据就在于仍然存在这种占有和所有。社会主义地租的存在同社会主义制度下还存在土地公有制的两种形式，存在商品经济和按劳分配是分不开的。在社会主义社会中各当事者之间发生着社会主义性质的地租关系。在我国今天这种关系的具体的、大致的情况，是大家所熟知的。社会主义级差地租的存在很明显。对社会主义制度下有无绝对地租问题，现在我的想法是，不能简单地顺着马克思讨论资本主义地租时的思路去求解答。看来，在价格只由购买者的购买需要和支付能力决定，而与一般的生产价格或产品价值所决定的价格独立无关的情况下（这样的价格就是垄断价格），最劣等的土地之可以收取地租应该是没有问题的。社会主义制度下似乎存在这样的垄断价格。因此也会有最劣等土地上的地租。至于这样的地租叫不叫"绝对地租"还可以考虑。

（3）天然的土地是没有价值的。经过劳动加工或有劳动产物附属于其上的土地是有价值的。这两条人们早就这么讲。现在我想提出的问题是按照马克思关于价值的定义：如果两物的使用价值相同，不论其个别价值如何，它们的社会价值都是相等的。某物的价值是生产该物的社会平均必要劳动量。根据这个定义，天然的土地与经过劳动加工的土地会一起参加到"土地价值"的平均中来，从而使得"土地价值"具有普遍的意义。地租是一个价值量。地租价值量的来源是根据劳动价值论来研究地租问题时要解决的一个主要问题，而且要解决定量的问题。马克思在研究资本主义地租时解决了这个问题。证明它是由剩余利润转化（有时是从平均利润、平均工资中扣除）而来的。社会主义地租问题也要用这样的观点做出说明。

（4）为了更具体地研究社会主义地租，我对什么是土地这个问题做了一番思考，给土地下了一个比较详尽的定义，并且为此制了一张表。这个表的左栏是定义本身，右栏是对定义中每一句话作的说明。原表比较复杂，现在把它简化后附在这个《提要》后面。我还按照使用，把土地分作农田土地、矿山土地、建筑土地等，并且按照生态系统把土地分农业土地、城市土地等。各类土地地租的价值由何转化而来和地租量如何确定的规律性基本相同，也有不同之处。对这一部分中的问题，我的研究更为初步，离开讲清楚更远。

（5）虽然我们不用土地买卖而用"土地所有权的转移"，但事实是在公有制两种形式之间存在一种类似土地买卖的关系。在这时候土地价格是地租的购买价格这个道理，对于社会主义地租也是适用的，在这方面我没有什么自己的想法，因此没有专门讲什么。

（6）社会主义地租具有重要的意义。就国有土地来说，地租是国家对土地进行管理的杠杆，也是国家集中财政收入的一个渠道。对集体所有的土地来说，地租是对农民利益的保护，也是集体自身内部管理必需的。对作为经济杠杆的地租的研究直至现在还很不够，有关政策也不完备。近年来这方面的工作在进行中，但仍是急需加强的一个重要方面。理论的研究，如果做得好的话可以有助于这方面的工作。可能城市土地和国家与集体间在地租问题上的关系，是当前土地问题研究的一个重点。

这次我讲的题目是社会主义地租问题。

土地的定义（摘要）

土地，是一个"经济·自然"概念	经济学上的土地，既不是纯经济概念，也不是纯自然概念。"经济·自然"中的那个圆点表示的是联结经济和自然两者的意思
它，被用来表示：我们星球上的占据着特定体积的因而在地球表面也就有特定垂直投影面积的某一个部分	"土地"和"土地中的物质"是两个不同的概念，因此土地是一个充满着物质的地域或空间的概念
它，属于在现今已经达到的技术条件下，人类的力量可以对之发生影响的一个不断扩大着的"圈"，而且只限于有可能、有目的利用的，地球上的那个也是不断扩大着的"圈"	前一个圈即"技术圈"，后一个圈才是"土地圈"。前者已超出地球达到的有限制的宇宙太空，后者则不超出。"土地圈"又不只受技术的限制，也受经济社会条件的限制。把土地定义为"自然界的各种力量"会使土地成为漫无边际的东西

续表

它，是相互作用着的各种土地物质因子的综合，又受各有关土地经济社会因子所制约，并且为它们所规定	土地的物质因子包括它的自然地理学上的位置、地形、地貌、气候、日照、地震等条件以及在这块土地上的各种无机和有机物质，如土壤、植被、水、矿藏等。经济学的土地又同它使用中带来的效益分不开，因此，各种与土地有关的经济社会因子就十分重要
狭义的土地，——人们会说它已经够宽了，就如上而所定义的那样。而广义的土地，则把经过劳动加工的，和与之不可分离的附属物，也包括在自身之中	更为狭义的土地的概念是我所不取的。如讲到那样的土地要加上限制词，如"农用土地"。狭义的土地是广义的土地的基础，但不应该把广义的土地放在自己的视野之外

一、社会主义地租这个概念能否成立

这个问题实际上就是在社会主义制度下，存在不存在土地所有、土地财产问题。如果有土地所有、土地财产问题，那么地租也就存在。现在我国经济学界已经不再争论在社会主义制度下存在不存在地租问题了。但是社会主义地租存在不存在问题，在马克思主义理论工作者之间，是有过相当长时期的争论的。就是在我国，到1975年初时，这还是一个问题。我记得这样一件事（因为没有保存有关档案，记得不那么清楚了）：似乎是陕西省有一个干部写信给中央。他提出一个问题，要求解决。这个问题就是，各地区同样的劳动得到的农产品不相同，是否违反按劳分配的原则？党对此应该采取怎样的对策？当时中央同志要我提出如何答复的意见。为此我就接触了一下社会主义级差地租问题。我查了一下马克思的《资本论》《剩余价值理论》和马克思与恩格斯的通信等，看到马克思的确有在资本主义制度被否定后的未来社会中不存在地租，包括级差地租的思想。"如果土地所有权被废除而资本主义生产保存下来，这种由肥力不同引起的超额利润也不会消失。如果国家把土地所有权据为己有，而资本主义生产继续存在，II、III、IV（指级差——引者注）的地租就会支付给国家，但地租本身还是存在。如果土地所有权归人民所有，资本主义生产的整个基础，使劳动条件变成一种独立于工人之外并同工人相对立的力量的基础,就不再存在了。"❶ 在这本书中还写道"诚然,即使绝对地租消失了,仅仅由土地自然肥力不同而引起的差别仍会存在。但是……这种级差地租是同市场价格的调节作用联系在一起的,因而会随着价格和资本主义一起消失。"❷ 马克思在《资本论》中也说:"如果说,维持现在的生产方式,但假定级差地租转归国家,土地产品的价格在其他条件相同时就会保持不变,当然是正确的;但如果说,在资本主义生产由联合体代替以后,产品的价值还依旧不变,却是错误的。同种商品的市场价格的相同性,是价值的社会性质在资本主义生产方式的基础上……借以实现的方式。被看作消费者的社会对土地产品支付过多的东西,对社会劳动时间在农业生产上的实现来说原来是负数的东西,现在竟然对社会上的一部分人即土地所有者来说成为正数了。"❸ 这段话中的联合体指的是共产主义社会。这里关于正数负数的议论也是清楚的,只值 240 先令的农产品,由于级差地租的存在,社会购买这些产品时,却要支付 600 先令,社会亏了 360 先令,这是个负数。对土地所有者来说,却因此获得了 360 先令,变成了正数。马克思还认为:"从一个较高级的社会经济形态的角度来看,个别人对土地的私有权,和一个人对另一个人的私有权一样,是十分荒谬的。甚至整个社会,一个民族,以至一切同时存在的社会加在一起,都不是土地的所有者。他们只是土地的占有者,土地的利用者,并且他们必须像好家长那样,把土地改良后传给后代。"❹ 还有一条是马克思在 1851 年 1 月 7 日给恩格斯的信上写的:"即使在资产阶级的生产被废除以后,仍然会存在这样的问题:土地相对地愈来愈贫瘠,连续使用同样的劳动所创造的东西愈来愈少,虽然那时和在资产阶级制度下不同,最好的土地所提供的产品将不会和最坏的土地所提供的产品一样贵了。"❺ 当时我查到的马克思关于共产主义社会中不存在地租的论述就有这样五条。可能还有,当时没有查,以后也没有去查。

马克思认为共产主义社会中不存在地租的论述大致上就是如此。后来社会主义社会在一些国家中建立起来之后,有一些马克思主义理论工作者认为社会主义制度下不存在地租的论据,大体上还是这些。

应该说马克思当初这么说是没有错的,因为马克思在这里并不是讨论资本主

---

❶ 马克思:《剩余价值理论》,《马克思恩格斯全集》第 26 卷 II,第 108 页。
❷ 马克思:《剩余价值理论》,《马克思恩格斯全集》第 26 卷 II,第 111 页。
❸ 马克思:《资本论》第 3 卷,《马克思恩格斯全集》第 25 卷,第 745 页。
❹ 马克思:《资本论》第 3 卷,《马克思恩格斯全集》第 25 卷,第 875 页。
❺ 《马克思致恩格斯》,《马克思恩格斯全集》第 27 卷,第 180 页。

义被推翻后建立起来的那个社会的具体情况，他只是把一种新的社会经济形态——新的共产主义社会经济形态——与资本主义社会进行对比。他所讨论的是抽象的共产主义社会，也就是我在这个讲座第一讲中提出的"共产主义B"。至于一个现实的共产主义社会——后来我们看到的作为我们考察对象的共产主义社会，是共产主义社会的一个特定的阶段和一个具有特殊的质的规定性的共产主义社会，是一个具体的共产主义社会。对于这样一个具体的共产主义社会，再引证马克思关于共产主义抽象的论述，把后者当作关于前者的指示，就犯了方法论的错误。马克思在抽象地谈论共产主义社会时可以设想有一种公有制，而且不再存在商品生产，不再存在价值和一切价值范畴，如价格等，不再存在生产资料公有制的不同形式。到那时只有在同历史上的社会形式相比较的时候，才需要生产资料所有制这个概念，对这个社会本身来说，生产资料所有制这个问题已经没有意义了。所以这时候的生产资料所有制，也可以说是一种"非所有制"。但是我们要研究的不是抽象的共产主义社会有没有地租的问题，那么我们就可以看到，像在苏联、我国以及其他现存的社会主义国家，都存在不同的社会主义公有制形式，存在商品生产。因此，马克思设想的只有一种公有制、不存在商品经济的前提下的这种抽象论断，不能引来作为现存的社会主义制度下不存在地租的根据。因此我在1975年所写的有关社会主义级差地租的文章中肯定："在两种社会主义公有制并存和存在商品生产的条件下，级差地租是一个反映客观经济现实的范畴"。❶

不过在1975年初我的认识还只达到这样的程度，以致我说："在全民所有制经济组织内部，各个经营土地产品的全民所有制企业中得到的劳动收入，实质上是统一的国家收入的一部分，不存在个别企业的收入上的差别，因此也不存在社会主义级差地租。在这里我们特别写'实质上'三个字，是说如果从经济核算的角度来看，各个企业间这种收入上的差别还是存在的"。❷ 这个看法今天看来就很不足了。那时候对国有企业也有本身的经济利益这一点认识不足。在提高了觉悟的今天，我改变那时的看法，认为在全民所有制经济组织内部，级差地租也还是有的。

至于为什么有了不同的生产资料所有者，有了商品生产（还应加上一条有了按劳分配），与土地有关的级差收入就可以具有级差地租的性质的道理，我想回

---

❶ 于光远：《政治经济学社会主义部分探索》（二）第2页。
❷ 于光远：《政治经济学社会主义部分探索》（二）第4页。

答很简单，可以用不着细说了。

社会主义制度下，有没有绝对地租？对这个问题我没有回答，因为我并不认为这有什么重要性，也还没有想研究这个问题的方法论。

这次讲座想讲的社会主义地租问题是一个与土地所有（土地财产）和土地使用有关的政治经济学社会主义部分问题。它不是政治经济学社会主义部分的基本问题，但也是非常重要的问题。马克思在《资本论》第3卷全书的7篇中，把地租放在第6篇（篇名是《由剩余利润到地租的转化》）。第7篇是《各种收入和它们的源泉》。这说明马克思在研究政治经济学资本主义部分时，没有把它看作基本问题，所以放在后面才讲。但是在全书52章中占了11章，篇幅用的很多，又可以看出马克思对这个问题的重视。马克思在这一篇里把雇佣劳动者、资本家和地主看作资本主义社会中三个骨干阶级。在这一篇中才来讨论这三个骨干阶级间的关系。社会主义制度下没有地主这个骨干阶级，即土地不像在资本主义制度下那样，属于特定的阶级（更不用说在封建制度下封建地主是社会上主要的阶级）所有。但是存在土地所有者的问题，而土地是基本的生产资料，一切社会都是以土地为母。一个社会的财富归根到底都来自土地，只是有的直接，有的间接，一切社会产品的价格都和地租有关。而土地作为一种生产资料，是同其他生产资料有原则区别的一种特殊的生产资料。加上社会主义地租同社会主义制度下的经济利益关系有着很重要的关系，所以对社会主义地租的研究在政治经济学社会主义部分中的地位是不低的。在政治经济学社会主义部分中，不能没有社会主义地租这样一部分。

在这一讲中我想达到的目的，只是探讨一下这个问题的政治经济学问题，明确一些理论观点。有关社会主义地租的政策措施和有关土地经营的生产力经济学问题，不在这一讲研究的范围之内。但是为了达到这个目的，不得不讲一讲稍微远一些的问题。

二、什么是土地

首先让我们来讲一下什么是土地。

对土地的问题我收集到的材料不多。现在先把查到的列举一下。

先引一下《资本论》。我查到的有两段是讲土地都包括哪些东西。一处是在第1卷的第5章中讲的："土地（在经济学上也包括水）原来就会以食料，现成的生活资料供给于人类，所以无须有人的协力，已经当作人类劳动的一般的对象出现。"❶ 还有一段是在第1卷第22章讲资本的量可以不断变化时说的："资本所并的劳动力、科学和土地（经济学上所说的土地，是指一切没有人协力已经自然存在的劳动对象），也会成为资本的具有弹性的能力"。❷ 这两段话都不是专门为土地下定义而写的。但是马克思对什么是土地的观点从中还是可以看得清楚的。他的意思归纳起来有这样几条：

第一条，马克思所说的土地是经济学上所说的土地。这就是说马克思认为，土地不是单纯的自然科学的概念，而是经济学的概念。我把这样的概念叫作"经济·自然"概念。在"经济"和"自然"之间加一个圆点或加一个短横都可以，这表明是一种连接，一种交叉。我想我的这个说法，是符合马克思原意的。

土地是一个未经人类协力的天然的自然物。这个思想马克思多次讲过。比如有一次在讲开矿时写道："在那里，劳动对象不是过去劳动的产物，而是自然无偿的赠予，例如金属、矿产、煤炭、石料等"。马克思对土地的这个观点也就是他在《资本论》第1卷第1章上写的："劳动并不是它所生产的使用价值即物质财富的唯一源泉。正像威廉·配第所说，劳动是财富之父，土地是财富之母。"❸ 在第22章讲资本积累过程的时候，他写了同样的思想："劳动力和土地"，是"形成财富的两个原始要素。"❹ 在《机器和大工业》这一章末尾，马克思写了一段批判资本主义制度的话："资本主义农业的每一种进步，都不仅是掠夺劳动者的技巧的进步，并且也是掠夺土地的技巧的进步：每一种在定限时间内增进土地丰度的进步，都同时是破坏这种丰度的持久源泉的进步。所以，一国例如北美合众国越是在大工业的背景中迈步发展，这个破坏过程就进行得越是迅速。所以，资本主义生产发展了社会生产过程的技术和结合，但不过由于它同时破坏了一切财富的源泉——土地和劳动者。"❺

马克思的这个思想是他的许多有关论述的基础。比如他讲："土地既然是人的食料的原始仓库，又是他的劳动手段的原始仓库。比方说，人用来投，用来磨，用来压，用来切的石块，就是土地供给于人的"。❻ 就是这个意义下的土地。"生产上利用的自然物质如土地、海洋、矿山、森林等等，不是资本的价值要

---

❶ 马克思：《资本论》第1卷，郭大力、王亚南译，人民出版社1963年版，第172-173页。
❷ 马克思：《资本论》第1卷，郭大力、王亚南译，人民出版社1963年版，第669页。
❸ 马克思：《资本论》第1卷，《马克思恩格斯全集》第23卷，第57页。
❹ 马克思：《资本论》第1卷，《马克思恩格斯全集》第23卷，第663页。
❺ 马克思：《资本论》第1卷，第545-546页。
❻ 马克思：《资本论》第1卷，第173页。

素"。以及《资本论》第3卷第6篇讲的："瀑布和土地一样,也和一切自然力一样,没有价值,因为它不代表任何在其中物质化的劳动"。

因此我认为马克思对土地的观点,可以作为对经济学上的土地下定义的一个基础。马歇尔的定义是："土地指的是大自然无偿赠予人们的,以陆地、水、空气、光、热等形式存在的物质和力量";而美国研究土地的经济学家伊利则认为："经济学家所使用的土地这个词,指的是自然的各种力量或自然资源。它的定义不仅是指土地的表面,因为它还包含地面下的东西。……经济学上的土地是侧重于大自然所赋予的东西"。(这两段话转引自周诚主编的《土地经济学初编》)马歇尔的定义实质上同马克思没有区别,伊利的定义则因在"大自然所赋予的东西"前加上"侧重于"三字,就有些含混。

我还了解到联合国粮农组织的两个关于土地的定义。一个是1972年土地评议专家会议所下的。这个定义是："土地包含地球表面及其以上和以下的大气、土壤和基础地质、水文和植物。它还包含这一地域范围内过去和目前人类活动的材料、结果以及动物对目前和未来人类利用所施肥的重要影响"。另一个是1975年联合国粮农组织发表的《土地评价纲要》中写的："一片土地的地理定义是地球表面的一片特定的地区,其特性包含着此地面以上和以下垂直的生物圈中一切比较稳定或周期循环的要素,如大气、土壤、水文、动植物的密度、人类过去和现在活动及相互作用的结果,对人类现在和将来的土地的利用等等。因为这些要素及其相互作用,对人类现在和将来的土地利用都会产生深远的影响"。联合国粮农组织下的定义是我说的广义的。因为它包括人类活动的结果。但这个定义中只讲生物圈等,使它讲的土地的定义带有明显的农业土地的色彩,不是一般意义下的土地。而且我们下的定义是经济学的,不是自然地理学上的定义,如要说地理学也应该明确是人文地理学。这个定义当然也有其可取之处,那就是考虑到上述一些定义中没有考虑到的东西。

我想把土地的定义说的明确些。因此我制了这么一张表。这张表左边写的是土地的定义,右边写的是对有关土地定义中每句话所做的解释。这个定义分广、狭两义,这里说的广、狭,不是就人们使用习惯上来分,而是从理论上来分的。狭义只把土地看作完全未经人类协力的东西;广义则把已经人协力或人对之已发生过影响的东西也包括在内。以狭义的土地为对象的一些经济学家的论断,不适用于广义的土地(如"不代表任何在其中物质化劳动"),但也有许多与狭义的土地对象相同的论断。在后面我们讨论地租问题时就可以看到这一点。因此在给土地下定义时我不想完全把广义的土地置之不顾。

土地的定义

土地是一个"经济·自然"概念	在这里我们为之下定义的是经济学上的土地。它不是纯粹的自然概念，因为离开了社会经济生活，也就不存在我们说的土地。但是我们说的"土地"，也不是纯粹的经济概念，因为它终究是自然界的物质。我们说它是"经济·自然"的概念时用的那个圆点，表示联结的意思
它，被用来表示：我们星球上的占据着特定体积的——因而在地球表面也就有特定面积垂直投影的某一个部分	"土地"和"土地"中的物质是两个不同的概念。土地是地球上占有特定体积的一部分。这个特定的体积在地球表面上占有一定面积的投影。这样定义的土地是一个区域性的概念。因为它是地球的一部分，也就不是抽象的任何空间，而是被各种自然物质充实着；也因为它是地球的一部分，与这一部分地球分离开的自然物，只能说它来自土地，但不是我们在这里为之下定义的土地
它属于地球上的现今已经达到的技术条件下，人类的力量可以对之发生影响的、不断扩大着的那一个"圈"	这样一个"圈"大体上相当于人们说的"技术圈"。它既包括地表的浅层，也包括较深的地下，但不包括在现今技术条件下人类力量达不到的地下深层。在这里现在还存在一个未能逾越的深度，包括坚固的地壳下面，也包括尚未克服的海洋极深的水体之中的空间。地表的所有地方（不分大陆和海洋），大气层今天都已在"技术圈"内。"技术圈"是随着技术的发展不断扩大的。在这里有"地球上的"四个字，说明这里说的那个"圈"，不包括人力所能达到的那一部分"宇宙太空"，因而小于"技术圈"
但又限于当代经济社会条件下，可以有目的地利用的，那个也是不断扩大着的部分	这一部分可以称之为"土地圈"。一切土地都属于"土地圈"。"土地圈"是地球上全部土地的总和。"土地圈"属于"技术圈"，又小于"技术圈"。"土地圈"这个"圈"的界限，一是当代经济社会条件有没有可能对这块土地发生影响，一是对这块土地能否产生合乎目的的影响。把土地定义为自然界的各种力量，就缺少了必要的条件，成为漫无边际的。可以合乎目的地利用的土地，即土地资源，不论这个资源是物料还是劳动手段。可以起提供活动空间作用、承载作用、隔离作用的地球上的一部分，在其可以被利用时都属于土地资源的概念

续表

它是相互作用着的各种土地物质因子的综合	土地是物质的，是多种物质因子的综合。土地的物质因子包括：它在地球上所处的位置，在这块土地上的各种无机和有机物质（如土壤、水、植被、矿藏等）的化学性质和物理性质，这块土地的地质条件和地壳活动条件（地震、火山爆发的可能性），以及地形、地貌、气候、日照等。它们是处在变动之中，但又是相对稳定的或周期循环的
它又受到与之有关的各种土地经济社会因子的制约，并为它们所规定	经济学上说的土地，其质量高低由它在使用中能带来的效益决定，即它是各种土地经济社会因子的综合。这种土地经济社会因子，包括土地在经济地理学上的位置，所在地的交通运输条件，所在地的气候以及土地本身的地形、地貌、土壤和地质条件等。这些因子有它的自然的物质基础，但只有从经济社会角度去考察它们，才获得意义。各种土地经济社会因子的意义，因土地的使用而异
狭义的土地——人们会说它已经够宽了，就如上面所定义的那样。而广义的土地，则把经过人们劳动加了工的，和与之不可分离的附属物，也包括在自身之中	有许多外延比上述定义说的更为狭窄的土地的概念，是我所不取的。我说的狭义的土地，指的是人没有对它发生影响前早已存在着的，但今天又处在和人的联系中的土地。但是在现实生活中还大量存在已经受到人类过去和现在活动影响的土地，因而在土地中包括这种影响的结果（这种结果有的是积极的，有的是消极的）。这类土地中包括大量有人类劳动物化在其中的土地，大量存在有不可分离地与之联系在一起的劳动生产物的土地。这样的土地也就该包括在经济学中的土地的范围之内。这样的土地我称之为广义的土地。从广义的土地中把人对土地的加工和土地附属物在头脑中舍象掉之后，也可以得出狭义土地的表象。狭义的土地是普遍存在的，它是一切广义土地的基础。在对经济土地进行经济学的考察时，不能忘记和忽视这个基础。但是我们不应该把广义的土地放在自己的视野之外

三、土地的分类

为了研究有关土地的政治经济学问题，在讲了"什么是土地"之后，再讲讲

"土地的分类"是必要的。

我们可以按照不同土地具有的不同自然属性进行分类。比如我们可以根据是否被水所覆盖,把土地分为大陆和海洋,在大陆中又可以分出陆地和大陆水面;我们可以根据地形把土地分为平原和山地,山地又可分为高山与丘陵,丘陵又可分高丘、中丘和低丘;我们可以根据一年中的降水量把土地分成湿润的、干旱的;我们可以根据地面物质分成不同的土壤和岩石裸露等。在这里我不是想讨论对土地的这种分类,而是想对土地进行经济上的分类。当然在对土地进行这种经济上分类的时候,不能不想到这些自然条件。自然条件是经济条件的基础。但是按自然条件来分类和按经济来分类在原则上是不同的。

从经济上对土地进行分类,又可以有两个不同的角度:一是按照土地的使用,一是从整个土地系统来进行分类。按照土地的使用,我们可以把土地大体上分作这么几类:

(1) 种植各种植物的土地或称农用土地。不论种植的植物是草本还是木本,都是这种土地。在种植木本植物时也不分乔木或者灌木。

这种土地既是农产品物料来源,又是农业劳动手段。作为农产品的物料来源,那就是说土地为农作物的生产和繁殖提供必要的养料(其中包括水),而不论这水是天然降水还是灌溉水,不论这里说的养料是存在于天然的土壤中的还是自己施肥的结果。作为劳动手段,(a) 它是为植物的生长繁殖提供可以接受太阳能辐射的地球上的一个特定的面积。就这一方面的功用来看,土地面积的大小和由当地地理位置、地形和气候决定的日照时间、阳光辐射强度,对土地这个功用的好坏是起决定作用的。(b) 它是吸取并保存植物得以生长所需要的水分和各种养料的盛有适当物料的容器,而不论这些水和养分的来源是天然降水、灌溉水,是天然土壤或经过施肥等方法对土壤进行改良的结果。就这一方面的功用来说,除土地的面积外,还有土地的气候(降水量和蒸发量)、土地的坡度(平地水土不易流失)、土壤的厚度、土壤的化学成分、物理性能和其中生物、微生物活动的情况等。(c) 是植物的根系在其中得以伸展和使植物能固着在其上的一块基础,包括植物和可以匍匐和攀缘在其上的一块地基和支撑地。当然正如马克思在《资本论》中所说的那样:"土地本身也是一种劳动手段,不过它要在农业上面当作劳动手段来用,那就需要有一系列别的劳动手段,和劳动力的比较高度的发展作为前提。"[1]

---

[1] 马克思:《资本论》第 1 卷,第 173 页。

当然作为农用土地，还有农产品价格高低、农田距市场远近和交通运输条件等因素。

（2）开采矿物的土地或称矿山土地。开采矿物这种生产的特点同加工工业相比较，就是没有改变自然界物质的物理形态或者自然界物质的化学成分，而是使自然界天然就存在的物质同大地脱离直接联系，并且把它运送出来，以取得所需要的产品，这种产品限于无机物和原先是生物但经过漫长的地质年代已经变成了煤、石油、天然气等有机化合物。无机矿物又可分金属矿和非金属矿。无机矿物在一系列矿物中占据首要的地位。煤、石油、天然气等矿物其重要性也要高度评价。

土地作为开采矿物的生产资料与种植植物的土地有极大的不同。土地在这里不是劳动手段，它的功用只是它具有可以用来满足社会需要的矿产资源。开采矿物的土地的物质内容比较单纯，即只是物料，没有劳动手段的性质。矿藏的分布总是立体的，不可能全在地球表面。

开采矿物的土地的一个特点是它是消耗型的，即开采一点就少一点。已经开采过的矿山是不可能复原的，等到矿藏开采到不能开采时，这个矿山土地就结束了自己的命运。只有一种矿是例外，水的开采或者来自江河湖泊，乃至海洋，或者来自地下。水作为一种矿物资源，同整个大地联系在一起，它的开采也是使它同它的母体分离。这一点同其他矿藏无异。"水矿"是作为物料的水，"水力矿"则是开采由于水处于海拔较高的地方，在流到海拔较低的地方时，水的势能可以转化为动能或电能。不论水矿或水力矿中的水，都来源于太阳能。

水是在地球上，本来就存在在那里的，它的大部分在海洋里或者分散在大陆表面的许多地方，不在现在我们讨论的蕴藏水资源和水力资源的地方。我们说的水资源是在当地的资源。这个资源的形成靠的是太阳能，地球上大面积的水面，主要是海洋，吸收了太阳能，使水从地面上蒸发成气体上升到天空中，然后又靠太阳能作用形成的风，把水蒸气吹到地球上的各地，包括我们现在说的那个地方，以雨雪的形态降到地面上。这水或者留在地球表面，或者渗入地下，或者又重新蒸发到天空中去。留在地球表面或渗入地下的就称为水资源。水是可以再生的，这是水矿和水力矿的第一个特点。第二个特点就是水有的在地下，但更多的在地球表面上，是一种直接可以从地面获得的矿物资源。第三个特点是，作为蕴藏水资源的土地，是比较难以确定的。在水降到海拔比较高的地下，这就有了由太阳能转化而来的水的势能。水的势能或者水的动能，又成为水力资源。能够再生和蕴藏水资源的土地的范围难以确定，这两条就是这种特殊矿的特点。

（3）建筑地基土地或建筑土地。建筑物的科学含义我还没有查到。依我理解，建筑物就是根据各种用途，在土地上用各种物料，建造出来的具有一定结构的人的活动空间。

建筑物的主要种类有：（a）那是为人的活动创造某种与天然气候相对隔离的人工环境。（b）道路，包括小路、公路、铁路、机场、桥梁、船码头等，那是为了改进人运用各种运行工具的条件而建在地面上的建造物。（c）各种特种建筑物，如水坝、无线电发射塔、油库等。（d）其他。

从用途来分则有生活建筑物、生产建筑物和其他用途建筑物。其中生活建筑物包括住宅和满足其他生活需要的各种建筑物。生产建筑物包括农业建筑物（其中包括畜牧业的建筑物如牲口圈，渔业建筑物如养鱼池等）和工业建筑物、运输建筑等。在其他建筑物中包括的就更广了。总之，人有一些怎样的活动，就需要有相应的建筑物为他们的活动提供有利的条件。而任何建筑物，都要求一定土地作为它的地基。

用作建筑物地基的土地，（a）要求一定的地球表面面积。在同等高度的情况下，地表土地面积越大能修建的建筑物就越多。在修造地下建筑物的情况下，对地面土地面积的要求同地下开采矿藏的要求相似。（b）用作建筑土地，不要求它有什么肥力，不要求土地含有有用的矿物，这对于建筑物的地基毫无意义。但要求它的地质条件符合建筑物的要求。如高层建筑要求地基有比较强的承受力，而且要求这种承受力比较均匀，要求在平整这块地基时困难越少越好。如在一片乱石地上修建房屋，花费在平整土地上的劳动就会增多。修建地下建筑物时地质条件的要求也很高。土地坡度对建筑物也有影响，通常认为平地有利于建筑。其实未必完全如此，对一定的用途来说，不应该排除在坡地上进行建筑比在平地更为优越的可能性。（c）对许多建筑物来说，位置这一条非常重要。我们把交通条件和水资源也看作是位置的问题。这个位置问题对于建筑土地来说十分重要。马克思在论述建筑上使用的土地时讲："位置在这里会在级差地租上发生压倒的影响。"

总之建筑物是具体的，建筑物的用途也是具体的。不同的建筑物对土地有不同的要求，即不是用同一个标准或同一个角度来看待建筑土地。

还有一条，建筑物中除了那些可拆开装配因而可以移动的建筑物（如活动房屋）外，大都同地球结合在一起，成为马克思说的那样合并在土地中或把根扎在土地内，一旦把它拆除，就成为一堆废物了。但在它们合并在土地中而且发挥作用时，作为复合的土地，就可以收取复合的地租。

(4) 农田土地，矿山土地和建筑土地，是土地最为重要的三种使用。在《资本论》中讲到的也是这三种。但是应该指出仅仅举出这样三种是不够的。我们应该指出还有不少用途是不能包括在这三种对土地的使用之中的。举例来说：

（a）在其中捕捞水生物的土地（这种土地的特点是水体），在其中从事采集、采伐、狩猎的土地（主要是大森林），就不能归入上面说的三种中的任何一种。这一类土地的使用是以使某些天然物同它的母体相分离的办法取得产品。就生产方法来说，同开采矿物的土地有相似的地方，但从它的产品不是无机物和植物来说又完全不同。它在性质上是农田土地和矿山土地相交叉性质的土地。（b）我们还可以举出这样一类性质的土地，它不是用来种植物、采矿物或造建筑物，甚至也不是在那里进行采集、采伐、狩猎，而是到那里去旅游、去做科学考察、去探险、去从事体育活动。当土地这样使用的时候，可以完全是天然的东西。而且在做了这样的使用之后，土地可以不因之发生变化。当然土地做这样的使用时，人类可以对它做一些布置，盖一点建筑物，种一些树，种一点草坪，修一点路，便于人们在土地上从事上面说的种种活动。我曾经考虑过，把这种经过一些布置的土地叫作园林土地。这里说的不是本来意义上的园林，只是取其经过一番布置的意思而已。（c）土地做类似活动的，我们还可以举出被用来作为原子弹试验基地、导弹发射基地和靶场等的土地。这种土地的使用，是利用土地的隔离作用，利用这些地方远离人口密集地这个特点。我们还可以举出土地在国防和战争中的作用，那更是对土地的一种特殊的使用。在这种使用中不发生地租问题，在研究地租时，就不必给以重视。

第二个角度是从考察某种系统的观点来对土地进行经济上的分类。"城市土地""农村土地"、各式各样的人烟极为稀少的地区的土地，如原始森林、沙漠、高山、荒漠、荒岛、海洋、南极大陆等本身就是各种具有自己特殊规定性的"自然·社会"系统。或者说这些地方土地自身也构成一个系统与某个城市、某个农村相对立。

什么是城市？什么是农村？——在这里我们又遇到给它们下精确定义的问题。

先讲讲我这样一个看法：我注意到在今天地球表面，人根本没有去过的地方已经没有了。有些地方人去有危险，还是探险活动的地方，但没有人经常到那些地方活动。这种还是探险家活动的区域的土地，可以看作一类。这一类我没有列入上面所讲的几种土地之内。

第二类就是上面说的人烟极为稀少的地方了。这些地方已经成为人类注视的、正在进行开发的对象。这些地区，作为自然保护区不去开发，那也是一种开发性的保护，保护性的开发，为了保护自然生态、保护生物基因。这些地方虽然人烟稀少，但并不是没有人去。在地球上人口不断增长的情况下，这些地方的重要性也日益增长。这些地方的土地，由于人烟稀少，土地的隔离作用就经常被利用。荒漠、荒岛和海洋的某些海面，常常成为导弹的发射地或靶场。

地球上除了有上面说的两种地面外，还有人经常去活动，但不是人经常居住的土地。农田、树林、草场、矿山等，就属于这样的地方。人在这些土地上进行生产，取得人类生存和发展的各种物质产品。为了就近去经营这些土地，人就在它们的附近居住。于是或大或小，既分散（从整个地区来说）又集中或者比较集中（总有若干人居住在一个地方，彼此发生社会联系）的居民点就形成了。这种人们在那里经常活动但无人居住的土地，和这种分散的居民点结合在一起，就是我们说的农村这样的系统。

由于工业（包括矿业）、商业、服务业、教育、科学、文化事业的发达，由于广大农村需要有一个中心为它服务，离农田、树林、草场等这种人经常去活动但又不经常居住的土地比较远，而人口集中，工业、商业、服务业各项文化事业集中在一起，有比较便利的交通运输工具与通信工具，和它的周围地区以及其他地区相联系的这样一个"自然·经济"系统，就建立起来了。这就是城市。城市是附近农村的中心，大一点的城市又是附近小一点城市的中心。城市越大，越发达，它距农田、草场等也就越远，但它对农村和附近城市的吸引力和辐射力就越强，其吸引力、辐射力所达到的地方就越远。

当然，城市和农村之间会有中间性的、过渡性的小镇，它既有城市的某些特征，又还保留着农村的某些特征。这不仅是从经济不发达的社会向比较发达的社会前进过程中发展起来的新事物，同时又是一种长期存在的现象，因为在整个社会总会有一种大大小小的城市分布的需要。事物的这种中间性，也是一种带有很大普遍性的规律，而且我们还应该看到世界历史发展的这样一个趋势，那就是城市和农村之间的差别走向缩小，世界的未来发展又有它自己的客观规律。

四、土地占有、土地财产和地租

马克思在《资本论》中写道："土地所有权的前提是，一些私人垄断着地体的一定部分，把它当作私人意志的专有领域，在它的支配上排斥着一切其他的人。"❶ 在这次讲座中我照引中译本，不论是中央编译局的译本或郭大力、王亚南译本中都译成"土地所有权"的那个德文字直译过来应是"土地财产"。例如

---

❶ 马克思：《资本论》第3卷，郭大力、王亚南译，人民出版社1966年版，第722-723页。

在今天部分土地归社会主义国家所有，部分土地归农民社会主义集体组织所有，所以广义的土地财产的前提就是对地体一定部分的人的垄断，把它当作垄断者意志的专有领域，在它的支配上排斥一切其他的人，而在这里所说的土地财产只是私有的土地财产。

一物能够被垄断，当然以此物具有可能被垄断的属性为前提。土地之所以可以被垄断，就是因为某一块土地如许许多多产品那样有自己明显的固定的界限。我说的就是这样的大陆表面的那一块土地面积，不是指空气这样的土地自然物质因子。它没有那样明显的固定的界限。因为有这样的界限，谁拥有某种权力，不论这种权力是这个人自予的强力或者由国家强力通过法律给予他的，就可以排斥他人违反自己的意志来侵犯自己对这块土地的支配。或"土地所有"，也可以译成土地所有制。有些地方译成土地所有权也可以，请读者根据上下文去理解。

马克思的这句话中有两处"私人"，这是因为马克思在这里说的是土地私有财产的问题。作为土地财产、土地所有的一般定义，可以把私人的字样略去。大家知道，在历史上也存在土地国有和某种土地公有。当然它的社会内容同社会主义国家中的国有和公有不同，但毕竟不是私人垄断，不是听从私人意志的支配。而在今天某个社会主义国家，甚至不允许他人进入自己垄断的这块土地。这样的"占有，是一个事实，是不可解释的事实，而不是权利。只是由于社会赋予实际占有以法律的规定，实际占有才具有合法占有的性质"。❶ 占有最充分的内容也就是罗马法上规定的对被占有物"使用和滥用的权利"，当然罗马法的这条是对私人占有而言，但我们可以把它引申到一切占有。为垄断者占有的土地在这里已经是对人的社会关系，在《神圣家族》中马克思和恩格斯写道："实物是为人的存在，是人的实物存在，同时也就是……人对人的社会关系。"❷ 土地就是这样的一种实物。

土地有固定的界限只能说明土地可以被占有，被垄断，但是不能说明何以要去占有它，不能说明土地何以成为一种财产。从占有本身还不能引申出财产。"物只有在交往的过程中并且不以权利为转移时，才成为物，即成为真正的财产。"马克思和恩格斯在《德意志意识形态》中这么写的，而且接着进行解释："在所有制关系进一步发展的情况下，必然会造成这样的现象：某人在法律上可以享有对某物的占有权，"但是"假定由于竞争的缘故，某一块土地不再提供地

---

❶ 马克思：《黑格尔法哲学批判》，《马克思恩格斯全集》第1卷，第382页。
❷ 马克思、恩格斯：《神圣家族》，《马克思恩格斯全集》第2卷，第52页。

租，可是这块土地的所有者在法律上仍然享有占有权利以及使用和滥用的权利。但是这种权利对他毫无用处：他作为这块土地的所有者，如果除此之外没有足够的资本来经营他的土地，就一无所有"。❶ 在这本书里马克思和恩格斯还写道："对于土地占有者来说，土地只有地租的意义，他把他的土地出租，并收取租金；土地可以失去这一特性，但并不失去它的任何内部固有的特性，不失去例如任何一点肥力；这一特性的程度以至它的存在，都取决于社会关系，而这些社会关系都是不依赖于个别土地占有者的作用而产生和消灭的"。❷

这样，地租的存在就使土地占有转化为土地财产或土地占有。马克思在《资本论》第3卷中给地租下的定义就是："地租不过是土地所有权在经济上依以实现自己，增殖自己的形式。"地租因为是人与人之间的社会关系，在不同的历史条件下，就有不同的地租的历史形式。马克思写道："土地所有者可以是那种代表公社的个人，例如在亚洲、埃及等地就是这样；这种土地所有权也可以只是某些人对直接生产者本人拥有的所有权的附属品，例如在奴隶制度或农奴制度下就是这样；它还可以是那些什么也不生产的人对自然拥有的单纯的私有权，单纯的土地所有权；最后，它还可以是这样一种对于土地的关系，这种关系例如就殖民家或私有土地的小农来说，在孤立的和尚未社会发展的劳动中，本来就好像直接包含在某些地段的产品由直接生产者实行占有和生产的事实中。不同地租形式的这种共同性——所有的地租，都是土地所有权即某一些人凭以排他地占有地球一定部分的法律虚构的经济实现——使人们忽略了当中的区别。"❸ 马克思的这一段话既说明了"地租"从而"土地财产""土地所有"的一般含义，也说明是它们具有具体的历史形式。

五、纯粹的（真正的）地租和复合的地租

从现象形态而言，地租就是为土地使用所做的支付。这种支付物可以是劳务、实物或者货币，支付的数量通常是计土地面积和计时的。关于计面积的标准是亩，是公顷，或者不精确地计算地亩，而大略地指明一下四边地界；计时的标准一般按年，但也有按若干年和按月甚至按日的；支付的条件可以是出租者一方确定，也可以是双方议定，其中又有没有近代形式的契约和有这种契约的区别。支付的数量可以是定额的，也可以是分成的。在近代社会中，通常是按一定期

---

❶ 马克思、恩格斯：《德意志意识形态》，《马克思恩格斯全集》第3卷，第72页。
❷ 马克思、恩格斯：《德意志意识形态》，《马克思恩格斯全集》第3卷，第254页。
❸ 马克思：《资本论》第3卷，第744页。

间，例如一年，支付一个已经由契约规定的货币额。"这个货币额，不管是为耕地支付，还是为建筑地基、矿山、渔场、森林等等支付，都称为地租"。❶

对地租做进一步的考察，我们就可以看到这样一些具体的情况：

（1）使用地球上某一特定的部分的经济实体，以上述现象形态的地租形式对之支付的经济实体（这里说的经济实体可同法律上的"法人"的用语相当，它可以指某个人、某个集体，可以指国家的某个管理机构，甚至指国家财政），可以是土地的真正所有者，也可以是自己并没有土地财产，而是用租或其他方式占有了这一块土地，然后用某种方式把土地转租出去的经济实体。

（2）使用土地的经济实体为之支付的那块土地，可以是人对之没有发生过影响的"天然的土地"，也可以是人对之发生过影响的"非天然的土地"。这种影响又可以是消极的（即它对土地的有用性起破坏作用），或者是积极的（即它对土地的有用性起改进作用）。对土地起积极作用的又可以是无意识、无目的活动的结果或者是有意识、有目的劳动（包括活劳动或者物化劳动）投入的结果。在后一种情况下可说有劳动合并到那块土地里面了。而这种合并又"部分地有暂时的性质，如化学性质的改良、施肥等等，部分地有经久的性质，如排水、灌溉设备、填平地面及农场建筑物等等。"❷ 马克思在这里举的是农业土地的例子，我们当然可以推广到其他土地，在土地上修建房屋出租这种场合，由于房屋和地体不可分割地连接在一起（我把那种可以装配和拆卸的活动房屋视做例外），也可以视作把修建房屋的劳动合并进了土地。不过在这种情况下房屋的使用者所支付的租金中，为房屋而支付的份额大大超过为土地本身而支付的份额。

（3）使用者为之支付的土地可以是马克思在《资本论》中着重研究的农业土地，也可以是作基地用途的土地；可以是农村中的土地，也可以是城市中的土地。土地的使用可以是对土地资源起损害作用的，如矿山土地这种场合，开采的结果是矿产资源的减少；也可以是对土地资源不起损害作用，甚至越使用土地的状况越好。

对地租做进一步考察和分析，我想做出这样一种概括，可以考虑把地租分作：（a）理论上的、抽象的、纯粹的地租，即只是对土地财产本身支付的地租。马克思在《资本论》把它称作"真正的地租"。它就是前面我们已经讲过的土地财产经济上依以实现自己的形式。土地所有权由以实现的经济形式。（b）现实

---

❶ 马克思：《资本论》第3卷，第726页。
❷ 马克思：《资本论》第3卷，第726页。

的、具体的、复合的地租。它是在"真正的地租"之上还要加其他的附属物，如在土地使用者向地产业者租用土地时支付的这种地租中还要加上地产业者的利润；在土地使用者向土地所有者租用有劳动合并在其中的土地时，还要为这些合并在内的价值物支付利息和"折旧"；还有同时追加这两项的情况。

不论考察纯粹的地租或者复合的地租，都离不开地租的社会形式，在历史上不同的社会关系中就有地租的不同历史形式。不同的地租形式同不同的土地财产的形式是完全一致的。马克思讲："土地所有权，和一切其他和一个确定生产方式相适应的所有权形式都一样，要由生产方式本身，也就是，要由各种由此生出的生产关系和交换关系具有历史的暂时的必然性这样一个事实，来说明它是正当的。"❶ 同时土地财产同其他财产又有区别，地租在政治经济学中之所以成为一个专门的部分也是由于这种区别，我们专门来讨论它，也是因为有这种区别，所以马克思讲了上面的这个思想之后，接着又讲了一句："当然，像我们以后将会知道的一样，土地所有权会由以下的事实来和其他各种所有权相区别：达到一定的发展阶段，即使从资本主义生产方式的观点看，土地所有权也显见是一个无用而且有害的东西。"❷

马克思在别处又说：《资本论》"所考察的土地所有权形式，是土地所有权的一个独特的历史形式，是封建土地所有权或小农维持生计的农业（在其中，土地的占有，表现为直接生产者的生产条件之一，他对土地拥有的所有权，则表现为他的生产方式的最有利的条件，他的生产方式得以繁荣的条件）通过资本和资本主义生产方式的影响而转化成的形式。"❸ 在资本主义制度下有资本主义性质的土地财产，有资本主义的地租，它们就是马克思《资本论》研究的对象。在社会主义制度下有社会主义性质的土地财产，有社会主义的地租。此外还有历史上存在过的"封建的土地所有权、氏族的所有权，或有马尔克共同体组织的小农民的所有权等。"❹

资本主义制度下的土地财产、地租的形式（或性质）不只是孤立地由土地本身来决定的，而是由包括非土地财产（亦即非土地所有制）关系在内的整个资本主义财产（亦即资本主义所有制）关系决定的。比如资本主义地租，是以土地产品是商品为前提的，而土地产品之所以能成为商品又以非土地产品是商品为前

---

❶ 马克思：《资本论》第 3 卷，第 730-731 页。
❷ 马克思：《资本论》第 3 卷，第 731 页。
❸ 马克思：《资本论》第 3 卷，第 721 页。
❹ 马克思：《资本论》第 3 卷，第 724 页。

提。马克思写道："只有在资本主义生产的基础上，地租才能当作货币地租来发展，并且按照农业生产变为商品生产的程度来发展，也就是，按照那种和农业生产相独立的非农业生产的发展程度来发展，因为农业产品就是按照这个程度变成商品，变成交换价值和价值的。"❶ 马克思讲："土地所有权，和一切其他和一个确定生产方式相适应的所有权形式都一样，要由生产方式本身，也就是，要由各种由此生出的生产关系和交换关系具有历史的暂时的必然性这样一个事实，来说明它是正当的"。❷ 这个道理，在讲纯粹的地租时要讲，在讲复合地租时也要讲。比方马克思在研究资本主义地租时，除了讲纯粹的地租外还讲"土地资本"即"合并到土地中的资本"的问题。他写道：土地资本"属于固定资本的范畴。为这种合并到土地中去的资本而支付的利息，以及土地作为生产工具由此得到的改良，可以是租地农业家对地主支付的地租的一部分，但不构成真正的地租"。❸ "在重新订立租约时，地主就会把合并到土地中去的资本的利息，加入到真正的地租中去，而……他的地租因此就要膨大起来"。❹ 这里说的"固定资本""利息"全是资本主义制度下的概念。我国学校进行《资本论》的教学通常只讲纯粹的地租（《资本论》本身讲的主要也是这种纯粹的地租），可是《资本论》也用一定的篇幅讲了复合地租的问题，虽然马克思没有用这个名词（这个名词是我起的）。地主"把自己没有一点功劳的社会发展的成果，收入到自己私人的腰包中去"，❺ 这也是资本主义制度下的一种现象。

马克思讲："为了科学地分析地租，即土地所有权在资本主义生产方式基础上的独立的独特的经济形式，摆脱一切使地租混杂不纯的附加物，纯粹地予以考察，既然是重要的，那么，为了理解土地所有权的实际影响，甚至为了从理论方面理解各种和地租概念及性质互相矛盾但仍然表现为地租的存在方式的大量事实，认识认识那些曾经使理论这么混杂不纯的要素，也一样是重要的"。❻

这就是说，我们一定要有一个关于地租纯粹的理论上的提出——理论的概念就应该是纯粹的，不应该是混杂不纯的，但是发生"实际影响的"有许多"混杂不纯的要素"对他们进行研究"也一样是重要的"。因此我们在研究社会主义地

---

❶ 马克思：《资本论》第 3 卷，第 748 页。
❷ 马克思：《资本论》第 3 卷，第 730-731 页。
❸ 马克思：《资本论》第 3 卷，第 726-727 页。
❹ 马克思：《资本论》第 3 卷，第 727 页
❺ 马克思：《资本论》第 3 卷，第 728 页
❻ 马克思：《资本论》第 3 卷，第 733 页。

租时也采取这样的方法，一方面把主要的精力去研究关于社会主义地租的抽象的理论，学习《资本论》的抽象方法；一方面学习马克思在研究资本主义地租时没有忽略的另外一个重要的方面。前一个方面的研究当然是首要的，如果不做这种研究，我们就会没有科学的分析工具（理论的重要性就在这里）。但是如果没有后一方面的研究，就使我们不能很好地接触实际问题。而在我国当前的地租问题上，的确有不少必须很好"认识认识的""混杂不纯的因素"，因此"复合地租"不能放在我们的视野之外。

六、社会主义地租的本质

为了研究社会主义制度下土地财产和地租的本质，应该同历史上其他社会制度下的土地财产和地租做一番比较。马克思研究资本主义制度下的地租问题时就是这么做的。他在《资本论》第3卷第6篇《由剩余利润到地租的转化》中一开头就讲："土地所有权各种不同历史形式的分析，是本书范围以外的问题。我们不过在资本所生产的剩余价值一部分要归地主所有的程度之内，方才说到土地所有权的问题。"[1] 这就是说，马克思在《资本论》第3卷这本书中讨论的只是资本主义地租的问题。在这本书中，他讲到土地财产的其他历史形式只不过为了说明资本主义地租而不是以说明这些土地财产的历史形式为目的。他的一个基本观点，就是反对"与社会生产过程不同发展阶段相适应的不同的地租形式的互相混同。"反对因不同地租形式的共同性而"忽视了当中的区别"。[2] 对于我们这次讲座来说也是这样。我的目的是讨论社会主义地租，地租的其他历史形式的研究，也在我们要讨论的范围之外。但是我们也不得不涉及地租的其他历史形式，这是为了在同以往的对比中可以把社会主义地租的特点看得更清楚些。同时因为《资本论》对资本主义地租做了详尽的讨论，为了向《资本论》学习研究地租问题的方法，我们更不能不经常讲到资本主义地租，讲到《资本论》的许多论述。

首先我想说的是，《资本论》把资本主义制度下的纯粹的地租的研究，即考察资本主义土地所有制本身作为主要的研究对象，这是《资本论》抽象法的一个特色。这样就能抓住资本主义地租的本质。我们今天研究社会主义地租时也应该这么做，应该先来考察社会主义制度下的土地所有制问题。

大家知道，由于资本主义生产方式的特点，在资本主义社会存在"构成近代

---

[1] 马克思：《资本论》第3卷，第721页。
[2] 马克思：《资本论》第3卷，第744页。

社会骨干的三个阶级——工资雇佣劳动者、产业资本家、地主"。❶ 马克思的地租理论，就是考察这三大阶级之间的经济利益关系。资本家租地经营所得到的利润是雇佣劳动者创造的，而雇佣劳动者只能取得相当于劳动力的价格。但是资本家也不能得到全部利润。地主凭借其对地体一部分的垄断，迫使资本家把"超出于平均利润以上的'剩余利润'作为地租交给自己"，而资本家则以土地为其取得平均利润的手段而支付地租。我们在政治经济学教学中通常讲的就是这些。但实际上常常"地租一方面是平均利润扣除的结果，另一方面是平均工资扣除的结果"。❷《资本论》第 3 卷第 37 章对发生这两种扣除做了相当详细的描述。总之对基本的客观规律的掌握是政治经济学研究的主要任务，但实际生活中总有许多具体情况，对此马克思也没有放过，尤其是反映资本主义制度下本质的那些情况和问题。

那么社会主义制度下的土地所有制，社会主义地租又是怎么回事呢？

我们可以设想这样一个未来社会：在这个社会中，一切生产资料归社会所有，而且假定那时不再存在生产资料所有制的不同形式，在这种情况下，也就不再存在生产资料所有制的问题了，这时候的生产资料所有制也可以说是"非所有制"。在这个时候到来之前，由于土地是一种没有经过劳动加工的自然物，对它的任何形式的垄断不再存在的时间，比其他生产资料还会更早些，因而到那时候，早已不存在任何形式的地租。但是这样的社会不但今天不存在，就是在可以看得见的将来，它也不会出现，现在没有可供我们研究这种社会的任何资料。因此它不是也不能是我们研究的对象。现在我们对之进行研究的是具体的现实的土地财产和地租。现在我们不再只是理想了，我们应该从对现实的具体的社会主义社会中的现象——在这里我们讲的是与地租有关的这种现象，得出理论的结论，已有的抽象的结论，不能成为研究的对象、研究的出发点。

在这里，我想讲一下有关研究方法的问题。

社会主义社会都是属于共产主义这个范畴的。马克思把社会主义社会称作"共产主义社会"的第一阶段。共产主义社会是以社会化大生产和生产资料公有制这样一种生产方式为特征的社会经济形态。因此即使在社会主义的某一个阶段，包括土地在内的生产资料公有制是这个社会经济结构的基础。在这里我想讲这样一个思想：在生产资料归社会公有这个共产主义社会中的一般的规定性，并

---

❶ 马克思：《资本论》第 3 卷，第 726 页。
❷ 马克思：《资本论》第 3 卷，第 739 页。

不排除社会主义阶段生产资料公有制可以有它的特殊的形式以及这种形式的多样性。一般的生产资料的社会主义公有制是如此，土地的社会主义公有制也是如此。

我国处于社会主义的初级阶段，它不仅具备社会主义历史阶段一般的特征，还具有这个阶段的初级阶段的特征。我国土地所有制的根本性质是社会主义的，即在我国不再存在对土地的私人垄断。但是，我国事实上存在土地所有制的两种形式：社会主义国家的土地所有制和社会主义集体组织对土地的所有制。1982年12月4日通过的《中华人民共和国宪法》规定："矿藏、水流、森林、山岭、草原、荒地、滩涂等自然资源，都属于国家所有，即全民所有；由法律规定属于集体所有的森林和山岭、草原、荒地、滩涂除外"。（第9条）"城市的土地属于国家所有。农村和城市郊区的土地，除由法律规定属于国家所有的以外，属于集体所有；宅基地和自留地、自留山，也属于集体所有。"（第10条）这个宪法对土地所有制的规定比以前更为具体。

根据宪法，我国除了这两种社会主义公有制形式外，不再存在其他的土地所有制形式，任何个人或者单位或者城市劳动者的社会主义集体组织都不允许拥有土地财产。因此我国的地租关系就是国家或者农村与城市郊区当地劳动群众的社会主义集体组织为一方和各式各样的土地使用者为一方的关系。仅仅有社会公有的土地所有者、仅仅有国家或社会主义集体组织与土地使用者的地租关系是我国社会主义地租不同于资本主义和前资本主义的地租的本质特征。

让我们来看看我国这种地租关系一些比较具体的情况。

在我国，第一类土地使用者是国家自身。这里所说的作为土地使用者的国家还不是指国有企业，而是指为了整个社会的利益而使用土地的国家自身。比如为了防御洪灾，国家决定在某个区域分洪；为了加强国防，在某个地区的土地上设防等。国家机关使用的土地可属于这一类。在这样的情况下，使用的大都是国有的土地，在这样的场合一般是不考虑地租问题的。在需要使用集体所有的土地时，情况就更复杂些。

在我国，第二类土地使用者就是社会主义国家经营的企业。包括从事工业、农业、交通运输业、商业、金融业、各种服务业以及从事其他经营的国有企业。他们所使用的土地，有的原来就是国有土地，有的是通过国家向集体征用，把集体所有的土地转化成国有土地。此外也有企业自己向集体租用的。按照法律，企业不能有土地，因此即使企业出钱向集体有偿征用土地，这样的事也要国家出面证明。

在现实生活中，长期以来，根据国家的土地分给国有的企业使用不应该收取地租的思想，不以租金、土地费、土地税等形式收取地租。这在实质上是否就一定没有地租，这一点还需要进行分析。下面我们再说。生产企业（我对生产劳动的概念是比较宽的，对此我写过文章）是创造物质财富的地方，生产企业是地租的主要来源。

在我国，第三类土地使用者是国家举办的教育、科学、卫生、体育和其他文化事业机构，它和国有企业不一样。它是不以取得经济效益为目的的。它要取得的是与这些事业相应的社会效益。它也要使用土地。它或者使用国家土地，或者使用社会主义集体组织的土地，视这些机构由哪一级政府办来决定。

在我国，第四类土地使用者是社会主义农业集体组织。它所使用的土地除了在城市从事经营的以外，是它自己所有的。在这种情况下，集体组织拥有的土地所有权，如马克思在讲封建社会或资本主义社会中的自耕农时所说的那样："表现为他的生产方式的最有利的条件，他的生产方式得以繁荣的条件。"这时候地租不付给任何他人而全部归集体组织自己。社会主义国家可以按照法律规定征用集体所有的土地和对集体所拥有的土地上生产出来的产品收税，这可以看作集体组织的土地所有并不完全的表现。

由于我国还处在社会主义初级阶段，各种经济成分在我国并存。因此我国第五类土地使用者是属于非社会主义经济成分的生产和经营者。其中包括土地固定使用者，也包括在街道设摊临时使用土地的个体商贩。

我国第五类土地使用者是居民。居民可分城市居民和城郊区与农村居民，和他们发生土地关系的土地所有者是不一样的。城市居民是和国家所有的土地发生关系，城郊区和农村的居民是同集体所有的土地发生关系。城市居民又是多种多样的：有靠薪金生活的国家机关干部和职工，有根据按劳分配原则取得工资的企业职工，有从事个体生产和经营的个体户，有丧失劳动力的老人、残疾人和尚未形成劳动力的儿童、少年，还有一些没有收入的居民的家属成员。农村居民也是多种多样的。在实行联产承包责任制后，现在农村居民家庭从事生产和经营的农户很多。这样的农户不但需要使用宅基地，还需要从事庭院经济，还需要农田和从事农业外其他生产经营用的土地。农村居民在承包土地时要根据合同向集体组织缴纳一定的费用。该不该向集体组织缴纳地租是一个需要明确的问题。农户在自留地、宅基地外还使用集体所有土地从事其他经营时，又有一个地租问题。

我国第六类土地使用者则是中外合资经营的企业。在这些企业中我们社会主义国家以土地所有者的资格向这些企业收取地租，收取地租的方式可以是以土地作价入股获取利润。

各种不同的使用者和作为土地所有者的社会主义国家和社会主义集体组织之间发生的种种地租关系，就是当今我国社会主义地租的现实，也就是我们在考察我国社会主义地租问题时的研究对象。

有人也许会说，这些未必反映社会主义制度下地租本质的特征，不应该成为寻找客观规律的依据。我不同意这样的看法。

在这里我不得不插入一段我对研究社会主义问题的一个观点：那就是我们应该严格遵循革命导师在建立科学社会主义理论时的那种严格的科学方法。这个方法的要领就是从研究现实存在着的社会出发，而不是从某种抽象的观念、某种愿望上的正义感（即从道德观念）出发，从中研究历史发展的趋势。我认为不仅在资本主义社会要运用这种方法，得出社会主义必将取代资本主义的结论，在社会主义社会中仍然要运用这种方法，去研究历史发展趋势。这种研究可以加深社会主义必将取代资本主义的论据，同时也可以判明我们社会主义将朝着怎样的方向前进。这种方法的要点应该是把具体的现实的东西，而不是把以前抽象推论出来的东西当作"研究的对象"，是要从对具体的现实的东西的研究中做出科学的论断，而不是用从前推论出来的东西去任意剪裁现实。作为方法的科学社会主义就是运用辩证唯物主义和历史唯物主义的哲学，研究当代现实的社会，得出社会主义的结论。在研究社会主义地租问题时也应该这么做。当我们通过对现实的研究表明现存的具体制度不能很好地适合社会生产力和社会前进的要求时，我们就揭示出了社会主义社会中的矛盾，也找到了前进的、进一步发展的社会主义的方向。

当然在社会主义社会中呈现出来的，确有一些琐碎的、偶然的、无足轻重的现象。我说的不是那些，而是其中主要的、从中可以揭示地租的社会主义本质的东西。区分是否属于我们应该从理论上进行研究的，不是它们是否由于某种特殊的历史的条件而出现，甚至是否由于社会主义国家领导者的某种失误，也不是以它们对社会主义事业发展所起的促进作用（或者本身就是社会主义事业进步的表现），或者对社会主义事业的进步起着消极的作用，而是我们能否从中找到社会主义社会的某种客观规律性，看出社会主义事业发展的前景。这里说的客观规律就是事物之间本质的关系，是事物运动发展变化的必然性。

七、社会主义地租价值的来源和数量

存在地租的一个必要的条件是土地被某一个主体所垄断、所占有。由于这种占有，占有者就可能排除任何其他主体在未经自己同意之前使用这被占有的土地，因而可以要求土地使用者向自己缴纳地租。这对于历史上一切已经发生过土地占有现象的社会来说，都是适用的，因而也适用于我们正在考察的社会主义制度。

但是仅仅有土地被占有这一条，还不足以使地租得以发生。因为地租能够成立不仅要有土地占有者，还一定要有可以被占有之物。在商品经济的条件下，就是还一定要有可以占有的价值。

正如大家所知道的那样，未经劳动加工的土地是没有价值的。但是在商品经济的条件下，地租本身就是一个价值物，地租的价值总有一个来源。因此在研究地租理论时，有一个地租价值从哪里来的问题。进一步还要问：地租的价值量又是怎么规定的？按照劳动价值论，任何价值归根到底只能是劳动者在生产劳动中创造的。我对生产劳动的看法是"宽派"。我认为不仅生产物质产品的劳动是生产劳动，生产劳务的劳动也是生产劳动；不仅生产物质产品的劳动创造价值，生产劳务的劳动也创造价值。一定要先在土地使用中生产出价值之后，才能被土地所有者作为地租收归己有。

这就是说，地租之有可能形成，要以一定的社会生产力的发展为前提。

应该指出，仅仅有上面说的那两条，仍旧不足以说明地租。要说明地租，还要说明在所考察的社会制度里，土地使用者怎样把自己生产出来的价值的那一部分当作地租提供给土地所有者，要说明这一部分的价值量是怎么被规定的。马克思在研究资本主义地租时解决了这个问题，说清楚了资本主义地租是剩余利润的转化，说清楚了资本主义地租基本上是从资本家的平均利润以上的那一个价值转化而来的。

现在我们要回答的是，社会主义地租价值的来源和数量问题。当然也要以劳动价值论为基础，研究在土地使用中劳动者创造的价值的一个特定部分怎么转化为地租的问题。我认为对这个问题，政治经济学社会主义部分还未讲清楚，现在我想顺着这样的路子讲下去：

在前面我们讲社会主义地租的本质，列举了我国社会主义制度下的土地所有者和土地使用者，给大家提供了一个关于我国社会主义地租发生在谁与谁之间一个轮廓的概念。现在我们接着再来讲讲从这种关系的性质和特点，来研究一下社会主义地租价值的来源和数量。

社会主义国家对土地的所有，在整个社会主义社会的土地所有制中是最为重要的。因为虽然大部分农田是归集体所有的，但是全国一切矿藏、水流和除了法律规定为集体所有外的森林、山岭、草原、荒地、滩涂都为国家所有，已由国家向集体征用的用做道路和其他建筑物地基的土地也归国家所有。与集体所有的土地相比，国家所有的土地更多。同时集体对土地的所有权应该承认是不完全的，因为国家可以按照法律规定征用，同时国家也向农村社会主义集体组织征收实质上带有地租性质的税收。所以，社会主义国家对土地的所有权和社会主义国家所有的土地上的地租问题，是应该首先给予重视的。

土地归国家所有，在经济上的实现就是地租。这个收不收地租、收多少地租的权利是属于国家的。社会主义国家收取的地租，基本上带有垄断地租的性质，因为过去在国有土地上的产品的价格是垄断价格。马克思在讲垄断价格和地租的关系时讲道："我们必须分别，究竟是因为产品或土地本身有一个和地租相独立的垄断价格，所以地租才由垄断价格生出呢，还是因为有地租存在，所以产品要按垄断价格来卖。"马克思认为两种情况都存在。他写道："我们说垄断价格时，一般是指这样的一个价格，这个价格只由购买者的购买需要和支付能力决定，而与一般生产价格或产品价值所决定的价格独立无关。"他举了一个例子来说明：一个葡萄园在它所产的葡萄酒有特别好的味道的时候，就会提供一个垄断价格，因为这时候的价格就只是由娇贵的葡萄酒饮者的财富和嗜好决定。他说："在这里由垄断价格生出的剩余利润所以会转化为地租，并在这个形式上归地主所有，那是因为他对于地球这块具有独特性质的土地拥有一种所有权。在这里，就是垄断价格创造地租。"但马克思还承认有另外一种情况。他举例说："如果谷物因为土地所有权会对资本加上限制，使它不纳地租就不能在未耕地上投下，以致谷物不仅要在它的生产价格以上售卖，并且要在它的价值以上售卖，地租就也会创造一个垄断价格。"❶ 马克思在这里是以资本主义地租为背景，但这对我们研究社会主义地租也是有启发性的。

我国国有矿山生产的产品价格是带有垄断性的。某一矿产品的价格基本上只是由购买者的购买需要和支付能力决定的，竞争与生产价格基本上不起什么作用。但是我们的垄断是社会主义的垄断。社会主义国家在整个社会主义经济生活的管理上起着重要的作用。它在对土地这种资源的使用与保护上，在利用对土地的管理以促进国民经济的发展和保障人民生活水平上也起着重要的作用。社会主义经济建设是为了满足人民日益增长的物质文化需要。社会主义国家对经济的管理的目的也是这样。这个目的同属于社会主义社会体系的经济、政治、文化、社

---

❶ 马克思：《资本论》第3卷，第905-906页。

会、组织的目的也是一致的。由于社会主义国家的这种职能，它凭自己对土地的所有向土地使用者决定是否收取地租，收取多少，都会从整个社会主义建设的总的目的出发，而不只是从自己的利益出发。这个社会主义国家对土地的垄断和历史上对土地的私人垄断或资本主义国家对土地的垄断是根本不一样的。地租是社会主义国家手中的一个经济杠杆，使用这个杠杆可以发生以下三方面的作用：一是对经济实行管理；二是调节有关方面的经济利益关系；三是为社会、为国家、为各方面的社会需要筹集一部分资金。以前许多经济学著作中讲经济杠杆时只讲了工资、价格、税收、利息、外汇等等，对地租也是一种经济杠杆讲得很少。其实地租也是一个应该很好地引起注意的经济杠杆。如果在其他经济杠杆的应用上国家和社会主义集体组织应该有一套合理的方针政策的话，在社会主义地租问题上也应该有一套合理的方针政策。

对我国另一个土地所有者——劳动群众社会主义集体组织来说，收取地租的目的是为了有利于整个集体，也是有利于集体组织成员的一种办法。这里说的当然是一般的状况。由于我国社会主义集体组织有成百万个，其中不免有违反原则收取了地租而没有用来为集体、为居民办好事的。社会主义集体组织收取地租也可以起到对集体组织内部的经济活动实行管理和充实集体组织财力的作用。虽然集体的范围与国家无法相比，但它收取地租的情况与国家也有一些相似之处。

从土地使用者方面来说，我们可以看到其中大多数土地所有者属于社会主义经济体系。这种土地关系，是社会主义内部的关系。由于在社会主义初级阶段，还存在以社会主义公有制为主体的多种经济成分并存的局面，在我国也就存在某些不同经济成分之间的关系。

马克思在《资本论》中讲了剩余利润向地租的转化，这是一般的规律性。但是他也讲了地租量的伸缩性或弹性。地租量多至可以扣除平均利润和平均工资，少至可以在剩余利润之下。经济生活有许多复杂因素，不能把一般的规律性视做具体的情况。在资本主义地租中，不仅资本家、雇佣工人是敌对的阶级，就是地主与资本家在地租问题上也是对立的，地租量尚且有伸缩性，在社会主义地租中，土地所有者与土地使用者之间的地租关系当然具有更大的伸缩性。两方之间发生经济利益关系，因而对地租量的高低双方都不能不关心，但终究不如资本主义制度那样严格，伸缩性会更大些。地租量的大小，一方面不能损害其中一方的基本利益，要考虑双方的接受程度；另一方面要考虑按照有利于社会主义事业的原则调节各方面的经济利益，有利于管理。现在正处在改革时期，更稳固的地租量的关系现在难以说清楚。

这就是说我以为，我们不可能如马克思研究资本主义地租那样指出地租量是土地使用者取得的利润中的哪一个确定的部分，而只能看出上面说的那些一般的原则。

八、土地不同使用中的社会主义地租

1. 农田地租

马克思在研究资本主义地租时把农业土地的地租作为主要的研究对象。就当时来说这么做可能主要有三个道理：一是农业是国民经济的基础，在任何时候都要在土地上从事农业生产，食品总是人类社会生存和发展的基础。二是从土地面积来说农业占用的土地即便对多山、多林的国家来说也会是最多或者差不多是最多的。三是在当时欧洲，大约有国民收入的一半是在农业中生产出来的，而农业创造的国民收入的一半是地主得到的地租。由于农业是国民经济的基础是一个"自然·经济"规律，在任何制度下都是不变的。第二条在100多年来也没有起根本的变化，但是100多年来农业在国民收入中占的比重大大下降了。在资本主义国家中，它只占百分之几，而有的发达国家地租只占国民收入的1％左右。

对于我国来说，根据1985年统计，农业和工业中创造的国民收入几乎完全相等。一为2828亿元，一为2831亿元。两者在国民收入中都占40.0％。比重同马克思写《资本论》时大致相仿。同时我国农业土地面积大大超过其他国家的土地面积。在征用土地用于非农业用途时，要补偿的也是农民失去土地后的损失。同时土地产品的价格对于农民本身以及对于整个国民经济发展、对城市人民生活的影响很大，这本身就是研究农业地租中的一个重要问题，对此在《资本论》中马克思是很强调的。再加上农业土地的级差地租对于我国各地区之间经济社会发展不平衡的影响很大，因此对我国来说，农业土地地租问题仍是非常重要的，仍是土地经济学的研究工作应该给予重视的一个研究对象，问题是究竟应该把这方面研究置于怎样一个地位。应该承认也有一些情况：那就是今天中国的农业不是租地经营的农业，中国的农业主要是拥有土地所有权的农民社会主义集体组织自己经营的，还有一部分农业归国营农场经营，耕种的土地则是国家所有的，也不缴纳地租。这种情况与《资本论》中所讨论的地租有关情况来比是完全不同的。这种情况不能不对农田地租有所影响。

但是我们应该指出，地租是土地所有者与土地使用者两方面的经济关系，这个说法当然是对的，但在整个社会存在这种地租关系的情况下，使用自己所有的土地，也可以看作他自己得到相应的地租。这就是为什么马克思说小自耕农对土地拥有的所有权,即表现为他的生产方式的最有利的条件。尤其是在土地上的级差收益,在土地所有权存在的情况下,就转化为级差地租上的差别,它归谁所得,用什么方式归谁所得是没有关系的。因此我国农业不是租地经营农业,不是可以否认农田地租的理由。

近几年来,还有一个问题特别值得去研究。那就是实行了家庭联产承包制以后,农民和集体地租之间的关系发生了这样一种改变。在这种情况下,直接经营农业的不再是集体本身,而是这个集体的成员——"农户"。因此土地使用者和土地所有者就不再是同一个主体,就发生了土地所有者和土地使用者两者之间的关系。这种关系发生在集体组织——现在是农村一级的集体组织(自然村或行政村)和农户之间。但是这种关系仍是很密切的,仍是社会主义内部的一种关系。农户向这个集体承包土地是通过合同的形式定下来的。农户承担承包的条件或义务,而集体则秉承国家的旨意,要求农户完成合同上规定的义务,乃至向农户收取费用,这种费用可以看做社会主义地租的一个表现形式。

但是我们也要看到在实行联产承包制后集体和农户之间的关系不是简单的地租关系,只能说他们之间的关系中包括一种可以看作地租关系的关系。集体组织是各农户的集体组织,集体组织要为各农户服务,集体组织的领导机关还要对农户经营活动进行某种管理。农户也对集体负责。由于家庭联产承包制实行不过几年,许多规章制度尚在形成中。

从农户的经营活动看,我国广大地区逐渐向商品农业发展,这就是说农户生产有这样一个趋势,商品占的比重越来越大,有些产品甚至全部或基本全部作为商品进入市场。但是粮食生产的情况有所不同。农户的粮食生产即使在商品经济发达的地区仍有相当大的一部分是自给性的生产。这种自给性的生产在一定意义上带有农户本身生活保障的性质。同时在中国今天这样的物价结构的情况下,只有承包经济作物(如果树)或者养殖业(如鱼塘)支付承包费的情况比较明显。生产粮食的承包农户只承担要完成计划的义务,甚至农户把土地转包出去时不但不向转包经营者收取费用甚至还给补贴。这些方面的问题,集体和农户都由自己做出决定。

总之,农业土地地租在理论上有许多问题要我们解决。

与此同时,大量的土地财产转移(包括一小部分土地租用)问题发生在集体经济组织与国家之间。这些土地虽然可以说大都用于非农业生产,但是正如上面讲过的那样,这类土地的地租仍和农田地租密切相关。各种非农业用地需要的增加,使得人们更加注意农田地租,认识到它的存在,尤其在城郊区,由于城市的发展，这个问题就更加突出。

关于农田土地级差地租在《资本论》中已有非常详尽的说明。这些道理对于我国来说是基本适用的。同时由于中国国土非常宽广，地区之间土地的自然条件差别非常大。中国东南部（占中国国土面积一半）地区属于季风地区，气候温和，雨量充沛，土地肥沃；而中国西北部属于干旱地区，雨量很少，其中有大面积的沙漠、戈壁不利于植物生长；中国西部偏南有很大一片国土，即青海省和西藏自治区的很大部分属于青藏高寒地区，也不那么适宜植物生长。由于自然条件上的这种差别，加上长期历史的影响，中国东南部和西北干旱地区与青藏高寒地区（后两者加在一起，面积也占中国土地面积的一半）经济、文化发展的水平相差很大。在土地上投入同等的劳动，收获的农产品数量就有很大的差异，尤其在我国商品经济发展的条件下更是如此。中国农业级差地租，除了国家以征购和征税的办法给以一定的调节外，大部分为集体组织获得（这表示集体对土地的所有权并不是完全的、绝对的）。

至于地租率，在资本主义条件下，是以投入的资金为分母，以地租为分子计算的。我国商品经济还没有发展到这种地租率普遍形成的程度。不发达的地区，在农业生产中投入的活劳动占的比重很大，而劳动力又很充裕，因此，他们关心的是有多少农产品能被生产出来保证自身的需要，对于投入和产出之间的比例关系，就不十分注意了。因此，从投入资金来看的地租率，并没有在实际生活中发生比较明显的作用。而在商品经济发达的地区，则有不同的情况。在那些地区的农业中，投入的活劳动的比重已经有了显著的减少，而在灌溉、施肥、防止病虫害以及农业机械的使用等方面的物化劳动的投入大量增加，因此对地租率的观念就有很大的变化。因此在我国发达地区，现在农村土地经营者已经讲究这样的地租率，但在比较落后的地区还不是这样。

上面讲的是纯粹的农业土地地租，如果考虑复合地租，农田地租问题就很复杂。我国历史悠久，各族人民在几千年中，在劳动中对如此广阔的农田土地产生了重大的影响。可以说，现在有100多万平方公里的耕地受到人的活动的影响。这种影响有好的方面，也有不好的方面。好的方面是在中国建立起了大规模的农田灌溉工程系统，也大规模改良了农田土壤，我国农田单位面积产量有了大幅度的提高。在新中国成立以来的几十年中，我国在农田水利方面的投资是很大的，成绩也很显著，这些劳动并入了农田土地之中。

在这里有一个不容易讲清楚的"土地价值"问题。没有劳动并入的土地本身没有价值，有劳动并入的土地，在资本主义制度下就是有"土地资本"并入的土地，有价值，从理论上说是不成问题的。但是一物的价值量不能只从其中包括了多少人类抽象劳动来决定。用这个数量来决定的价值量是此物的个别价值，不是马克思讲的价值。马克思讲的是由其中凝结的社会平均必要劳动量决定的。讲了社会平均必要劳动量就要看此物的使用价值。使用价值本身不决定价值，但是有一条，同样的使用价值有同样的价值。把这样一条道理应用到并入劳动的土地中来，土地的价值就同土地的质量即土地的肥力有关，即同样的土地应该有同样的土地价值。

如果肯定了这一条那就等于肯定了一切土地都有价值，因为所有土地都要参加到土地社会平均必要劳动量中来。马克思在《资本论》第3卷第37章中多次使用"土地价值"，都是在讲了"资本能够固定在土地中，合并到土地中去，那部分地有暂时的性质，如化学性质的改良、施肥等。部分地有终久的性质，如排水灌溉设备，填平地面及农场建筑物等等。"讲了他在《哲学的贫困》一书中曾经把合并到土地中的资本，称为"土地资本"之后使用的语言，但是没有展开讨论关于这个"土地价值"的问题。如果我们要仔细讨论这个"土地价值"问题，就应该讨论达到同等肥力的土地平均需要投入多少劳动量，而以此确定土地的价值。

这样我们就要反过来肯定一切土地都有价值，因为它们都参加了这种平均。这样一个道理也适用于林业土地。人工培养的林木当然是有人类抽象劳动凝结在其内，但在人工林中采伐的林木和在原始森林或天然次生林中采伐的林木同在一个市场上出售，两种采伐中不同的劳动消耗，在市场上是看不出来的。这样，我们就得承认即便是刚刚投入生产过程的处女地也就有了一个土地价值。

当然，这是我们进行抽象的理论思考后不得不得出的一个一般性的结论。在进一步研究这个问题时，还有不少理论问题要解决。比如，如何区分只能凝结在产品中而不能凝结在土地中的劳动，如何看待那些对土地起破坏作用的劳动，如何看待固定在土地中的资本的有形与无形损耗，以及如何来测定土地的肥力等等。这些问题不仅在实际工作中，在统计中有不少困难问题需要解决，在理论上也是值得对它进行研究的。

2. 矿山地租

宪法上规定矿藏归国家所有。这里说的矿藏，不是广义的矿藏资源，比如几乎到处都是泥土和石头，泥土可以烧砖，石头可以用来做建筑材料，它们都是矿物资源，但不属于宪法规定归国家所有的"矿藏"的范围之内。泥土、石头之类的矿物资源是可以归集体所有的。蕴藏这类矿物资源的土地在它们被开采时也是矿业土地，也就会有矿业土地的地租。

在这节里，我想把泥土、石头这类属于集体所有的矿物资源撇开不谈，而专门讲属于国家所有的比较重要的矿藏。为了与上面说的泥土、石头这类矿物资源相区别，我就把这类土地称之为矿山土地。

大型的矿山完全由国有企业经营，只有一些很小的矿，经过国家批准由乡镇企业经营。因此矿山是国家垄断经营的。在这种情况下，矿产品的价格也就可以说是垄断价格。某一矿物，或者是人民生活所必需的，或者是为加工工业所必需的，缺少了它，很多加工工业就会因为没有必要的原料或者燃料而无法进行生产。因此，它的产品的价格就会照上节所引马克思讲的垄断价格来规定。在这里，购买这种矿产品的人考虑的问题就只有对它的需要的程度和自己的购买能力是否具备。如果购买者是生产者和经营者，即便在社会主义制度下也要考虑自己的经济效益。他要比较有了这些矿产品为原料或燃料和以这样的价格购买它们后在自己的生产经营中能为自己带来怎样的经济效益。比如没有使用这些矿产品为原料或燃料的同类使用价值的生产和自己竞争，它的产品也可以是垄断价格，因而仍然可以保证得到不低于其他生产和经营的经济利益，甚至比得不到这些矿产品的企业可以得到更多的经济利益。开采矿产资源带来的经济效益是由使用矿产品的经济效益来决定的。只要最劣等的矿山也可以从矿产品的使用者愿意支付的价格中得到盈利，就应该承认这存在地租。

至于级差地租，在矿山地租方面比农田地租还要明显。因为品位高，开采条件好，市场与交通条件好等纯粹土地方面的因素对开采矿藏企业的经济效益来说，是非常有利的。矿藏不像农田可以因施肥、平整土地结合在其中改变其丰度，矿山土地的丰度可以视做是不变的。

矿山土地的这个用一点就会少一点的特点（水这种无机物矿除外，对这后面我们还会提到），与农田土地、建筑用土地不同，矿山地租可以说是有年限的，可以用若干年的总额来计量，而把这个总额分摊在每个年度。当然，不再有可开采的矿藏的土地，还可以作其他之用，转化成为其他土地，那又当别论。

矿山地租和农业地租还有一个显著不一样的地方，那就是农田土地在土地肥力为既定的时候，产品的数量是同土地的面积成正比例的。这是因为种植业是靠吸收太阳能来生长繁殖的缘故。矿山土地就不是这样。矿山土地的矿藏是既定的，有的露天开采，需要剥离地球表面的土地面积就比较大，有的是地下开采，所要使用的地球表面面积就限于把矿物从地下运到地上的道路。这样需要使用的土地面积不是很多的。如果地下矿藏是油田、气田，那么油井、气井占的面积更是很小。在矿山企业占用的地表土地中,大部分是矿山企业的生产和生活建筑用地和堆放用地,严格说来不属于矿山土地的范围。由于矿山土地属于国家所有,矿山地租也就归国家。国家收取矿山地租的形式多种多样,从事开采矿山的企业把自己盈利的一部分,不论用什么形式上缴国家都可以看到包括国家收缴矿山地租在内,其中的调节税包括国家投资的因素,不同矿山土地的优劣也是其中一个重要因素。

在矿山土地上有这样一种特殊的情况,那就是有可能出现这样一种情况,即地下矿藏是属于国有的,但是地面可能是属于集体所有的土地。要开发国有的矿藏就要使用属于集体的土地,包括道路和开发矿山需要的建筑物基地等。

关于矿山资源中的水资源和水力资源是性质比较特殊的一种。由于水资源和水力资源是可以再生的,而且以年度为再生周期,所以在这种资源上的地租就不带有全部地租按年度分权的性质。这种矿山土地还有一个特点,水是汇集起来的,即使把水蒸发源——海洋及广阔地面撇开不说,单以降水后集水面积来说,比方说一个水库,它的上游整个流域都是它的集水面积,也都是蕴藏水这种矿物资源的土地。但是从收取地租者来说,水矿和水力矿的土地通常是指能借水矿取得经济效益的那一部分土地。比如管理水库的机构可以代表国家收取水费,这水库的土地可以看作蕴藏水资源的土地。

3. 建筑地租

这里要讲的建筑物地基的地租和上面说的矿山地租一样,同农田地租有相同的客观规律性。在《资本论》中有这样的活:"在有地租存在的地方,就会有级差地租出现,并且那总是和农业级差地租按相同的规律决定。自然力,不论是瀑布,是富饶的矿山,是富于鱼类的湖沼,还是宜于建筑的地基,都只要它能够独占,能对使用它的产业家保证一个剩余利润。那些因为对地球一部分享有权利而变为这种自然物品的所有者的人,就会在地租形式上,从功能资本那里,把这种剩余利润夺去。"马克思对资本主义地租讲的"剩余利润""功能资本家"这样的语言,对于社会主义制度下的矿山地租等也是适用的。对建筑地租问题我想分纯粹地租和复合地租两个层次来讲。

收取纯粹的建筑地租有这么几种情况:

第一种是使用集体所有土地建造房屋为之付出代价。在这里使用者是国有企业或科学文化事业系统或其他单位,出面征用者是政府,集体所有者索取一笔费用而且常常附加许多条件。这样一种地租关系起的积极作用一是使得需要使用土地的,有了一个可以取得土地的渠道,二是保护了集体的利益使它在失去土地时得到了补偿。当然对于需要从事建筑的单位来说有一笔资金不得不付给集体使自己减少了建筑的资金。由于这种有代价征用的土地大多在城市郊区，郊区的集体组织对于城市的发展起的作用并不很大，但由于城市发展的结果，征用一亩地集体组织索取的补偿金额却交出许多，这种情况不能视作完全合理的。

第二种情况就是在公私合营时，我方以土地折价入股，事实上凭借国家对土地的所有权收取地租。收取地租的形式很多，一种是凭借土地折价入股的货币额，在分配利润时分配应得的那一部分，这一部分可以视做租金，在历史上就有分成制地租。有一种形式是直接收取租金。还有一种不收租金而在契约中规定多少年后全部建筑物甚至建筑物中的设备全部还给我国，这实际上是以扣除折旧后的余额作为多少年的租金一次还给我国。还可能有其他形式。由于收取地租是资本主义国家所通行的制度，上面谈的那些形式也是资本主义国家中人们熟悉的，资本主义国家的商人对此是完全能够接受的，在这种情况下，我国可以减少提供其他资金，这对于缺乏资金的我国来说是一种可行的办法。这种办法丝毫也不损害国家的主权，是社会主义的原则所许可的。列宁在十月革命后就提出类似的做法。对这样的做法不是考虑允许不允许的问题，而是要定怎样的契约才对我国最为有利。

马克思主义政治经济学在对私有制社会的经济生活进行分析时正确地指出，收取地租对社会进步来说是一种消极的现象。这是因为那时土地是为私人所有的。土地所有者，对于社会的进步没有做出任何贡献，甚至连风险都不冒，就凭借土地的所有，把社会进步的成果夺去，这当然是不合理的。但是在我们现在说的这样一种土地关系中，收取地租的是社会主义国家，收取到的地租用于社会主义建设，应该承认它对社会进步是有积极意义的。

第三种情况是国家向国有企业收取土地使用费。这种土地使用费可以视做地租。这是近几年开始试验的一种制度，即使用单位按照地亩数向国家缴纳多少钱。在以前有这样一种认识，不论是国家还是国有企业都属于社会主义国有制经济的体系，国家向企业收取土地使用费，是"肉烂在锅里"，没有实际的意义，因此30多年一直不收取地租，而没有认识到收取地租是国家对最为重要的一种生产资料——土地进行管理和具有充实国家财政收入的重要意义。国家按土地亩数收取地租，会促进企业注意节约使用土地（一开始就少要求征用土地或者退出已征用的土地），充分发挥对已占有土地的作用。在这里也有一个收取级差地租的问题，即如果按照不同的土地收取不同土地使用费就把级差地租的一部分收归国家。

第四种情况是国家向非国有的经营者收取地租,如个体户在城市土地上临时设摊而向其收取土地使用费。

可能还有其他情况。

大多数的情况是复合地租,那就是纯粹的地租包括在房租问题中。政治经济学的一般道理告诉我们房租是由这样几个部分构成的:一是纯粹的地租;一是房屋的折旧;一是房产业者的利润。纯粹的地租是租土地造房出租的人付给地主的,但是包括在租房使用者支付的房租之中,由房产主缴纳给地主。我国生产用的房屋是企业自建而不是租用的,向国家租用房屋的是城市居民。

这只是一般的说法。事实上,我国长期以来没有国营房产业,而只有房产管理部门。在我国房屋是作为一项福利事业来办的。我国房租非常低,低得连折旧费都不够。国家每年用财政拨款去建造居民宿舍。国家对房产管理部门还要给以补贴,因此根本谈不上收取土地地租的问题。这不是一种合理的制度,但是因为我国实行的是低工资制,工资制度不改革,也就不能彻底实行房租的改革,因而使房租改革成为一个很大的难题。这件事涉及成亿城市居民,不能不非常慎重。因此酝酿多年没有能找到一个好的解决办法。几年来有一些新的措施,却带有局部的性质。

当然由于国家建造居民住宅的财力不足,各单位自己建造职工宿舍的事情近年来发展得很快,这就带来许多复杂的问题。各单位不是土地所有者,为了建房如果不能从国家那里得到土地,就只有在原先已经占有的土地上建筑房屋。在自己缺乏建筑土地时,也就常常与别的单位合作,在别的单位已经占有的土地上建造房屋。在房屋建成后,分给占有土地单位若干套房间,这实质上也就是缴纳了土地租金。在单位和单位间租房付房租的现象在北京市也相当普遍。这种租金是相当高的,已经具备上述一般概念上的房租的意义了,那就是其中已经包括了折旧、利润和地租三个方面的内容。

还有城市中的旅店业近年来发展得比较快,从住房付费这一点来说实质上就是一种房产业。居民当然住不长,但是机关办公长期租用旅店若干房间的事也已常常发生。其中建筑土地的地租可能就包括在旅店业向国家缴纳的利税之中。

关于建筑地租,涉及广泛的科学的生产经营问题,在土地上建筑厂房和工业设备(土地上建造太阳能、风能发电厂等也应该被视做工业生产,但它加工的对象比较特殊,是天然的能源),在研究社会主义地租价值来源的时候,必然要深入到对工业生产如何创造价值的问题。在畜牧业、渔业中,当这种生产是在建筑物内进行的时候,使用的建筑土地也就是畜牧业土地、渔业土地。所以我们上面用的是农业土地而没有用种植业土地的缘故，畜牧业、渔业也属于农业的范围，畜牧业、渔业建筑土地的地租同工业建筑物的地租一样遵照着同一个规律。

九、农村地租和城市地租

农村地租和城市地租是按照生态系统来划分而不是按照用途来划分的，这在前面已经讲过。在这里专门讨论一下这两类土地的地租问题。除农村土地和城市土地外当然还有其他的土地生态系统，在这里就不打算涉及了。

研究这个问题首先要解决有关方法论问题。研究这类土地地租问题就要对农村、城市有关地租的各种因素进行总体的考察，做总体的对比。我们的研究因此就要深入到整个农村和城市的社会经济生活中去。前面我们讲到城市土地归国家所有，农村土地归集体所有这样一个区别，这当然是一个很重要的区别，但是如果只讲这一点是很不够的，还要研究农村的生产方式和生活方式的异同。

（1）种植业是农村的一个特征性的行业。不但种植谷物的农田在农村，种植各种经济作物（包括草本的农作物和某些属于狭义木本的农作物，如茶叶、草莓等以及被列入林业的果树、木本粮食等）也是在农村中生产的。而在城市种植一点植物，如种一些树木、草坪、花卉等基本只是为了增加绿化面积、改善城市环境和增加城市的美观，而绝不是为了取得其产品。全部农村土地就是由农田和农村居民点（或称村落）两部分土地构成的，以农田土地在整个农村土地面积中所占比例最大，而在全部城市土地中没有农田，大部分土地为各种各样的建筑物（包括道路）所占用，剩下一部分是城市绿化用地。

（2）畜牧业也是农村的行业，这是因为畜牧业包括饲养家畜、家禽或者养鱼等都是以农产品（粮食、糠秕、秸秆或者牧草、油饼等）为饲料，动物的粪便又可以用作肥料，有的甚至可以用作饲养的饲料。在农村中便于建立合理经济的食物链和粪便链。如果不在农村而在城市不仅饲料饵料困难，而且对排泄物也难以处理。因此农村土地有相当大的一部分，是用作建造饲养动物建筑物的地基或者用来放牧，而在城市中的土地，一般来说则不用来发展动物饲养业。

（3）农产品加工业，特别是农产品的初级加工作为副业也是农村中的一个行业。农产品加工业的方面很多，既包括机械加工也包括化学的加工和通过微生物的活动来加工。农产品加工放在农村，从原料、劳动和消费等方面来看都具有合理性和经济意义。当然现代化的农产品加工业和农产品的深加工还在城市中，而在农村中小型农产品的加工机械化设备也相当普。农产品加工业不论在农村还是城市都不占很多的土地面积。

(4) 工矿业在城市土地面积中所占比例的高低视城市的性质而定。有些工业城市或矿业城市，用于工业建筑、矿业建筑的土地在一个城市中可以占到很大的比重，有的城市则占的比重比较小，但在城市总有相当面积的土地用在工业上面（矿业则只在少数城市中有地位）。在农村中虽然近年来工业有所发展，但相比之下占有的土地毕竟很有限。在城市集中了商业、服务业、金融业等，再加上教育科学文化事业以及国家行政机关，使得城市土地的绝大部分用做这些行业的建筑物地基。农村中的这类建筑物是很少的。在城市中集中了大量人口，他们需要大量的住宅。大量经济组织、文化、社会等机构和大量住宅，使得城市成为人口密度和建筑物密度都非常高的地方。

在这里还要讲讲城市基础设施的问题。其一是市内交通。在农村，居民经常在离开自己家不很远的地方活动，因此对道路和公共交通设施的要求不很高。但在城市中，由于城市的面积很大，大多数人每天要到相当远的地方去工作，加上城市各方面联系密切，因而要有大量的道路和公共交通，没有足够的土地用于建造这些道路和交通设施对城市来说是不能设想的。其次城市用水、用电、用煤气、用热、通信等又需要大量土地用于"基础设施"方面的建设。城市的经济社会生活对基础设施提出了比较高的要求，人口越多，城市基础设施的建设越多，反过来城市的基础设施又吸引更多的居民集中到城市中来。

城市人口密集、建筑物密集和城市基础设施水平高等特点决定了城市土地的高地租。这也是一种级差地租，是城市土地对农村土地的级差地租。这种高地租从旅游业中的房租里可以看出来，也可以从向近郊区集体组织征用土地时集体组织提出很高的条件中看出来。但是从国家同国有企业的关系来看却看不出这个比较高的地租。前面已经讲过，甚至连一般的地租国家也没有征收，结果发生这样的矛盾：一方面城市地租本来很高（不要忘了基础设施和城市建设使大量资金合并到土地中，这也会使城市地租大幅度增加），一方面国家却不收地租。这在对企业的关系上放松了对土地使用的管理，使房产业不能建立起来。

关于国家是否应向国有企业收取地租的问题，我国长期以来一直有争论。实际上，我们在前面已经讲过，企业缴纳的税利中已经有若干地租包括在内，但是在理论上一直是否认的，近年来才有了进步。有一种看法：不仅在税利中事实上常常包括地租，而且应该在表面上也应明确多使用土地多缴纳地租这样一个原则。因为按照这个办法就可以促使企业注意节约用地，否则企业就不会想到自己不能无偿地多占土地，而认为占地越多越好，造成土地（而且是高地租的城市土地）大量的浪费。同时节约了土地的结果，城市基础设施的费用也可以因面积的减少而相应减少。关于收取城市土地使用费问题,辽宁省抚顺市是全国唯一进行试验的城市。这个城市一方面用地非常紧张,而另一方面又存在土地得不到利用的情况。据不完全统计,在1983年全市已经征用而实际上并未使用的土地达到50万平方米,超标准占地和违章占地达五百万平方米。该市收取土地使用费后,改变了土地可以随便占用的现象,三年来全市收回15万平方米的土地,仅此一项可节省国家向农民集体组织征地费用560万元,还可少安排因征地转工人员456人。由于收回的土地全部调整为工业用地,按抚顺市工业用地每单位能够为国家提供的利税率计算,可增加利税近700万元。而市财政三年收费三千余万元,弥补了城市建设和城市土地开发资金的不足。由于收取土地使用费,该市还在一定程度上解决了用地结构功能分区不合理的状况,促进了比较合理的城市总体规划的实施,对于有关企业的增产节约也有显著的效果。

向国有企业收取地租同社会主义经济仍然是商品经济这一基本性质是密切联系在一起的。它是社会主义国家对企业管理的一个组成部分,不过现在还处在试验的阶段。

抚顺的试验中还没有向教育、科学、文化机构和国家机关用地收费的问题,因为这些单位是非生产单位,本身没有收入,它们的经费来自财政拨款,更有一个"肉烂在锅里"的问题。不过在原则上,这些单位也有一个合理使用土地的问题。一般来说,教育、科学、文化事业单位占用土地是偏少的。但也有些单位有占地过多的情况,也要找到使之得到合理解决的有效的方法,其中包括不能简单地否定收取地租的方法。

在这里我们还想讲一个这样的情况,那就是城市扩大需要的土地是向农民集体有偿征用的。如果让使用土地者无偿使用,这不仅是直接放弃收取地租而且间接地是把合并在土地中的投资连同应付的利息完全无偿地送给了企业。

至于非国有企业向国家租用土地,包括个人商贩临时租用土地从事经营,它的性质同上面说的不同,但也包括管理和集中财政资金的意义。

使用国有土地的另一个重要问题是城市居住土地的地租问题。这里遇到的一般来说是复合地租,因为居民租地造屋的情况在我国今天是少见的,租用国有房屋所缴纳的地租包括在纯粹地租内,而租金的大部分应该是房屋经营者的折旧费和盈利。但事实并非如此,这一点我们在前面已经说到了。这里有的是社会主义国营经济内部的土地关系(在住户是在国有企业和国家教育、科学、文化机构与国家机关中工作的职工的情况下),也有的是超出了社会主义国营经济的土地关系(在住户不是上述职工的情况下)。同时这里的地租问题同社会主义国家中的分配问题有着密切的联系，比如实行目前这样的低工资制度就不可能向居民收取地租，而只能把房屋作为一种福利分配给住户使用，如上面已经说过的那样，不仅国家没有收取纯粹地租，甚至房屋经营者也没有盈利可言，而且连折旧费也收不回去。而这种办法也使住房问题不能得到很好的解决，因而几年来一直在酝酿房租问题上的改革。但这是多年来形成的既成事实，涉及成千上万居民的利益，所以至今没有找到妥善的解决办法。但在基本道理上是应该说清楚的。如果能做到居民劳动报酬的货币额有一个相应的增加，使居民有能力支付较高的房租；如果这个房租额能够大到这样一个程度，使房屋的有形损耗能从居民支付的房租中得到补偿并使房产经营业成为一个盈利的部门，如果能够做到对房屋地基的土地收取适当的级差地租使城市居民居住地点得到一种合理的调剂，那么就会起到节约社会财富和使房屋分配更加合理的作用。

郊区土地是城市土地和农村土地的结合部，在其发展中有扩大的趋势，这就发生一个由农村土地转化为城市土地的问题。由于郊区土地所有权不在国家手中，要由国家出钱才能把它们征用过来，而在这时候，郊区农民就把城市发展带来的利益不费一点气力地拿到自己的手中，要求的条件非常高。但这个问题很复杂，是当前研究城市土地问题时难以解决的问题。

1987年5月28日第十四次讲座

社会主义初级阶段的政治经济学问题

十二届六中全会后,我国经济学工作者对社会主义初级阶段经济问题有很大的兴趣。从事其他工作的同志中间也有许多人对这方面的问题很关心。因此我想继 1986 年 11 月在这个系列讲座中讲了"社会主义初级阶段的经济"之后,再讲一次"社会主义初级阶段的政治经济学问题"。那次我讲的主要是社会主义初级阶段这个概念的形成和社会主义初级阶段经济的规定性。这一次我想主要讲讲社会主义初级阶段的政治经济学问题。

这里说的"社会主义初级阶段的政治经济学问题",从汉文的句法来说可以做两种理解。一种理解是关于社会主义初级阶段的政治经济学问题。那就是我们讲的是政治经济学领域中的问题,但不是一般的政治经济学问题,而是对一定的对象进行探讨的政治经济学问题。还有一种理解,在政治经济学中有一个分支学科叫作"社会主义初级阶段的政治经济学",而我们在这里讲的不是有关这门政治经济学分支学科的问题。今天我想讲的是第一种理解下的"社会主义初级阶段的政治经济学问题"。我建议要建立和发展的经济学科很多,但我没有要建立一门"社会主义初级阶段政治经济学"的想法。当然我也并不反对别人去写那样的书,在科学研究中大家都可以发挥自己的创造性。

一

30 多年来,我一直主张把政治经济学社会主义部分很好地建立起来。这门科学从世界上有了社会主义社会之后就开始了它的发展过程。它研究的对象是整个社会主义生产方式中生产关系这一个方面,探讨整个社会主义历史阶段和对一切社会主义国家中都普遍存在的,即带有一般性的客观经济规律。对这一点,经济学家之间不存在什么很大的争论。至少从事政治经济学社会主义部分研究和教学工作的人,在主观上都是这么看的。我说"主观上都是这么看",意思是说,客观上存在这样一种状况,在一些政治经济学社会主义部分的著作中,把某些并不是真正普遍适用于整个社会主义时期和一切社会主义国家的特殊规律(甚至不是什么规律),当作社会主义的一般规律来讲。20 世纪 50 年代初苏联科学院经济研究所编的,大家都很熟悉的那本《政治经济学教科书》就有那样的问题。斯大林有一个错误,那就是他不对一切社会主义国家与一个社会主义国家的一切历史时期共同的社会主义基本经济制度,和不同的社会主义国家与社会主义国家不同的历史时期各不相同的社会主义具体经济制度,即我们今天说的社会主义经济体制作严格的区分,认为苏联的具体的经济制度中的许多东西都属于社会主义基本经济制度。谁不实行那样的具体制度谁就背离了社会主义的基本经济制度。他的这个错误反映到政治经济学社会主义部分中就是把特殊甚至个别当作一般。但是政治经济学社会主义部分的研究和教学工作者认定这门学问研究的是社会主义经济的一般规律,这个主观上的看法我认为应该说是正确的。马克思研究政治经济学资本主义部分,写《资本论》,为的也是探讨资本主义的一般的经济规律,何况今天在政治经济学社会主义部分的研究和教学中,把不属于一般规律的东西从这个学科的基础上剔除出去,使得这门科学纯化的工作还没有完成,因此更需要明确政治经济学社会主义部分是研究一般规律的科学这个思想。

但是,必须指出"一般"是从"特殊""个别"中概括出来的。要发现一般规律,就要研究许许多多特殊和个别的事物。研究和探索的过程中要做的事和在发现一般规律后进行论述时要做的事是不一样的。为了寻找一般规律就要对特殊和个别进行研究,因为目的的性质很明确,着眼点就是从特殊和个别的研究,特别是从许多个特殊和个别的比较研究中去寻找一般。在政治经济学社会主义部分的研究中,我们也常常考察特殊和个别的问题。我们可以把这种研究看作是探讨政治经济学社会主义部分的一般规律、从事政治经济学社会主义部分基础研究的一种准备工作。这是对特殊和个别进行研究的一种目的。

当然研究特殊和个别的目的就是把特殊和个别搞清楚,这就是说特殊和个别本身就是目的。这种研究可以看作对一般的研究的应用,而且应该承认都属于政治经济学社会主义部分的范围之内,但又都不属于这门科学的基础研究本身。

我们现在提出了一个关于社会主义初级阶段的政治经济学研究,或者更明确地说提出了一个关于社会主义初级阶段的政治经济学社会主义部分研究的问题。它是对特殊和个别的研究,这种对特殊和个别的研究,就兼有上面所说的两方面的意义。但是由于对这个问题的研究在今天有极为重要的现实意义,所以今天在研究这个问题时我们更要看重它的应用或者实践的方面。当然对一个有志于建立和发展政治经济学社会主义部分的学者来说,他不会不看重这种研究对于探讨一般规律中的意义和作用。

那么社会主义初级阶段是一个怎么样的"特殊"和"个别"呢?

首先我们看得很清楚,社会主义是一个很长的历史时期,从俄国十月革命胜利到今天 70 年的历史使得我们对社会主义阶段的长期性有了比以前更深刻的认识。社会主义在这么长的历史时期中，按照生产力与生产关系的发展程度一定会分作若干个阶段，在不同的国家会经历不完全相同的社会主义发展阶段。现在我们讲的社会主义初级阶段就是整个社会主义历史发展中的一个特殊阶段，它在时间上不覆盖社会主义，即马克思在《哥达纲领批判》中所讲的共产主义社会第一阶段整个历史时期。

同时，我们在这里讲的社会主义初级阶段，又有其特定的含义：它并不泛指任何国家中社会主义发展的早期阶段，而专指像中国这样一个原先经济文化非常落后的国家，由于特殊的历史条件取得社会主义革命胜利、并经历了过渡时期之后进入的一个特定的社会主义发展阶段。原先经济文化比较发达的国家，在建立社会主义制度后进入的发展阶段，就不会是现在我们所说的社会主义初级阶段。所以，我们说的社会主义初级阶段，在空间上也不覆盖世界上所有的社会主义国家。

这就是说，不论在时间上或者空间上，社会主义初级阶段都只是"特殊"而不是"一般"。

进一步讲，由于我们迫切需要用关于社会主义初级阶段的研究来指导当前我国经济体制改革和经济建设，同时由于迄今为止，我国经济学工作者对世界上那些有可能"已经存在过"或者"正处在"或者"将会进入"类似我国社会主义初级阶段的国家的情况了解得太少，要想从中概括出理论问题进行研究，很不容易。因此我们对社会主义初级阶段的研究实际上只是对"中国社会主义初级阶段"的研究。研究的范围因此又缩小了。

进一步讲：中国社会主义初级阶段究竟有多长？这个问题我认为现在不可能做出准确的回答。在今天连把社会主义初级阶段的起点定在什么时候都还是一个会有不同看法的问题。研究这个问题需要的历史材料应该说是很充分的。但是因为持的理论观点、采取的方法可能不一样，因此要做出科学的道理充分的结论，尚须大家来探索、开展讨论。而关于社会主义初级阶段的终点应该划在什么时候的问题，则不但理论和方法的问题不好解决，而且在今天也没有可供研究的材料。因此对之不可能做出科学判断。在第一次讲座中我讲社会主义初级阶段大约会延长到 21 世纪中叶。这个说法，只能视作一种估计。它不是一个科学的判断。但是说社会主义初级阶段不会是只有 10 年、20 年、30 年那样短的时间（属于社会主义初级阶段但已经过去了的时间不计算在内），而将经历比这更长的历史时期，我认为则是科学的判断。如果我们承认社会主义初级阶段将经历这样长的一个历史时期，它的早期、中期和后期情况也就一定会有很大的不同。由于我们对较远的将来也无法掌握到可供研究的资料，今天能够研究的也就只能限于过去、当前和可以看得清楚的较近的将来的社会主义初级阶段的问题。我们研究的范围，实际上又从"中国社会主义初级阶段"缩小到"当前中国社会主义初级阶段"。于是我们的研究就又从"特殊"变成了"个别"。

我们可以提出疑问：一般地说，个别的事物的运动、变化和发展中有没有值得去探讨、去发现的客观的规律性？个别事物能不能成为理论科学研究的对象？特殊地说，当前中国社会主义初级阶段有没有值得去探讨、去发现的客观规律性？能不能成为理论科学——比方说政治经济学研究的对象？我想对这样的问题作出肯定的回答大家都是会同意的。在这里我可以举中国革命战争为例。发生在 20 世纪 20 年代到 40 年代的中国革命战争当然也是个别，但是毛泽东不但通过实践和科学研究肯定了它的客观规律性的存在而且发现了它，作出了科学的论述，对它进行了政治学和军事学的研究。对个别的事物可以仅仅做就事论事的研究，也可以同时作探讨其规律性的研究。毛泽东就是兼顾这两个方面，在后一个方面写出了不朽的著作。这些著作就是大家熟悉的《中国革命战争的战略问题》《抗日游击战争的战略问题》《论持久战》。这种研究通常是以掌握的一般的规律性为基础，具体地分析个别事物中规律性的特点，同时，如果我们对个别事物的分析是很深刻的，也必然会丰富对一般规律性的认识。重温毛泽东关于中国革命战争的著作，我们可以看到不少关于一般规律性的发现或者认识深化的章节。

在《中国革命战争的战略问题》这一著作中，毛泽东从战争一般讲到革命战争，说"革命战争""在一般战争的情形和性质之外，有它的特殊的情形和性质。因此，在一般的战争规律之外，有它的一些特殊的规律。"而"中国革命战争""是在中国的特殊环境之内进行的，比较一般的战争，一般的革命战争，又有它的特殊的情形和特殊的性质。因此，在一般战争和一般革命战争的规律之外，又有它的一些特殊的规律。""所以，我们应该研究一般战争的规律；也应该研究革命战争的规律；最后，我们还应该研究中国革命战争的规律。"在这部著作中毛泽东还指出既不能只研究一般战争的规律，也不能只研究俄国革命战争的经验和国内革命战争中只研究北伐战争的经验，战争情况的不同，决定着不同的战争指导规律。从时间的条件说，各个历史阶段有各个历史阶段的特点，从战争的性质看，不同的战争有不同的特点，从地域的条件看，各个国家、民族均有其特点，因而战争规律各有其特点。毛泽东所论述的有关研究一般、特殊、个别事物的原则，对于我们今天研究社会主义经济来说是适用的。

二

对中国社会主义初级阶段的问题,有两方面的根本问题需要研究。

第一方面的问题是:在中国为什么能够取得社会主义革命的胜利、建立起社会主义制度、进入社会主义社会?中国社会主义革命和社会主义建设的历史,究竟是怎样的历史?当今中国的社会究竟是怎样的社会?这些都是对已经成为历史事实的东西进行科学分析,作出科学判断。关于这方面的问题,讲得已经不少,有大量的文献,其中包括党的重要的文献,许许多多问题已有定论。但是今天在讨论中国社会主义初级阶段问题时,历史学家、经济学家、哲学家们不妨再作一番深刻的研究,把这一段历史从理论上研究得更深刻些,讲得更透彻些。

第二方面的问题是关于中国社会主义发展阶段规律的探讨。那就是在从新民主主义社会到社会主义社会过渡时期结束后,中国进入的那个社会可否称之为社会主义社会的初级阶段?社会主义的这一发展阶段,它的质的规定性究竟是什么?为什么中国只能进入这样的社会主义发展阶段?中国的国情——其中包括中国社会生产力比较低以及文化历史传统、人口、地理等国内国际各方面的状况——如何决定中国社会主义发展阶段只能是这个样子而不能是另外一个样子?这第二方面是现在大家正在研究的问题。其中与此有关的政治经济学问题是我这一次讲座的范围。

在上一节讲了以中国社会主义初级阶段为对象的研究,不是研究社会主义发展的一般而是研究社会主义发展的特殊。而且在上一节我们还提出一个"社会主义初级阶段"是一个怎样的"特殊"的问题。但是上面我们讲的那个"特殊",是带有抽象的性质的,即只是从时间空间的外延方面来看的"特殊",没有对社会主义初级阶段的内在的规定性,对它存在的根据和外部条件等进行分析。由于在上面我只是想说明社会主义初级阶段与社会主义社会一般之间的区别,所以只要从这两个概念的外延上做一些说明也就够了。这就是说在那里我只需要讲这样抽象的道理就可以解决我想解决的问题。现在我们要去寻找中国社会主义初级阶段的规律性,要去回答上面说的第二个方面的问题,那就不能停留在这样抽象的说法上,而一定要做进一步具体的分析。

凡是具体的事物总是很复杂的。我们在研究中国社会主义初级阶段时,需要研究与之有关的各个主要的方面,但是其中最根本的,还是社会生产关系和社会生产力之间的关系。在我们的指导思想中就要特别抓住"社会主义的根本任务是发展社会生产力"这个马克思主义原理,要坚持有利于促进社会生产力发展的

"一元主义"，抛弃各式各样的把"发展社会主义生产力"的原则与其他原则并列的"二元主义"或"多元主义"。抓住了这个根本，并且全面地研究各有关方面，我们就可以抓住"中国社会主义初级阶段"这个具体的事物。社会生产关系一定要与社会生产力相适应是社会发展的一个最基本的规律，在任何社会制度和任何情况下都应该特别重视对它进行深刻研究的。

那么又怎样来研究中国社会主义初级阶段中社会生产关系和社会生产力之间的关系呢？我认为应该从下面几个方面在认识上求得明确和深入。

第一，我们一定要加强做具体研究的认识。我们在这里说的是对社会主义初级阶段作政治经济学的研究，因此不能以一般地阐明社会生产力与社会生产关系之间存在着矛盾统一的关系为满足。要对具体的社会生产方式做具体的分析，这是政治经济学与历史唯物主义不相同的地方。马克思把对19世纪资本主义社会中的社会生产力和社会生产关系间相互关系的具体研究，作为自己政治经济学研究的任务。我们今天就一定要对中国社会主义初级阶段中的社会生产力和生产关系间相互关系的政治经济学理论进行具体的研究。

第二，为了帮助我们做这种具体的研究，还需要对社会生产力和社会生产关系间相互关系的一般原理讲得更具体些。我一直认为在我国政治经济学理论研究和教学中对这个一般原理讲得太抽象，因此我多次讲过下面这样两点意思：

（1）社会生产力和社会生产关系之间的关系是一种有很大伸缩性的，但是又具有规律性的对应关系，它不是一种硬性的、一一对应的关系。在 $y=ax+b$ 这样一个数学函数关系中，变量 x 的数值确定了，另一个变量 y 的数值就完全确定。这就是一种硬性的、一一对应的关系。可是社会生产力和社会生产关系之间的关系不是这样。在现实生活中，同样或者差不多的社会生产力的状况可以有很不相同的生产关系。或者说，在几乎同样的社会生产力和同样的社会生产关系的情况下，社会生产关系可以对社会生产力的发展起很好的促进作用，也可以对社会生产力的发展起消极的作用。在这里我们就看出在两者间关系的问题上不仅经济的东西起作用，经济外的东西也起作用。社会生产力和社会生产关系之间的关系的具体状况就是由多方面的原因决定的。当然经济方面的原因还是最重要的，所以还是要对社会生产力和社会生产关系的问题研究透彻。

（2）有一个社会生产关系如何促进或阻碍社会生产力的发展的作用机制——即社会生产关系通过什么途径如何对社会生产力发生促进和阻碍作用——的问题，需要从一般理论上讲清楚。在研究经济体制改革中人们对哪一种社会生产关系对当今我国社会生产力起到或能起到促进作用，哪一种生产关系对社会生产为已经或还将起到消极或阻碍作用,是有不少议论的。但是人们对这个问题很少做一般的分析。而我一直认为这种一般的分析对于我们研究具体问题是有指导作用的。

我认为社会主义生产关系对社会生产力起的促进或阻碍作用主要通过两个途径:一个是生产者的积极性,一个是合理的生产组织的建立和改善。我是坚决主张社会生产力是由生产者——人本身和人所掌握的、用来改造自然界的手段或工具这样两个要素构成的。生产者(包括直接从事生产操作的人和从事生产决策、指挥和管理工作者)本身积极性的高低对于现有社会生产力的发挥和社会生产力的发展影响很大。而社会生产关系可以很强地影响人的积极性。同时社会生产关系又可以起有利于或不利于合理的生产组织的建立的作用。而人的积极性和生产组织又是同人用来与自然界斗争的手段和工具有一种相应的关系。

陈述了这两个看法之后我想讲这样一个意见:既然社会主义初级阶段的特点是:它一方面属于社会主义这个历史阶段;另一方面又有某种特定的历史条件,社会生产力水平还比较低。那么我们就应该专门来研究一下在发展到了社会主义社会之后(为什么中国会发展到社会主义社会这个问题,我们假定已经得到了说明),与比较低水平的社会生产力相适应的社会生产关系,一般来说会有哪些特点?或者从另外一个角度来讲也是一样,可能建立的具有各种特点的社会生产关系,对于比较低的社会生产力的发展都会起怎样不同的作用?我认为这个问题就属于我们正在研究的社会主义初级阶段的政治经济学的问题。在这个问题上我们如果能前进一步,对于现实问题的解决我想是会有帮助的。

对于这个问题,我想顺着这样的路子来进行思考。

社会生产力水平低的含义是什么?

"低"可以是有一定量度的具有绝对意义的概念,也可以是一个对"高"而言的相对的概念。在讨论社会生产力和生产关系的相互关系问题的时候,着眼点不是我们所考察的社会生产力水平低于某种高水平的社会生产力的相对意义上的"低",而是指社会生产力水平绝对的高低度。只有在对两个社会主义社会中社会生产关系和社会生产力间的关系作比较研究的时候,社会生产力的相对水平才获得它的意义。

因此我们就来讨论一下绝对意义上的低水平的社会生产力。我只说与研究中国社会主义初级阶段有关的状况。

由于我对这个问题的抽象思维不能达到做一般论述的程度,在这里只能讲一些个别的问题。

使用古老的手工工具，我想应该承认是社会生产力水平低的一个现象（在这里我把艺术品等特殊的生产撇开不讲）。在我国的农业、畜牧业和手工业中使用古老手工工具的现象至今还相当普遍。当然不少地方这些年开始使用机器，但使用手工工具的现象还是占据统治地位。从人类历史过程来看，使用手工工具劳动的生产组织的规模是从大到小发展的，到封建社会就发展到一家一户的小生产。历史告诉我们不讲原始共产主义社会，在奴隶主和封建主的国家中，为了某种目的曾建立过规模相当大的使用手工工具的生产组织，在这些生产组织中，劳动者的积极性是不高的，因而劳动生产率不如后来的一家一户从事个体生产。在社会主义制度下我们把分散的生产组织起来，取得了很大的成功，但是经验表明，从与手工工具相适应的生产组织来考察，或者从在使用手工工具的情况下直接操作工具的劳动者的积极性对取得生产成果好坏的关系等方面来考察，大规模的集体生产组织与这种比较低的社会生产力水平是不能适应的。而生产成果简单地归集体作平均主义的分配这种办法，也不能促使劳动者的积极性保持在一个高的状况。"一大二公"这种对社会生产关系的指导思想，不能同使用手工工具这种低的社会生产力水平相适应，原因就是在这里。这本来是一个浅显明白的道理。但是我国一个相当长的时期，在"左"的思想的支配下，却醉心于"大"和"公"，致使使用比较古老的工具的中国农业受到压抑和挫折。

生产者的文化素质差、经营管理能力低，也应该看作是社会生产力水平低的一个内容。人本身是社会生产力中最重要的一个要素。就以中国农村的情况来看，开头虽是使用手工工具的地方，如果有一个经营管理能力比较强的领导班子，也可以坚持大规模的集体的生产组织。以后社会生产力发展起来了，不再以使用手工工具为主了，这种大规模的集体的生产组织也就更加巩固起来了。但是在不同的情况下，却不能够、也不应该坚持大规模的集体的生产组织。因为对一个大规模的集体的生产组织经营管理者的要求，比一个小的生产组织要高得多。如果勉强坚持"大"和"公"的集体生产组织，就会使农村经济继续处于停滞不前的情况之下。

我在这里讲了使用古老的手工工具的问题。这的确是今天中国现实经济生活中存在着的一种现象。但我这么说并不意味中国社会主义初级阶段是与使用手工工具相应的一个社会主义发展阶段。在讲中国社会主义初级阶段时说到的低水平的社会生产力要比这个高，因为即使是中国革命取得胜利时中国也已经有在国民经济中占到10%的机器工业了，而在新中国成立后三十多年的今天从国民收入来讲，也已经有将近一半来自工业了。但是中国仍是一个社会生产力水平很低的国家，我在1986年11月的讲座中已经列举了一些数字，这些数字也是大家都很熟悉的。因为即使是使用机器的生产，在中国也远远没有达到某种现代化程度。至于生产者（包括经营者、管理者）的文化素质与能力的提高，也不是短时期可以做到的，不过对社会生产力水平有所提高后的情况和由此而带来的问题，现在我感到分析起来还有困难，还没有找到好的方法去研究它。

三

进入社会主义初级阶段时中国的社会生产力，同过渡时期末的社会生产力没有多大的区别。在30年后的今天，社会生产力虽有所发展（主要是近九年中的发展），但是远没有改变中国社会生产力落后的状况。改变中国社会生产力远远落后于发达国家面貌的长期性决定了我国社会主义初级阶段的长期性。

社会主义初级阶段究竟是同怎样的社会生产力水平相适应的一个社会主义发展阶段？这是中国社会主义初级阶段政治经济学问题中的一个需要探讨的问题。我们不能要求对这个问题的回答很肯定，但是应该研究出一种合乎科学的说法来，使得社会主义初级阶段的概念更明确。

上面我们讲了中国社会主义初级阶段不是社会主义发展阶段一般，而是社会主义发展的一个特殊的或个别的阶段。但是用的方法还是很抽象的，即只是抽象地论述我们讲的社会主义初级阶段对社会主义发展阶段一般来说是特殊，中国社会主义初级阶段对社会主义发展阶段一般和社会主义初级阶段一般来说是个别。如果只说到这样一步还是不能解决问题的。我们一定还要比较具体地回答中国社会主义初级阶段的规定性是怎样的。而要作这样的回答首先就要把这个阶段社会生产力的水平讲得比较清楚。

上面我们已经说过社会主义初级阶段的社会生产力水平低下。要说究竟低下到怎样的程度，最带有综合性的统计数字和人们最常用的是人均国民生产总值。这个数字可以说明问题，因为它虽然不如人均国民收入准确，但毕竟是一个易于统计并且常用的数字。人均国民收入因为扣除了折旧更准确些，但是因为对折旧率掌握的不同又带来了新的问题，而人均国民生产总值这个统计数字的许多缺陷人均国民收入同样存在。还有一些统计数字比如人均拥有的钢产量、电产量、车床数、机器设备总量、建筑面积、铁路和公路线长度等等，也常常用来表示一个国家社会生产力的高低。用这些数字来表示社会生产力有其可取之处，也有其不足之处。我们今天讨论的政治经济学问题可以把这些统计学上的问题暂时放在一边。

在那次讲座中我陈述了这样一个观点,在研究中国社会主义初级阶段时,对社会生产力应该从两个方面来考察:一个是从全社会总的社会生产力的状况出发,还有一个是从各地区、各部门、各行业甚至在同一个部门同一个行业中各企业社会生产力的状况出发。在这里我遇到了这样的问题,即社会生产力是否仅仅适用于全社会,对个别地区、部门、行业能否使用这样的语言。人们也许会说,对个别地区可以这么说,因为地区带有社会的性质,是社区,而部门、行业等不是社会,只能适用劳动生产力这样的概念。我认为马克思《资本论》中使用的劳动生产力是劳动生产率的物质基础,而劳动生产率是劳动生产力的数量表现,它与社会生产力是人类社会征服自然改造自然的能力这个概念有联系,但不是同一个概念。我认为社会生产力这个概念可以适用于个别部门、个别行业,正如社会意识可以适用于个别的组织和个人一样,在这里社会两字说的是从社会的观点来看的事物,个别部门、个别行业的社会生产力指的是全社会生产力的组成部分,而整个社会的社会生产力也就是各地区社会生产力的总和,也是各部门社会生产力的总和,也可以说是各行各业的社会生产力的总和。

我提出这样一个问题是同我研究中国社会主义初级阶段政治经济学问题有关系的。我就是在研究中国社会主义初级阶段问题时想到了这个问题。我认为马克思主义关于社会生产关系与社会生产力相适应的原理不仅可以从全社会的角度来研究,去看全社会的生产关系与社会生产力相适应的程度如何决定社会生产力顺利发展的程度,而且还可以按地区、部门、行业乃至在一个企业内部关系方面进行这种研究,去看它的内部的生产关系和它的外部关系与自己的社会生产力相适应的程度如何决定社会生产力顺利发展的程度。从全社会来看的社会生产关系与社会生产力相适应的原理,会从全社会的关系上体现出来,也会在各地区、各部门、各行业社会生产关系和社会生产力相适应的关系中体现出来。我觉得这样一个观点对于中国这样一个经济发展很不平衡的国家来说在理论上是有意义的。

迄今为止在政治经济学的研究和教学中,在论及社会生产关系和社会生产力间相互关系时没有细致到这个程度,通常讲到全社会这一层次就停留在那里了。首先从全社会的角度来看这个问题当然是对的,而且上面也讲到各地区、各部门、各行各业是不能分割的。但是当我们要具体地来研究中国社会主义初级阶段这样一个具体的现实的个别的事物,而且想从这样的研究得出对实践具有指导意义的结论的时候,就应该要求也从这个问题细致地再深入一个层次。

今天在我们中国,从地区来说有沿海社会生产力比较发达的地区。尽管我们说那里同发达国家的社会生产力水平差得很远,但是同我国贫困地区相比,差距是很大的。特别是发达地区（如江苏）的农村与贫困地区（比如贵州、四川、甘肃等贫困地区）的农村相差非常之远。从部门说，在工业与农业间就有很大的差别。从行业说，有的行业机械化程度很高，有的行业还使用落后的工具进行手工操作。从企业来说，有的是很现代化的，与国际水平相去并不很远，有的则还停留在30年代甚至还要古老的水平。有了上面说的有关社会生产力的认识，在中国社会主义初级阶段的现阶段社会生产关系中，社会主义所有制形式的多样性，多种经济成分的并存就可以从社会生产关系和社会生产力相互关系的马克思主义原理中得到说明。

由于我国过去没有强调从这样一个角度去进行研究，因此适合于研究这个问题的统计资料不那么多。地区的资料还比较充分一些，分部门分行业的社会生产力的资料就很少，其中社会生产力的差别性消融在全社会的统计数字之中。因而在这里我只好抽象地提出问题，引起大家注意。人对事物的认识一开始常常是在比较空泛意义上的抽象的了解，后来才达到有比较具体的认识，然后又从对具体事物做了具体分析之后，从具体真理中概括出来达到更全面更深刻的抽象。对中国社会主义初级阶段社会生产关系和社会生产力相互关系的研究也应该这样。

四

中国社会主义初级阶段是紧接着中国新民主主义社会到社会主义社会过渡时期之后的一个社会主义发展阶段。这两个阶段之间的质的差别性是什么？对这个问题是必须求得一个明确的答案，否则中国社会主义初级阶段的一个最根本的问题就是不清楚的，因而其他的问题，包括今天我们正在讨论的政治经济学问题就会无从讨论起。

回答这个问题的根据一是事实，二是持怎样的观点来分析事实。

关于事实，大家知道在1978年党的十一届三中全会以前，我国的社会经济结构是单一的社会主义经济（我说的是基本的情况，在边远地区的农村中实行个体生产的，事实上还有一个相当的数量，但在统计表上把它们视作已经集体化了的经济），而在十一届三中全会后由于实行对外开放、对内放宽搞活的方针，非社会主义经济成分有了一定程度的发展，我国又出现了多种经济成分同时并存的局面，只是这种多种经济成分并存的局面，是在强大的社会主义经济占据主导地位的条件下，或者说是在以社会主义经济为主体的条件下多种经济成分并存的局面。这是我们面临着的一个基本事实。

关于区分过渡时期和社会主义初级阶段两个发展阶段问题，有一个传统的观点：在新民主主义社会到社会主义社会的过渡时期是多种经济成分并存的社会经济结构，只有变成单一的社会主义经济的社会经济结构才能说进入了社会主义社会。如果我们持这样的观点，那么就不得不得出这样的结论：要么我国今天不属于社会主义初级阶段，要么我们实行的对外开放，对内放宽的路线政策违反了社会主义初级阶段的要求，应该废弃。而党的十二届六中全会决议写道：我国"还处在社会主义的初级阶段，不但必须实行按劳分配，发展社会主义的商品经济和竞争，而且在相当长的历史时期内，还要在公有制为主体的前提下发展多种经济成分，在共同富裕的目标下鼓励一部分人先富裕起来。"这就明确地既肯定了我国当前处在社会主义的初级阶段，又肯定了在公有制为主体的前提下发展多种经济成分，而且肯定了它是"相当长历史时期内"的现象，我在1986年11月份的那次讲座中提出多种经济成分存在与否不是划分过渡时期和社会主义初级阶段的标准的看法，不过是对我们见到的历史事实的肯定，对十二届六中全会决议从理论上做一点解释罢了。我认为理论首先应该能够说明事实，而不应该丢开事实不顾。因此，旧的传统的把是否单一的社会主义经济的社会经济结构，作为划分过渡时期和社会主义初级阶段标准的观点应该有所突破。

那么，究竟以什么作为这两种阶段间划分的标准呢？

在1986年11月那次讲座中，我提出应以资本主义和社会主义谁战胜谁的问题是否已经获得解决作为标准。我认为这个问题还没有获得解决时或正在为解决这个问题而奋斗时，社会的发展就处在从新民主主义社会到社会主义社会的过渡时期。这个问题已经获得解决后，社会的发展就处在社会主义的初级阶段。

在那次讲座中我还指出：资本主义和社会主义谁战胜谁的问题解决之前和解决之后的历史任务和斗争的内容是很不相同的。在这个问题没有解决之前，历史的任务是要取得这个胜利，于是斗争的中心内容是阶级斗争，包括经济战线上的斗争和政治思想战线上的斗争。斗争的内容在经济上是限制、改造乃至消灭资本主义经济和个体经济，把限制、改造和消灭这些非社会主义经济的办法作为壮大社会主义经济、确立社会主义经济绝对的统治地位的一个重要的途径，而政治思想战线上的斗争则是为经济战线上的斗争服务的，帮助经济战线上的斗争取得胜利和巩固这些胜利的。在这个问题解决之后事情就发生了变化，这时候的历史任务则是要继续巩固这个胜利，并且在这个胜利的基础之上进行建设。社会主义对资本主义胜利的巩固靠的主要也是在建设上取得更多更好的成就。在这个时期斗争的内容起了变化，斗争的中心不再是阶级斗争。阶级斗争虽然并没有熄灭，但斗争的中心、重心已经转移到建设上来，转移到经济和文化建设上来。

按照这个区分过渡时期和社会主义初级阶段的理论观点，我国历史事实就可以得到比较清楚的说明。那就是：当前中国没有疑问地是属于社会主义的初级阶段。十一届三中全会以来党的总路线、总政策是符合中国处在社会主义初级阶段这个总的历史背景的。尽管在我国的社会经济结构中，在一定的程度和一定的范围内存在非社会主义的经济成分，但是这是党需要运用这些经济成分来为我国社会主义建设服务这个方针的产物，对于它们，我们应该管理也能够管理。我们应该使它们有利于社会主义建设，也能够使它们有利于社会主义建设。在这个阶段社会主义的发展当然靠的是社会主义经济本身的发展，不是靠限制与改造乃至消灭非社会主义经济，恰恰相反，我们还能够而且应该适当地利用非社会主义经济成分为社会主义发展服务。今天在中国社会主义经济与非社会主义经济成分相比，已经壮大到这样的程度，使得没有必要担心资本主义在中国战胜社会主义，统治中国。

这些都是上一次讲座讲过的话，在1986年11月后看到一些文章，听到一些讲话，觉得对这样的观点不少人没有表达得很明确，所以还想在今天重复说一说。

进一步思考我觉得，资本主义和社会主义谁战胜谁的问题是俄国十月革命后列宁斯大林提出的。把这个提法用到中国来，应该赋予它怎样的含义，这个问题还应该作更深一层的思考。

首先根据近代中国社会和中国革命的特点，对革命胜利后资本主义和社会主义间相互关系问题，毛泽东在《中国革命和中国共产党》《新民主主义论》《论联合政府》《在中国共产党第七届中央委员会第二次全体会议上的报告》《论人民民主专政》等许多著作中讲得很清楚。比如在全国胜利前夕召开的七届二中全会上毛泽东讲道："由于中国经济现在还处在落后状态，在革命胜利以后一个相当长的时期内，还需要尽可能地利用城乡私人资本主义的积极性，以利于国民经济的向前发展。在这个时期内，一切不是于国民经济有害而是于国民经济有利的城乡资本主义成分，都应当容许其存在和发展。这不但是不可避免的，而且是经济上必要的。但是中国资本主义的存在和发展，不是如同资本主义国家那样不受限制任其泛滥的。它将从几个方面被限制——在活动范围方面、在税收政策方面、在市场价格方面、在劳动条件方面。我们要从各方面、按照各地、各业和各个时期的具体情况，对于资本主义采取恰如其分的有伸缩性的限制政策。孙中山的节制资本的口号，我们依然必须用，也用得着。但是为了整个国民经济的利益，为了工人阶级和劳动人民现在和将来的利益，决不可以对私人资本主义经济限制得太大太死，必须容许它们在人民共和国的经济政策和经济计划的轨道内有存在和发展的余地。对于私人资本主义采取限制政策，是必然要受到资产阶级在各种程度和各种方式上的反抗的，特别是私人企业中的大企业主，即大资本家。限制和反限制，将是新民主主义国家内部阶级斗争的主要形式。如果认为我们现在不要限制资本主义，认为可以抛弃'节制资本'的口号，这是完全错误的，这就是右倾机会主义的观点。但是反过来，如果认为应当对私人资本限制得太大太死，或者认为简直可以很快地消灭私人资本，这也是完全错误的，这就是'左'倾机会主义或冒险主义的观点"。从这一段话看，那时毛泽东就认为，在取得社会主义革命胜利后，有一个资本主义和社会主义谁战胜谁的时期。这就是说，资本主义虽然软弱，但是它还有相当的实力，而且它的历史久，经济斗争的经验丰富，与小商品经济有着比较密切的联系，它还是一个与年轻的社会主义经济可以较量一下的力量。这一点不能不看到。但是在中国革命胜利后，这种谁战胜谁的斗争，双方的力量对比，斗争的条件和形式，同十月革命后俄国的情况有很大的差别。

我们知道，在中国革命胜利、中华人民共和国成立后的那个从新民主主义社会到社会主义社会的过渡时期中，我们进行的这种谁战胜谁的斗争，包括两个基本点。一个基本点是在革命胜利后采取断然的手段没收帝国主义和官僚资本，使原先属于帝国主义和官僚资本的财产变为人民共和国国家的财产，使人民共和国掌握了全国经济命脉，从而使社会主义性质的国营经济成为整个国民经济的领导成分。另一个基本点是不采取"很快地消灭私人资本"的方针，而采取运用容许私人资本主义经济"在国家经济政策与经济计划轨道内有存在和发展的余地"的政策，同时采取不是太大太死地对私人资本主义进行限制的政策。这两个基本点是不可分离的，因为中国工业在革命胜利前极为集中地归于帝国主义和官僚资本，在没收了帝国主义和官僚资本的财产之后，私人资本与社会主义国营经济相比处于劣势的地位，再加上国家掌握在无产阶级手中这个政治上的优势，社会主义战胜资本主义的前途基本上已经是有把握的。所以毛泽东在《论人民民主专政》一文中说："等到将来实行社会主义，即实行私营企业国有化的时候"，"不怕民族资产阶级造反"。这种情况同俄国资本主义与社会主义进行"谁战胜谁"的斗争的情况，当然是有明显区别的。

这是问题的一方面，即肯定在我国新民主主义社会到社会主义社会过渡时期，资本主义与社会主义谁战胜谁的问题没有解决，同时指出这个问题在当时的中国的情况与别的国家比如与十月革命后的俄国比，并不完全一样。问题还有另外一个方面，那就是究竟在今天社会主义和资本主义谁战胜谁的问题解决了没有？只有把这两个问题都解决了才能最后解决我国过渡时期与中国社会主义初级阶段的现阶段之间的区别。现在我们来讲这个问题的第二个方面。

人们会问处在社会主义初级阶段的今天，在经济上既然还存在某些资本主义经济成分，在政治上也还有企图否定社会主义主张资本主义的人，难道能说资本主义和社会主义谁战胜谁的问题已经解决了吗？有人也许还会说认定在社会主义初级阶段资本主义和社会主义谁战胜谁的问题已经解决就会丧失对资本主义进行斗争的警惕，而且谁战胜谁的问题是一个实践问题，如果我们不指出谁战胜谁的问题尚未解决，丧失了警惕性，听任资本主义泛滥就不能排除资本主义在我国社会主义经济结构中占据统治地位，使中国成为资本主义国家的可能性。

这个说法看来似乎也有道理，但是我认为在今天资本主义和社会主义谁战胜谁的问题没有解决的看法，不但是错误的而且是有害的。在哲学中讲的可能性有两种：一种是抽象的可能性，那就是脱离了具体条件的可能性；一种是现实的可能性。中国社会要变成资本主义社会，有两个前提：一是现在中国社会主义经济和资本主义经济力量对比是否已经构成资本主义有战胜社会主义的危险；还有一个是，中国共产党的领导有没有可能变成一个走资本主义道路的领导集团。这两个前提都不具备。在这种情况下说谁战胜谁的问题没有解决是不适当的。

如果我们过渡时期和社会主义初级阶段的区别是资本主义和社会主义谁战胜谁的问题是否已经获得解决，并且肯定中国社会主义初级阶段的社会经济结构中有在社会主义公有制为主体的前提下的多种经济成分并存这样一个方面，那么中国社会主义初级阶段政治经济学中就有一个以社会主义公有制为主体的多种经济成分并存带来的政治经济学的问题需要研究，这种研究属于政治经济学社会主义部分。由于社会主义经济是主体，整个国民经济又是在社会主义国家的管理之下，因此对这种社会经济结构的研究既不属于政治经济学资本主义部分的范畴，也不存在独立于社会主义部分、资本主义部分之外的另一个专门的部分，而是属于政治经济学社会主义部分的一个非基本的特殊的部分。

当然考虑到非社会主义成分的本性，政治经济学资本主义部分的那个规律性会同政治经济学社会主义部分的规律同时起作用。社会主义部分的规律性居于主导地位，资本主义部分的规律性居于从属地位，两者规律性的关系如何得到科学的说明，就是一个过去没有系统解决过的问题。在这里要研究的有属于社会主义性质的经济组织与属于资本主义性质的经济组织之间的关系和社会主义国家与资本主义经济组织之间的关系这样两个方面的政治经济学规律性的问题。至于这样的规律是些怎样的内容，那是我们研究的课题，在今天我还说不具体，希望在讨论我这个讲话时，大家发表一些意见，即便举一些例子或者就某一个侧面能够讲出点想法也好，因为这总是一种研究的深入。

五

我们讲的社会主义初级阶段和过渡时期，都是有特定含义，不能望文生义地从初级和过渡这样的字眼来看待它们。如果我们在一般的意义上来讲过渡，那么不但马克思在《哥达纲领批判》中讲的从资本主义社会到社会主义社会的过渡时期，我国在20世纪50年代初提出的从新民主主义社会到社会主义社会的过渡时期是过渡时期，就是整个社会主义历史阶段也可以说是过渡时期，是从私有制社会过渡到实行"各尽所能、各取所需"的比社会主义——共产主义第一阶段更高一个阶梯的共产主义社会的一个过渡时期。在最为一般意义上使用过渡，几乎所有历史过程都带有过渡的性质。

在1940年我曾经发表过关于比较狭义的"过渡"概念这样一个哲学见解。我把过渡当作与"突变"相对立的一个概念。事物从某一种质的存在到另一种质的存在的转变，可以有两种不同的状况：一种是"突变"，还有一种是"过渡"。"突变"就是在前一种质的存在与后一种质的存在之间没有中间性的状态，"过渡"则是有这种状态。质变如果是突变，就是没有从第一种质的存在到第二种质的存在这种"过渡"。我说如果第一种质的存在的规定性是单纯的，即只是由一对矛盾来规定，那么这对矛盾解决了，它就一下子从这一种质的存在变为另一种质的存在。如果这前一种质的存在的规定性是复杂的，是由好多对矛盾来规定的，如果在变化过程中只解决了其中一对或者若干对矛盾而未解决规定前一种质的存在的全部矛盾，则前一种质的存在还没有完全改变，而后一种质的存在的某种规定性已经或多或少地具备，在这种情况下就会出现前一种质的存在到后一种质的存在间过渡的状态。这是那时我对比较狭义的"过渡"的理解。"从资本主义社会到社会主义社会过渡时期"这一概念中的"过渡"一词是符合这样理解的"过渡"这一概念的含义的。那就是在社会主义革命胜利后，前一个质的存在——资本主义社会的某一些规定性改变了，比如，为资本主义经济服务的资产阶级国家机器被粉碎了，建立起了无产阶级专政的国家机器，但是还有许多规定旧社会质的矛盾没有解决。我认为使用关于过渡的这个概念可以说明不少现象。

1940年时，斯大林的《马克思主义和语言学问题》还没有问世。那个著作是1950年在《真理报》上发表的，因此我还不知道在这部著作中斯大林以语言为例说明除了"爆发"这种形式外，还有像语言这种通过新质的逐渐积累和旧质的逐渐衰亡的质变的见解。斯大林在这部著作中还指出质变的这种形式还常常适用于语言之外的其他社会现象。这种质变同我在1940年说的"过渡"不完全相同。过程和原因都不完全相同。但"突变"和"爆发",两者应该看作是一个概念。读了斯大林的这部著作后我认为与"突变""爆发"相对而言的"过渡",不止1940年我讲的那一种形式,两者都可以被称之为"过渡"。

按照上面所说的"过渡"这个概念,中国社会主义初级阶段可以说是一个带有过渡性质的社会主义发展阶段。从上一节讲的社会主义初级阶段还存在多种经济成分并存的局面这一点而言,就可以看出这一点。我在1986年11月那次讲座里发表了这样一个意见,社会主义初级阶段中的多种经济成分并存的局面,早晚会发展到单一的社会主义经济的局面。实现了单一社会主义经济的局面,是决定社会主义发展阶段质的规定性的多对矛盾得到了解决。但是社会主义初级阶段向单一的社会主义经济局面的转变,同从新民主主义社会到社会主义社会的过渡时期中发生的类似的过程是不相同的。在过渡时期,单一的社会主义经济局面的形成是对非社会主义经济成分改造的结果,并且对非社会主义经济成分的改造在过渡时期是作为这一时期的历史任务提出来的。过渡时期的中心工作,就是完成这种改造。改造得快、改造得彻底,就被视作历史任务完成得好。在社会主义初级阶段,摆在我们面前的历史任务则是建设四个现代化的社会主义强国。允许非社会主义经济成分在一定程度上、一定范围内的发展是更好地建设社会主义的一种需要。因此从多种经济成分并存的局面转变为单一的社会主义经济的局面的过程,就一定是社会主义建设越来越不需要非社会主义经济成分的协力或补充的过程。在这个过程中各种非社会主义经济成分将先后逐渐消失。当前还处在对我国社会主义建设事业有利的某些非社会主义经济成分在政策上继续放开并允许它们在一定程度上、一定范围内存在同时加强管理这样一个时期。经过一个相当长的历史时期,将来总有一天会发生变化,认为它们应该减少,走上逐渐消失的道路。这个时期何时开始现在不能作出比较准确的预测,也不必去作这种预测,总之一定要在相当长的时间之后就是了。在这个逐渐消失的过程中,有的非社会主义经济成分可能消失得早些,而另外一些会迟一些。有一些非社会主义经济形式也许在很长的时间之后还会保留下来。不过到那时候也许就不好说是什么非社会主义经济成分了。而且这些非社会主义经济成分的消失同过渡时期中的情况会很不相同。它不再作为一个社会主义改造的历史任务提出来要求大家来完成。我在上次讲座中说,它将是一个自然而然的逐渐衰亡的过程(当然逐渐不意味在主观上我们什么工作都不做)。这样一个过程,也许就经过斯大林在《马克思主义和语言学问题》中所说的那种新质的逐渐积累和旧质的逐渐衰亡的过程来实现。

我们还可以来看看社会主义经济方面的情况。社会主义经济在社会主义初级阶段是占据主体地位的。在对社会主义初级阶段的社会主义经济体制进行考察后,我想也可以看出它也带有某种过渡的性质。我这里说的社会主义经济体制的含义,就是我一直使用的那个含义,即在某一个社会主义国家的某一个特定时期的特有的社会主义具体的经济制度,它同存在于一切社会主义国家的一切时期共有的社会主义基本经济制度是两个不同的概念。在我国社会主义初级阶段的社会主义经济体制中,同一切社会主义的经济体制一样,既包括社会主义所有制形式及其结构,也包括社会主义经济运行机制(社会主义国家对国民经济的管理体制是其中的一部分)。社会产品在社会成员中的分配和消费也属于社会主义经济体制的范围。它同上述两个方面都有密切的关系。社会主义初级阶段的经济体制,从它的性质来说是社会主义的,但其中有许多东西会带有过渡性质。

请注意我们说的是社会主义初级阶段的社会主义经济体制,它把当今改革过程中出现的社会主义经济体制包括在内而又不与之相等同。改革过程中产生出来的东西,有些是稳定的,是在社会主义初级阶段(它比这次改革时期应该长得多)中长期存在的。其中也有一些不是稳定的,它们是仅仅在改革时期中存在的东西,不会长期存在于社会主义初级阶段之中。这两种东西是有区别的。但是不论是比较稳定的东西或者仅仅在改革时期中存在的东西,它们都可以说是带有过渡的性质。

但是即便都是仅仅在改革时期存在的东西,也应该分作两类。一类是前一段时间人们讲的"新旧体制交替"中出现的带有折中色彩的事物。在它们中间包括有必须予以革除的旧体制的成分。这类东西,在体制改革前进的过程中,肯定会被不带有旧体制成分的东西所代替。还有一类是在改革中新创造的东西。它们在实践中初步表现出自己的积极作用。但是它们还不完善,还有待于通过实践进一步显示它的意义和作用,取得进一步的发展和补充。它们要经过总结经验,使自己趋于成熟。它们要接受实践的考验和选择。这一类东西虽然也可能在改革过程中被其他更好的东西所代替,因而它们带有的过渡的性质没有超出改革时期或改革过程的范围。但是其中许多新创造的积极的东西是会保留在更好的东西之中。

在研究中国社会主义初级阶段的政治经济学问题时,对社会主义发展的这个阶段出现的许多事物的过渡性质有所探讨,尤其是对改革过程中出现的事物的过渡性质有所探讨,我认为是必要、有益的。

1987年7月23日第十五次讲座